普通高等学校土木工程专业创新系列规划教材

混凝土结构(上)

——混凝土结构基本原理

主　编　张自荣　秦　力
副主编　刘　卉
主　审　侯治国

WUHAN UNIVERSITY PRESS
武汉大学出版社

图书在版编目(CIP)数据

混凝土结构.上,混凝土结构基本原理/张自荣,秦力主编.—武汉:武汉大学出版社,2015.3

普通高等学校土木工程专业创新系列规划教材

ISBN 978-7-307-15300-4

Ⅰ.混…　Ⅱ.①张…　②秦…　Ⅲ.混凝土结构—高等学校—教材　Ⅳ.TU37

中国版本图书馆 CIP 数据核字(2015)第 036751 号

责任编辑:王亚明　　　责任校对:黄孝莉　　　装帧设计:吴　极

出版发行:**武汉大学出版社**　(430072　武昌　珞珈山)

(电子邮件:whu_publish@163.com　网址:www.stmpress.cn)

印刷:广东虎彩云印刷有限公司

开本:850×1168　1/16　印张:15.25　字数:412 千字

版次:2015 年 3 月第 1 版　　2015 年 3 月第 1 次印刷

ISBN 978-7-307-15300-4　　定价:30.00 元

普通高等学校土木工程专业创新系列规划教材
编审委员会

（按姓氏笔画排名）

特别提示

教学实践表明，有效地利用数字化教学资源，对于学生学习能力以及问题意识的培养乃至怀疑精神的塑造具有重要意义。

通过对数字化教学资源的选取与利用，学生的学习从以教师主讲的单向指导的模式而成为一次建设性、发现性的学习，从被动学习而成为主动学习，由教师传播知识而到学生自己重新创造知识。这无疑是锻炼和提高学生的信息素养的大好机会，也是检验其学习能力、学习收获的最佳方式和途径之一。

本系列教材在相关编写人员的配合下，将逐步配备基本数字教学资源，其主要内容包括：

课程教学指导文件

(1)课程教学大纲；

(2)课程理论与实践教学时数；

(3)课程教学日历：授课内容、授课时间、作业布置；

(4)课程教学讲义、PowerPoint 电子教案。

课程教学延伸学习资源

(1)课程教学参考案例集：计算例题、设计例题、工程实例等；

(2)课程教学参考图片集：原理图、外观图、设计图等；

(3)课程教学试题库：思考题、练习题、模拟试卷及参考解答；

(4)课程实践教学(实习、实验、试验)指导文件；

(5)课程设计(大作业)教学指导文件，以及典型设计范例；

(6)专业培养方向毕业设计教学指导文件，以及典型设计范例；

(7)相关参考文献：产业政策、技术标准、专利文献、学术论文、研究报告等。

本书基本数字教学资源及读者信息反馈表请登录www. stmpress. cn下载，欢迎您对本书提出宝贵意见。

前　言

本书是根据全国高等院校土木工程专业指导委员会审定通过的《高等学校土木工程本科指导性专业规范》，结合教学实际，为满足土木工程专业的教学而编写的。

本书根据应用型人才培养目标的要求，紧密结合《混凝土结构设计规范》(GB 50010－2010)的规定，注重对学生应用能力、实践能力的培养，精练了基本公式的理论推导过程，对学生应用基本理论解决实际问题能力加以训练，让学生能够结合工程案例分析和解决实际问题，以满足设计、施工单位一线培养卓越工程师的需求。

本书的主要内容包括混凝土结构的发展概况，混凝土材料的物理、力学性能，混凝土基本构件承载能力极限状态和正常使用极限状态的设计计算方法和构造要求，以及预应力混凝土结构的基本工作原理等。为指导学生掌握每章的核心内容，在每章开篇设有内容提要和能力要求，章后设有知识归纳；为有利于学生巩固各章内容，章后设有相关的思考题、习题；为培养学生的工程意识，在相关章节后附有案例分析。

本书可作为应用型本科土木工程专业学生的基础教材，也可供从事混凝土结构设计与施工的专业技术人员参考。

参与本书编写的人员有：长春工程学院，张自荣、丁长鑫、刘卉；东北电力大学，秦力。

本书具体编写分工为：张自荣(第 1、3、9 章及附录)，秦力(第 2、4 章)，丁长鑫(第 5、6 章)，刘卉(第 7、8 章)。本书由张自荣、秦力担任主编，刘卉担任副主编，丁长鑫担任参编。全书由张自荣统稿。

长春工程学院侯治国教授担任本书主审，详细审阅了编写大纲和全部书稿，并提出了宝贵的修改意见，特此感谢。

在本书编写过程中，编者参考了国内近年来正式出版的相关规范和教材，在此特向有关作者表示衷心的感谢。

由于时间仓促，书中的错误与不足在所难免，敬请读者批评指正。

编　者

2014 年 12 月

目　录

1 绪　论

内容提要

本章的主要内容包括混凝土结构的基本概念，钢筋混凝土结构的主要优缺点，混凝土结构的应用、发展概况以及本课程的任务和特点。本章的教学重点和教学难点是钢筋混凝土结构的优缺点。

能力要求

通过本章的学习，学生应理解钢筋混凝土结构的特点，了解混凝土结构的发展及应用。

1.1 概　述

1.1.1 混凝土结构的定义与分类

混凝土是由水泥、砂、石子和水混合而成的一种建筑材料。以混凝土为主的结构称为混凝土结构，主要包括素混凝土结构、钢筋混凝土结构、型钢混凝土结构、钢管混凝土结构、预应力混凝土结构和纤维增强混凝土结构等。素混凝土结构是无筋或不配置受力钢筋的混凝土结构，主要用于承受压力的结构中，如基础、挡土墙等；配置普通受力钢筋的混凝土结构称为钢筋混凝土结构，应用范围最为广泛；型钢混凝土结构也称钢骨混凝土结构，是指用型钢或钢板焊成的钢骨架作为配筋的混凝土结构，其承载力大，适用于大跨度和高层结构中；钢管混凝土结构是指在钢管内浇筑混凝土而形成的结构，其承载力大，抗震性能好，但连接复杂；纤维增强混凝土结构是指在普通混凝土中掺入适量的钢纤维、碳纤维等各种纤维材料而形成的纤维混凝土结构，可以提高混凝土结构的抗拉、抗剪强度和抗裂、抗冲击、抗疲劳、抗震等性能，是一种新型结构。

1.1.2 钢筋混凝土结构的工作机理

钢筋混凝土结构由钢筋和混凝土两种不同的材料组成：混凝土抗压强度较高，抗拉强度却很低；钢筋的抗拉和抗压强度均较高。将两种材料合理地组合在一起后，主要由混凝土承受压力，钢筋承受拉力。这样，两种材料可以各自发挥其优势，成为具有良好工作性能的钢筋混凝土结构或构件。

图 1-1(a)、(b)所示为两根截面尺寸、跨度、混凝土强度等级(C20)完全相同的简支梁，一根为素混凝土梁，另一根则在梁的受拉区配置了适量的钢筋。试验结果表明，两者的承载力和破坏形式有很大差别。素混凝土梁由于混凝土的抗拉能力差，在荷载作用下，当梁截面受拉区边缘纤维的拉应变达到混凝土抗拉极限应变时，该处的混凝土就会开裂，裂缝沿截面高度方向迅速开展，试件随即发生断裂破坏。破坏荷载很小，只有 8 kN 左右。这种破坏是突然发生的。破坏时混凝土的抗压强

度远远没有得到充分利用。如果在梁的底部受拉区配置适量的钢筋，形成钢筋混凝土梁，则在荷载作用下，当受拉区混凝土开裂后，钢筋可以替代混凝土承受拉力，荷载可以继续增加，直到钢筋屈服，受压区混凝土被压碎，梁才会发生破坏，破坏荷载可以达到 36 kN，并且破坏时有明显的预兆，如梁的裂缝很宽，挠度很大，表现出了明显的延性破坏。钢筋混凝土梁的承载力与素混凝土梁相比有很大提高，破坏时钢筋的抗拉强度和混凝土的抗压强度均得到了充分发挥。

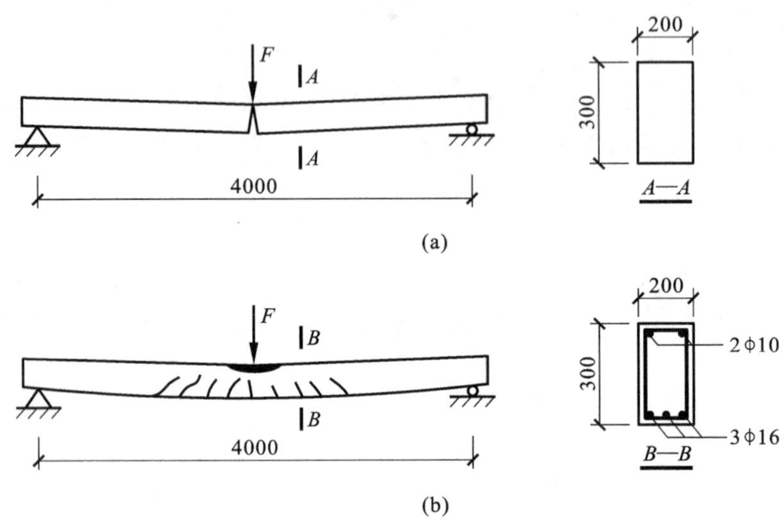

图 1-1　素混凝土梁与钢筋混凝土梁的破坏情况对比

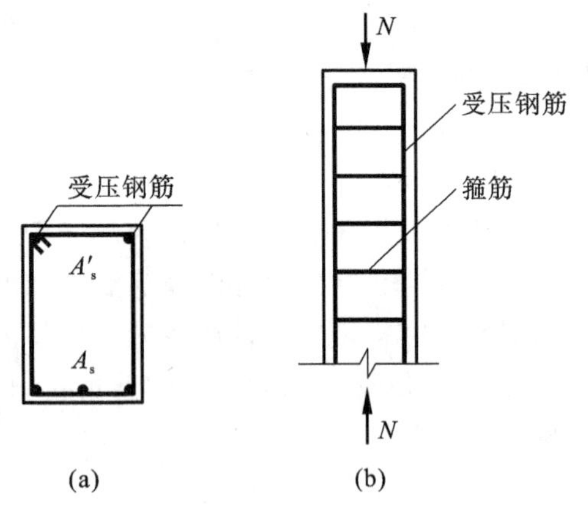

图 1-2　配有受压钢筋的钢筋混凝土构件
(a) 双筋梁；(b) 受压柱

又如图 1-2(a)、(b)所示的钢筋混凝土构件中，通常也配置受压钢筋，协助混凝土承受压力。受压钢筋同样可提高构件的承载力，由于钢筋的抗压强度比混凝土高，因此所以构件的截面尺寸可以小些。另外，配置受压钢筋后还能改善构件破坏时的脆性。

可见，钢筋混凝土结构的工作机理就是利用钢筋承受拉力，利用混凝土承受压力，需要时也可利用钢筋协助混凝土承担压力，以充分发挥两种材料受力性能的优势。

1.1.3　钢筋和混凝土共同工作的原因

钢筋和混凝土是两种物理、力学性能很不相同的材料，它们可以相互结合共同工作的主要原因如下。

(1) 黏结作用

混凝土结硬后，能与钢筋牢固地黏结在一起，可靠的黏结力使二者牢固地结合成整体，共同受力。黏结力是这两种性质不同的材料能够共同工作的基础。

(2) 变形协调作用

钢筋和混凝土的线膨胀系数十分接近(钢筋约为 1.2×10^{-5}℃$^{-1}$，混凝土为 $1.0\times10^{-5}\sim1.5\times10^{-5}$℃$^{-1}$)，当温度变化时，钢筋和混凝土之间不会因各自伸长或缩短而不协调，不会产生较大的相对变形而造成黏结破坏，因此二者能共同工作。

(3) 保护作用

钢筋被混凝土包裹,混凝土对钢筋起到了保护作用,使钢筋不容易发生锈蚀,并且在遭受火灾时不致因钢筋很快软化而导致结构整体发生破坏,从而提高了结构的耐久性和耐火性。

1.2 钢筋混凝土结构的优缺点

1.2.1 钢筋混凝土结构的优点

钢筋混凝土结构除了具有良好的受力性能外,还具有以下优点。

(1) 合理用材

钢筋混凝土结构合理地利用了钢筋(抗拉性能好)和混凝土(抗压性能好)两种材料的受力性能,与钢结构相比,可以降低造价。

(2) 取材方便

混凝土中用量较大的砂、石一般易于就地取材,因而可以减少材料的运输费用,降低工程造价。另外,还可有效利用矿渣、粉煤灰等工业废料作为混凝土骨料,不但废物得到了利用,还可以改善环境污染,减轻结构自重。

(3) 耐久性好

混凝土强度会随着时间的增长而有所提高,混凝土抗大气侵蚀性能好,同时由于钢筋被混凝土包裹,不易锈蚀,维修费用也很少,因此钢筋混凝土结构的耐久性比较好。

(4) 耐火性好

混凝土的导热性能较差,钢筋又被混凝土包裹,故火灾时钢筋不会很快达到软化温度而导致结构发生整体破坏。与裸露的木结构、钢结构相比,其耐火性要好。

(5) 可模性好

根据需要,其可以较容易地浇筑成各种形状和尺寸的结构,如曲线形的梁和拱、空间薄壳等形状复杂的结构。

(6) 整体性好

整浇或装配整体式钢筋混凝土结构有很好的整体性,有利于抗震,抵抗振动和爆炸冲击波。

1.2.2 钢筋混凝土结构的缺点

(1) 自重大

钢筋混凝土结构的重度约为 25 kN/m^3,比砌体结构和木材的重度都大。虽然其重度比钢材的重度小,但其材料强度相对较低,使构件的截面尺寸比钢结构大,因而其自重远远超过相同跨度或高度的钢结构。采用轻质高强混凝土及预应力混凝土可以有效地克服这一缺点。

(2) 抗裂性差

由于混凝土的抗拉强度非常低,故构件容易开裂。配置钢筋虽然可以大大提高构件的承载力,但抗裂荷载提高较少,因此普通钢筋混凝土结构经常带裂缝工作。对一些不允许出现裂缝或对裂缝宽度有严格限制的结构,必须采用预应力混凝土结构,以增强其抗裂性。

(3) 施工复杂

钢筋混凝土结构施工需要支模、绑扎钢筋、浇筑混凝土、养护、拆模等,工序多,需要的模板和人工多,工期长,且施工受季节的限制。若采用工具式钢模板、滑模和蒸汽养护等工业化施工方法,则可在一定程度上改善这一缺点。

此外，钢筋混凝土结构的补强、加固及改建比较困难，隔热、隔声性能也较差。

1.3 混凝土结构的应用及发展趋势

1.3.1 混凝土结构的应用

钢筋混凝土结构至今约有160多年的历史，与砖石、木、钢结构相比，是一种比较年轻的结构形式。但因为其在物理、力学性能及材料等方面有许多优点，所以其发展速度很快，应用范围最广，已经从工业与民用建筑、交通设施、水利水电建筑和基础工程领域扩大到了近海工程、海底建筑、地下建筑、核电站安全壳等领域。随着轻质高强材料的应用以及预应力混凝土的出现，应用于大跨度、高层建筑中的混凝土结构越来越多。

在工业与民用建筑中，多层住宅、办公楼大多采用砌体结构作为竖向承重构件，楼板、屋面及楼梯几乎都采用钢筋混凝土结构；多层厂房和小高层建筑大多采用钢筋混凝土框架结构；单层厂房多采用钢筋混凝土排架结构；采用钢筋混凝土结构的高层建筑更是获得了很大发展。如图1-3所示，上海金茂大厦总高度为420.5 m，主楼地上88层，地下3层，为框筒结构体系，核心筒为现浇钢筋混凝土结构，外框为钢结构与混凝土结构组合成的巨型框架结构，混凝土结构施工时采用了超高层泵送商品混凝土技术；上海环球金融中心大厦共101层，高492 m，采用了外围为巨型桁架筒、内部为钢筋混凝土的筒中筒结构；目前世界上最高的建筑阿拉伯联合酋长国迪拜摩天大楼高828 m，共160层，为组合结构，总共使用了33万立方米混凝土、3.9万吨钢材及14.2万平方米玻璃。

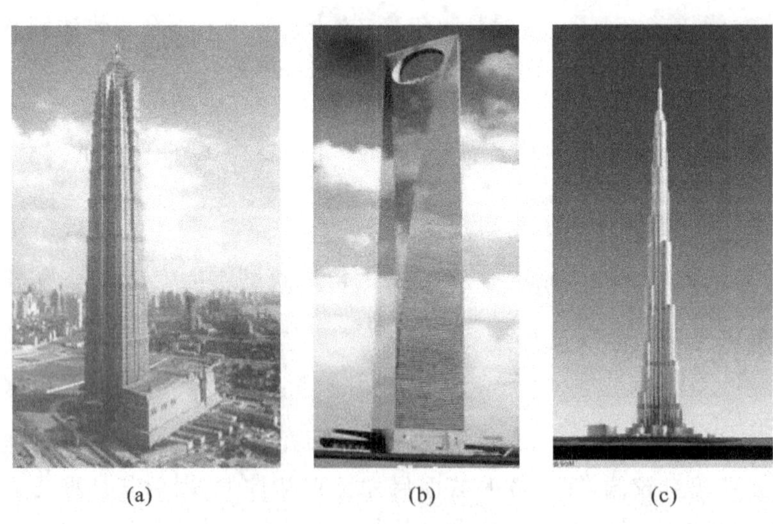

(a) (b) (c)

图1-3 典型超高层建筑

(a) 上海金茂大厦；(b) 上海环球金融中心；(c) 迪拜塔

桥梁工程绝大部分采用钢筋混凝土结构建造。如荆州长江大桥总长4397.6 m，其北汉通航孔桥为主跨500 m的预应力混凝土斜拉桥。

在水利工程中，水利枢纽中的水电站、拦洪坝、引水渡槽、污水排水管等都采用的是钢筋混凝土结构，如我国的小湾水电站混凝土拱坝，其最大坝高294.5 m。

在铁路、公路、城市立交桥、高架桥、地铁隧道及水利港口等交通工程中应用钢筋混凝土结构建

造的水闸、水电站、船坞和码头更是星罗棋布。

除此之外，一些特种结构，如电视塔、水塔、冷却塔、烟囱、储罐、筒仓等构筑物都普遍采用了钢筋混凝土和预应力混凝土结构。

1.3.2 混凝土结构的发展趋势

1.3.2.1 材料与施工技术方面

(1) 混凝土材料

轻质、高强、耐久性好、流动性好的高性能混凝土是混凝土材料的重要发展方向。

早期的混凝土强度比较低，一般为C20～C40。目前，C50～C80的高强度混凝土已在高层建筑中广泛使用，C100～C200的超高强度混凝土也已得到了实际应用。泵送混凝土技术给机械化现浇混凝土施工带来了很大方便；商品混凝土的发展结束了现场复杂的搅拌工序，保证了混凝土的质量，减少了环境污染，在城市建筑中得到了广泛的应用。

具有自身诊断、自身密实、自身修复等功能的机敏型高性能混凝土应用得越来越广泛。如自密实混凝土可不需机械振捣，而是依靠自身的重量达到密实。混凝土具有质量均匀、耐久、易于浇筑、施工速度快、施工无噪声的高工作性能。又如内养护混凝土，其采用部分吸水预湿轻骨料在混凝土内部形成储水器，可保持混凝土得到持续的内部潮湿养护，与外部潮湿养护相结合，可使混凝土的收缩量大为降低。

为了减轻结构自重，各种轻质混凝土相继出现。利用天然轻骨料(如浮石、凝灰石)或工业废料轻骨料(如炉渣、粉煤灰陶粒、自燃煤矸石及轻砂)制成的轻骨料混凝土，具有自重轻(重度仅为14～18 kN/m^3)、相对强度高等特点，同时具有优良的保湿和抗冻性能。

为了改善混凝土抗拉性能差、延性差等缺点，在混凝土中掺加纤维以改善混凝土性能的研究也发展迅速。目前研究较多的有钢纤维、耐碱玻璃纤维、碳纤维、芳纶纤维等。

其他各种特殊性能混凝土(如耐腐蚀混凝土、微膨胀混凝土和水下不分散混凝土等)的应用，可增强混凝土的抗裂性、耐磨性、抗渗和抗冻能力等，对增强混凝土的耐久性十分有利。

(2) 配筋材料

高强度、耐腐蚀、较好的延性和良好的黏结锚固性能是钢筋的发展方向。我国用于普通钢筋混凝土结构中的钢筋强度已达到500 N/mm^2，预应力混凝土结构中的钢筋强度已达到1960 N/mm^2。为了增强钢筋的耐腐蚀性能，带有环氧树脂涂层的热轧钢筋和钢绞线已开始在有特殊防腐要求的工程中应用。

采用纤维筋代替钢筋的研究也有了较大的发展，常用的树脂黏结纤维筋有碳纤维筋、玻璃纤维筋、芳纶纤维筋等。这几种纤维筋具有耐腐蚀、强度高、自重轻等优点。

1.3.2.2 结构形式方面

早期的混凝土结构形式是单一的普通钢筋混凝土结构，随着高强度材料的发展和高抗裂性需求的出现，出现了预应力混凝土结构，这为大跨度和高层建筑的迅速发展提供了合理的结构形式。

随着人们对混凝土结构研究的深入，不同用途、不同功能的结构体系相继出现，钢板与混凝土、钢板与钢筋混凝土、型钢与混凝土组成的钢与混凝土组合结构迅速发展，组合楼盖广泛用于楼盖、桥梁结构中，型钢混凝土梁、柱，钢管混凝土柱也大量用于超高层建筑中。这些高性能新型组合结构具有充分利用材料强度，较好地适应变形，施工较简单等特点，从而大大提高了钢筋混凝土结构的应用范围，使得大跨度结构、高层建筑、高耸结构和具备某些特殊功能的钢筋混凝土结构的建造成为可能。

1.3.2.3　设计理论方面

混凝土结构设计理论已经从初期的以弹性理论为基础的允许应力法、中期的考虑材料塑性的破坏阶段设计法过渡到现在的以概率理论为基础的极限状态设计法。随着计算机的发展，钢筋混凝土结构分析中引入了数值方法，结构受力性能已发展到采用非线性有限元分析，钢筋混凝土构件在复合受力和反复荷载作用情况下的计算理论正朝着从受力机理角度建立统一计算模式的方向发展，混凝土构件的计算已开始使用将强度、变形、延性贯穿起来的全过程分析方法，并从单个构件计算发展到整个结构空间工作的分析方法。这使得混凝土的计算理论和设计方法正日趋完善，向着更高水平发展。

1.4　本课程的任务和特点

本课程是土木工程专业重要的专业基础理论课程，主要讲述各种混凝土基本构件的受力性能、截面计算方法和构造等混凝土结构的基本理论。学习本课程的主要目的是掌握钢筋混凝土结构基本构件的设计方法，为进一步学习有关专业课奠定基础。本课程具有以下几个特点。

（1）依赖于试验研究的经验计算公式

由于钢筋混凝土是由钢筋和混凝土两种不同材料组成的复合材料，力学性能比较复杂，难以用力学模型和数学模型来严谨地推导、建立计算公式，因此本课程中的计算公式是经大量试验研究并结合理论分析建立起来的半理论半经验公式。学习时要注意每一计算公式的适用范围和条件，能在实际工程中正确地运用这些公式解决问题。

（2）配筋及构造要求具有重要地位

在不同的结构形式中，钢筋的位置及形式各不相同。钢筋主要是设置在受拉区承受拉力，必要时也可设置在受压区协助混凝土承受压力。构造是结构设计不可或缺的内容，与计算是同等重要的，有时是计算方法是否成立的前提条件。因此，要充分重视对构造知识的学习。

（3）实践性强

混凝土结构设计理论是以实践为基础的，因此除课堂学习以外，还要加强在实践教学环节中的学习，认真进行简支梁正截面受弯承载力、简支梁斜截面受剪承载力等试验，掌握结构构件的工作过程及特点，并有计划地到施工现场进行参观学习，以便掌握结构布置、受力体系、钢筋布置和构造细节等问题。

（4）设计方案具有多样性

结构和构件设计是一个综合性问题。设计过程包括确定结构方案、构件选型、材料选择、配筋构造等，同时需要考虑安全适用和经济合理的要求。设计中可能有多种选择方案，因此设计结果不是唯一的。确定最终设计结果时应对各种方案进行比较，综合考虑材料、造价、施工等各项指标的可行性，确定出较为合适的一个设计结果。

（5）规范的重要性

混凝土结构工程的建设必须依照国家颁布的法规进行。设计人员必须遵照各种结构类型的设计规范或规程进行设计。各种设计规范或规程是具有约束性和立法性的文件，其目的是使工程结构设计在符合国家经济政策的前提下，保证设计的质量和工程项目的安全可靠。在学习中，注意有关基本理论的应用最终都要落实到规范的具体规定上，逐步熟悉和正确运用我国颁布的一些设计规范和设计规程，如《混凝土结构设计规范》(GB 50010—2010)、《建筑结构可靠度设计统一标准》(GB 50068—2001)、《建筑结构荷载规范》(GB 50009—2012)。

设计工作是一项创造性工作。在混凝土结构设计工作中,一方面必须按照规范的要求进行设计;另一方面,只有深刻理解了规范的理论依据,才能更好地应用规范,充分发挥设计者的主动性和创造性。混凝土结构是一门比较年轻和处于迅速发展中的学科,许多计算方法和构造措施还不一定尽善尽美。也正因为如此,各国每隔一段时间都要对其结构设计标准或规范进行修订,使之更加完善、合理。因此,设计工作也不应被规范束缚,在经过各方面的可靠性论证后,应积极采用先进的理论和技术。

知识归纳

(1) 钢筋混凝土结构的工作机理主要是利用钢筋承受拉力,利用混凝土承受压力。

(2) 钢筋和混凝土能够共同工作的原因是:① 二者之间有良好的黏结力;② 二者有相近的线膨胀系数;③ 混凝土对钢筋有保护作用。

(3) 钢筋混凝土结构的优点有:合理用材,取材方便,耐久性好,耐火性好,可模性好,整体性好。

(4) 学习本课程的目的是掌握钢筋混凝土结构基本构件的设计方法。

思考题

1-1 混凝土结构有哪些类型?

1-2 钢筋混凝土结构的工作机理是什么?

1-3 钢筋混凝土结构有哪些优点和缺点?

1-4 钢筋和混凝土能够共同工作的原因是什么?

1-5 本课程有哪些特点?

参考文献

[1] 中华人民共和国住房和城乡建设部,中华人民共和国国家质量监督检验检疫总局. GB 50010—2010 混凝土结构设计规范. 北京:中国建筑工业出版社,2011.

[2] 杨霞林,丁小军. 混凝土结构设计原理. 北京:中国建筑工业出版社,2011.

[3] 赵顺波. 混凝土结构设计原理. 上海:同济大学出版社,2012.

[4] 马芹永. 混凝土结构基本原理. 北京:机械工业出版社,2012.

[5] 朱彦鹏,邵永健. 混凝土结构基本原理. 北京:中国建筑工业出版社,2012.

[6] 侯治国,陈伯望. 混凝土结构. 4版. 武汉:武汉理工大学出版社,2011.

2 钢筋和混凝土材料的力学性能

内容提要

钢筋和混凝土的物理、力学性能直接影响着混凝土结构和构件的性能，是钢筋混凝土结构和预应力混凝土结构计算理论和设计方法的基础。本章的主要内容包括混凝土和钢筋在不同受力条件下强度和变形的变化规律，以及钢筋和混凝土两种材料结合在一起共同工作时的受力性能。本章的教学重点为混凝土和钢筋的强度和变形性能，教学难点为钢筋与混凝土的黏结机理及对钢筋锚固长度的要求。

能力要求

通过本章的学习，学生应了解混凝土和钢筋的主要力学指标、性能和工程应用；理解混凝土单轴向受压的应力-应变曲线及其应用，钢筋与混凝土黏结的重要性和机理；掌握对钢筋锚固长度的要求。

2.1 混凝土

2.1.1 混凝土的组成结构

混凝土是由水泥、水、细骨料（如砂）、粗骨料（如石）、外加剂等按一定配合比例拌和，经过浇筑、养护、硬化后形成的人工石材，是一种复杂的多相复合材料。

混凝土各组成成分的数量比例（如骨料级配、水胶比、砂率等）对混凝土的强度和变形性能有重要影响，混凝土的性能在很大程度上还取决于搅拌程度、浇筑的密实性和养护条件。

混凝土在凝结硬化过程中，水泥与水形成水泥浆（包括水泥结晶体和水泥胶凝体），包裹在骨料表面并填充其空隙。骨料和水泥胶块中的结晶体组成了混凝土中错综复杂的弹性骨架，用以承受外力，弹性骨架使混凝土具有弹性变形的特性。水泥胶块中的凝胶体又使混凝土具有塑性变形的性质。混凝土内部还有液体和孔隙存在，因此混凝土是一种不密实的混合体。

在混凝土凝结硬化过程中，水泥胶块的收缩、泌水，骨料下沉等原因，使骨料与水泥胶块的结合界面上及孔隙界面上形成微裂缝。这些微裂缝处是混凝土内最薄弱的位置，往往是混凝土受力破坏的起源，且微裂缝在荷载作用下的开展对混凝土的力学性能有着很重要的影响。由于混凝土内部结构复杂，因此它的力学性能也极为复杂。

2.1.2 混凝土的强度

强度是指结构材料所能承受的某种极限应力。要进行混凝土结构受力分析及设计计算，需要了解和掌握混凝土的强度等级、强度指标及各类构件中混凝土强度之间的相互关系。

2.1.2.1 混凝土的立方体抗压强度

混凝土的抗压强度与其组成材料、施工方法等许多因素有关，还受试件尺寸、加荷方式、加荷速

度等的影响,因此必须有一个标准的强度测定方法和相应的强度评定标准。

混凝土的立方体抗压强度(简称立方体强度)是衡量混凝土强度的基本指标,用符号 f_{cu} 表示。

按照我国规范规定,其是采用边长为 150 mm 的立方体作为混凝土抗压强度的标准尺寸试块,在标准养护室[温度为(20±3)℃,相对湿度不小于 90%]中养护 28 d 或规定龄期后,将按标准试验方法测得的具有 95%保证率的抗压强度(单位为 N/mm^2)作为混凝土的强度等级。

《混凝土结构设计规范》(GB 50010—2010)规定,混凝土强度等级应按立方体抗压强度标准值确定。混凝土强度等级有 14 级,分别是 C15、C20、C25、C30、C35、C40、C45、C50、C55、C60、C65、C70、C75、C80。C 表示混凝土的强度等级,C 后的数字表示混凝土的立方体抗压强度标准值。如 C60 级混凝土表示混凝土的立方体抗压强度为 60 N/mm^2(即 60 MPa)。

立方体抗压强度也可采用边长为 200 mm 或 100 mm 的立方体试块测定。但是,对于同一种混凝土材料,采用的立方体试块尺寸越大,测得的强度越低。采用边长为 200 mm 和 100 mm 的立方体试块测得的强度,转换为边长为 150 mm 试块的立方体抗压强度时,应分别乘以 1.05 和 0.95 的尺寸效应换算系数。

试验方法对立方体强度有很大的影响。试块在压力机上受压时,纵向压缩,横向膨胀。承压钢板与试块界面上的横向摩擦力作用,使试块上、下两端部位的横向变形受到约束,从而可提高混凝土的抗压能力。试块中部由于受摩擦力影响较小,混凝土仍可横向膨胀。随着压力的增加,试块中部首先产生纵向裂缝,最后导致试块沿两个对顶的角锥面破坏,如图 2-1(a)所示。

如果在承压钢板与试块接触面之间涂以润滑剂,以消除摩擦力的影响,则随着压力的增大,试块上将出现与压力方向大致平行的竖向裂缝,将试块分裂成若干个小柱体而使之破坏,如图 2-1(b)所示。此时测得的立方体抗压强度就较不涂润滑剂时要小。《混凝土结构设计规范》(GB 50010—2010)规定的标准试验方法中是不加润滑剂的。

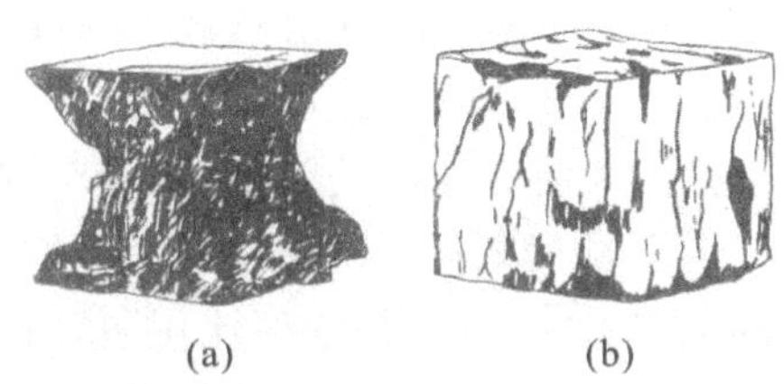

图 2-1 混凝土立方体试块的破坏情形

试验加载速度对混凝土的立方体抗压强度也有影响:加载速度越快,则强度越高。通常规定的加载速度为:混凝土强度等级低于 C30 时,可取 0.3~0.5 N/(mm^2·s);混凝土强度等级高于或等于 C30 时,可取 0.5~0.8 N/(mm^2·s)。

混凝土中水泥胶块的硬化过程需要若干年才能完成,混凝土的抗压极限强度随着混凝土龄期的逐渐增长,开始时增长速度较快,以后逐渐减慢。其整个增长过程往往延续几年甚至十几年,在潮湿环境中要更长。

钢筋混凝土结构中的混凝土强度等级不应低于 C20;当采用强度为 400 MPa 及以上钢筋时,混凝土强度等级不应低于 C25;承受重复荷载钢筋混凝土构件的混凝土强度等级不宜低于 C30;预应力混凝土结构中的混凝土强度等级不宜低于 C40,且不应低于 C30。当建筑物有耐久性要求,如抗渗、抗冻、抗腐蚀要求时,混凝土强度等级还需根据具体技术要求确定。

2.1.2.2 混凝土的轴心抗压强度

混凝土的抗压强度不仅与试件的尺寸有关,还与试件的形状有关。在实际工程中,混凝土受压构件往往不是立方体而是棱柱体,所以采用棱柱体试件(高度大于边长的试件)比采用立方体试件能更好地反映混凝土的实际抗压能力。《普通混凝土力学性能试验方法标准》(GB 50081—2002)规定以 150 mm×150 mm×300 mm 的棱柱体试件作为混凝土轴心抗压强度试验的标准试件,其制作养护条件和试验方法同立方体试件,测得的抗压强度称为轴心抗压强度(棱柱体抗压强度)。混凝土轴心抗压强度用符号 f_c 表示。

轴心抗压强度低于立方体抗压强度。这是因为试件高度增大后，其上、下两端接触面上的摩擦力对试件中部的影响减弱。轴心抗压强度依试件高度与宽度之比 h/b 而异，当 $h/b>3$ 时趋于稳定。根据国内外对比试验，轴心抗压强度平均值与立方体抗压强度平均值大致呈线性关系。其比值对于普通混凝土为 0.76，对于高强度混凝土则大于 0.76。考虑结构中混凝土强度与试件混凝土强度之间的差异，根据以往的经验，结合试验数据分析并参考其他国家的有关规定，《混凝土结构设计规范》(GB 50010—2010)给出的轴心抗压强度标准值(f_{ck})与立方体抗压强度标准值($f_{cu,k}$)的关系表达式为：

$$f_{ck}=0.88\alpha_{c1}\alpha_{c2}f_{cu,k} \tag{2-1}$$

式中 α_{c1}——轴心抗压强度与立方体抗压强度的比值。当混凝土强度等级为 C50 及以下时，取 $\alpha_{c1}=0.76$；当混凝土强度等级为 C80 时，取 $\alpha_{c1}=0.82$；当混凝土强度等级为中间值时，α_{c1} 按线性内插法取值。

α_{c2}——混凝土的脆性折减系数。当混凝土强度等级不大于 C40 时，取 $\alpha_{c2}=1.0$；当混凝土强度等级为 C80 时，取 $\alpha_{c2}=0.87$；当混凝土强度等级为中间值时，α_{c2} 按线性内插法取值。

0.88 为考虑结构中混凝土的实体强度与立方体试件混凝土强度的差异等因素后的修正系数。

2.1.2.3 混凝土的轴心抗拉强度

混凝土的轴心抗拉强度也是其基本力学性能指标之一。混凝土构件的开裂、裂缝宽度、变形验算及抗剪、抗扭、抗冲切等承载力的计算都与其轴心抗拉强度有关。轴心抗拉强度用符号 f_t 表示，一般仅相当于立方体抗压强度的 1/18～1/9，且不与抗压强度成比例增长。

凡影响抗压强度的因素，一般对抗拉强度也有相应的影响。不过，不同因素对抗压强度和抗拉强度的影响程度不同。如水泥用量增加，可使抗压强度增大较多，而使抗拉强度增大较少；用碎石拌制的混凝土，其抗拉强度比用卵石拌制的要大，而骨料形状对其抗压强度的影响则相对较小。

混凝土的轴心抗拉强度测定方法有两类。一类是直接拉伸试验。如图 2-2 所示，对两端预埋钢筋的棱柱体试件(钢筋位于试件轴线上)施加拉力，拉力由钢筋传至混凝土截面，使试件均匀受拉。破坏时裂缝产生于试件中部，试件破坏时的平均拉应力即为混凝土的轴心抗拉强度。应用这种试验方法时，预埋钢筋时难以对中，会形成偏心受力，使测得的轴心抗拉强度比实际轴心抗拉强度低。

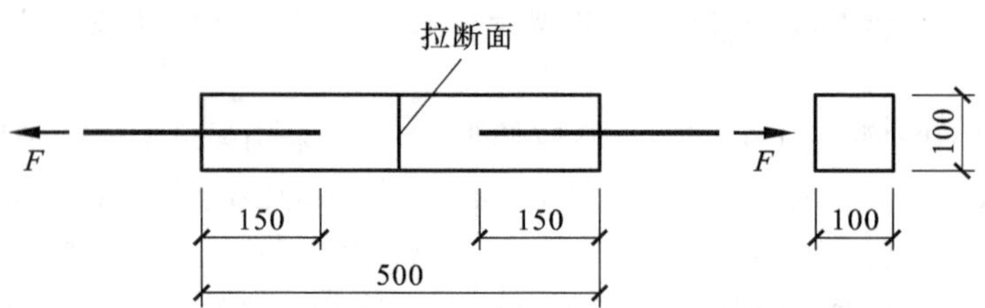

图 2-2 应用直接拉伸试验测定混凝土的轴心抗拉强度

另一类为间接测试方法，如劈裂试验、弯折试验等。图 2-3 所示为劈裂试验示意图。对于圆柱体或立方体试件，通过弧形垫条及垫层施加线荷载，在试件中间垂直截面上，除垫条附近的极小部分外，都将产生均匀的压应力。当拉应力达到混凝土的轴心抗拉强度时，试件沿中间垂直截面对半劈裂。根据弹性力学理论，发生劈裂破坏时混凝土的抗拉强度(劈裂强度)$f_{t,s}$可由下式计算：

$$f_{t,s}=\frac{2F}{\pi dl} \tag{2-2}$$

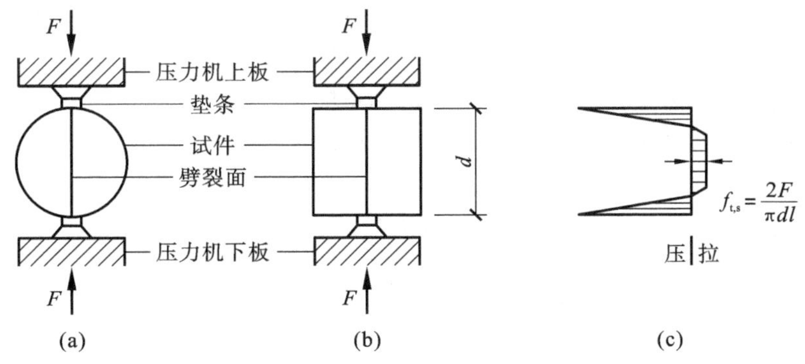

图 2-3 用劈裂试验测定混凝土的轴心抗拉强度

(a) 用圆柱体进行劈裂试验;(b) 用立方体进行劈裂试验;(c) 劈裂面中的水平应力分布

式中 F——劈裂破坏荷载,N;

d——圆柱体直径或立方体边长,mm;

l——圆柱体高度或立方体边长,mm。

劈裂试验中,试件的大小和垫条的尺寸、刚度都对试验结果有影响。我国的一些试验结果为劈裂强度略大于轴心抗拉强度,而国外的一些试验结果为劈裂强度略小于轴心抗拉强度。

根据立方体抗压强度和轴心抗拉强度的对比试验,同时考虑实际结构构件与试件混凝土之间的差异,《混凝土结构设计规范》(GB 50010—2010)取轴心抗拉强度标准值 f_{tk} 与立方体抗压强度标准值 $f_{cu,k}$ 之间的关系如下:

$$f_{tk}=0.88\times0.395f_{cu,k}^{0.55}(1-1.645\delta)^{0.45}\alpha_{c2} \tag{2-3}$$

式中 δ——变异系数。

0.88 的意义和 α_{c2} 的取值与式(2-1)中的相同。

2.1.2.4 混凝土在复合应力状态下的强度

前面所讲的混凝土的抗压强度及抗拉强度均是构件在单向受力状态下的强度,而在实际工程结构中,构件很少处于单向受压或单向受拉状态,而往往处于双向或三向受力的复合应力状态中。在复合应力状态下,混凝土的强度和变形性能有了明显的变化。

(1) 混凝土的双向受力性能

双向受力状态下的混凝土强度曲线如图 2-4 所示。试件两个平面上作用有法向应力 σ_1 和 σ_2,第三个平面上的应力为 0。在双向受压时(第Ⅳ象限),混凝土的抗压强度比单向受压时的强度高,也就是说,一个方向的抗压强度随另一方向压应力的增大而增大;双向拉应力作用下(第Ⅱ象限),σ_1 与 σ_2 相互影响不大,即混凝土一个方向的抗拉强度基本上与另一个方向拉应力的大小无关,即双向受拉时的混凝土强度与单向受拉时的强度基本相同;一向受拉、一向受压时(第Ⅰ、Ⅲ象限),抗拉强度与抗压强度都降低。

(2) 混凝土的三向受压强度

在三向受压状态下,侧向压应力的存在,使得混凝土受压后的侧向变形受到了约束,延迟和限制了沿轴线方向内部微裂缝的产生和发展,因而极限抗压强度和极限压缩应变均有显著提高,并显示出了较大的塑性。配置螺旋钢箍或密集钢箍的钢筋混凝土柱就是工程中应用约束混凝土的实例。

混凝土在三向受压状态下,最大主压应力 $f'_{cc}(\sigma_1)$ 轴的极限强度随其两侧向应力(σ_2、σ_3)的比值和大小的不同而不同。常规三向受压是两侧等压(即 $\sigma_2=\sigma_3$),三向受压时混凝土的强度见图 2-5。

当侧向压应力不是很大时，最大主压应力(σ_1)轴的极限强度可用试验测得的经验公式表达为：

$$f'_{cc}=f'_c+k\sigma_2 \tag{2-4}$$

式中　f'_{cc}——有侧向压应力约束时试件的轴心抗压强度；

f'_c——无侧向压应力约束时试件的轴心抗压强度；

σ_2——侧向压应力；

k——侧向压应力系数，根据试验结果，取 k 值为 4.5～7.0，平均值为 5.6，当侧向压力较小时得到的数值较高。

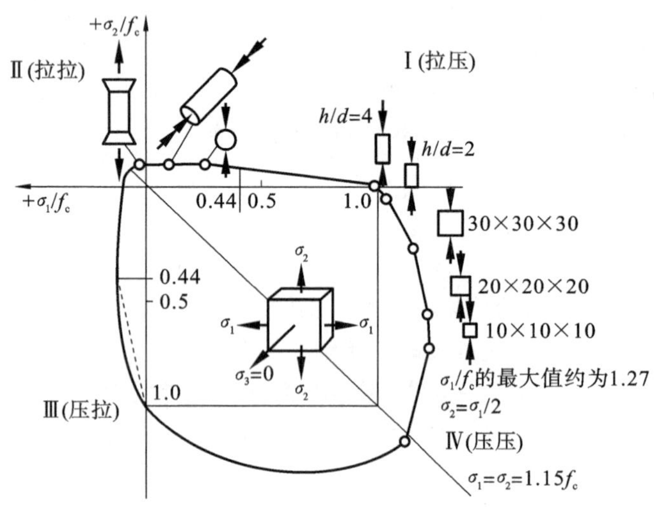

图 2-4　混凝土在双向应力作用下的强度曲线

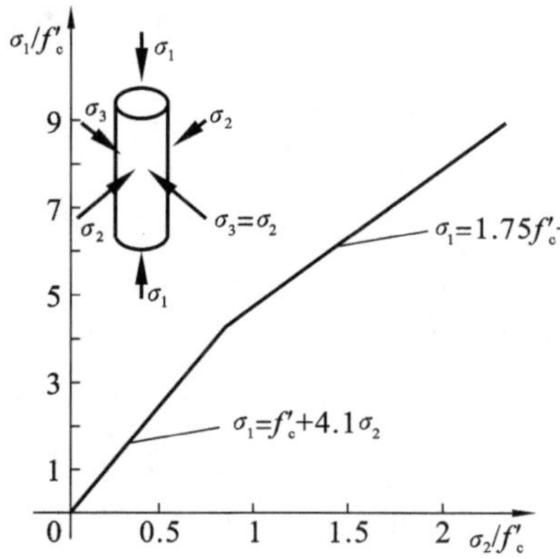

图 2-5　混凝土在三向受压状态下的强度曲线

(3) 混凝土在正压应力和剪应力共同作用下的强度

在单向正压应力和剪应力的共同作用下，混凝土的强度曲线如图 2-6 所示。混凝土的抗剪强度随正压应力的增大而有所提高，但当正压应力大于约 $0.6f_c$ 时，混凝土的抗剪强度反而随正压应力的增大而降低。同时，由于剪应力的存在，混凝土的极限抗压强度低于单向抗压强度 f_c，所以当结构中出现剪应力时，其抗压强度会有所降低，而且会使抗拉强度降低。图 2-6 所示曲线可用经验公式表示为：

$$\frac{\tau}{f_c}=\sqrt{a+b\left(\frac{\sigma}{f_c}\right)^n-c\left(\frac{\sigma}{f_c}\right)^2} \tag{2-5}$$

式中　σ,τ——破坏时截面上的正应力和剪应力。

a,b,c,n——常数，可由试验求得，如有的剪压试验得出 $a=0.00981$，$b=0.112$，$c=0.122$ 及 $n=1$。试验表明，加载次序、荷载数值大小及试件形状均会对试验结果有明显影响。

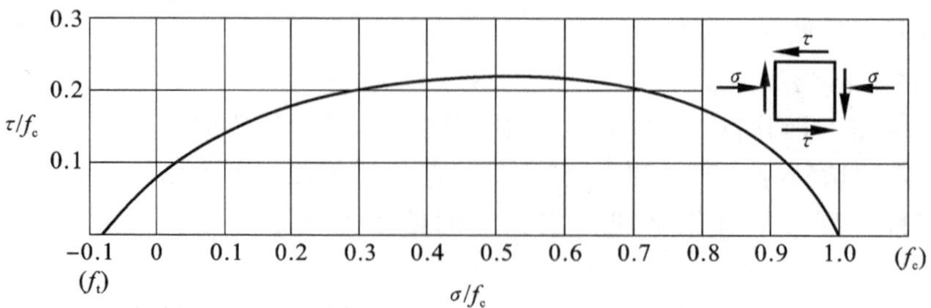

图 2-6　正压应力和剪应力共同作用下的混凝土强度曲线

2.1.3 混凝土的变形

混凝土的变形性能比较复杂。试验研究表明，混凝土的变形可分为两大类：一类是由外荷载作用产生的受力变形，包括一次短期加载变形、长期荷载作用下的变形和重复荷载作用下的变形；另一类是由温度、干湿变化引起的体积变形，包括混凝土收缩变形、温度变形等。

2.1.3.1 混凝土在一次短期加载时的变形性能

(1) 混凝土受压时的应力-应变曲线

一次短期加载是指荷载从0开始单调增至试件破坏。混凝土棱柱体试件在一次短期受压加载下的应力-应变曲线如图2-7所示。可以看出，曲线由上升段 OC 和下降段 CF 两部分组成。

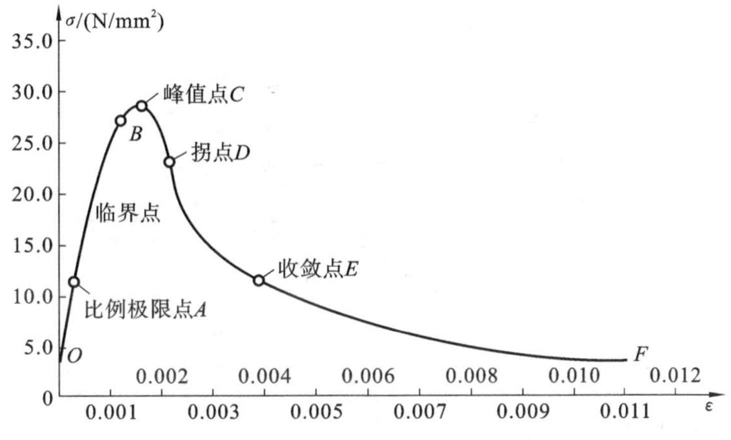

图2-7 混凝土棱柱体试件受压时的应力-应变曲线

① OA 段：应力较小($\sigma \leqslant 0.3f_c$)，应力-应变关系接近于线性关系，混凝土变形主要是骨料和水泥结晶体受力产生的弹性变形。混凝土内部的初始微裂缝没有发展。

② AB 段：应力 σ 为$(0.3\sim0.8)f_c$，应变增长速度大于应力增长速度，应力-应变曲线逐渐向下弯曲，混凝土呈现出塑性性质。在此阶段，混凝土内部微裂缝虽已有所发展，但仍处于稳定状态。

③ BC 段：应力 σ 为$(0.8\sim1.0)f_c$，应变增长速度更快。随着应力的增大，混凝土内部微裂缝扩大且贯通。当应力达到最大值 f_c 时，试件表面出现与加压方向平行的纵向裂缝，试件开始破坏。这时的最大应力即为轴心抗压强度 f_c，相应的应变为峰值应变 ε_0，其值为 0.0015～0.0025，对于C50及以下的混凝土通常取 $\varepsilon_0=0.002$。

④ CD 段：随着裂缝的贯通，结构内部的整体性受到越来越严重的破坏，荷载传递路线不断减少，试件承载力下降，曲线呈向下弯曲状，直到凸向发生改变，曲线出现拐点。

⑤ DE 段：过拐点后曲线开始凸向应变轴，混凝土只靠骨料间的咬合、摩擦力与残余承压面承受荷载。此段曲线中曲率最大点 E 称为收敛点，此时混凝土应变达到最大压应变 ε_u。混凝土的极限压应变 ε_u 包括弹性应变和塑性应变两部分。塑性应变部分越大，表明混凝土的变形能力越强，延性越好。

⑥ E 点以后主裂缝已很宽，结构内聚力几乎已耗尽。对于无侧向约束的混凝土，收敛段已失去结构上的意义。

当在普通材料试验机上采用等应力速度加载进行试验，达到混凝土轴心抗压强度时，试验机中积聚了很大的弹性变形能，大于试件所能吸收的应变能，导致试件突然发生脆性破坏，从而无法测得应力-应变曲线的下降段数据。采用等应变速度加载或在试件旁敷设高弹性元件与试件一同受压，以吸收试验机内积聚的应变能，防止试验机头回弹的冲击引起试件破坏，可以测得应力-应变曲线的下降段数据。

对于不同强度等级的混凝土，应力-应变曲线有着相似的形状（图 2-8），但也有实质性的区别。随着混凝土强度的提高，曲线上升段和峰值应变的变化不是很显著，但下降段的形状有很大差异：低强度混凝土曲线下降段延伸较长且平缓；高强度混凝土下降段则短而陡，可见高强度混凝土的延性较差。

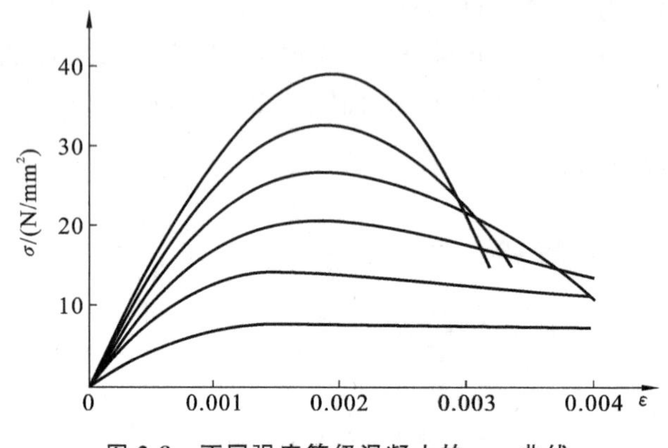

图 2-8　不同强度等级混凝土的 σ-ε 曲线

对于同一强度等级的混凝土，加载速度不同，应力-应变曲线也有区别（图 2-9）。加载速度比较大时，最大应力有所提高，曲线也较陡；加载速度较小时，则曲线平缓，ε_u 增大。同时，加载速度对曲线上升段的影响较小，而对下降段形状的影响较大。

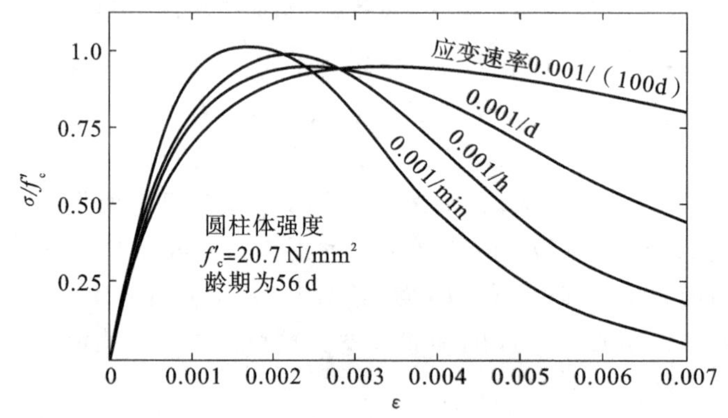

图 2-9　不同加载速度下的混凝土 σ-ε 曲线

（2）混凝土的变形模量

在钢筋混凝土结构工程的内力分析及构件变形等计算中，需要引入混凝土的弹性模量。与弹性材料不同量，混凝土的应力-应变关系是一条曲线。在不同的应力阶段，应力与应变之比（即变形模量）不是常量：只有当应力很小时，应力-应变关系才近似于线性关系；在其他应力阶段，应力与应变的比值为一变量，故称为变形模量。混凝土的变形模量有三种表示方法。

① 混凝土的弹性模量（原点弹性模量）。

混凝土的应力-应变曲线如图 2-10 所示。

过应力-应变曲线的原点 O 作一切线，该切线的斜率称为混凝土的原点弹性模量，用 E_c 表示，则

$$E_c = \tan\alpha_0 \tag{2-6}$$

混凝土的原点弹性模量也称为混凝土的弹性模量，它反映出混凝土的应力与其弹性应变的关系，即

$$E_c = \frac{\sigma_c}{\varepsilon_{ce}} \tag{2-7}$$

② 混凝土的割线模量。

连接原点 O 和曲线上任意一点（应力为 σ_c）所形成割线的斜率，称为该点处混凝土的割线模量（变形模量），用 E'_c 表示，则

$$E'_c = \tan\alpha_1 = \frac{\sigma_c}{\varepsilon_c} \tag{2-8}$$

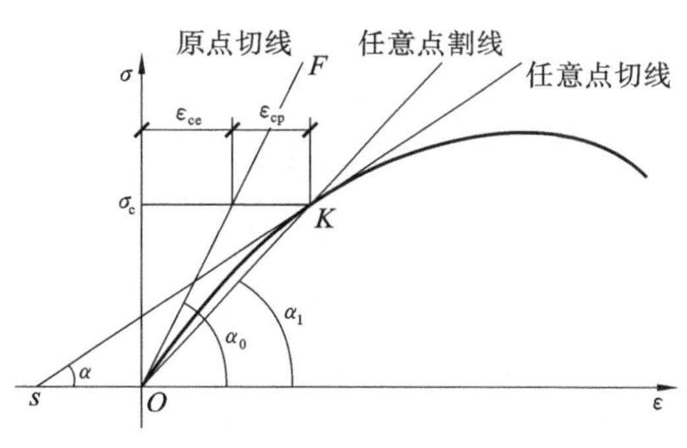

图 2-10 混凝土的应力-应变曲线与各种切线、割线图

曲线上任意一点的总应变 ε_c 可分解为弹性应变 ε_{ce} 和塑性应变 ε_{cp}，即 $\varepsilon_c = \varepsilon_{ce} + \varepsilon_{cp}$，所以割线模量又称为弹塑性模量。

③ 混凝土的切线模量。

过混凝土应力-应变曲线上任意一应力为 σ_c 的点作一切线，切线与横坐标夹角的正切值或其应力增量与应变增量的比值，称为对应于该点的混凝土的切线模量，用 E''_c 表示，则

$$E''_c = \tan\alpha \tag{2-9}$$

或

$$E''_c = \frac{d\sigma_c}{d\varepsilon_c} \tag{2-10}$$

随着混凝土塑性变形的发展，混凝土的割线模量和切线模量均为变量。由式(2-7)和式(2-8)，可推导出混凝土割线模量与弹性模量的关系式，为：

$$E'_c = \frac{\varepsilon_{ce}}{\varepsilon_c} E_c = \nu E_c \tag{2-11}$$

式中 ν——混凝土受压时的弹性系数，等于混凝土弹性应变与总应变的比值。当应力较小时，混凝土处于弹性阶段，可认为 $\nu=1$；随着应力的增加，ν 值逐渐减小。

在工程中，一般采用重复加荷、卸荷的方法来测定混凝土的弹性模量。混凝土在重复加载、卸载后应力-应变关系趋于直线，即加载至(0.4～0.5)f_c，然后卸载至 0，重复加载、卸载 5～10 次，应力-应变关系曲线渐趋稳定并接近于一直线。该直线基本上平行于一次短期加载作用下应力-应变关系曲线的原点切线，故该直线的斜率即为混凝土的弹性模量。

我国《混凝土结构设计规范》(GB 50010—2010)中，混凝土的弹性模量按下式计算：

$$E_c = \frac{10^5}{2.2 + \dfrac{34.7}{f_{cu,k}}} \tag{2-12}$$

按上式计算的混凝土弹性模量 E_c 见附表 3。当掺加大量矿物掺合料时，其应按规定实测确定。

(3) 混凝土受拉时的应力-应变曲线

混凝土受拉时的应力-应变曲线与受压时类似，如图 2-11 所示。该组曲线也具有上升段和下降段：当拉应力不大于 $0.5f_t$ 时，应力-应变关系接近于直线；当拉应力增至约 $0.8f_t$ 时，应力-应变关系曲线明显偏离直线，塑性变形大为发展，达到峰值应力时对应的应变只有 0.75×10^{-4}～1.15×10^{-4}。曲线下降段的坡度也随混凝土强度的提高而增大。试件断裂时的极限拉应变大小与很多因素有关，一般可取为 1.0×10^{-4}～1.5×10^{-4}。

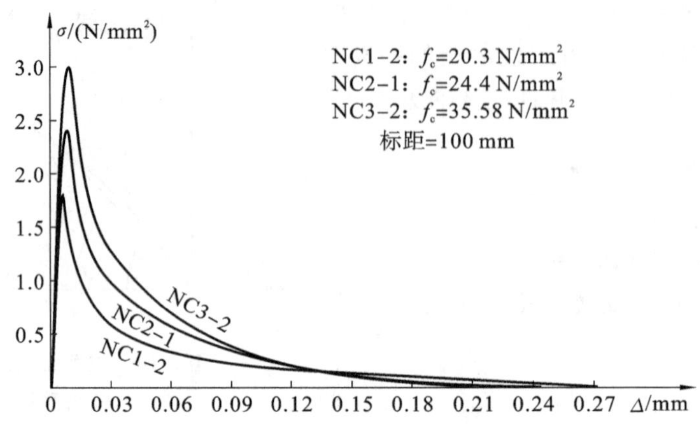

图 2-11　不同强度普通混凝土受拉时的应力-应变曲线

混凝土的抗拉性能虽然较差，但其受拉时的应力-应变关系与受压时类似，通常取混凝土受拉时的弹性模量与受压时相同。当拉应力较大时，混凝土受拉时的变形模量可表示为：

$$E'_{ct}=\nu_t E_c \tag{2-13}$$

式中　ν_t——混凝土受拉时的弹性系数。当混凝土强度达到极限抗拉强度即将开裂时，受拉弹性系数约等于 0.5，此时 $E'_{ct}=0.5E_c$。这一取值在钢筋混凝土构件抗裂验算中具有重要意义。

混凝土受压后，在产生纵向应变 ε_1 的同时，还产生横向拉应变 ε_2。混凝土横向拉应变 ε_2 与纵向应变 ε_1 的比值称为泊松比。混凝土的泊松比 ν_c 随应力变化，并非一常量。当压应力较小时，可以认为 ν_c 为一定值，一般取 1/6（也有取 0.15 或 0.2 的）。当混凝土接近破坏时，ν_c 可达 0.5 以上。

2.1.3.2　*混凝土在重复荷载作用下的变形性能——疲劳变形*

将试件加载至某一数值，然后卸载至 0，并将这种过程重复多次，即通常所指的重复荷载作用。混凝土在重复荷载作用下的应力-应变特性与一次短期加载时有显著不同。了解混凝土在重复荷载作用下的应力-应变特性，对研究承受重复荷载的构件，如吊车梁、受到车辆振动影响的桥及钢筋混凝土抗震结构的强度、延性和恢复力等特性有重要意义。

混凝土一次短期加载、卸载的应力-应变曲线如图 2-12 所示。加载曲线为 OA，当应力达到 A 点对应的应力时卸载为 0，卸载的应力-应变曲线为 AB。因混凝土是弹塑性材料，卸载至应力为 0 时应变不能全部恢复，可恢复的那部分称为弹性应变 ε_{ce}，不可恢复的称为塑性应变 ε_{cp}。卸载至 0 后，经过一段时间再量测试件的变形，其还能恢复一部分而达到 B' 点，则 BB' 表示的恢复变形称为弹性后效。$B'O$ 为残余变形，保留在试件中不再恢复。由此可见，一次短期加载、卸载过程中，混凝土的应力-应变曲线形成了一个环状。

混凝土棱柱体试件在多次重复荷载作用下的应力-应变曲线如图 2-13 所示。当每次循环加载的应力 σ_1 较小（$\sigma_1<f_c^f$）时，随着加载、卸载重复次数的增加，残余应变将不再增长，混凝土加载和卸载的应力-应变曲线越来越闭合，并接近一直线，这条直线与一次短期加载曲线在 O 点的切线基本平行；当作用在混凝土试件上的应力值增大到某一限值 f_c^f 时，随着重复加载次数的增多，应力-应变曲线也会渐变成直线，但继续重复加载后，加载应力-应变曲线的形状会发生变化，由凸向应力轴逐渐变为凸向应变轴，以致不能与卸载的应力-应变曲线形成封闭环。这就标志着混凝土内部微裂缝的发展加剧，试件趋近破坏。随着荷载重复次数的增加，应力-应变曲线的斜率不断降低。当荷载重复到一定次数时，混凝土试件因严重开裂或变形过大而破坏。这种因荷载重复作用而引起的

混凝土破坏即为混凝土疲劳破坏，混凝土在重复荷载作用下的强度极限值称为混凝土的疲劳强度 f_c^f。

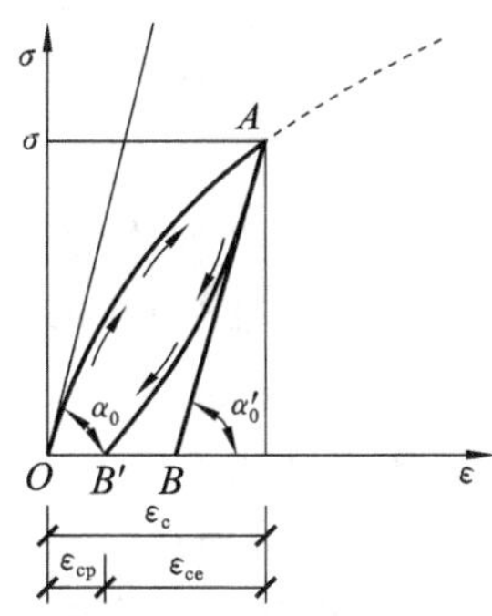

图 2-12 混凝土一次短期加载、卸载过程的 σ-ε 曲线

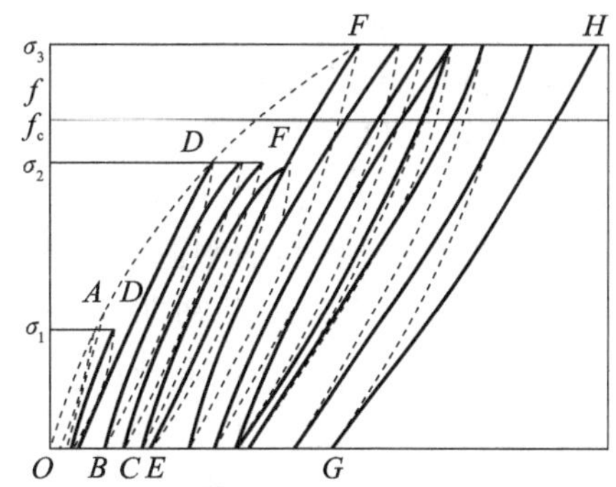

图 2-13 混凝土在重复荷载作用下的 σ-ε 曲线

混凝土的疲劳强度用疲劳试验测定。疲劳试验采用 100 mm×100 mm×300 mm 或 150 mm×150 mm×450 mm 的棱柱体试件，把能使棱柱体试件承受 200 万次及以上循环荷载而发生破坏的压力值称为混凝土的疲劳抗压强度。

施加荷载时的应力大小是影响试件应力-应变曲线发展和变化的关键因素，即混凝土的疲劳强度与荷载重复作用时应力的变化幅度有关。在相同的重复次数下，疲劳强度随着疲劳应力比值的增大而增大。疲劳应力比值按下式计算：

$$\rho_c^f=\frac{\sigma_{c,\min}^f}{\sigma_{c,\max}^f} \tag{2-14}$$

式中 $\sigma_{c,\min}^f$，$\sigma_{c,\max}^f$——截面同一纤维上的混凝土最小应力及最大应力。

2.1.3.3 混凝土在长期荷载作用下的变形性能——徐变

混凝土结构或构件受到的荷载或应力不变，其应变随时间而增长的现象，称为混凝土的徐变。图 2-14 所示为混凝土的典型徐变曲线（应变与时间关系曲线）。当加载应力为 $0.5f_c$ 时，一瞬间试件产生的应变为瞬时应变 ε_{ela}。若荷载保持不变并持续作用，应变会随时间而增长。徐变开始发展很快，然后逐渐减慢，经过较长时间趋于稳定，此时达到混凝土的徐变变形量 ε_{cr}。通常在前 6 个月

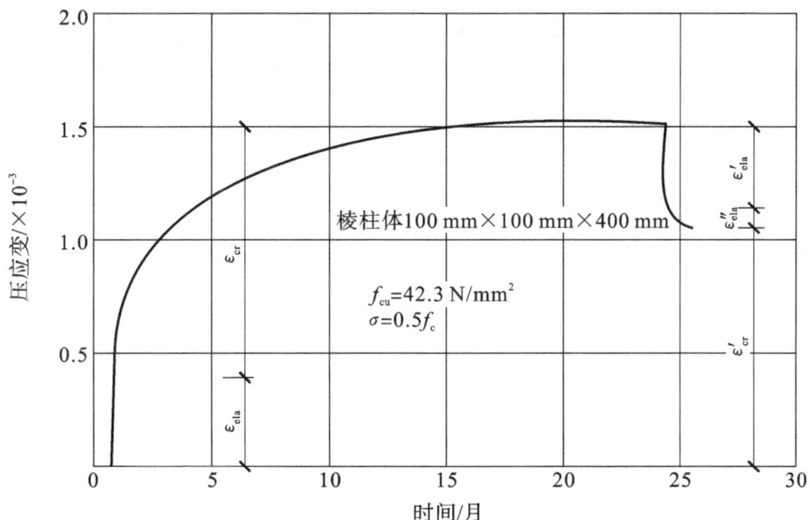

图 2-14 混凝土的徐变曲线

可完成全部徐变的70%～80%，一年内可完成90%左右，其余部分在后续几年内完成。徐变变形量约为加载时瞬时变形的2～4倍。如果在某时刻把荷载卸去，则变形会立即恢复一部分，这部分恢复的变形称为瞬时恢复应变ε'_{ela}，其值略小于加载时的瞬时应变。在卸载一段时间后，变形还可以逐渐恢复一部分，称为徐回（弹性后效）ε''_{ela}，约为徐变变形的1/12。剩余的变形不再恢复，称为残余变形ε'_{cr}。若以后再重新加载，则瞬时应变和徐变变形又会产生。

一般认为发生混凝土徐变的原因主要有两个方面。一是水泥石中的凝胶体发生黏性流动的结果。混凝土硬结后，骨料间的水泥浆一部分变为完全弹性的结晶体，另一部分成为填充在结晶体间的凝胶体。水泥石在承受荷载初期，结晶体与凝胶体共同受力。随着时间的推移，凝胶体由于黏性流动而逐渐卸载。此时结晶体承受过多的外力，并发生弹性变形，从而使水泥石变形增加。二是混凝土内部的微裂缝在荷载的长期作用下不断发展和增加，从而导致应变的增加。

当应力不大时，徐变的发生以第一种原因为主；当应力较大时，徐变的发生以第二种原因为主。

影响混凝土徐变的因素很多，主要影响因素有持续应力的大小、加载龄期、混凝土的配合比、振捣养护条件及结构所处的环境等。

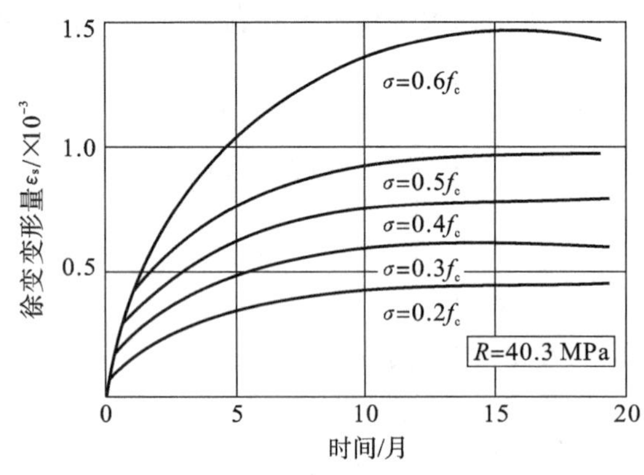

图2-15　压应力与徐变变形量的关系曲线

徐变与持续应力的大小关系密切（图2-15）。持续应力越大，徐变变形量越大。当持续应力$\sigma_c \leqslant 0.5f_c$时，徐变变形量与应力呈线性关系，这种徐变称为线性徐变。线性徐变变形量随时间的增长具有收敛性，其渐近线与横坐标平行。当$\sigma_c \geqslant 0.5f_c$时，徐变变形量与持续应力不再呈线性关系，这种徐变称为非线性徐变。在非线性徐变范围内，当持续应力过大时，徐变变形量急剧增加不再收敛。当荷载持续一定时间后，徐变变形量的增长可能会超过混凝土的变形能力而使混凝土发生突然破坏。我国铁道科学研究院曾做过$\sigma_c \approx 0.8f_c$的持续受压试验，持荷6 h后，试件发生爆裂性突然破坏。因此，在正常使用情况下，混凝土应避免经常处于高应力状态。

徐变与加载时混凝土龄期的关系是：加载时混凝土龄期越长，徐变越小。因此，为减小徐变，应避免过早地对结构施加长期荷载。如在施工期内避免过早地拆除构件的模板支柱，也可以采取加快混凝土硬结的措施来减小龄期对徐变的影响。

混凝土的组成成分和配合比也直接影响徐变变形量的大小。水泥用量越多，徐变变形量越大；水灰比越大，徐变变形量也越大。骨料越坚硬，弹性模量越高，对水泥石徐变的约束作用越大，徐变变形量越小。

混凝土的制作方法、养护条件对徐变有重要影响。养护时温度高，湿度大，水泥水化作用充分，徐变变形量就小。如采用蒸汽养护可以减小徐变变形量，采用蒸汽养护的混凝土徐变变形量比普通养护一年后的混凝土徐变变形量约可减少25%。而混凝土受荷后所处环境的温度越高，湿度越小，则徐变变形量越大。构件的形状、尺寸也会影响徐变变形量大小。大尺寸试件内部失水受限，徐变变形量减小。钢筋的应力（拉力或压力）等对徐变变形量也有影响。

混凝土的徐变对钢筋混凝土构件受力性能的影响在多数情况下是不利的，如徐变可使构件的变形增加；长细比较大的偏心受压构件，由于侧向挠度增大而使偏心距增大，从而会降低其构件承载力；在预应力混凝土结构中，徐变将引起相当大的预应力损失。混凝土的徐变也有有利的影响：

存在温度应力的结构，混凝土的徐变可能会使温度应力降低；引起构件截面应力重分布或构件内力重分布，使构件截面应力或构件内力分布趋于均匀。例如，钢筋混凝土轴心受压柱由徐变引起的混凝土和受压钢筋之间的应力重分布，使钢筋和混凝土的应力有可能同时达到各自的强度，有利于充分发挥材料强度。

2.1.3.4 混凝土的体积变形

混凝土在硬结过程中体积会发生变化。在空气中硬结时，体积会缩小，称为收缩；在水中硬结时，体积会膨胀。混凝土的收缩值比膨胀值大得多，而且收缩特性对结构构件有不利影响，所以应特别注意防范。

混凝土的收缩主要是由混凝土中的水分散失或湿度降低引起的。收缩是使混凝土内部产生初始裂缝的主要原因。混凝土的粗集料是不收缩的，水泥砂浆是收缩的，这就会在粗集料与水泥砂浆的界面上及水泥砂浆内部产生拉应力。当这种拉应力超过极限强度时，就会产生微裂缝。这些微裂缝是混凝土内部的缺陷，是使混凝土抗拉强度低且离散性较大的主要原因。如果混凝土构件处于完全自由状态，则混凝土收缩只会引起构件尺寸的缩短，而不会导致裂缝。但大部分结构构件都会不同程度地受到外部或内部(钢筋)的约束作用，如梁受到支座约束，大体积混凝土的表面混凝土受到内部混凝土的约束等。这样混凝土的收缩就会使构件中产生有害的拉应力，从而导致裂缝的产生。

收缩是一种随时间增长而增长的变形，如图 2-16 所示。混凝土收缩变形的发展规律与线性徐变类似，早期发展较快：在前两周可完成全部收缩的 25%；前一个月可完成 50%；三个月后增长逐渐缓慢；一年后收缩仍有发展，但不明显。最终收缩值一般为$(2.0\sim5.0)\times10^{-4}$。

从图 2-16 中还可看出蒸汽养护混凝土的收缩值小于常温养护混凝土的收缩值。这是因为高温、高湿的养护条件促进了水泥石的水化作用，加速了其凝结与硬化。除养护条件外，混凝土的收缩还与下列因素有关：① 水泥品种，所用水泥等级越高，混凝土收缩越大；② 水泥用量和水灰比，水泥用量越多，水灰比越大，收缩越大；③ 骨料性质，骨料的弹性模量越小，收缩越大；④ 混凝土的振捣和所处环境，混凝土振捣越密实，构件所处环境湿度越大，收缩越小；⑤ 构件的体积与表面面积比值越小，收缩越大。在设计和施工中，应针对影响收缩的因素采取相应的措施，以减小对结构的不利影响。

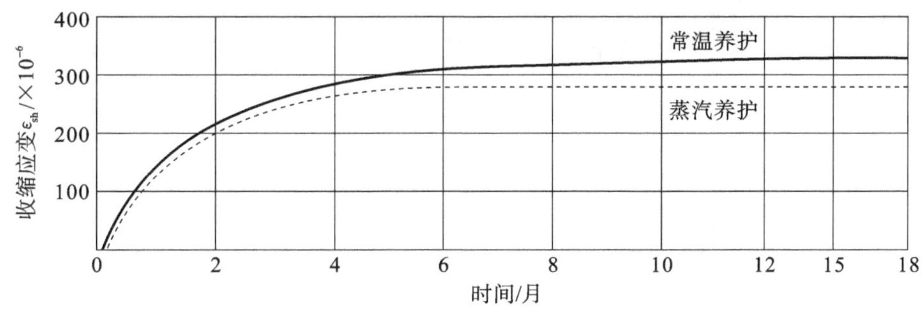

图 2-16 混凝土收缩应变与时间的关系

结构在正常使用过程中，已经硬结的混凝土由于温度和湿度的变化，还会发生体积变化，即热胀冷缩、湿胀干缩。与前面所说的收缩一样，当温度和湿度变化引起的变形受到约束时，混凝土就会产生内力。如果不采取有效措施，就可能导致结构开裂甚至破坏。如对于大体积混凝土结构，温度变化引起的应力可能会使混凝土形成贯穿性裂缝，进而导致渗漏、钢筋锈蚀、整体性下降，结构承载力和混凝土的耐久性显著降低；水池内、外介质温度不同引起的壁面温差所导致的结构约束变形和内力往往较大。因此，大体积混凝土结构、水池及烟囱等结构由温度变化引起的温度应力在设计中需要进行计算。

混凝土的线膨胀系数与骨料性质有关，为(0.82～1.1)×10^{-5} ℃$^{-1}$，计算时一般可取1.0×10^{-5} ℃$^{-1}$。钢筋的线膨胀系数为1.2×10^{-5} ℃$^{-1}$，与混凝土相近，因此温度变化时在钢筋和混凝土之间引起的内应力很小，不致产生有害的变形。

2.2 钢　　筋

2.2.1 钢筋品种和级别

2.2.1.1 钢筋的品种

混凝土结构中使用的钢筋按化学成分可分为碳素结构钢和低合金钢两大类。碳素结构钢中除含有铁元素外，还含有少量的碳、硅、锰、硫、磷等元素。碳素结构钢按含碳量的多少可分为低碳钢(含碳量 w_C<0.25%)、中碳钢(含碳量 w_C=0.25%～0.6%)和高碳钢(含碳量 w_C=0.6%～1.4%)。含碳量越大，钢筋的强度越高，而塑性、韧性越低，焊接性能越差。

在钢的冶炼过程中，有目的地加入一种或几种合金元素(如锰、硅、钒、钛、铬等)，所得到的钢材称为合金钢。所加的合金元素可有效提高钢材的强度、塑性、抗腐蚀性、抗冲击韧性等综合性能。若钢材中加入合金元素的总含量在3%～5%以下，则称为低合金钢。普通低合金钢具有强度高、塑性及焊接性能好的特点。

由于我国钢材的产量和用量巨大，为了节省合金资源，降低造价，冶金行业近年来研制开发出了细晶粒钢筋。这种钢筋不需要或只需要添加很少的合金元素，通过控制轧钢的温度形成细晶粒的金相组织，可以达到与添加合金元素相同的效果。其强度和延性完全能够满足混凝土结构对钢筋性能的要求，但宜控制焊接工艺，以避免影响其力学性能。

钢筋按外形分为光面钢筋和变形钢筋两类。光面钢筋的表面是光圆的，与混凝土的黏结强度较低；变形钢筋的外形有螺旋纹、人字纹、月牙纹等。在现行的钢筋标准中，螺旋纹和人字纹钢筋统称为等高肋钢筋，月牙纹钢筋称为月牙肋钢筋。

按加工工艺和力学性能不同，《混凝土结构设计规范》(GB 50010—2010)规定用于钢筋混凝土结构和预应力混凝土结构中的钢筋或钢丝分为热轧钢筋、中强度预应力钢丝、消除应力钢丝、钢绞线和预应力螺纹钢筋。

2.2.1.2 钢筋的级别

热轧钢筋是由低碳钢、低合金钢或细晶粒钢在高温条件下轧制而成的，有明显的屈服点和流幅，断裂时有颈缩现象，伸长率比较大，用于钢筋混凝土结构中的钢筋和预应力混凝土结构中的非预应力钢筋。热轧钢筋根据力学指标的高低，分为HPB300级(符号Φ)、HRB335级(符号Φ)、HRBF335级(符号$Φ^F$)、HRB400级(符号Φ)、HRBF400级(符号$Φ^F$)、RRB400级(符号$Φ^R$)、HRB500级(符号Φ)和HRBF500级(符号$Φ^F$)。其中，HPB300级为低碳光面钢筋；HRB系列为低合金钢热轧带肋钢筋；HRBF系列为细晶粒热轧带肋钢筋；RRB系列为余热处理钢筋，由轧制的钢筋经高温淬火、余热处理后提高强度，价格相对较低，但其焊接性能、机械连接性能及施工适应性稍差，须控制其应用范围，一般可在对延性及加工性能要求不高的构件中使用，如可在基础、大体积混凝土以及跨度及荷载不大的楼板、墙体中应用。根据国家的技术政策，推广400 MPa、500 MPa级高强度钢筋，作为受力的主导钢筋，限制并准备淘汰335 MPa级钢筋。

中强度预应力钢丝、消除应力钢丝、钢绞线和预应力螺纹钢筋是用于预应力混凝土结构中的预应力钢筋。其中,中强度预应力钢丝的抗拉强度为800～1270 MPa,外形有光面(符号ϕ^{PM})和螺旋肋(符号ϕ^{HM})两种。

消除应力钢丝是由高碳钢轧制成的盘条,经过多次冷拔后存在较大的内应力,需采用低温回火处理来消除内应力。消除应力钢丝的抗拉强度为1470～1860 MPa,外形有光面(符号ϕ^{P})和螺旋肋(符号ϕ^{H})两种。

钢绞线(符号ϕ^{S})是将多根高强度钢丝通过绞盘机拧成螺旋状,再经低温回火,消除应力而制成的。钢绞线的抗拉强度为1570～1960 MPa,通常有1×3、1×7两类(分别由三股、七股钢丝捻制)。

预应力螺纹钢筋(符号ϕ^{T})又称为精轧螺纹粗钢筋,抗拉强度为980～1230 MPa,是用于预应力混凝土中的大直径高强度钢筋。这种钢筋在轧制时沿钢筋纵向全部轧有规律性的肋条,可以用螺纹套管连接和螺纹锚固,不需要再加工螺纹,也不需要焊接。

常用钢筋、钢丝、钢绞线的外形如图2-17所示。

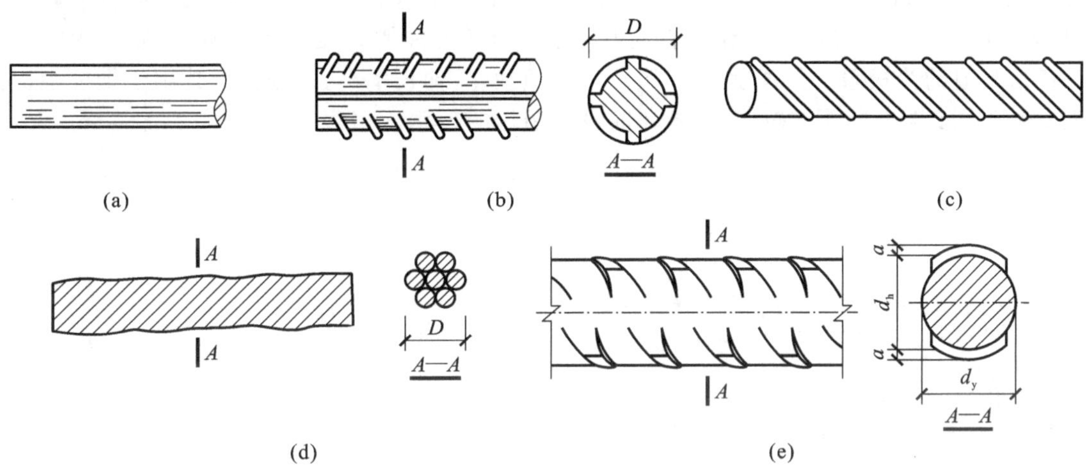

图2-17 常用钢筋、钢丝、钢绞线的外形

(a) 光面钢筋;(b) 月牙纹钢筋;(c) 螺旋肋钢丝;(d) 钢绞线(七股);(e) 精轧螺纹粗钢筋

2.2.2 钢筋的强度和变形

2.2.2.1 钢筋的应力-应变关系

由于化学成分及制造工艺的不同,各种钢筋的力学性能有显著差别。钢筋的基本力学性能,即钢筋的强度和变形性能可通过拉伸试验得到的应力-应变曲线来说明,从钢筋的应力-应变曲线中可以看出,有的钢筋有明显的物理屈服点和流幅,称为软钢;有的钢筋则没有明显的物理屈服点和流幅,称为硬钢。

(1) 有明显流幅的钢筋

从有明显流幅钢筋的典型应力-应变曲线(图2-18)中可以看出,该曲线可分为四个阶段,即弹性阶段、屈服阶段、强化阶段与破坏阶段。

钢筋自开始加载至A点以前,应力与应变呈线性变化,A点对应的应力称为比例极限。OA段属于线弹性工作阶段。过A点以后,应变增加很大,变形出现很大塑性,曲线上出现一锯齿形线段,其最高点B'称为屈服上限,最低点B称为屈服下限。B点到C点的水平距离称为屈服台阶(又称流幅)。有明显流幅的热轧钢筋屈服强度是以屈服下限B为依据的。过C点以后,应力-应变关系重新表现为上升的曲线，该段为强化阶段。曲线最高点 D 对应的应力称为钢筋的抗拉强度或极限强度。过 D 点以后，试件某处截面渐渐变小，出现颈缩现象，变形增加迅速，应力随之下降，直至达到 E 点断裂。

有明显流幅的钢筋有两个强度指标。一个是对应于 B 点的屈服强度，它是混凝土构件计算的强度限值。这是因为构件某一截面的钢筋应力达到屈服强度后，将产生很大的塑性变形，这时钢筋混凝土构件会出现很大的变形和不可闭合的裂缝，以致不能使用。因此，一般结构计算中不考虑钢筋的强化阶段，而取屈服强度作为设计强度的依据。另一个是对应于 D 点的极限抗拉强度，一般情况下用作材料的实际破坏强度。钢筋的强屈比（极限抗拉强度与屈服强度的比值）表示结构的可靠性潜力，在抗震结构设计中，考虑受拉钢筋可能进入强化阶段，要求强屈比不小于1.25。

（2）无明显流幅的钢筋

从无明显流幅钢筋的典型应力-应变曲线（图 2-19）中可以看出，无明显流幅钢筋没有明显的屈服台阶，其强度很高，但伸长率小，塑性较差。这类钢筋在实际应用中取对应于加载后卸载时材料的残余变形为 0.2%时的应力作为假定屈服点，即条件屈服强度或名义屈服强度，用 $\sigma_{0.2}$ 表示（图 2-19），其值约为极限抗拉强度的 85%。硬钢塑性差，伸长率小。因此，当其用于钢筋混凝土受拉构件时，往往发生突然断裂破坏，在破坏前没有明显的预兆。

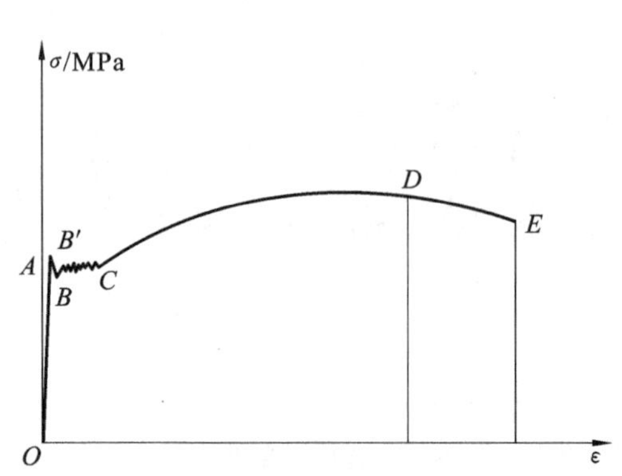

图 2-18　有明显流幅钢筋的应力-应变曲线

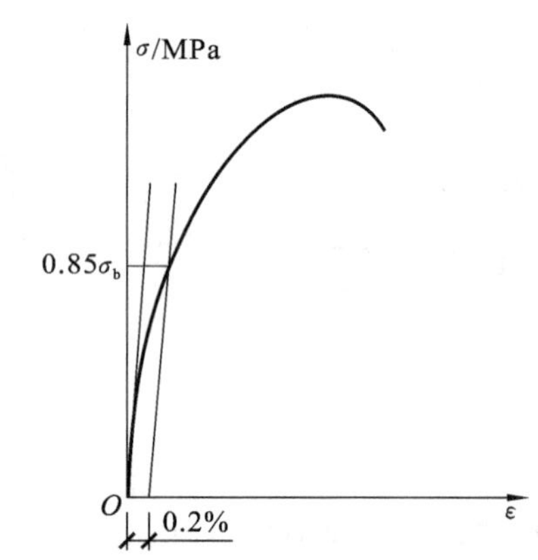

图 2-19　无明显流幅钢筋的应力-应变曲线

2.2.2.2　钢筋的伸长率和冷弯性能

钢筋除需有足够的强度外，还应具有一定的塑性变形能力。钢筋的塑性变形能力通常以钢筋试件的伸长率和冷弯性能两个指标来衡量。

（1）钢筋的伸长率

钢筋的伸长率可用钢筋断后伸长率和钢筋在最大力下的总伸长率两个指标表示。

一定标距长度 l_1（图 2-20）的钢筋试件在拉断后的塑性应变称为钢筋的断后伸长率，用百分比表示。伸长率越大，塑性越好。

$$\delta=\frac{l_2-l_1}{l_1}\times 100\% \tag{2-15}$$

式中　δ——断后伸长率，%；

l_1——钢筋拉伸前的标距长度，l_1 通常取为试件直径的 5 倍或 10 倍，相应的断后伸长率以 δ_5 或 δ_{10} 表示；

l_2——钢筋断后包含颈缩区在内的量测标距长度。

钢筋的断后伸长率只能反映钢筋残余变形的大小，包括断口颈缩区域的局部变形。断后伸长率忽略了弹性变形，不能反映钢筋受力的总体变形能力，而且断后伸长率受标距取值大小的影响，使得根据不同标距长度得到的结果不一致。对于同一钢筋，标距长度取值较大时测得的断后伸长率较小，而标距长度取值较小时测得的断后伸长率较大。另外，由于量测钢筋断后的标距长度时需将断后的两段钢筋对合后量测，因此容易产生人为误差。鉴于此，参照国际标准，《混凝土结构设计规范》(GB 50010—2010)采用钢筋在最大力下的总伸长率来统一评价钢筋的塑性性能。

钢筋在最大力下的总伸长率 δ_{gt}(又称均匀伸长率)是钢筋达到最大应力 σ_b 时的变形，包括塑性残余变形 ε_r 和弹性变形 ε_e 两部分，如图 2-21 所示。钢筋在最大力下的总伸长率 δ_{gt} 可用下式表示：

$$\delta_{gt}=\left(\frac{L-L_0}{L_0}+\frac{\sigma_b}{E_s}\right)\times 100\% \tag{2-16}$$

式中 δ_{gt}——钢筋在最大力下的总伸长率，%；

L_0——试验前钢筋的原始标距长度(不包含颈缩区)；

L——试验后钢筋量测标距长度；

σ_b——钢筋的最大拉应力(极限抗拉强度)；

E_s——钢筋的弹性模量。

上式中，右边括号内的第一项反映了钢筋的塑性残余变形，第二项反映了钢筋在最大力下的弹性变形。

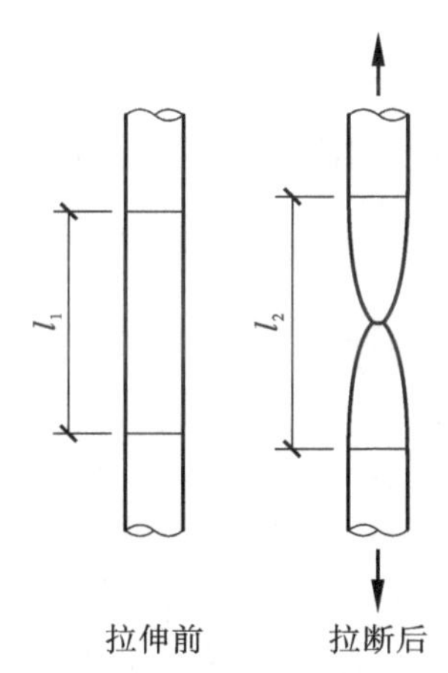

图 2-20 钢筋拉断示意图

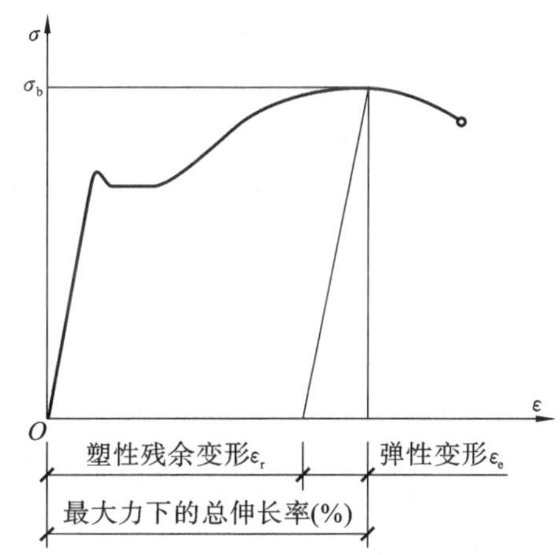

图 2-21 钢筋在最大力下的总伸长率

钢筋在最大力下的总伸长率按照图 2-22 进行量测。在距离断裂点较远的一侧，选择 Y 和 V 两个标记点，标记点 Y 或 V 与夹具的距离不应小于 20 mm 与钢筋公称直径 d 两者中的较大值，标记点 Y 或 V 与断裂点之间的距离不应小于 50 mm 与钢筋公称直径的两倍($2d$)两者中的较大值。

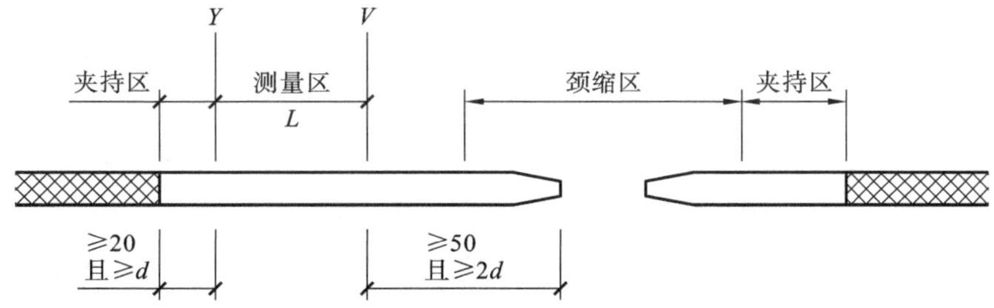

图 2-22 钢筋在最大力下的总伸长率量测图

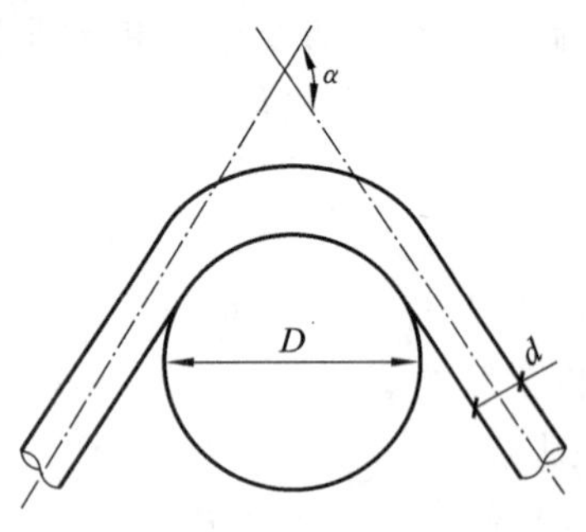

图 2-23　钢筋的冷弯试验

标记点 Y 和 V 之间的原始标距(L_0)至少应为 100 mm。钢筋拉断后量测标记点 Y 和 V 之间的距离 L，将钢筋拉断时的最大拉应力 σ_b 代入式(2-16)即可计算出最大力下的总伸长率 δ_{gt}。

(2) 钢筋的冷弯性能

钢筋的冷弯性能是检验钢筋韧性、质量和可加工性能的有效方法。冷弯是把钢筋围绕直径为 D 的钢辊弯转(图 2-23)，要求达到规定的冷弯角度时钢筋受弯曲部位不出现裂纹、断裂或起层现象。冷弯性能也是评价钢筋塑性性能的指标。冷弯试验中，钢辊直径 D 越小，弯转角 α 越大，则钢筋塑性越好。

2.2.3　钢筋的疲劳

钢筋在重复、周期性的动力荷载作用下，经过一定次数后，会发生脆性破坏。这种现象称为钢筋的疲劳。工程中的吊车梁、轨枕等承受重复荷载的混凝土构件，在正常使用期间会由于钢筋的疲劳而发生破坏。外力作用下，钢筋发生疲劳破坏的主要原因是钢筋内部和外表面缺陷引起的应力集中、钢筋中晶粒发生滑移而产生疲劳裂纹。

钢筋的疲劳强度与一次循环应力下的最大应力 σ_{max}^f 和最小应力 σ_{min}^f 的差值 $\Delta\sigma^f$ 有关。$\Delta\sigma^f=\sigma_{max}^f-\sigma_{min}^f$，称为钢筋的疲劳应力幅。钢筋的疲劳强度是指在某一规定的应力幅内，钢筋经受一定次数(我国规定为 200 万次)的循环荷载后发生疲劳破坏时的最大应力值。

影响疲劳强度的主要因素有疲劳应力幅、最小应力值、钢筋外表面几何形状、钢筋直径、钢筋强度、试验方法等。《混凝土结构设计规范》(GB 50010—2010)规定了不同强度等级钢筋的疲劳应力幅值，疲劳应力幅值与截面同一层钢筋最小应力与最大应力的比值 ρ^f($\rho^f=\sigma_{min}^f/\sigma_{max}^f$)有关，$\rho^f$ 称为疲劳应力比值。

2.2.4　钢筋的连接

目前供应的钢筋，除了 $d\leqslant 10$ mm 的多用盘条形式外，其他的均以单根长度为 9～12 m 的形式出厂，因此在工程中钢筋常常需要连接加长或切断。钢筋的连接必须满足一定的要求：钢筋连接接头的承载力、变形性能不能比被连接的钢筋差，接头的存在不应对钢筋的工作性能产生明显不利的影响，连接形式应便于施工制作等。钢筋的连接方式有三种：绑扎搭接、焊接连接和机械连接。

① 绑扎搭接是将被连接的两根钢筋搭接一定长度，并用细钢丝捆绑成形。这种连接构造简单，施工方便，工程应用广泛。钢筋的搭接长度受钢筋强度、直径、外形、受力状态等因素的影响。在钢筋混凝土结构中采用绑扎搭接时，其位置和搭接长度必须满足《混凝土结构设计规范》(GB 50010—2010)中的规定。

② 焊接连接是将两根钢筋通过闪光对焊、手工电弧焊、电渣压力焊、气压焊等方法实现接长。其中，闪光对焊及电渣压力焊在工程上应用较为频繁。焊接连接应考虑钢筋的焊接性能(钢筋中碳及各种合金元素的含量)。热轧钢筋可焊，而消除应力钢丝及钢绞线则不可焊。焊接连接传力直接，节省钢筋，成本较低，是一种性能良好的连接方式。焊接接头的焊接质量与钢材的焊接性能、焊接工艺以及焊工的技艺水平、焊接时的气候条件及环境等因素有关，故保证质量有一定的难度。

③ 机械连接是通过机械手段将两钢筋端头连接在一起，主要形式有挤压套筒连接、锥螺纹套筒连接、辊轧直螺纹连接、镦粗直螺纹连接等。这种连接形式质量稳定可靠，操作简单，不耗电，无

明火，施工速度快，适用于钢筋强度高、直径大、布置密集等情形。机械连接质量上会优于焊接连接，但成本较高。

无论采用何种连接方式，钢筋接头处很可能会成为薄弱环节。为了减弱接头的不利影响，在钢筋接头比较集中的区段可增设构造钢筋，并应严格遵守有关规范的要求。《混凝土结构设计规范》(GB 50010—2010)对钢筋接头有以下要求。

① 混凝土结构中受力钢筋的连接接头宜设置在受力较小处；在同一根受力钢筋上宜少设接头；在结构的重要构件和关键传力部位，纵向受力钢筋不宜设置连接接头。

② 同一构件中，相邻纵向受力钢筋的绑扎搭接接头宜相互错开。钢筋绑扎搭接接头连接区段的长度为1.3倍的搭接长度，凡搭接接头中点位于该连接区段长度内的搭接接头均属于同一连接区段。同一连接区段内，纵向受力钢筋搭接接头面积的百分比为该区段内有搭接接头的纵向受力钢筋与全部纵向受力钢筋截面面积的比值。当直径不同的钢筋搭接时，按直径较小的钢筋计算。

③ 当构件中的纵向受压钢筋采用搭接连接时，其搭接长度不应小于纵向受拉钢筋搭接长度的70%，且不应小于200 mm。

④ 纵向受力钢筋的机械连接接头宜相互错开。钢筋机械连接区段的长度为35d，d为直径较小连接钢筋的直径。凡接头中点位于该连接区段长度内的机械连接接头均属于同一连接区段。位于同一连接区段内的纵向受拉钢筋接头面积的百分比不宜大于50%，但在板、墙、柱及预制构件的拼接处，其可根据实际情况放宽。纵向受压钢筋的接头面积百分比可不受限制。直接承受动力荷载结构构件中的机械连接接头，除应具备设计要求的抗疲劳性能外，位于同一连接区段内的纵向受力钢筋接头面积百分比不应大于50%。

2.2.5 混凝土结构对钢筋性能的要求

钢筋的性能包括钢筋的强度(屈服强度和极限强度)、塑性性能(伸长率和冷弯性能)、锚固性能(表面形状)、连接性能(焊接性能等)及抗疲劳性能、抗腐蚀性能、热稳定性能等。在选择钢筋时，应根据工程的实际情况对其予以关注。

2.2.5.1 强度

钢筋应具有可靠的屈服强度和极限强度。钢筋的强度越高，钢材的用量越少，可减少资源和能源的消耗。在钢筋混凝土结构中推广使用500 MPa级和400 MPa级强度高、延性好的热轧钢筋，在预应力混凝土结构中使用高强度预应力钢丝、钢绞线和精轧螺纹钢筋，符合我国可持续发展的要求，也是今后混凝土结构发展的方向。

2.2.5.2 塑性

钢筋塑性好，在断裂前有足够的变形，能给人以即将破坏的预兆。钢筋塑性越好，破坏前的预兆越明显。钢筋的塑性性能越好，钢筋加工成形越容易。因此，应保证钢筋的伸长率(δ_{gt})和冷弯性能合格。

2.2.5.3 焊接性能

在很多情况下，钢筋之间的连接需通过焊接连接实现。因此，要求在一定的工艺条件下钢筋焊接后不产生裂纹及过大的变形，以保证焊接后的接头性能良好。

2.2.5.4 与混凝土的黏结力(握裹力)

钢筋和混凝土这两种物理性能不同的材料之所以能结合在一起共同工作，主要是混凝土在硬结时牢固地与钢筋黏结在一起，相互传递内力的缘故。钢筋表面的形状对黏结力有重要影响。

2.3 钢筋与混凝土的黏结

2.3.1 钢筋和混凝土共同工作的基本条件

钢筋和混凝土这两种材料的物理、力学性能很不相同，但能共同工作。这主要是因为：

① 混凝土硬化后，与埋在其中的钢筋之间产生了良好的黏结力。只要构件的构造处理得当，这种黏结力就足以抵抗外荷载作用在钢筋和混凝土界面上的剪应力。

② 钢筋与混凝土的线膨胀系数很相近（钢筋的线膨胀系数为 1.2×10^{-5} ℃$^{-1}$，混凝土的线膨胀系数平均约为 1.0×10^{-5} ℃$^{-1}$）。当温度变化时，二者之间不会产生很大的相对变形而破坏它们之间的结合。

③ 由于混凝土呈弱碱性，因此混凝土包裹钢筋，可使钢筋不锈蚀。

2.3.2 钢筋与混凝土之间的黏结应力

一般来说，外力很少直接作用在钢筋上，钢筋所受到的力是通过周围的混凝土传给它的，其要依靠钢筋与混凝土之间的黏结应力来传递。所谓黏结应力，是指在钢筋与混凝土接触界面上所产生的沿钢筋纵向的剪应力，界面上所能承受的最大剪应力称为黏结强度。正是通过这种黏结作用，钢筋与混凝土两者之间才可进行应力传递并产生协调变形。在设计中，应尽量发挥材料各自的优点，也应使黏结应力不超过黏结强度。

黏结应力按其在钢筋混凝土构件中的作用性质，可分为锚固黏结应力和局部黏结应力（开裂截面处的黏结应力）。

锚固黏结应力如图 2-24(a)所示。钢筋伸入支座或支座负筋在跨间切断时，必须有足够的锚固长度。通过该长度上黏结应力的积累，钢筋在靠近支座处可充分发挥作用。图 2-24(b)所示为钢筋的搭接接头，同样要有一定的搭接长度，这样才能通过黏结应力传递钢筋与钢筋间的内力，以保证钢筋强度的充分发挥。

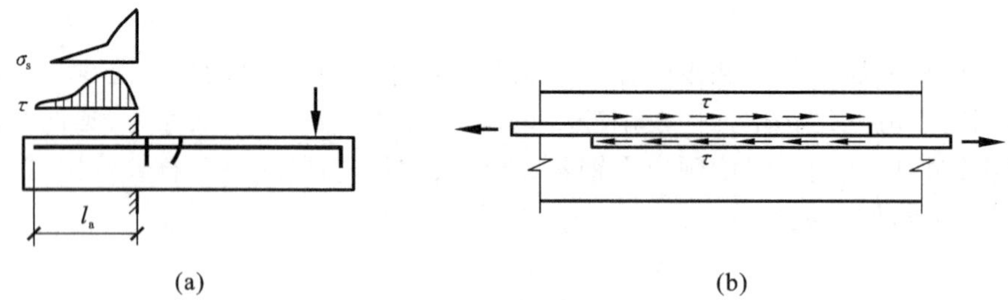

图 2-24 锚固黏结应力

局部黏结应力是指开裂构件裂缝两侧产生的黏结应力。其作用是使裂缝之间的混凝土参与工作，如图 2-25 所示。局部黏结应力的大小反映了混凝土参与受力的程度。

钢筋与混凝土之间的黏结应力可用拔出试验来测定。在混凝土试件的中心埋置钢筋，如图 2-26所示，在加荷端拉拔钢筋，则沿钢筋长度方向上的黏结应力 τ_b 可由二点之间钢筋拉力的变化除以钢筋与混凝土的接触面面积来计算，即

$$\tau_b=\frac{\Delta\sigma_s A_s}{\mu\cdot 1}=\frac{d}{4}\Delta\sigma_s \tag{2-17}$$

式中 $\Delta\sigma_s$——单位长度上钢筋应力的变化值；

A_s——钢筋截面面积；

μ——钢筋周界。

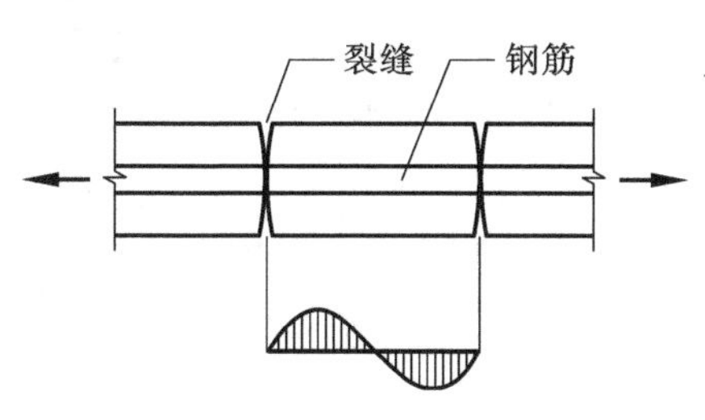

图 2-25 局部黏结应力

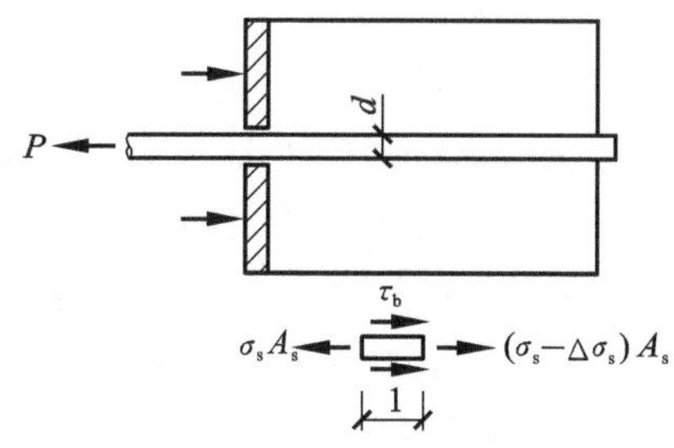

图 2-26 钢筋拔出试验

上式表明，黏结应力使钢筋中的应力沿其长度方向发生变化，没有钢筋应力的变化也就不存在黏结应力。若已知钢筋应力 σ_s 的分布曲线，就可得到黏结应力 τ_b 的分布曲线。图 2-27 所示为通过一拔出试验测得的钢筋应力及黏结应力的分布情况。

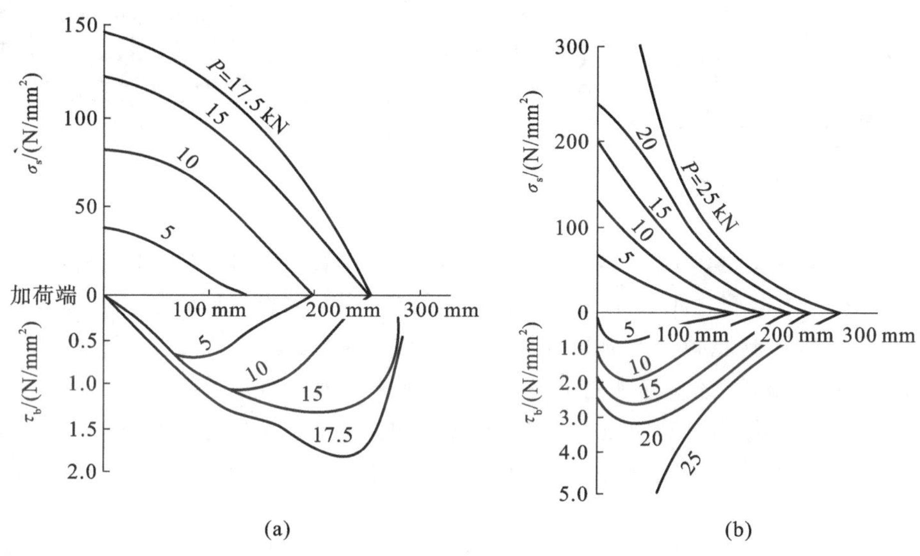

图 2-27 钢筋应力及黏结应力图

(a) 光面钢筋；(b) 变形钢筋

2.3.3 黏结力的组成及黏结强度的主要影响因素

2.3.3.1 黏结力的组成

试验表明，钢筋与混凝土之间的黏结力由四部分组成。

① 钢筋和混凝土接触面上的化学胶结力。其来源于浇筑时水泥浆体向钢筋表面氧化层的渗透和养护过程中水泥结晶体的生长和硬化，从而使水泥凝胶体和钢筋表面产生吸附胶着作用。该力一般较小，当接触面发生相对滑移时即消失。

② 钢筋和混凝土之间的摩阻力。其为混凝土收缩时将钢筋紧紧握裹而产生的摩擦力。钢筋和混凝土之间的挤压力越大，接触面越粗糙，则摩阻力越大。

③ 钢筋与混凝土之间的机械咬合力。对光面钢筋，是指钢筋不平整表面与混凝土之间产生的机械咬合力。对变形钢筋，是指变形钢筋肋间嵌入混凝土而形成的机械咬合作用，其是变形钢筋黏

结力的主要来源。

④ 钢筋端部的锚固力。其一般产生于钢筋端部弯钩、弯折处，通过在锚固区焊短钢筋、短角钢等方法来提供锚固力。

2.3.3.2 影响黏结强度的因素

根据拔出试验，黏结强度主要取决于混凝土强度等级和钢筋表面形状。其他因素，如混凝土的强度、混凝土保护层厚度和钢筋之间的净距离等也对黏结强度有影响。

① 混凝土强度等级越高，黏结强度越高。但黏结强度的增长速度随着混凝土强度的提高而逐渐减小。变形钢筋比光面钢筋的实测黏结强度高 60%～80%。黏结强度还与钢筋的受力情况、钢筋周围的混凝土厚度有关。

② 钢筋表面形状对黏结强度影响很大。试验表明，变形钢筋的黏结力要比光面钢筋高出 2～3 倍，因此光面钢筋的锚固端头需做弯钩，且锚固长度比变形钢筋要大。

③ 钢筋的黏结强度随着混凝土的强度提高而提高。当其他条件基本相同时，黏结强度与混凝土的劈裂抗拉强度成正比。

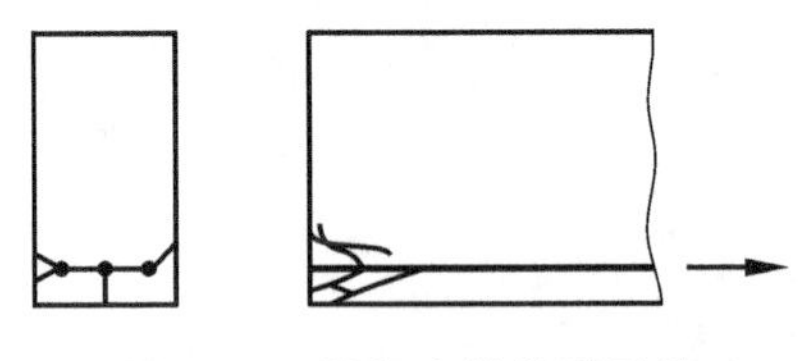
图 2-28 混凝土的撕裂裂缝

④ 混凝土保护层厚度 c 和钢筋之间的净距离对黏结强度也有重要影响。对于高强度变形钢筋，当混凝土保护层厚度较小时，外围混凝土可能发生劈裂而使黏结强度降低；当钢筋之间的净距过小时，将可能出现水平劈裂而导致整个混凝土保护层崩裂，使黏结强度显著降低，如图 2-28 所示。

⑤ 黏结强度与浇筑混凝土时钢筋的位置有明显的关系。当混凝土的浇筑深度超过 300 mm 时，钢筋底面的混凝土会出现沉淀收缩和离析泌水，气泡逸出，使混凝土与水平放置的钢筋之间形成一层强度较低的空隙层，它将削弱钢筋与混凝土的黏结作用。

⑥ 横向钢筋可以限制混凝土内部裂缝的发展，使黏结强度提高。因此，在钢筋锚固区和搭接长度范围内，加强横向箍筋(如箍筋加密等)可提高混凝土的黏结强度。

⑦ 当钢筋锚固区内作用有侧向压应力时，可增强钢筋与混凝土之间的摩阻力，使黏结强度提高。因此，在起直接支承作用的支座处，如梁的简支端，考虑支座压力的有利影响，伸入支座的钢筋锚固长度可适当减小。

⑧ 钢筋端部的锚固、弯折及附加锚固措施(如焊钢筋和焊钢板等)可以提高锚固黏结强度。

2.3.4 钢筋的锚固长度和搭接长度

钢筋的锚固长度和搭接长度对黏结力的大小有重要影响。当钢筋的锚固长度不够时，有可能发生拔出破坏。《混凝土结构设计规范》(GB 50010—2010)对钢筋的锚固长度和搭接长度作了规定，在设计和施工中必须予以保证。

2.3.4.1 锚固长度

受拉钢筋锚固长度与钢筋强度、混凝土抗拉强度、钢筋直径及其外形有关。《混凝土结构设计规范》(GB 50010—2010)规定，当计算中充分利用钢筋的受拉强度时，基本锚固长度可按下式计算：

$$l_{ab}=\alpha\frac{f_y}{f_t}d \tag{2-18}$$

式中 l_{ab}——受拉钢筋的基本锚固长度；

f_y——锚固钢筋的抗拉强度设计值；

f_t——锚固区混凝土轴心抗拉强度设计值，当混凝土强度等级高于 C60 时，按 C60 取值；

d——锚固钢筋的直径或锚固并筋（钢筋束）的等效直径；

α——锚固钢筋的外形系数，按表 2-1 取值。

表 2-1　**锚固钢筋的外形系数**

钢筋类型	光面钢筋	带肋钢筋	螺旋肋钢丝	三股钢绞线	七股钢绞线
α	0.16	0.14	0.13	0.16	0.17

注：光面钢筋末端应做 180°弯钩，弯后平直长度不应小于 $3d$，但作为受压钢筋时可不做弯钩。

一般情况下，受拉钢筋的锚固长度可取基本锚固长度。考虑各种影响钢筋与混凝土锚固强度的因素，当采取不同的埋置方式和构造措施时，锚固长度应按下式计算，且不应小于 200 mm：

$$l_a = \zeta_a l_{ab} \tag{2-19}$$

式中　l_a——受拉钢筋的锚固长度；

ζ_a——锚固长度修正系数，按下列规定取用，当多于一项时，可连乘计算，但不应小于 0.6。

纵向受拉钢筋的锚固长度修正系数 ζ_a 应按下列规定取用：

① 当带肋钢筋的直径大于 25 mm 时，取为 1.10。

② 对于环氧树脂涂层带肋钢筋，取为 1.25。

③ 施工过程中易受扰动（如滑模施工）的钢筋取为 1.1。

④ 当纵向受力钢筋的实际配筋面积大于其设计计算面积时，锚固长度修正系数取设计计算面积与实际配筋面积的比值；但对于有抗震设防要求及直接承受动力荷载的结构构件，不得采用此项修正值。

⑤ 锚固钢筋的混凝土保护层厚度为 $3d$ 时，修正系数可取 0.8；锚固钢筋的混凝土保护层厚度为 $5d$ 时，修正系数可取 0.7；锚固钢筋的混凝土保护层厚度为 $3d$～$5d$ 时，修正系数采用线性内插法取值。此处 d 为锚固钢筋直径。

⑥ 当纵向受拉钢筋末端采用弯钩或机械锚固措施时，包括弯钩或附加锚固端头在内的锚固长度（投影长度）可取为计算锚固长度的 60%。机械锚固的形式及构造要求如图 2-29 所示，锚固长度范围内的箍筋不应少于 3 个，其直径不应小于纵向钢筋直径的 25%，其间距不应大于纵向钢筋直径的 5 倍；当纵向钢筋的混凝土保护层厚度不小于钢筋直径的 5 倍时，可不配置上述钢筋。弯钩或机械锚固的形式和技术要求应符合表 2-2 的规定。

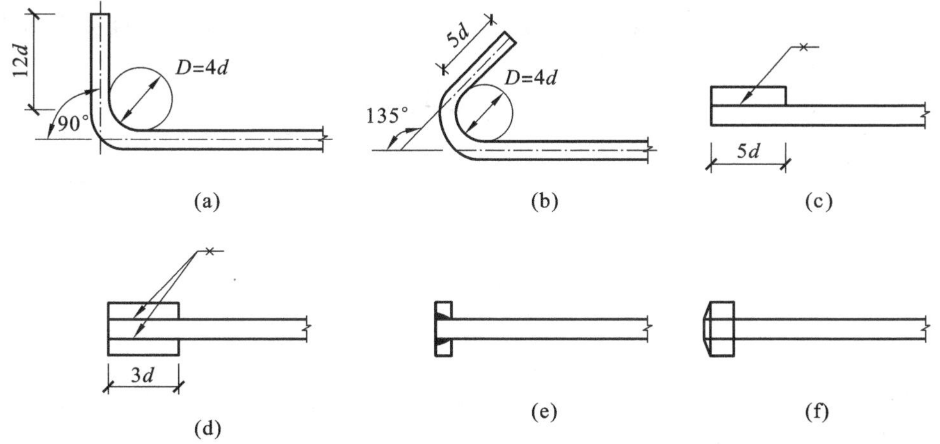

图 2-29　钢筋弯钩和机械锚固的形式和技术要求

(a) 90°弯钩；(b) 135°弯钩；(c) 一侧贴焊锚筋；(d) 两侧贴焊锚筋；(e) 穿孔塞焊锚板；(f) 螺栓锚头

表 2-2 **钢筋弯钩和机械锚固的形式和技术要求**

锚固形式	技术要求
90°弯钩	末端 90°弯钩，弯钩内径为 $4d$，弯后直段长度为 $12d$
135°弯钩	末端 135°弯钩，弯钩内径 $4d$，弯后直段长度 $5d$
一侧贴焊锚筋	末端一侧贴焊长 $5d$ 的同直径钢筋
两侧贴焊锚筋	末端两侧贴焊长 $3d$ 的同直径钢筋
焊端锚板	末端与厚度 d 的锚板穿孔塞焊
螺栓锚头	末端旋入螺栓锚头

注：1. 焊缝和螺纹长度应满足承载力要求；

2. 螺栓锚头和焊端锚板的承压净面积不应小于锚固钢筋截面面积的 4 倍；

3. 螺栓锚头的规格应符合相关标准的要求；

4. 螺栓锚头和焊端锚板的钢筋净间距不宜小于 $4d$，否则应考虑群锚效应产生的不利影响；

5. 截面角部的弯钩和一侧贴焊锚筋的布筋方向宜向截面内侧偏置。

当锚固钢筋的混凝土保护层厚度不大于 $5d$ 时，钢筋锚固长度范围内应配置横向构造钢筋，其直径不应小于 $d/4$，梁柱斜撑等构件的间距不应大于 $5d$，板墙等平面构件的间距不应大于 $10d$，且均不应大于 100 mm。此处 d 为锚固钢筋直径。

对于纵向受压钢筋，由于钢筋受压时会发生侧向膨胀，对混凝土产生挤压而使黏结力增大，所以它的锚固长度可以短些。当计算中充分利用纵向受压钢筋的抗压强度时，其锚固长度不应小于相应受拉钢筋锚固长度的 70%。受压钢筋不应采用末端弯钩和一侧贴焊锚筋的构造措施。

2.3.4.2 搭接长度

当混凝土构件中的钢筋长度不够，或因为构造要求需设施工缝或后浇带时，钢筋需要搭接，即将两根钢筋的端头在一定长度内并放，并采用适当的连接方式将一根钢筋的力传给另一根钢筋。

受拉钢筋搭接接头处的黏结状况比锚固黏结要差。实际工程中需要对受拉钢筋进行搭接时，受拉钢筋绑扎搭接接头的搭接长度，应根据位于同一连接区段内的钢筋搭接接头面积百分比按式(2-20)计算，且不应小于 300 mm。

$$l_l = \zeta_l l_a \tag{2-20}$$

式中 l_l——纵向受拉钢筋的搭接长度；

ζ_l——纵向受拉钢筋搭接长度修正系数，按表 2-3 取值；当纵向钢筋搭接接头面积百分比为表中数值的中间值时，可按内插法取值。

表 2-3 **纵向受拉钢筋搭接长度修正系数**

纵向钢筋搭接接头面积百分比/%	≤25	50	100
ζ_l	1.2	1.4	1.6

对于构件中的纵向受压钢筋，当采用搭接连接时，其纵向受压钢筋搭接长度不应小于纵向受拉钢筋搭接长度的 70%，且不应小于 200 mm。

【例 2-1】 混凝土的立方体抗压强度标准值、轴心抗压强度标准值和轴心抗拉强度标准值是如何确定的？它们三者之间有何关系？

【解】 立方体抗压强度标准值用符号 $f_{cu,k}$ 表示。按照《混凝土结构设计规范》(GB 50010—2010)的规定，其是采用边长为 150 mm 的立方体作为混凝土抗压强度试验的标准尺寸试件，在标准养护室[温度为(20±3)℃,相对湿度不小于90%]中养护28 d或规定龄期后,依照标准的试验方法测得的具有95%保证率的抗压强度(N/mm²)。

轴心抗压强度标准值用符号f_{ck}表示。实际工程中,采用棱柱体试件(高度大于边长的试件)比立方体试件能更好地反映混凝土的实际抗压能力。以150 mm×150 mm×300 mm的棱柱体试件作为混凝土轴心抗压强度试验的标准试件,制作养护条件和试验方法同立方体试件,测得的抗压强度称为轴心抗压强度(棱柱体抗压强度)。

轴心抗拉强度标准值用符号f_{tk}表示,可以采用直接轴心受拉的试验方法来测定。轴心抗拉强度一般仅相当于立方体抗压强度的1/18~1/9。

它们三者之间的关系为:$f_{cu,k}>f_{ck}>f_{tk}$。

【案例分析】 某办公楼为现浇钢筋混凝土框架结构,在结构强度达到预定混凝土强度、拆除楼板模板时,发现板上有无数走向不规则的微细裂缝,如图2-30所示。裂缝宽度为0.05~0.15 mm,有时上下贯通,但其总体特征是板上面裂缝多于板下面裂缝。

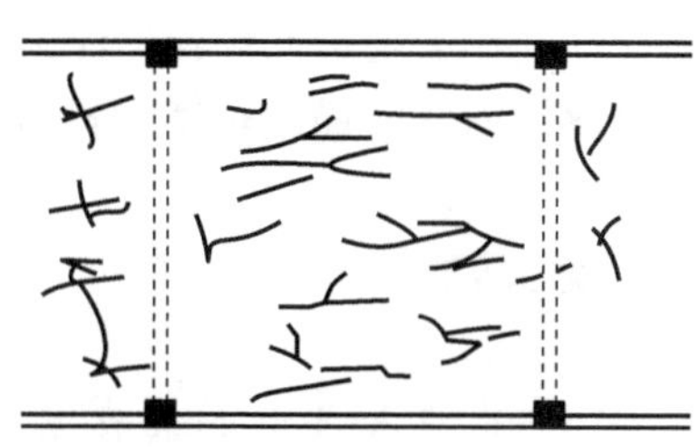

图2-30 混凝土楼板面上的塑性收缩裂缝

查得施工时的气象条件是:上午9时气温为13 ℃,风速为7 m/s,相对湿度为40%;中午温度为15 ℃,风速为13 m/s(最大瞬时风速达18 m/s),相对湿度为29%;下午5时温度为11 ℃,风速为11 m/s,相对湿度为39%。灌注混凝土就是在这种非常干燥的条件下进行的。异常干燥加上强风影响,使得混凝土在凝结后不久即出现裂缝。根据有关资料记载:当风速为16 m/s时,混凝土的蒸发速度为无风时的4倍;当相对湿度为10%时,混凝土的蒸发速度为相对湿度为90%时的9倍以上。根据这些参数推算,本工程在上述气象条件下的蒸发速度可达通常条件下的8~10倍。

因此,可以认为与大气接触的楼板上面受干燥空气和强风的影响而产生了较多失水收缩裂缝;而对于曾受模板保护的楼板下面,这种失水收缩裂缝比较少。对灌注楼板时预留的试块和楼板承载力进行试验,其承载力均能达到设计要求。这说明因失水收缩而产生的混凝土初期裂缝对楼板的承载力并无影响。但是为了增强建筑物的耐久性,还应使用树脂注入法进行补强。

知识归纳

(1) 混凝土强度包括混凝土立方体抗压强度、混凝土轴心抗压强度、混凝土轴心抗拉强度。

(2) 混凝土的变形分为两类:① 荷载产生的受力变形;② 混凝土的收缩和温度变化等产生的体积变形。

(3) 热轧钢筋根据其力学性能指标的高低,分为HPB300级(符号为Φ)、HRB335级(符号为Φ)、HRBF335级(符号为$Φ^F$)、HRB400级(符号为Φ)、HRBF400级(符号为$Φ^F$)、RRB400级(符号为$Φ^R$)、HRB500级(符号为Φ)和HRBF500级(符号为$Φ^F$)。

(4) 钢筋混凝土结构对钢筋性能的要求包括:强度高,塑性及焊接性能好,与混凝土有良好的黏结性能。

(5) 影响黏结力的主要因素有:① 混凝土的强度越高,黏结力越大;② 混凝土保护层较薄时,其黏结力较小;③ 带肋钢筋埋入混凝土中的锚固长度越大,锚固作用越好,黏结力越大;④ 钢筋表面凹凸不平时,与混凝土之间的机械咬合力大,破坏时黏结力大。

思考题

2-1　钢筋的应力-应变曲线分为哪两类？各有何特点？

2-2　对于软钢，钢筋混凝土构件承载力计算的强度指标是如何取值的？为什么这样取值？

2-3　混凝土的强度等级是如何确定的？《混凝土结构设计规范》(GB 50010—2010)规定的混凝土强度等级有哪些？

2-4　混凝土轴心受压时的应力-应变曲线有何特点？

2-5　混凝土的变形模量有哪几种表示方法？弹性模量是怎样确定的？

2-6　混凝土的收缩和徐变有什么区别和联系？影响收缩和徐变的主要因素各有哪些？

2-7　什么是钢筋和混凝土之间的黏结力？影响钢筋和混凝土黏结强度的主要因素有哪些？

2-8　钢筋的锚固长度和搭接长度分别如何确定？

参考文献

[1]　中华人民共和国住房和城乡建设部，中华人民共和国国家质量监督检验检疫总局. GB 50010—2010　混凝土结构设计规范. 北京：中国建筑工业出版社，2011.

[2]　天津大学，同济大学，南京工学院. 钢筋混凝土结构：上册. 北京：中国建筑工业出版社，1979.

[3]　王传志，滕智明. 钢筋混凝土结构理论. 北京：中国建筑工业出版社，1985.

[4]　惠荣炎，黄国兴，易冰若. 混凝土的徐变. 北京：中国铁道出版社，1983.

[5]　丁大钧. 高性能混凝土工程特性(一). 工业建筑，1996，26(10)：47-52.

[6]　中华人民共和国建设部. JGJ 115—2006　冷轧扭钢筋混凝土构件技术规程. 北京：中国建筑工业出版社，2006.

3 受弯构件正截面承载力计算

内容提要

本章的主要内容包括受弯构件的一般构造要求，受弯构件正截面受力性能及破坏形态，单筋矩形截面、双筋矩形截面、T形截面的承载力计算。本章的教学重点是受弯构件正截面承载力计算方法，教学难点是受弯构件正截面各阶段应力状态分析。

能力要求

通过本章的学习，学生应理解受弯构件正截面各阶段应力-应变变化规律；掌握其破坏特征及破坏性质、受弯构件的一般构造要求，以及受弯构件正截面承载力计算方法。

3.1 概　　述

受弯构件是指截面上通常有弯矩和剪力共同作用的构件。受弯构件是土木工程中最重要、应用最普遍的一种构件。一般房屋中楼盖和屋盖结构中的梁、板以及楼梯和过梁，工业厂房中的屋面大梁、吊车梁，桥梁、水工等工程结构中的各类梁、板都属于受弯构件。

研究表明，受弯构件在荷载等因素的影响下可能出现两种破坏形式：一种是由弯矩作用导致的破坏，破坏截面与构件的纵向轴线垂直，称为正截面破坏[图 3-1(a)]；另一种是由弯矩和剪力共同作用导致的破坏，破坏截面与构件的纵向轴线斜交，称为斜截面破坏[图 3-1(b)]。

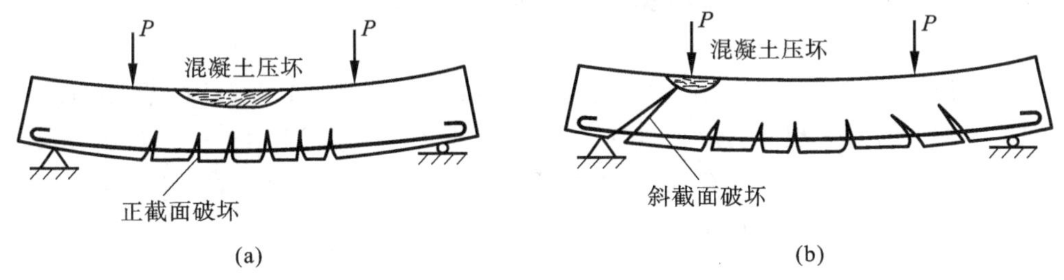

图 3-1　受弯构件的破坏形式

进行受弯构件设计时，既要保证构件不发生正截面破坏，又要保证构件不发生斜截面破坏。为保证不发生正截面破坏，构件必须有足够的截面尺寸和纵向受力钢筋，即需要进行正截面承载力计算。为保证不发生斜截面破坏，构件除应有足够的截面尺寸外，还应配置箍筋，必要时还需配置弯起钢筋，即进行斜截面承载力计算。

本章主要讨论受弯构件正截面承载力的计算问题。受弯构件斜截面承载力的计算问题将在第4章中介绍。受弯构件除需进行上述承载力计算外，一般还需按正常使用极限状态的要求进行变形和裂缝宽度验算。这方面的有关问题将在第8章中讨论。

3.2 一般构造要求

一个完整的结构设计除了要进行承载力计算和必要的变形验算外，还必须对其进行一系列的构造设计。在计算中有些因素不易被详细考虑而被忽略，必须通过一定的构造措施加以补充，才能保证结构的各个部位都具有足够的抗力，使结构具有必要的适用性和耐久性。因此，混凝土结构设计的任务一方面在于正确的计算，另一方面在于正确的构造。初学者应对构造要求有所重视。

不同的受力构件有不同的构造要求。本章只介绍受弯构件的构造要求，其他构件的构造要求将分散在相关章节中阐述。

3.2.1 受弯构件的截面形式和尺寸

钢筋混凝土梁和板的截面形式（图 3-2）多种多样，常用的有矩形梁、T 形梁、工字形梁、槽形板和空心板等。梁和板的区别在于：梁的截面高度一般大于其宽度，而板的高度则远小于其宽度。

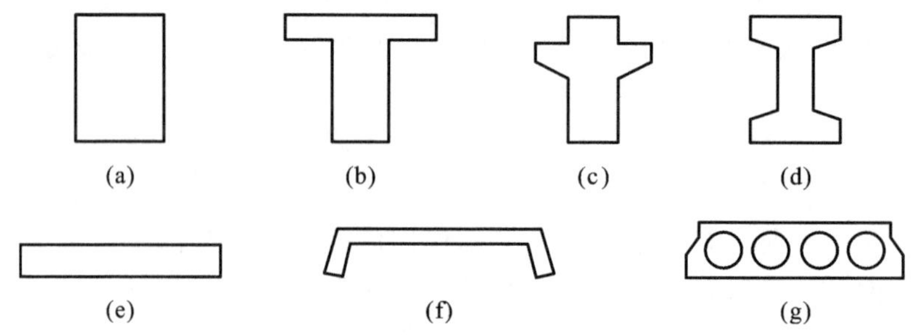

图 3-2 梁、板的截面形式

3.2.1.1 梁的截面尺寸

梁的截面尺寸除了应满足承载力要求之外，还应满足刚度要求，方便施工。从刚度条件看，梁的截面高度 h 和宽度 b 可按下列经验数据选取（l 为梁的跨度）。

（1）梁的截面高度 h

对于独立的简支梁，$h=(1/12\sim1/8)l$；对于悬臂梁，$h=(1/8\sim1/4)l$；对于现浇肋形楼盖的主梁，$h=(1/15\sim1/10)l$；对于现浇肋形楼盖的次梁，$h=(1/18\sim1/12)l$。为了方便施工，梁高 h 一般以 50 mm 的模数递增；对于较大的梁高（如 h 大于 800 mm），以 100 mm 的模数递增。常用的梁高 h 有 250 mm，300 mm，…，750 mm，800 mm，900 mm 等。

（2）梁的截面宽度 b

对于矩形截面，$b=(1/3\sim1/2)h$；对于 T 形截面，$b=(1/4\sim1/2.5)h$。目前，常用的梁宽为 100 mm、120 mm、150 mm、200 mm、220 mm、250 mm 和 300 mm，300 mm 以上的级差为 50 mm。

梁截面的宽高比 b/h 并非不可变更。如在扁梁中，宽高比可大些；在薄腹梁中，宽高比则小得多。

3.2.1.2 板的厚度

板的厚度应满足承载力和刚度要求。从刚度条件看，现浇混凝土单向板的板厚不应小于计算跨度的 1/30，双向板的板厚不应小于计算跨度的 1/40，悬臂板的板厚不应小于跨度的 1/12。当荷载和跨度较大时，板厚宜适当加大。但板在楼盖中是大面积构件，为了节省材料，减轻结构自重，板不宜过厚。为了方便施工，板的厚度级差均为 10 mm。

除了要满足承载力和刚度要求外，板厚还应符合表 3-1 中的构造要求。

表 3-1　　现浇钢筋混凝土板的最小厚度　　（单位：mm）

板的类别		最小厚度
单向板	屋面板	60
	民用建筑楼板	60
	工业建筑楼板	70
	行车道下的楼板	80
双向板		80
密肋楼板	面板	50
	肋高	250
悬臂板	悬臂长度不大于 500	60
	悬臂长度为 1200	100
无梁楼板		150
现浇空心楼板		200

3.2.2 受弯构件中的钢筋

受弯构件中的钢筋有两种，即受力钢筋和构造钢筋。受力钢筋由计算确定；构造钢筋是在考虑计算中未考虑的因素影响后，如温度变化、混凝土收缩应力及施工需要等而设置的。

3.2.2.1　梁中的钢筋

梁中一般布置有如下几种钢筋：纵向受力钢筋、弯起钢筋、箍筋和架立钢筋(图 3-3)。

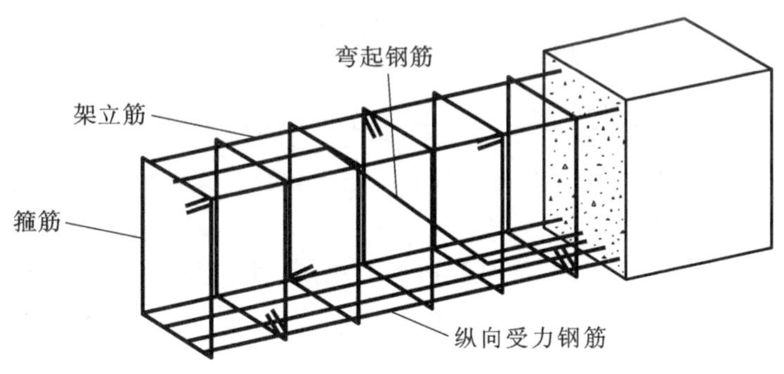

图 3-3　梁内钢筋的布置

(1) 纵向受力钢筋

纵向受力钢筋布置于梁的受拉区，承受由弯矩作用产生的拉力，有时在梁的受压区也布置纵向受力钢筋，协助混凝土承受压力。

纵向受力钢筋宜优先采用 HRB400 级和 HRB500 级钢筋，也可采用 HRBF400、HRBF500、RRB400、HRB335 级。

纵向受力钢筋常用直径为 ϕ10～ϕ32 mm；当梁高不小于 300 mm 时，不应小于 ϕ10 mm；当梁高小于 300 mm 时，不应小于 ϕ8 mm；当采用两种不同直径时，应相差至少 2 mm，以便于施工时肉眼识别。

纵向受力钢筋的根数不得少于 2 根，伸入梁支座范围内的纵向受力钢筋根数也不应少于 2 根。在梁的配筋密集区域，宜采用并筋（钢筋束）的配筋形式。

(2) 箍筋

箍筋除了用于保证斜截面强度外，还用来固定纵向受力钢筋。箍筋用量通过计算确定，同时应满足斜截面构造要求。

箍筋宜采用 HRB400、HRBF400、HPB300、HRB500、HRBF500 级钢筋，也可采用 HRB335、HRBF335 级钢筋，常用直径为 $\phi6\sim\phi12$ mm。箍筋间距等相关构造要求参见第 4 章。

(3) 弯起钢筋

弯起钢筋是为了保证斜截面强度而设置的，一般可将纵向受力钢筋弯起而形成，有时也专门设置弯起钢筋，以满足斜截面的需要，相关构造要求参见第 4 章。

(4) 架立钢筋

架立钢筋布置于梁的受压区，它平行于纵向受力钢筋，以固定箍筋的正确位置，承受由混凝土收缩及温度变化而产生的应力。如在受压区布置有受压钢筋，则受压钢筋可兼作架立钢筋。架立钢筋的直径与梁的跨度有关：当梁的跨度小于 4 m 时，不宜小于 $\phi8$ mm；当梁的跨度为 4～6 m 时，不应小于 $\phi10$ mm；当梁的跨度大于 6 m 时，不宜小于 $\phi12$ mm。

3.2.2.2 板中的钢筋

板中一般布置有两种钢筋：受力钢筋和分布钢筋，如图 3-4 所示。

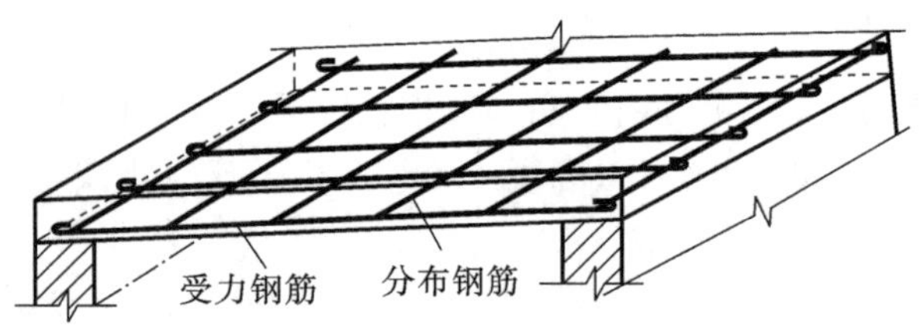

图 3-4 板中的钢筋形式

(1) 受力钢筋

受力钢筋沿板的跨度方向布置，承受由弯矩作用产生的拉力。

受力钢筋一般采用 HRB400、HPB300、HRB335 级钢筋。其常用直径为 $\phi8\sim\phi12$ mm；当板厚较大时，钢筋直径可用 $\phi14\sim\phi18$ mm。

为了便于浇筑混凝土，保证钢筋周围混凝土的密实性，板中钢筋间距不宜太小，不应小于 70 mm；同时为了能均匀分担荷载，钢筋间距不宜过大，当板厚 $h\leqslant150$ mm 时，钢筋间距不宜大于 200 mm；当板厚 $h>150$ mm 时，钢筋间距不宜大于板厚的 1.5 倍，且不宜大于 250 mm。

(2) 分布钢筋

分布钢筋与受力钢筋垂直布置，布置在受力钢筋的内侧。其作用是：① 浇筑混凝土时固定受力钢筋的位置；② 抵抗由收缩或温度变化引起的内力；③ 将板上的集中荷载更均匀地传递给受力钢筋。

分布钢筋宜采用 HPB300、HRB400 和 HRB335 级钢筋，常用直径为 $\phi6$ mm 和 $\phi8$ mm。单位宽度上分布钢筋的截面面积不宜小于单位宽度上受力钢筋的 15%，配筋率不宜小于 0.15%；分布钢筋直径不宜小于 6 mm，间距不宜大于 250 mm。当集中荷载较大时，分布钢筋的截面面积应增大，间距不宜大于 200 mm。

如果在两个方向上均配置受力钢筋，则两个方向的钢筋均可兼作分布钢筋。

3.2.3 受弯构件的混凝土

由于梁、板结构中的混凝土只承受本层楼盖、屋盖的荷载，故不必采用过高强度，以免浪费。梁中常用的混凝土强度等级为 C20、C25、C30、C35、C40，板中常用的混凝土强度等级为 C20、C25、C30、C35 等。

3.2.4 钢筋的混凝土保护层

结构构件中最外层钢筋的外边缘至混凝土表面的垂直距离，称为混凝土保护层厚度，用 c 表示，如图 3-5 所示。为了防止钢筋锈蚀，保证钢筋与混凝土之间的黏结强度及耐火性要求，钢筋的混凝土保护层厚度应满足：

① 构件中受力钢筋的混凝土保护层厚度不应小于钢筋的公称直径 d；

② 设计使用年限为 50 年的混凝土结构，最外层钢筋的混凝土保护层厚度应符合表 3-2 的规定；

③ 设计使用年限为 100 年的混凝土结构，最外层钢筋的混凝土保护层厚度不应小于表 3-2 中数值的 1.4 倍。

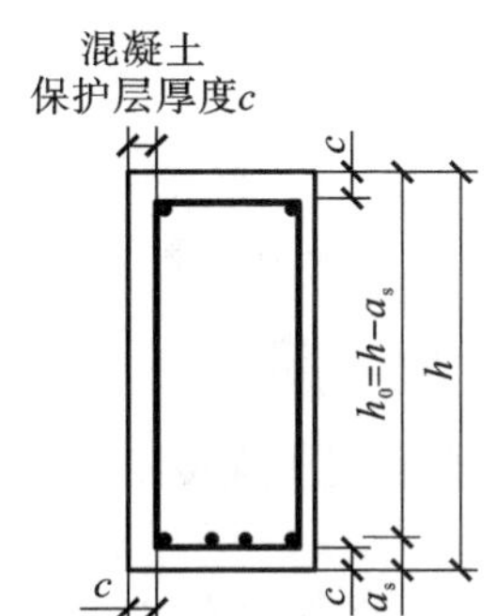

图 3-5 混凝土保护层厚度

表 3-2 混凝土保护层最小厚度 (单位：mm)

环境类别	板、墙、壳	梁、柱、杆
一	15	20
二 a	20	25
二 b	25	35
三 a	30	40
三 b	40	50

注：1. 混凝土强度等级不大于 C25 时，表中数值应增加 5 mm；

2. 钢筋混凝土基础宜设置混凝土垫层，基础中钢筋的混凝土保护层厚度应从垫层顶面算起，且不应小于 40 mm。

3. 环境类别见附表 15。

3.2.5 纵向钢筋的净间距

为了保证混凝土能很好地将钢筋包裹住，使钢筋应力能可靠地传递给混凝土，以及为了避免因钢筋过密而妨碍混凝土的捣实，梁上部纵向受力钢筋水平方向的净间距不应小于 30 mm 和 $1.5d$ 中的较大值，梁下部受力钢筋水平方向的净间距不应小于 25 mm 和 d 中的较大值。当下部纵向受力钢筋多于两层时，对于两层以上的钢筋，水平方向的中距应比下面两层的中距大 1 倍；各层钢筋之间的净间距不应小于 25 mm 和 d 中的较大值，d 为纵向受力钢筋的最大直径，如图 3-6 所示。

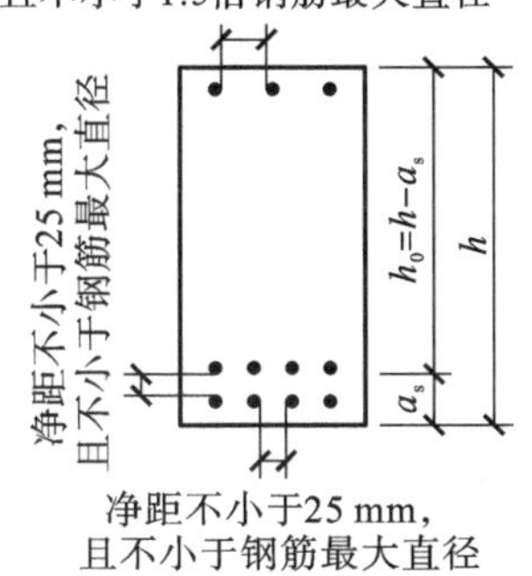

图 3-6 纵向受力钢筋的净间距

3.2.6 截面的有效高度

在梁、板受力钢筋位置确定之后进行承载力计算时，考虑混凝土受拉区已经出现裂缝(详见第

3.3 节所述），不再承受拉力，截面的抵抗弯矩为受拉钢筋的拉力与受压区混凝土的压力形成的力矩，所以截面高度取其有效高度 h_0。所谓有效高度，是指受力钢筋的重心至混凝土受压区边缘的垂直距离，如图 3-6 所示，它与受力钢筋的直径与分布有关。

(1) 梁的有效高度

梁中受力钢筋直径 d 一般为 ϕ10～ϕ32 mm，平均直径按 ϕ20 mm 计算。在正常环境下，当混凝土强度等级不大于 C25 时，混凝土保护层厚度为 $c=20+5=25$(mm)，则其有效高度计算如下。

① 当受力钢筋呈一排布置时：

$$h_0=h-c-d_{sv}-\frac{d}{2}=h-25\text{ mm}-10\text{ mm}-\frac{20\text{ mm}}{2}=h-45\text{ mm}$$

式中 d_{sv}——箍筋直径，平均按 10 mm 计算。

② 当受力钢筋呈两排布置时：

$$h_0=h-c-d_{sv}-d-\frac{25\text{ mm}}{2}=h-25\text{ mm}-10\text{ mm}-20\text{ mm}-\frac{25\text{ mm}}{2}=h-67.5\text{ mm}\approx h-70\text{ mm}$$

当混凝土强度等级不小于 C30 时：

$$h_0=h-40\text{ mm}\ (\text{一排布置}),\quad h_0=h-65\text{ mm}(\text{两排布置})$$

(2) 板的有效高度

板中受力钢筋直径一般为 ϕ8～ϕ12 mm，平均直径按 ϕ10 mm 计算。在正常环境下，当混凝土强度等级不大于 C25 时，混凝土保护层厚度为 $c=15+5=20$(mm)，则其有效高度为：

$$h_0=h-c-\frac{d}{2}=h-20\text{ mm}-\frac{10\text{ mm}}{2}=h-25\text{ mm}$$

当混凝土强度等级不小于 C30 时：

$$h_0=h-20\text{ mm}$$

综上所述，有效高度可统一写为：

$$h_0=h-a_s \tag{3-1}$$

式中 a_s——受力钢筋重心至受拉混凝土边缘的垂直距离。

3.3 受弯构件正截面受力性能试验分析

钢筋混凝土受弯构件正截面的工作状态与纵向受力钢筋的用量、钢筋和混凝土的强度等因素有关。其中，钢筋用量的影响最为明显，所以先来介绍纵向受力钢筋配筋率的概念。

3.3.1 纵向受力钢筋的配筋率

纵向受力钢筋配筋量的大小通常用截面配筋率 ρ 来表示，其值按下式计算：

$$\rho=\frac{A_s}{bh_0} \tag{3-2}$$

式中 A_s——纵向受力钢筋的截面面积，mm^2；

b——梁的截面宽度，mm；

h_0——梁截面的有效计算高度（当验算最小配筋率时取 h），mm。

根据配筋率的大小，钢筋混凝土梁可分为适筋梁、超筋梁和少筋梁三种。

3.3.2 适筋梁的三个工作阶段

当梁纵向受力钢筋的配筋率适中时，称为适筋梁。为消除剪力对正截面受弯的影响，通常在简

支梁上加两个对称的集中荷载，如图 3-7 所示。这样，在两个集中荷载之间就形成了只有弯矩、没有剪力的“纯弯段”(忽略自重)。所测得的数据是对“纯弯段”进行试验得到的。试验时，荷载从 0 开始分级增加。每加一级荷载后，除应观察梁的外形变化外，还要用仪表量测梁的挠度、混凝土纵向纤维及钢筋的应变，直到破坏。

图 3-8 所示为一适筋梁在上述加载方案下实测得到的跨中挠度 f 随截面跨中弯矩 M 变化的全过程曲线。在 M-f 关系曲线上有两个明显的转折点 C 和 Y，故适筋梁从开始加载到正截面完全破坏，截面的工作状态可分为三个阶段——弹性工作阶段、带裂缝工作阶段和破坏阶段。

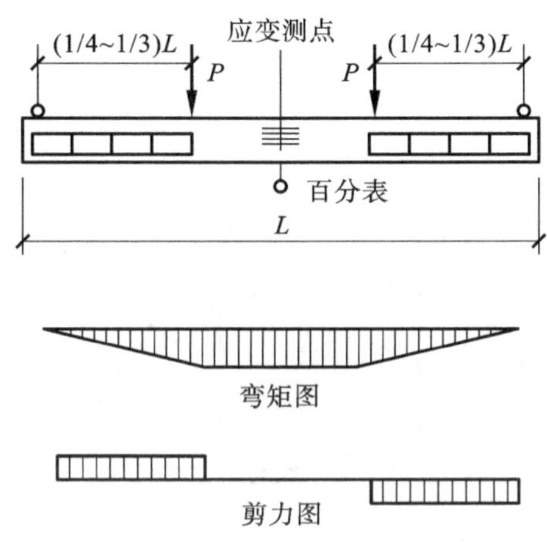

图 3-7 适筋梁的试验方案

M/(kN · m)
混凝土被压碎破坏
M_u
M_y
Y(钢筋开始屈服)
M_{cr}
C(混凝土开裂)
O
f/mm
Ⅲa Ⅲ Ⅱa Ⅱ Ⅰa Ⅰ

图 3-8 适筋梁 M-f 试验曲线

(1) 第Ⅰ阶段——混凝土开裂前的弹性工作阶段

荷载开始增加时，截面上的弯矩很小，受压区混凝土的压应力、受拉区混凝土的拉应力和钢筋的拉应力都很小。此时，混凝土的工作性能接近于匀质弹性体，截面上混凝土的应力分布图形为三角形，变形的变化规律符合平截面假定[图 3-9(a)]。

当弯矩增大时，应力随之增加。由于混凝土的抗拉强度很低，故受拉区混凝土呈现出明显的塑性特征，应变增加较应力增加快，受拉区应力图呈曲线。

当弯矩增大到开裂弯矩 M_{cr} 时，受拉区边缘的混凝土达到抗拉强度 f_t 和极限拉应变 ε_{tu}，截面处于将裂未裂的临界状态，即第Ⅰ阶段末 Ⅰ$_a$ 状态[图 3-9(b)]。此时，受压区边缘混凝土的最大压应力与混凝土的抗压强度相比还很小，受压区边缘混凝土的塑性变形不明显，基本上仍处于弹性工作阶段，应力图接近于线性分布。

受拉区混凝土塑性变形的出现与发展，使 Ⅰ$_a$ 阶段中和轴的位置较Ⅰ阶段初期略有上升。Ⅰ$_a$ 状态称为抗裂极限状态，受弯构件抗裂验算以此为依据。

(2) 第Ⅱ阶段——混凝土开裂后至钢筋屈服前的带裂缝工作阶段

截面受力达到 Ⅰ$_a$ 状态后，如弯矩稍微增加，则混凝土受拉边缘应变超过混凝土极限拉应变 ε_{tu}，构件开裂。截面上应力发生重分布，在裂缝截面处，开裂混凝土退出工作，拉力主要由钢筋承受；钢筋拉力突然增大，钢筋的应变相应增大，中和轴位置随之向上移动，受压区高度减小；压应力继续增加时，混凝土的塑性变形表现得越来越明显，压应力呈曲线分布，但应变变化规律仍然符合平截面假定。该工作阶段称为第Ⅱ阶段[图 3-9(c)]。

如弯矩继续增加，则裂缝进一步开展，钢筋和混凝土的应力和应变不断增大。当弯矩增大至 M_y 时，受拉区纵向受力钢筋开始屈服，钢筋应力达到其屈服强度 f_y。这种特定的受力状态称为 Ⅱ$_a$ 状态[图 3-9(d)]。

正常工作的梁一般处于第Ⅱ阶段，受弯构件使用阶段的变形和裂缝宽度验算以此为依据。

(3) 第Ⅲ阶段——钢筋屈服至截面破坏的破坏阶段

受拉区纵向受力钢筋屈服后，截面上的弯矩稍有增加，塑性变形急速发展，裂缝迅速开展，中和轴上移，混凝土受压区高度减小，受压区混凝土应力迅速增大，应力分布呈显著曲线形，钢筋的应力一直保持为流幅阶段的屈服强度 f_y。该工作阶段称为第Ⅲ阶段[图 3-9(e)]。

当受压区边缘混凝土达到极限压应变 ε_{cu}时，受压区混凝土出现纵向裂缝，混凝土被完全压碎，截面发生破坏。这种特定的受力状态称为Ⅲ$_a$ 状态[图 3-9(f)]，也称为承载能力极限状态。此时，正截面所承受的弯矩就是极限弯矩 M_u，按承载能力极限状态进行正截面承载力计算。

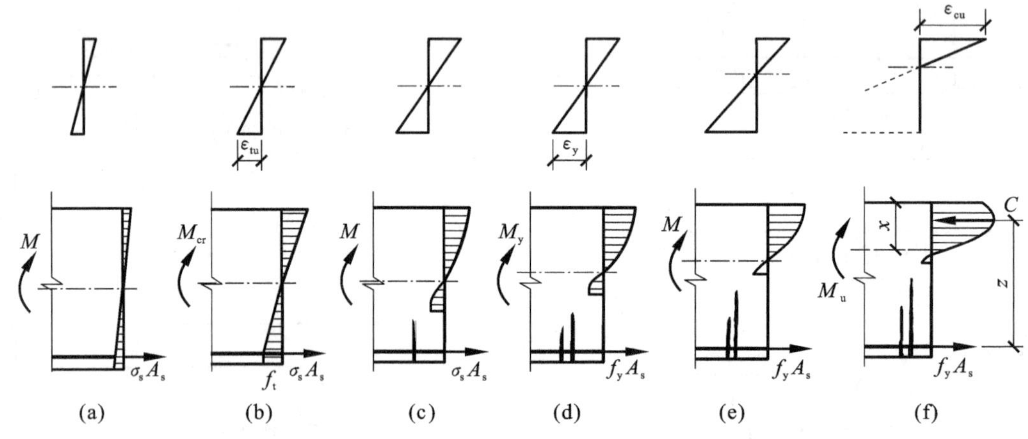

图 3-9　适筋梁正截面三个工作阶段的应变图和应力图

3.3.3　受弯构件正截面的破坏形态

工程实践和试验研究表明，随着配筋率的改变，构件的破坏特征将发生本质变化。按照梁破坏特征的不同，可将其破坏形态分为以下三类。

(1) 适筋破坏

当配筋率适中时，随着荷载的增大，梁经历了比较明显的三个受力阶段：当接近破坏时，受拉钢筋首先屈服而进入破坏阶段；垂直裂缝显著开展，中和轴迅速上升，受压区混凝土产生很大的局部塑性变形；当 $\varepsilon_c=\varepsilon_{cu}$时，受压区混凝土被压碎，构件破坏，见图 3-10(a)。从钢筋屈服状态开始，破坏截面上如同形成了一个铰(可称为塑性铰)，可发生很大转动，挠度迅速增大，裂缝急剧开展，使破坏前有明显预兆。其表现出了较好的承受变形的能力(图 3-11 中曲线 B)，属于延性破坏。发生这种破坏的梁称为适筋梁，适筋梁破坏时钢筋和混凝土的强度都得到了充分利用。工程上应将梁设计成适筋梁。

(2) 超筋破坏

当配筋率很大时，随着荷载的增加，梁会经历Ⅰ、Ⅱ两个受力阶段，达到开裂状态Ⅰ$_a$ 时，M-f 曲线出现第一个转折点，但变化不明显；裂缝较多较密，但开展较慢；钢筋应力增长也不快。受拉钢筋还未屈服时，受压区混凝土局部塑性变形就迅速发展。当 ε_c 达到 ε_{cu}时，混凝土突然被压碎且破坏范围较大，见图 3-10(b)，从挠度变化、裂缝发展及应变增长来看，其破坏前均无明显预兆，且承受变形的能力很小(图 3-11 中曲线 C)，属于脆性破坏。发生这种破坏的梁称为超筋梁。超筋梁破坏时，混凝土的强度得到了充分利用，而钢筋强度没有得到充分利用，工程设计中宜尽量避免采用。

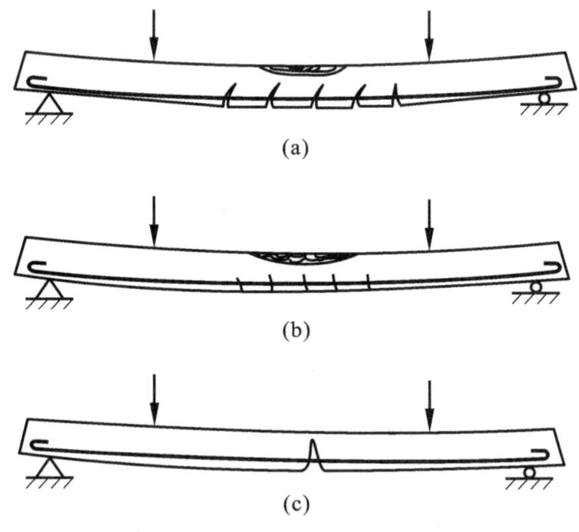

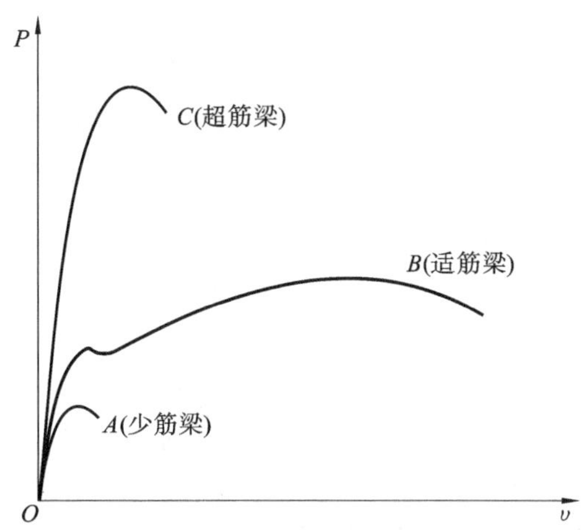

图 3-10 梁的三阶段破坏情况

(a) 适筋破坏;(b) 超筋破坏;(c) 少筋破坏

图 3-11 三种梁的荷载-挠度曲线

(3) 少筋破坏

当配筋率很小时,梁仅经历弹性阶段。达到开裂状态后,裂缝截面受拉区混凝土承受的全部拉力传给钢筋;钢筋应力突然增大,并迅速达到屈服强度。而受压区混凝土应力很小,仍处于弹性阶段。如果配筋过少,则裂缝截面受拉钢筋承受不了突然退出工作的受拉区混凝土传来的拉力,使钢筋应力越过屈服台阶和强化阶段而达到极限强度,钢筋被拉断,梁沿破坏截面断为两节,见图 3-10(c)。梁的后期变形很小(图 3-11 中曲线 A),破坏前无明显预兆,是突发性的脆性破坏。发生这种破坏的梁称为少筋梁。少筋梁的特点是一裂即坏,承载力极低,在工程设计中不应采用。

综上所述,适筋破坏是一种理想的破坏模式。受弯构件正截面承载力计算公式就是以适筋破坏为依据建立的。

为了将受弯构件设计成适筋梁,要求梁内的纵向受力钢筋配筋率既不能超过适筋梁的最大配筋率 ρ_{max},又不能小于最小配筋率 ρ_{min}。

3.4 受弯构件正截面承载力计算的基本原则

3.4.1 正截面承载力计算的基本假定

受弯构件正截面承载力计算属于承载能力极限状态计算,以适筋梁Ⅲ$_a$应力状态为依据。《混凝土结构设计规范》(GB 50010—2010)对正截面承载力计算采用下列基本假定。

(1) 截面符合平截面假定

大量试验,包括各种钢材配筋的各种截面(矩形、T 形、工字形及环形截面)的受弯、偏心受压构件的试验实测结果均表明,从加载开始到构件破坏,混凝土及钢筋平均应变基本上符合平截面假定,即构件应变图始终呈线性三角形分布,如图 3-12(a)所示。

(2) 不考虑混凝土的抗拉强度

构件破坏时,在裂缝截面处,受拉区混凝土大部分已退出工作,但在靠近中和轴附近仍有小部分混凝土承受着拉应力。由于其拉应力不大,且内力臂不大,因此所承受的内力矩不大,在计算中可忽略不计。

（3）混凝土受压的应力-应变曲线采用《混凝土结构设计规范》(GB 50010—2010)简化的曲线形式

混凝土受压的应力-应变曲线采用曲线段加直线段的形式，如图 3-12(b)所示。

当 $\varepsilon_c \leqslant \varepsilon_0$ 时：

$$\sigma_c = f_c\left[1-\left(1-\frac{\varepsilon_c}{\varepsilon_0}\right)^n\right] \tag{3-3a}$$

当 $\varepsilon_0 < \varepsilon_c \leqslant \varepsilon_{cu}$ 时：

$$\sigma_c = f_c \tag{3-3b}$$

式中 σ_c——混凝土压应变为 ε_c 时的压应力；

f_c——混凝土轴心抗压强度设计值；

ε_0——混凝土压应力达到 f_c 时的压应变，$\varepsilon_0 = 0.002 + 0.5(f_{cu,k} - 50) \times 10^{-5}$，当计算值小于 0.002 时，取为 0.002，$f_{cu,k}$ 为混凝土的立方体抗压强度标准值；

ε_{cu}——混凝土的极限压应变，$\varepsilon_{cu} = 0.0033 - (f_{cu,k} - 50) \times 10^{-5}$，当处于非均匀受压且计算值大于 0.0033 时，取为 0.0033；

n——系数，$n = 2 - \frac{1}{60}(f_{cu,k} - 50)$，当 n 的计算值大于 2.0 时，取为 2.0。

（4）钢筋采用理想的弹塑性应力-应变关系

《混凝土结构设计规范》(GB 50010—2010)简化的钢筋应力-应变关系如图 3-12(c)所示。

当 $\varepsilon_s \leqslant \varepsilon_y$ 时：

$$\sigma_s = E_s \varepsilon_s \tag{3-4a}$$

当 $\varepsilon_s > \varepsilon_y$ 时：

$$\sigma_s = f_y \tag{3-4b}$$

纵向受拉钢筋的极限拉应变 ε_{su} 应取为 0.01。

对照第 2 章所述的钢筋应力-应变曲线，对于有明确屈服点的钢筋，采用这一假定是切合实际的；对于无明确屈服点的钢筋，采用这一假定是近似的。

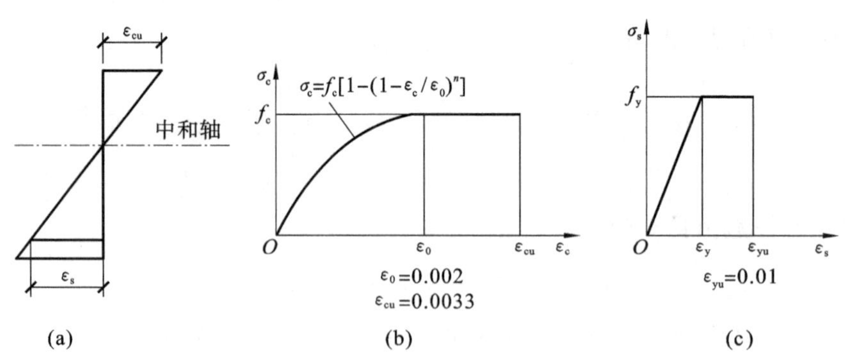

图 3-12　基本假定示意图

3.4.2　等效矩形应力图

根据前述假定，受弯构件正截面的应力图如图 3-13(c)所示。由于在计算截面的受弯承载力时，只需要知道混凝土受压区合力的大小及其作用点的位置，受压区的应力分布规律不必详尽考虑，因此为了方便计算，受压区混凝土的应力图可用一个等效的矩形应力图代替[图 3-13(d)]。等效的原则是保证两者的受弯承载力相等，即：

① 受压区混凝土压应力的合力大小不变；

② 受压区混凝土压应力合力的作用点位置不变。

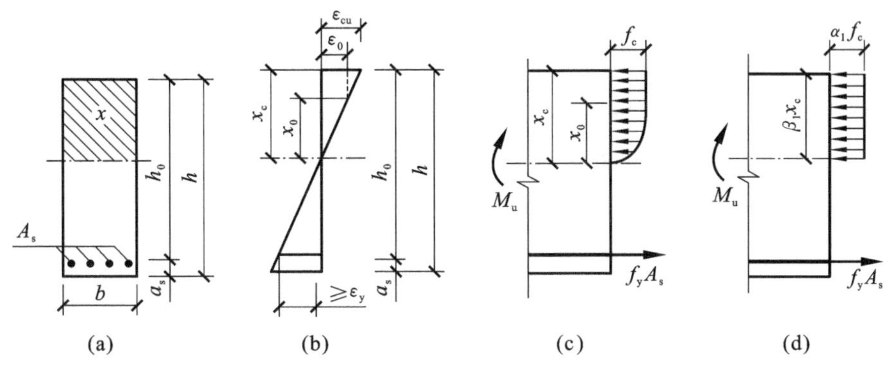

图 3-13 受压区混凝土的受力、应力图及等效矩形应力图

等效矩形应力图的应力取为 $\alpha_1 f_c$，等效矩形应力图的受压区高度为 $\beta_1 x_c$。α_1 为等效矩形应力与混凝土轴心抗压强度设计值 f_c 之比，取值为：当混凝土强度等级不超过 C50 时，取为 1.0；当混凝土强度等级为 C80 时，取为 0.94；其间按线性内插法确定。

按等效矩形应力图计算的受压区高度 x 与按平截面假定确定的受压区高度 x_c 之间的关系为：

$$x=\beta_1 x_c \tag{3-5}$$

其中，系数 β_1 取值为：当混凝土强度等级不超过 C50 时，取为 0.8；当混凝土强度等级为 C80 时，取为 0.74；其间按线性内插法确定。

最后的计算简图如图 3-13(d)所示。

3.4.3 适筋截面的界限条件

3.4.3.1 适筋梁与超筋梁的界限条件

(1) 相对受压区高度 ξ

等效矩形应力图的受压区高度 x 与截面有效高度 h_0 的比值，称为相对受压区高度，用 ξ 表示，即

$$\xi=\frac{x}{h_0} \tag{3-6}$$

(2) 相对界限受压区高度 ξ_b

截面上的应变情况如图 3-14 所示。适筋破坏是受力钢筋先达到屈服应变 ε_y，然后受压区混凝土边缘达到极限压应变 ε_{cu}；而超筋破坏是受压区混凝土边缘达到极限压应变 ε_{cu} 时，受拉钢筋未达到屈服应变 ε_y。可见，在适筋破坏与超筋破坏之间，必然存在着一种界限配筋破坏，即受拉钢筋达到屈服与受压区混凝土被压碎同时发生，即应力状态Ⅱ$_a$ 和Ⅲ$_a$ 同时发生。这种破坏形态即为适筋破坏与超筋破坏的界限。

从图 3-14 中可见，适筋破坏、超筋破坏及界限配筋破坏三者在受压区混凝土边缘的极限压应变均为 ε_{cu}，但纵向受拉钢筋的应变却不同，受压区高度也不同。

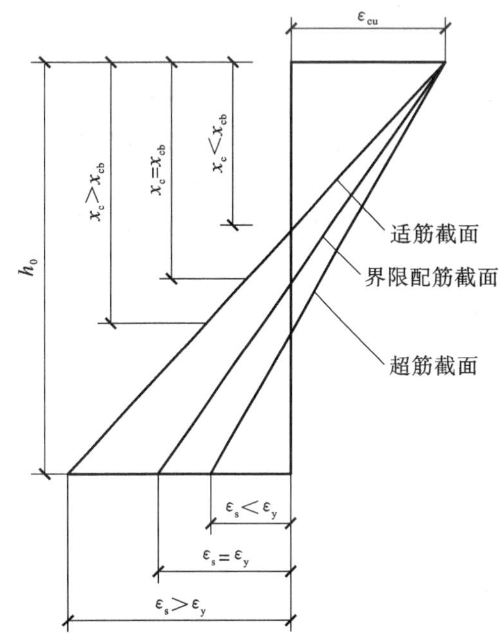

图 3-14 适筋梁、超筋梁、界限配筋梁发生正截面破坏时的平均应变图

发生界限配筋破坏时的相对受压区高度称为界限相对受压区高度，用 ξ_b 表示。由图 3-14 中三角形相似，有

$$\xi_b=\frac{x_b}{h_0}=\frac{\beta_1 x_{cb}}{h_0}=\frac{\beta_1 \varepsilon_{cu}}{\varepsilon_{cu}+\varepsilon_s}=\frac{\beta_1}{1+\frac{\varepsilon_s}{\varepsilon_{cu}}} \tag{3-7a}$$

式中 x_b——发生界限配筋破坏时的计算受压区高度；

x_{cb}——发生界限配筋破坏时的实际受压区高度；

ε_{cu}——受压区混凝土边缘纤维的极限压应变。

对于有屈服点的钢筋，ξ_b 按下式计算：

$$\xi_b=\frac{\beta_1}{1+\frac{f_y}{E_s \varepsilon_{cu}}} \tag{3-7b}$$

对于无屈服点的钢筋，根据条件屈服点的定义，考虑 0.2% 的残余变形，ξ_b 按下式计算：

$$\xi_b=\frac{\beta_1}{1+\frac{0.002}{\varepsilon_{cu}}+\frac{f_y}{E_s \varepsilon_{cu}}} \tag{3-7c}$$

式中 f_y——钢筋抗拉强度设计值；

E_s——钢筋弹性模量。

当构件配置有明显屈服点的热轧钢筋时，界限相对受压区高度 ξ_b 见表 3-3。

表 3-3 **发生界限配筋破坏时的相对受压区高度 ξ_b**

钢筋种类	≤C50	C55	C60	C65	C70	C75	C80
HPB300	0.576	0.566	0.556	0.547	0.537	0.528	0.518
HRB300、HRBF335	0.550	0.541	0.531	0.522	0.512	0.503	0.493
HRB400、HRBF400、RRB400	0.518	0.508	0.499	0.490	0.481	0.472	0.463
HRB500、HRBF500	0.482	0.473	0.464	0.455	0.447	0.438	0.429

ξ_b 确定之后，可得出梁在界限配筋破坏状态下的计算受压区高度为：

$$x_b=\xi_b h_0 \tag{3-8}$$

(3) 适筋破坏与超筋破坏的界限条件

由图 3-14 可知，通过比较相对受压区高度与界限相对受压区高度(或比较计算受压区高度与界限计算受压区高度)，即可判别是否超筋。

为了避免截面发生超筋破坏，应满足如下条件：

$$\xi \leqslant \xi_b \quad 或 \quad x \leqslant \xi_b h_0 \tag{3-9}$$

3.4.3.2 适筋梁与少筋梁的界限条件

纵向受拉钢筋的配筋率过小，就会出现少筋破坏。为了防止出现少筋破坏，《混凝土结构设计规范》(GB 50010—2010)规定了适筋梁与少筋梁的界限配筋率，即适筋梁的最小配筋率 ρ_{min}，最小配筋率取值为：

$$\rho_{min}=\max\left(0.2\%, \frac{45 f_t}{f_y}\times 100\%\right) \tag{3-10}$$

为了避免截面发生少筋破坏，应满足的条件为：

$$\rho \geqslant \rho_{min} \tag{3-11}$$

值得注意的是，由于最小配筋率理论上是根据钢筋混凝土梁的极限弯矩 M_u 等于素混凝土梁的开裂弯矩 M_{cr} 这一条件确定的，因此最小配筋率 ρ_{min} 是以全截面 bh 为基准(因为素混凝土全截面参与工作)确定的，在验算最小配筋率时，配筋率 ρ 也应按全截面 bh 计算，即

$$\rho=\frac{A_s}{bh}\geqslant\rho_{min} \tag{3-12}$$

3.5 单筋矩形截面受弯构件正截面承载力计算

根据承载能力极限状态设计原则，为了保证受弯构件正截面承载力足够，必须满足下列条件：

$$\gamma_0 M\leqslant M_u \tag{3-13}$$

式中 γ_0——结构重要性系数，安全等级为一级时为 1.1，安全等级为二级时为 1.0，安全等级为三级时为 0.9；

M——计算截面上的弯矩设计值；

M_u——计算截面所能承受的极限弯矩，即计算截面上的正截面受弯承载力设计值。

3.5.1 基本公式及适用条件

(1) 基本公式

单筋矩形截面是指在受拉区配置受力钢筋而在受压区仅按构造要求配置架立筋的截面。由于架立筋截面面积小，对承载力的贡献小，因此可忽略其作用。根据第 3.4 节的基本假定及受压区混凝土采用等效矩形应力图，单筋矩形截面受弯构件正截面承载力的计算简图如图 3-15 所示。

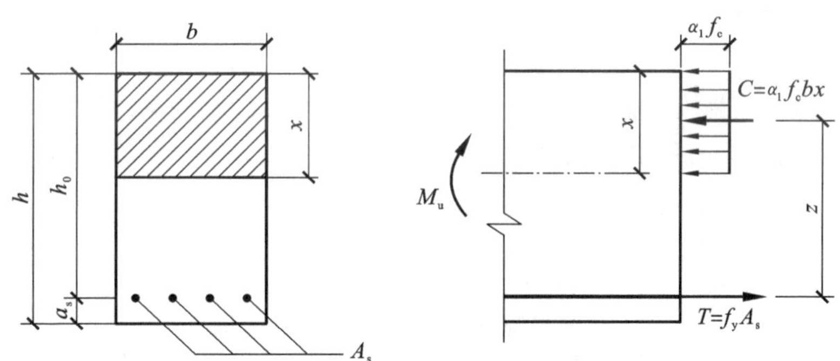

图 3-15 单筋矩形截面受弯构件正截面承载力的计算简图

由静力平衡条件，可得单筋矩形截面受弯构件正截面承载力的基本公式。

由截面上水平方向的内力之和为 0，即 $\sum X=0$，得：

$$\alpha_1 f_c bx=f_y A_s \tag{3-14}$$

由截面上内、外力矩之和为 0，即 $\sum M=0$，可得 M_u 的计算公式。

对受拉钢筋合力作用点取矩，得：

$$M_u=\alpha_1 f_c bx\left(h_0-\frac{x}{2}\right) \tag{3-15}$$

对受压区合力作用点取矩，得：

$$M_u=A_s f_y\left(h_0-\frac{x}{2}\right) \tag{3-16}$$

将式(3-15)、式(3-16)代入式(3-13)，得单筋矩形截面受弯构件正截面承载力基本公式：

$$\alpha_1 f_c bx = f_y A_s \tag{3-17}$$

$$\gamma_0 M \leqslant \alpha_1 f_c bx \left(h_0 - \frac{x}{2}\right) \tag{3-18}$$

或

$$\gamma_0 M \leqslant A_s f_y \left(h_0 - \frac{x}{2}\right) \tag{3-19}$$

式中 x——截面受压区计算高度；

f_c——混凝土轴心抗压强度设计值；

f_y——纵向钢筋抗拉强度设计值；

A_s——纵向受拉钢筋的截面面积；

b——矩形截面的宽度；

h_0——矩形截面的有效高度。

应注意的是式(3-18)和式(3-19)均是力矩方程，两式是等价的，取其一与式(3-17)联立进行计算。

(2) 适用条件

基本公式是根据适筋梁的破坏模式建立的，因此基本公式必须满足适筋破坏的条件，即避免发生超筋破坏和少筋破坏。如第 3.4.2 小节所述，基本公式应满足下列条件：

不发生超筋破坏时

$$\xi \leqslant \xi_b \quad 或 \quad x \leqslant x_b \quad 或 \quad \rho \leqslant \rho_{max} \tag{3-20a}$$

不发生少筋破坏时

$$\rho \geqslant \rho_{min} \quad (不少筋) \tag{3-20b}$$

其中，ρ_{max}是适筋梁的最大配筋率，即适筋梁与超筋梁的界限配筋率。取 $x=x_b$ 代入式(3-17)，并结合式(3-2)可得适筋截面的最大配筋率为：

$$\rho_{max} = \xi_b \frac{\alpha_1 f_c}{f_y} \tag{3-21}$$

常用的 ρ_{max}值见表 3-4。

表 3-4 **发生界限配筋破坏时的最大配筋率 ρ_{max}**

钢筋种类	混凝土强度等级						
	C20	C25	C30	C35	C40	C45	C50
HPB300	2.05%	2.54%	3.05%	3.56%	4.07%	4.50%	4.93%
HRB300、HRBF335	1.76%	2.18%	2.62%	3.06%	3.50%	3.87%	4.24%
HRB400、HRBF400、RRBF400	1.38%	1.71%	2.06%	2.40%	2.75%	3.04%	3.32%
HRB500、HRBF500	1.06%	1.32%	1.58%	1.85%	2.12%	2.34%	2.56%

值得注意的是，$\xi \leqslant \xi_b$，$x \leqslant x_b$，$\rho \leqslant \rho_{max}$三个公式是等价的，其中一个满足，另外两个自然满足，可以任选其一使用，常采用前两个公式。

(3) 系数公式

将 $\xi = \frac{x}{h_0}$代入上述单筋矩形截面受弯构件正截面承载力基本公式，则式(3-17)～式(3-19)可

写成：

$$\alpha_1 f_c b\xi h_0 = A_s f_y \tag{3-22}$$

$$\gamma_0 M \leqslant \alpha_1 f_c b h_0^2 \xi(1-0.5\xi) = \alpha_s \alpha_1 f_c b h_0^2 \tag{3-23}$$

$$\gamma_0 M \leqslant A_s f_y h_0 (1-0.5\xi) = A_s f_y \gamma_s h_0 \tag{3-24}$$

其中，$\alpha_s=\xi(1-0.5\xi)$，称为截面抵抗矩系数；$\gamma_s=1-0.5\xi$，称为截面内力臂系数。

以上公式是用系数表达的，称为系数公式，实质上是基本公式的一种变形，适用条件同基本公式。

(4) 适筋截面的最大受弯承载力 M_{max}

取适筋截面最大相对受压区高度 $\xi=\xi_b$，代入式(3-23)，得单筋适筋截面的最大受弯承载力为：

$$M_{max} = \alpha_1 f_c b h_0^2 \xi_b (1-0.5\xi_b) \tag{3-25a}$$

令 $\alpha_{max}=\xi_b(1-0.5\xi_b)$，则式(3-25a)可改写为：

$$M_{max} = \alpha_{max} \alpha_1 f_c b h_0^2 \tag{3-25b}$$

式中 α_{max}——截面最大抵抗矩系数。

从适筋截面最大受弯承载力的意义中，不难得出式(3-20a)的等价式为：

$$\gamma_0 M \leqslant M_{max} \tag{3-26}$$

用式(3-26)也可进行适筋与超筋的判别。

3.5.2 基本公式的应用

受弯构件正截面承载力计算一般分为两类问题，即截面设计和截面复核。

3.5.2.1 截面设计

已知截面承受的弯矩设计值 M，要求选择材料(混凝土强度等级和钢筋级别)，确定截面尺寸(b、h、h_0)、钢筋用量以及钢筋的直径、根数和布置。

基本方程只有两个，不可能通过计算解决上述所有问题，必须增设补充条件。通常的做法是先选择材料(钢筋级别及混凝土强度等级)，假定截面尺寸及钢筋排数，然后计算钢筋的截面面积，并验算适用条件，使设计的截面经济、合理、安全可靠。

截面设计步骤如下。

(1) 选用材料

可按第 3.2 节的一般构造要求选用混凝土强度等级和钢筋级别。

(2) 确定截面尺寸

构件截面尺寸可按第 3.2 节所述的常用高跨比(h/l)、高宽比(h/b)来估计，同时应满足施工模数的要求，还应考虑经济配筋率的要求。

当弯矩 M 给定时，选择的截面尺寸偏大，则混凝土用量和模板费用增加，所需钢筋用量就小一些；反之，截面尺寸偏小，则钢筋用量偏大。合理的截面尺寸应该使总造价最低。因此，在 ρ_{max} 和 ρ_{min}之间存在一个经济配筋率范围。根据我国的设计经验，受弯构件的经济配筋率范围是：板为 0.3%～0.8%，梁为 0.6%～1.5%。

根据经济配筋率确定截面尺寸时，可先假定配筋率 ρ 及截面宽度 b，按下式近似估算截面的有效高度：

$$h_0 = (1.05 \sim 1.10)\sqrt{\frac{M}{f_y b \rho}} \tag{3-27}$$

然后依公式 $h=h_0+a_s$，并按施工模数取整数确定截面高度。

(3) 求 A_s 并选配钢筋

求解钢筋截面面积有两种方法：基本公式法和系数公式法。

① 基本公式法。

其将基本公式式(3-17)、式(3-18)联立求解即可得 A_s，即先由式(3-18)求出 x，之后代入式(3-17)中即可求出 A_s，但需要解关于 x 的一元二次方程，计算过程比较复杂。

② 系数公式法。

其由系数公式式(3-22)、式(3-23)或式(3-24)求解 A_s。先由式(3-23)求出 $\alpha_s=\dfrac{\gamma_0 M}{\alpha_1 f_c b h_0^2}$，然后直接利用公式 $\alpha_s=\xi(1-0.5\xi)$ 求出 $\xi=1-\sqrt{1-2\alpha_s}$（依题意舍去另外一个解），再将 ξ 代入式(3-22)，即可求出 $A_s=\alpha_1\xi b h_0\dfrac{f_c}{f_y}$。或先由 ξ 求出 $\gamma_s=1-0.5\xi$，再由式(3-24)求出 $A_s=\dfrac{\gamma_0 M}{f_y\gamma_s h_0}$。

用系数公式法计算比较快捷，省去了求解一元二次方程的麻烦。

(4) 验算基本公式的适用条件

由基本公式适用条件判断所求的解是否合理。

① 当 $x\leqslant\xi_b h_0$ 且 $\rho\geqslant\rho_{min}$ 时，说明所选截面尺寸合适，所求的解满足基本公式适用条件，A_s 可以采用。

② 当 $x>\xi_b h_0$ 时，说明所选截面尺寸过小，加大截面尺寸后，重复(3)、(4)步。

③ 当 $\rho<\rho_{min}$ 时，说明所选截面尺寸过大，减小截面尺寸后，重复(3)、(4) 步。

(5) 选择钢筋直径和根数

受拉钢筋截面面积 A_s 确定后，需要结合第 3.2 节中钢筋间距和直径的有关规定选择钢筋直径和根数。选择钢筋直径和根数时，应使其实际的截面面积与计算值接近，一般不宜小于计算值的 95%。

(6) 绘制截面配筋图

截面配筋图是截面设计成果的集中体现，一般在图中应注明材料强度等级、截面尺寸、钢筋直径和根数，并标写图名。

【例 3-1】 一承受均布荷载作用的矩形截面简支梁如图 3-16(a)所示，跨度 $l=5.2$ m。永久荷载(包括自重)标准值 $g_k=5$ kN/m，可变荷载标准值 $q_k=10$ kN/m。结构的安全等级为二级，环境为室内正常环境，试按正截面受弯承载力的要求设计此梁截面并确定其配筋。

【解】 (1) 求梁上的设计荷载

$$q=1.2g_k+1.4q_k=1.2\times5+1.4\times10=20(\text{kN/m})$$

$$q=1.35g_k+1.4\times0.7q_k=1.35\times5+1.4\times0.7\times10=16.55(\text{kN/m})$$

取二者中的较大值计算。

(2) 求跨中截面的最大弯矩设计值

$$M=\frac{1}{8}ql^2=\frac{1}{8}\times20\times5.2^2=67.6(\text{kN}\cdot\text{m})$$

(3) 选用材料及确定截面尺寸

选用 C30 级混凝土，$f_c=14.3$ N/mm²；选用 HRB400 级钢筋，$f_y=360$ N/mm²。

设 $h=l/12=5200/12=433$(mm)，取 $h=450$ mm。按 $b=\left(\dfrac{1}{3}\sim\dfrac{1}{2}\right)h$，取 $b=200$ mm。

初步选用箍筋Φ10，纵向受拉钢筋为单排布置，则梁的有效高度为：

$$h_0=h-a_s=450-40=410(\text{mm})$$

(4) 求截面受压区高度 x 和受拉钢筋截面面积 A_s

由 $\gamma_0 M \leqslant \alpha_1 f_c bx\left(h_0-\dfrac{x}{2}\right)$，得：

$$1.0\times 67.6\times 10^6=1.0\times 14.3\times 200x\left(410-\frac{x}{2}\right)$$

整理后得

$$x^2-820x+47272=0$$

解该一元二次方程，得截面受压区高度 $x=62.4$ mm。

由于 $x=62.4\ \text{mm}\leqslant \xi_b h_0=0.518\times 410=212(\text{mm})$，故不超筋。

将 x 值代入式(3-17)，得纵向受拉钢筋的截面面积为：

$$A_s=\frac{\alpha_1 f_c bx}{f_y}=\frac{1.0\times 14.3\times 200\times 62.4}{360}=496(\text{mm}^2)$$

$$\rho=\frac{A_s}{bh}=\frac{496}{200\times 450}=0.55\%>\rho_{\min}=0.20\%$$

$\rho_{\min}$ 取 0.2% 和 $0.45\dfrac{f_t}{f_y}\times 100\%=0.45\times\dfrac{1.43}{360}\times 100\%=0.179\%$ 中的较大值。

(5) 选择钢筋直径和根数

选用 3⌽16，$A_s=603\ \text{mm}^2>496\ \text{mm}^2$。

钢筋净距离 $S_n=\dfrac{200-3\times 16-2\times 20-2\times 10}{2}=46(\text{mm})>25$ mm，且大于钢筋直径 16 mm，故配筋满足要求。

(6) 绘制截面配筋图

截面配筋图如图 3-16(b)所示。

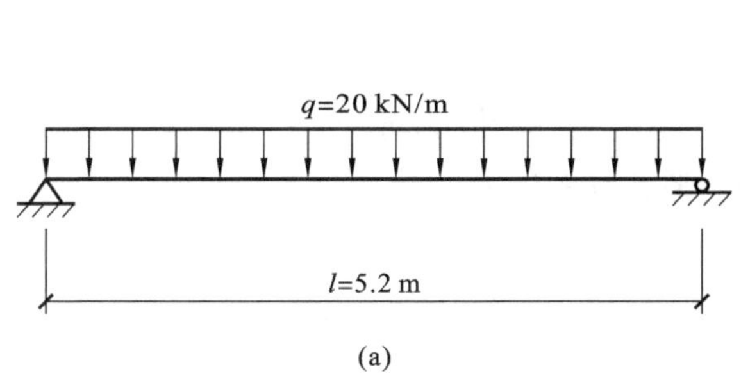

(a)

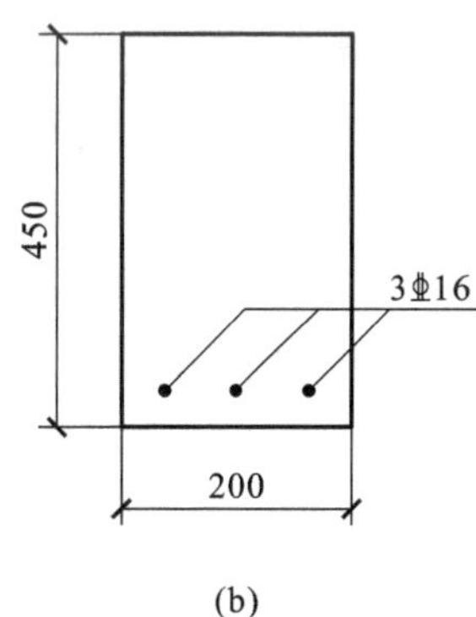

(b)

图 3-16　例 3-1 图

(a) 计算简图；(b) 截面配筋图

如用系数公式法计算，则：

$$\alpha_s=\frac{\gamma_0 M}{\alpha_1 f_c bh_0^2}=\frac{1.0\times 67.6\times 10^6}{1.0\times 14.3\times 200\times 410^2}=0.141$$

$$\xi=1-\sqrt{1-2\alpha_s}=1-\sqrt{1-2\times 0.141}=0.153<\xi_b=0.518$$

$$\gamma_s=1-0.5\xi=1-0.5\times 0.153=0.924$$

由式(3-22)或式(3-24)，得：

$$A_s=\alpha_1\xi bh_0\frac{f_c}{f_y}=1.0\times0.153\times200\times410\times\frac{14.3}{360}=498.4(\text{mm}^2)$$

$$A_s=\frac{\gamma_0 M}{f_y h_0\gamma_s}=\frac{1.0\times67.6\times10^6}{360\times410\times0.924}=496(\text{mm}^2)$$

其余步骤同上。

【例 3-2】 图 3-17(a)所示为某现浇钢筋混凝土走道板，混凝土保护层厚度为 20 mm(二 a 类环境)。永久荷载(包括自重)标准值 $g_k=2$ kN/m，可变荷载标准值 $q_k=2$ kN/m。结构的安全等级为二级。试根据受弯构件正截面承载力的要求，确定走道板的厚度并计算其配筋。

【解】 (1) 确定计算简图

垂直于板跨度方向取宽度为 1 m 的板带作为计算单元，因此板的计算简图为一承受均布荷载的简支梁(板)受力图。

$$l=1.05l_n=1.05\times2.26=2.37(\text{m})$$

$$l=l_n+a=2.26+0.24=2.5(\text{m})$$

式中，l_n 为梁(板)的净跨，a 为梁(板)的支撑长度。

取两式中的较小值，所以，板的计算跨度为 $l=2.37$ m，计算简图如图 3-17(b)所示。

(2) 求跨中截面的最大弯矩设计值

$$M=\frac{1}{8}(1.2g_k+1.4q_k)l^2=\frac{1}{8}\times(1.2\times2+1.4\times2)\times2.37^2=3.65(\text{kN}\cdot\text{m})$$

$$M=\frac{1}{8}(1.35g_k+1.4\times0.7q_k)l^2=\frac{1}{8}\times(1.35\times2+1.4\times0.7\times2)\times2.37^2$$
$$=3.27(\text{kN}\cdot\text{m})$$

取二者中的较大值。

(3) 选用材料及确定截面尺寸

选用 C30 级混凝土，$f_c=14.3\ \text{N/mm}^2$；选用 HRB335 级钢筋，$f_y=300\ \text{N/mm}^2$。

设 $h=l/30=2370/30=79(\text{mm})$，取 $h=80$ mm；设 $a_s=25$ mm。

板的有效高度：

$$h_0=h-a_s=80-25=55(\text{mm})$$

(4) 求截面相对受压区高度 ξ 和受拉钢筋截面面积 A_s

$$\alpha_s=\frac{\gamma_0 M}{\alpha_1 f_c bh_0^2}=\frac{1.0\times3.65\times10^6}{1.0\times14.3\times1000\times55^2}=0.084$$

$$\xi=1-\sqrt{1-2\alpha_s}=1-\sqrt{1-2\times0.084}=0.088<\xi_b=0.55$$

由式(3-22)，得：

$$A_s=\alpha_1\xi bh_0\frac{f_c}{f_y}=1.0\times0.088\times1000\times55\times\frac{14.3}{300}=230.4(\text{mm}^2)$$

(5) 验算适用条件

$$\xi=0.088<\xi_b=0.55\quad(\text{不超筋})$$

$$\rho=\frac{A_s}{bh}=\frac{230.4}{1000\times80}=0.288\%>\rho_{min}=0.21\%\quad(\text{不少筋})$$

ρ_{min} 取 0.2%和 $0.45\frac{f_t}{f_y}\times100\%=0.45\times\frac{1.43}{300}\times100\%=0.21\%$ 中的较大值。

(6) 选择钢筋直径和间距

选用Φ8@160,A_s=314.0 mm^2>230 mm^2。

板厚 h<150 mm,钢筋间距为 70～200 mm,配筋满足要求。

(7) 绘制截面配筋图

根据上述计算结果,绘制的截面配筋图如图 3-17(c)所示。

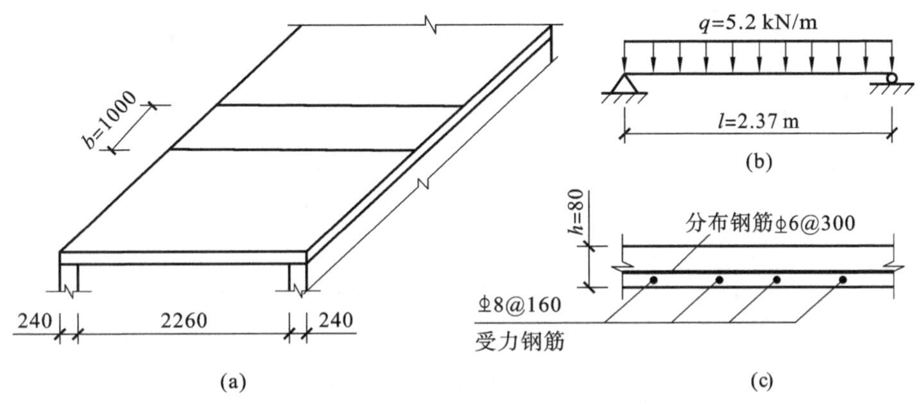

图 3-17 例 3-2 图

(a) 计算单元;(b) 计算简图;(c) 截面配筋图

3.5.2.2 截面复核

截面复核也称为截面承载能力验算,即在截面尺寸 b、h,纵向受力钢筋截面面积 A_s 及材料强度 f_c、f_y 均为已知的情况下,确定该截面的受弯承载力 M_u,并与要求该截面所承受的弯矩设计值进行比较,判断该截面是否安全。

求解该问题所依据的是基本公式式(3-14)、式(3-15)或式(3-16)及其适用条件。基本公式中只有两个未知数——受压区高度 x 和 M_u,故可以得到唯一的解。

求解步骤如下。

(1) 求解 x 和 M_u

计算截面的受弯承载力 M_u 时,先由式(3-14)和式(3-12)计算出受压区高度 x 和配筋率 ρ,然后根据 x 和 ρ 值的不同情况,分别按下列情况计算截面受弯承载力 M_u。

① 当 $\rho<\rho_{min}$时,受拉钢筋配筋量过少,梁处于少筋状态,可直接判定为不安全;

② 当 $x>\xi h_0$ 时,截面受拉钢筋配筋量过多,梁处于超筋状态,将 $x=\xi h_0$ 代入式(3-15)中,计算截面受弯承载力 M_u;

③ 当 $x\leqslant\xi h_0$ 且 $\rho\geqslant\rho_{min}$时,梁处于适筋状态,将 x 代入式(3-15)或式(3-16),计算截面受弯承载力 M_u。

(2) 判定是否安全

当 $\gamma_0 M\leqslant M_u$ 时,安全;当 $\gamma_0 M>M_u$ 时,不安全。

【例 3-3】 某钢筋混凝土梁截面如图 3-18 所示。截面尺寸 bh=250 mm×500 mm,混凝土强度等级为 C30,受拉钢筋采用 HRB400 级,配筋 4Φ20(A_s=1256 mm^2),箍筋直径为 ϕ10 mm,承受的弯矩设计值 M=170 kN·m。构件环境类别为一类,安全等级为二级,试验算该梁的正截面受弯承载力是否足够。

【解】 (1) 计算受压区高度 x 和配筋率 ρ

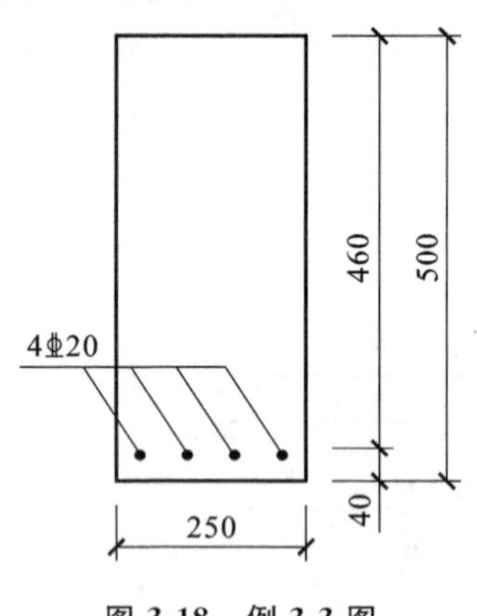

图 3-18　例 3-3 图

$$a_s = c + d_{sv} + \frac{d}{2} = 20 + 10 + \frac{20}{2} = 40(\text{mm})$$

梁的有效高度：

$$h_0 = h - a_s = 500 - 40 = 460(\text{mm})$$

受压区高度：

$$x = \frac{A_s f_y}{\alpha_1 f_c b} = \frac{1256 \times 360}{1.0 \times 14.3 \times 250} = 126.5(\text{mm})$$

配筋率：

$$\rho = \frac{A_s}{bh} = \frac{1256}{250 \times 500} = 1.0\%$$

(2) 计算截面受弯承载力 M_u

由于

$$x = 126.5\ \text{mm} < \xi_b h_0 = 0.518 \times 460 = 238(\text{mm})$$

且

$$\rho = 1.0\% > \rho_{\min} = 0.2\%$$

$$\rho_{\min} = \max\left(0.2\%, 45\frac{f_t}{f_y} \times 100\%\right)$$

故梁处于适筋状态，将 $x = \xi h_0$ 代入式(3-15)，得：

$$\begin{aligned} M_u &= \alpha_1 f_c b x\left(h_0 - \frac{x}{2}\right) = 1.0 \times 14.3 \times 250 \times 126.5 \times \left(460 - \frac{126.5}{2}\right) \\ &= 179.4 \times 10^6(\text{N} \cdot \text{mm}) = 179.4\ \text{kN} \cdot \text{m} \end{aligned}$$

(3) 判断截面是否安全

由于

$$M_u = 179.4\ \text{kN} \cdot \text{m} > \gamma_0 M = 1.0 \times 170 = 170(\text{kN} \cdot \text{m})$$

因此截面安全。

【例 3-4】 某钢筋混凝土梁截面如图 3-19 所示。截面尺寸 $b \times h = 250\ \text{mm} \times 550\ \text{mm}$，混凝土强度等级为 C30，受拉钢筋采用 HRB500 级，配筋 8 Φ 22($A_s = 3041\ \text{mm}^2$)，箍筋直径为 10 mm，承受的弯矩设计值 $M = 350\ \text{kN} \cdot \text{m}$。构件环境类别为一类，安全等级为二级。试验算该梁的正截面受弯承载力是否足够。

【解】 (1) 计算受压区高度 x 和配筋率 ρ

$$a_s = c + d_{sv} + d + \frac{d}{2} = 20 + 10 + 22 + \frac{25}{2} = 65(\text{mm})$$

梁的有效高度：

$$h_0 = h - a_s = 550 - 65 = 485(\text{mm})$$

受压区高度：

$$x = \frac{A_s f_y}{\alpha_1 f_c b} = \frac{3041 \times 435}{1.0 \times 14.3 \times 250} = 370(\text{mm})$$

配筋率：

$$\rho = \frac{A_s}{bh} = \frac{3041}{250 \times 550} = 2.21\%$$

(2) 计算截面受弯承载力 M_u

由于

$$x=370\ \text{mm}>\xi_b h_0=0.482\times485=234(\text{mm})$$

故梁截面属于超筋截面，取 $x=\xi_b h_0=234$ mm。将其代入式(3-15)，得：

$$M_u=\alpha_1 f_c bx\left(h_0-\frac{x}{2}\right)=1.0\times14.3\times250\times234\times\left(485-\frac{234}{2}\right)$$

$$=307.85\times10^6(\text{N}\cdot\text{mm})=307.85\ \text{kN}\cdot\text{m}$$

(3) 判断截面是否安全

由于

$$M_u=307.85\ \text{kN}\cdot\text{m}<\gamma_0 M=1.0\times350=350(\text{kN}\cdot\text{m})$$

故受弯承载力不足，正截面不安全。

请读者自己分析原因，并提出改进方案。

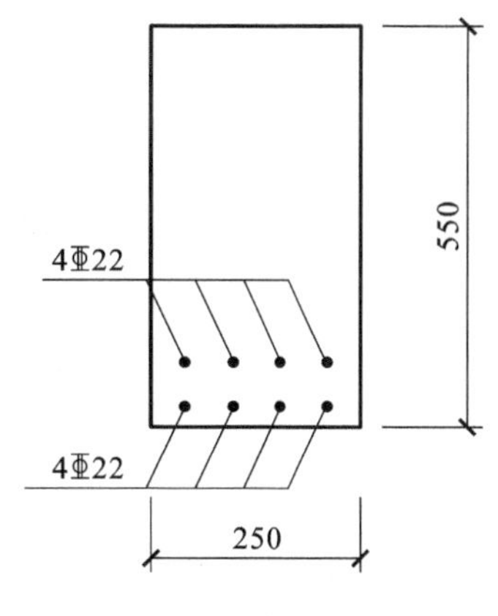

图 3-19 例 3-4 图

3.6 双筋矩形截面受弯构件正截面承载力计算

3.6.1 双筋矩形截面的应用情况

双筋矩形截面受弯构件是指在截面的受拉区和受压区同时设置纵向受力钢筋的矩形截面。一般来说，利用受压钢筋来协助混凝土承受压力是不经济的，所以应尽量少用，只有在下列情况下采用：

① 弯矩较大，截面按单筋截面计算时受压区高度 x 将大于界限受压区高度 x_b 而成为超筋截面，而梁的截面尺寸和混凝土强度等级受到限制不能增加，按单筋截面进行设计已无法满足截面承载力要求。

② 梁在不同荷载(如地震作用、风荷载)组合作用下承受变号弯矩作用。

③ 出于构造、延性等方面的需要，在截面受压区已经配有截面面积较大的纵向受力钢筋。

3.6.2 基本公式及适用条件

3.6.2.1 受压钢筋的应力

双筋截面破坏时的受力特点和破坏特征与单筋截面相似。试验表明，只要满足 $\xi\leqslant\xi_b$，双筋截面仍具有适筋破坏特征。因此，在建立双筋截面承载力计算公式时，受拉钢筋的应力可取其抗拉强度设计值，受压混凝土的应力图可简化为等效矩形应力图，其应力值取为 $\alpha_1 f_c$，受压钢筋的应力则尚待确定。

《混凝土结构设计规范》(GB 50010—2010)规定，双筋截面梁中的箍筋应做成封闭式，它能够约束受压钢筋的纵向压屈变形。由于受压钢筋和受压混凝土在相同纤维处的变形是相等的，即 $\varepsilon'_s=\varepsilon_c$，故受压区钢筋的应力为 $\sigma'_s=\varepsilon'_s E_s$。当 $x=2a'_s$ 时，则面积为 A'_s 截面处的纤维应变约为 0.002，于是 $\sigma_s=\varepsilon_s E_s=0.002\times2.0\times10^5=400(\text{N/mm}^2)$。对于强度设计值不超过 400 MPa 的热轧钢筋，面积为 A'_s 截面的应力可以达 f'_y，如图 3-20 所示。而当 $x<2a'_s$ 时，则受压钢筋的位置将离中和轴太近，截面破坏时，其应力可能达不到其抗压设计强度。因此，为了保证受压区混凝土边缘被压碎时受压钢筋达到抗压强度，受压区高度 x 应满足：$x\geqslant2a'_s$。

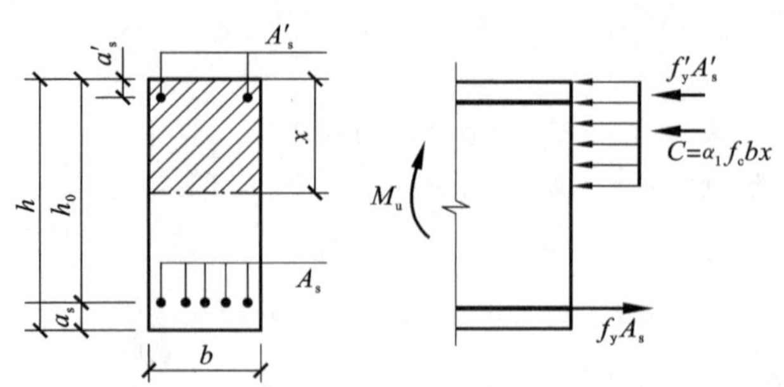

图 3-20 双筋矩形截面构件正截面应力图

3.6.2.2 基本公式

双筋矩形截面受弯构件正截面承载力计算应力图见图 3-20 。根据平衡条件，可得出下列基本公式。

由 $\sum X=0$，得：

$$\alpha_1 f_c bx+f'_y A'_s-f_y A_s=0 \tag{3-28}$$

由 $\sum M=0$，得：

$$\gamma_0 M\leqslant\alpha_1 f_c bx\left(h_0-\frac{x}{2}\right)+f'_y A'_s(h_0-a'_s) \tag{3-29}$$

式中 f'_y——钢筋的抗压强度设计值；

A'_s——受压钢筋截面面积；

a'_s——受压钢筋合力作用点至受压区边缘的距离。

3.6.2.3 适用条件

(1) 受拉钢筋屈服条件

为了避免出现超筋截面，保证受拉钢筋在受压区混凝土被压碎之前屈服，受压区高度应满足：

$$\xi\leqslant\xi_b \quad 或 \quad x\leqslant\xi_b h_0 \tag{3-30}$$

(2) 受压钢筋屈服条件

为了保证受压钢筋达到抗压强度设计值，受压区高度 x 应满足：

$$x\geqslant 2a'_s \tag{3-31}$$

对于双筋截面，其最小配筋率一般均能满足要求，不必验算。

当 $x<2a'_s$ 时，表明截面面积为 A'_s 的受压钢筋没有达到屈服强度 f'_y。此时偏于安全地取 $x=2a'_s$，即假定受压区混凝土的合力作用点在受压钢筋合力作用点位置处，并对受压钢筋合力作用点取矩，可得到以下承载力计算公式：

$$\gamma_0 M\leqslant A_s f_y(h_0-a'_s) \tag{3-32}$$

值得注意的是，当按式(3-32)求得的 A_s 比不考虑受压钢筋而按单筋矩形截面计算的 A_s 大时，应按单筋矩形截面的计算结果配筋。

3.6.3 基本公式的应用

和单筋矩形截面一样，双筋矩形截面基本公式的应用也有两种情况：截面设计和截面复核。

3.6.3.1 截面设计

设计双筋矩形截面时，有时因构造等原因，受压钢筋截面面积 A'_s 已知，仅求受拉钢筋截面面积

A_s，所以一般有下述两种情形。

(1) 情形Ⅰ

已知弯矩设计值 M、截面尺寸 $b\times h$、材料强度设计值、计算受拉钢筋截面面积 A_s 和受压钢筋截面面积 A'_s。

求解该问题所依据的是基本公式式(3-28)、式(3-29)及其适用条件。基本公式是两个独立方程，需要求解的未知数有 3 个(A_s、A'_s、x)，得不到唯一的解，需要建立一个补充方程。设计时，从经济角度出发，在截面给定的情况下，为使总用钢量 $A_{sum}(A_s+A'_s)$ 最小，应使混凝土充分发挥作用。从适用条件 $x\leqslant\xi_b h_0$ 上看，x 应取最大值，即取

$$x=\xi_b h_0 \tag{3-33}$$

将式(3-33)代入式(3-29)、式 (3-28)，得：

$$A'_s=\frac{\gamma_0 M-\alpha_1 f_c bh_0^2\xi_b(1-0.5\xi_b)}{f'_y(h_0-a'_s)} \tag{3-34}$$

$$A_s=\xi_b bh_0\frac{\alpha_1 f_c}{f_y}+\frac{f'_y}{f_y}A'_s \tag{3-35}$$

(2) 情形Ⅱ

已知弯矩设计值 M、截面尺寸 $b\times h$、材料强度设计值和受压钢筋截面面积 A'_s，计算受拉钢筋截面面积 A_s。

这类问题的出现，往往是由于变号弯矩的需要，或由于构造要求，已在受压区配置有截面面积为 A'_s 的受压钢筋。因此，应充分利用截面面积为 A'_s 的受压钢筋，以减少截面面积为 A_s 钢筋的用量，达到节约钢材的目的。

求解该问题所依据的也是基本公式式(3-28)、式(3-29)及其适用条件。基本公式是两个独立的方程，需要求解的未知数仅有 2 个(x、A_s)，说明该问题有唯一的解，可直接联立求解：先由式(3-29)解关于 x 的一元二次方程，再根据 x 的范围，采用相应的公式计算 A_s。

为便于计算，也可用系数公式法先求出 ξ，再进一步求出 x，具体步骤如下。

将式(3-29)改写为：

$$M_2=\gamma_0 M-M_1\leqslant\alpha_1 f_c bx\left(h_0-\frac{x}{2}\right)=\alpha_s\alpha_1 f_c bh_0^2$$

根据式 $\alpha_s=\dfrac{M_2}{\alpha_1 f_c bh_0^2}$进一步确定 α_s，再由 $\xi=1-\sqrt{1-2\alpha_s}$求得 ξ，从而求出 $x=\xi h_0$。

其中：

$$M_1=A'_s f'_y(h_0-a_s) \tag{3-36}$$

根据所求 x 值的不同，按下列情况分别求解：

① 当 $x\geqslant\xi_b h_0$ 时，说明已知的 A'_s 太小，截面仍为超筋截面，需加大 A'_s。此时，A'_s 也为未知，可按情形Ⅰ求解。

② 当 $x<2a'_s$ 时，说明受压钢筋配置过多，未屈服，没有被充分利用，按式(3-32)计算受拉钢筋截面面积：

$$A_s=\frac{\gamma_0 M}{f_y(h_0-a'_s)} \tag{3-37}$$

③ 当 $\xi_b h_0\geqslant x\geqslant 2a'_s$ 时，梁处于适筋状态，将 x 代入式(3-28)，得受拉钢筋截面面积：

$$A_s=\xi bh_0\frac{\alpha_1 f_c}{f_y}+A'_s\frac{f'_y}{f_y} \tag{3-38}$$

【例 3-5】 某钢筋混凝土梁的截面尺寸 $b\times h=200\ \text{mm}\times 500\ \text{mm}$，混凝土强度等级为C30，受拉钢筋采用HRB400级，承受的弯矩设计值为 $M=280\ \text{kN}\cdot\text{m}$，构件环境类别为一类，安全等级为二级，求所需钢筋截面面积 A_s、A'_s。

【解】 (1) 核算是否需采用双筋截面

假定箍筋直径为8 mm，纵向受拉钢筋为两排布置，$a_s=65$ mm，则

$$h_0=h-a_s=500-65=435(\text{mm})$$

由式(3-25)可求得单筋截面所承受的最大弯矩设计值为：

$$M_{max}=\alpha_1 f_c bh_0^2\xi_b(1-0.5\xi_b)=1.0\times 14.3\times 200\times 435^2\times 0.518\times(1-0.5\times 0.518)$$
$$=207.7\times 10^6(\text{N}\cdot\text{mm})<\gamma_0 M=280\times 10^6\ \text{N}\cdot\text{mm}$$

所以需设计成双筋截面。

(2) 求 A'_s

假定受压钢筋为一排布置，$a'_s=40$ mm，则由式(3-34)可得：

$$A'_s=\frac{\gamma_0 M-\alpha_1 f_c bh_0^2\xi_b(1-0.5\xi_b)}{f'_y(h_0-a'_s)}=\frac{1.0\times 280\times 10^6-207.7\times 10^6}{360\times(435-40)}=508(\text{mm}^2)$$

(3) 求 A_s

由式(3-35)可得：

$$A_s=\xi_b bh_0\frac{\alpha_1 f_c}{f_y}+\frac{f'_y}{f_y}A'_s$$
$$=0.518\times 200\times 435\times\frac{1.0\times 14.3}{360}+\frac{360}{360}\times 508$$
$$=2298(\text{mm}^2)$$

(4) 选配钢筋

受拉钢筋选用3⌀25+2⌀25，$A_s=2454\ \text{mm}^2$；受压钢筋选用3⌀18，$A'_s=763\ \text{mm}^2$。

(5) 绘制截面配筋图

根据上述计算结果，绘制的截面配筋图如图3-21所示。

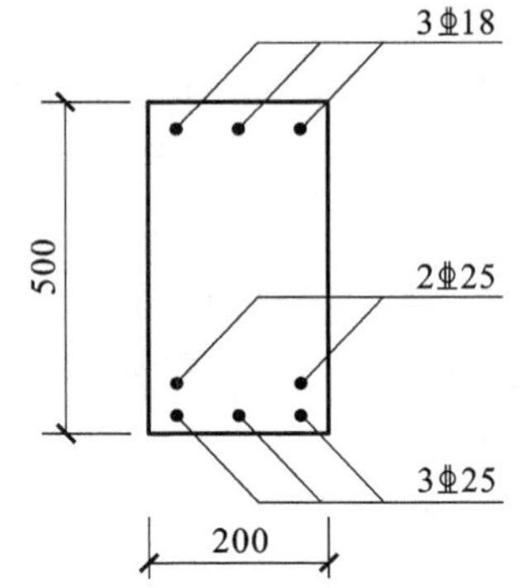

图 3-21 例 3-5 图

【例 3-6】 由于构造要求，在例3-5中的截面上已配置受压钢筋3⌀20，如图3-22所示，求所需受拉钢筋截面面积 A_s。

【解】 (1) 由式(3-29)求 x

$$M_1=f'_y A'_s(h_0-a'_s)=360\times 942\times(435-40)$$
$$=134\times 10^6(\text{N}\cdot\text{mm})$$
$$M_2=\gamma_0 M-M_1=1.0\times 280\times 10^6-134\times 10^6$$
$$=146\times 10^6(\text{N}\cdot\text{mm})$$
$$\alpha_s=\frac{M_2}{\alpha_1 f_c bh_0^2}=\frac{146\times 10^6}{1.0\times 14.3\times 200\times 435^2}=0.2697$$
$$\xi=1-\sqrt{1-2\alpha_s}=1-\sqrt{1-2\times 0.2697}=0.3213$$
$$x=\xi h_0=0.3213\times 435=140(\text{mm})$$

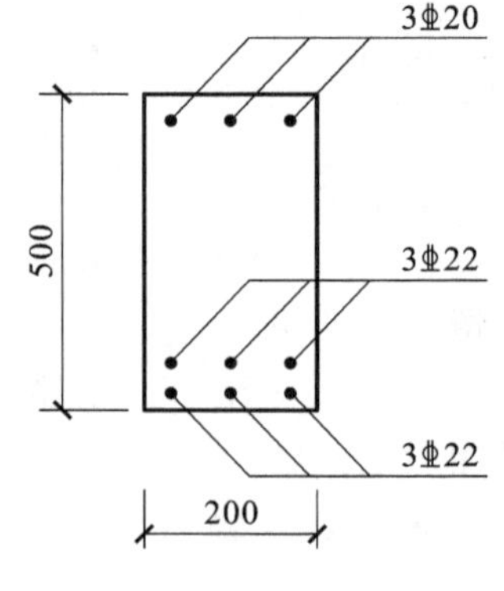

图 3-22 例 3-6 图

(2) 求受拉钢筋截面面积 A_s

由于

$$\xi_b h_0=0.518\times 435=225(\text{mm})>x=140\ \text{mm}>2a'_s=2\times 40=80(\text{mm})$$

故梁处于适筋状态，将 x 值代入式(3-28)，得受拉钢筋截面面积：

$$A_s=\xi bh_0\frac{\alpha_1 f_c}{f_y}+A'_s\frac{f'_y}{f_y}=0.3213\times200\times435\times\frac{1.0\times14.3}{360}+942\times\frac{360}{360}$$
$$=2052(\text{mm}^2)$$

(3) 选配钢筋

选用受拉钢筋 3⌀22+3⌀22，$A_s=2281\ \text{mm}^2$。

(4) 绘制截面配筋图

根据上述计算结果，绘制的截面配筋图如图 3-22 所示。

【例 3-7】 已知梁的截面尺寸及材料与例 3-5 相同，承受的弯矩设计值 $M=96.8\ \text{kN}\cdot\text{m}$，已在受压区配置 2⌀14 的受压钢筋。求所需受拉钢筋截面面积 A_s。

【解】 (1) 求 x

$$M_1=f'_yA'_s(h_0-a'_s)=360\times308\times(435-40)=43.8\times10^6(\text{N}\cdot\text{mm})$$

$$M_2=\gamma_0M-M_1=1.0\times96.8\times10^6-43.8\times10^6=53.0\times10^6(\text{N}\cdot\text{mm})$$

$$\alpha_s=\frac{M_2}{\alpha_1 f_c bh_0^2}=\frac{53.0\times10^6}{1.0\times14.3\times200\times435^2}=0.0979$$

$$\xi=1-\sqrt{1-2\alpha_s}=1-\sqrt{1-2\times0.0979}=0.103$$

$$x=\xi h_0=0.103\times435=44.8(\text{mm})$$

(2) 求受拉钢筋截面面积 A_s

$x<2a'_s=2\times40=80(\text{mm})$，说明受压钢筋配置过多，未屈服，没有被充分利用。

按式(3-37)，得受拉钢筋截面面积：

$$A_s=\frac{\gamma_0M}{f_y(h_0-a'_s)}=\frac{1.0\times96.8\times10^6}{360\times(435-40)}=681(\text{mm}^2)$$

(3) 选配钢筋

选用受拉钢筋 2⌀18+1⌀16($A_s=710\ \text{mm}^2$)。

(4) 绘制截面配筋图

根据上述计算结果，绘制的截面配筋图如图 3-23 所示。

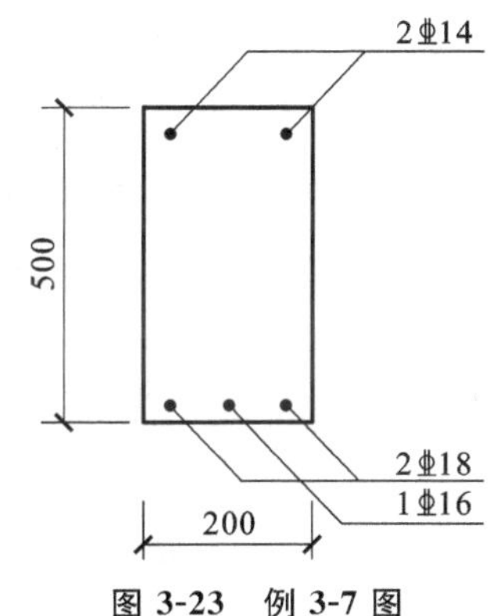

图 3-23　例 3-7 图

3.6.3.2　截面复核

双筋矩形截面复核与单筋矩形截面复核类似，即在截面尺寸 b、h，纵向钢筋截面面积 A_s、A'_s，材料强度 f_c、f_y 和 f'_y 均为已知的情况下，要求确定截面的受弯承载力 M_u，并与要求该截面所承受的弯矩设计值进行比较，判断该截面是否安全。

求解该问题所依据的是基本公式式(3-28)、式(3-29)及其适用条件。基本公式中只有两个未知数——受压区高度 x 和 M_u，故可以得到唯一的解。

计算步骤如下。

(1) 求解受压区高度 x 和 M_u

先由式(3-28)计算受压区高度 x，然后根据 x 值的不同情况，分别按下列公式计算截面的受弯承载力。

① 当 $\xi_b h_0\geqslant x\geqslant 2a'_s$ 时，梁处于适筋状态，将 $x=\xi_b h_0$ 代入式(3-29)，计算截面受弯承载力 M_u；

② 当 $x>\xi_b h_0$ 时，截面受拉钢筋配量过多，梁处于超筋状态，将 $x=\xi_b h_0$ 代入式(3-29)，计算截

面受弯承载力 M_u；

③ 当 $x<2a'_s$ 时，受压钢筋未屈服，没有被充分利用，按式(3-32)计算截面受弯承载力 M_u。

(2) 判定截面是否安全

当 $\gamma_0 M \leqslant M_u$ 时，截面安全；当 $\gamma_0 M > M_u$ 时，截面不安全。

【例 3-8】 某钢筋混凝土双筋截面梁截面配筋如图 3-24 所示，截面尺寸 $b\times h=200\ \text{mm}\times 500\ \text{mm}$，混凝土强度等级为 C35，纵向受力钢筋采用 HRB400 级，箍筋直径为 10 mm，混凝土保护层厚度为 25 mm，承受的弯矩设计值 $M=200\ \text{kN}\cdot\text{m}$，结构安全等级为二级。试验算该梁的正截面受弯承载力。

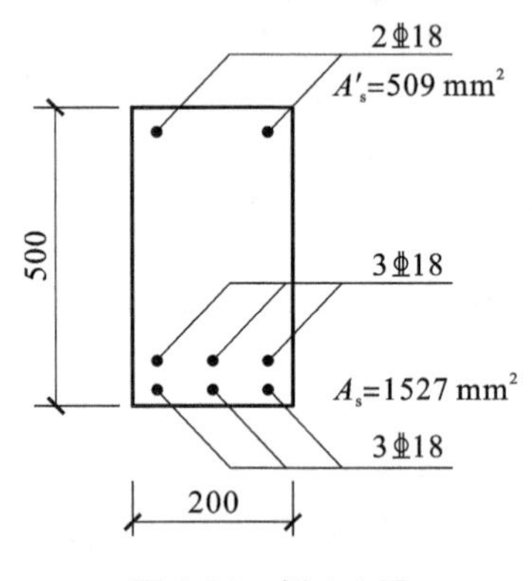

图 3-24 例 3-8 图

【解】 (1) 计算受压区高度 x

$$a_s=c+d_{sv}+d+\frac{d'}{2}=25+10+18+\frac{25}{2}\approx 65(\text{mm})$$

$$a'_s=25+10+9=44(\text{mm})$$

梁的有效高度：

$$h_0=h-a_s=500-65=435(\text{mm})$$

受压区高度：

$$x=\frac{A_s f_y-A'_s f'_y}{\alpha_1 f_c b}=\frac{1527\times 360-509\times 360}{1.0\times 16.7\times 200}=110(\text{mm})$$

(2) 计算截面的受弯承载力 M_u

由于 $x=110\ \text{mm}<\xi_b h_0=0.518\times 435=225(\text{mm})$，且 $x=110\ \text{mm}>2a'_s=88\ \text{mm}$，故梁处于适筋状态，将 $x=110$ mm 代入式(3-29)，得：

$$\begin{aligned}M_u&=\alpha_1 f_c bx\left(h_0-\frac{x}{2}\right)+A'_s f'_y(h_0-a'_s)\\&=1.0\times 16.7\times 200\times 110\times\left(435-\frac{110}{2}\right)+509\times 360\times(435-44)\\&=211\times 10^6(\text{N}\cdot\text{mm})=211\ \text{kN}\cdot\text{m}\end{aligned}$$

(3) 判断截面是否安全

由于 $M_u=211\ \text{kN}\cdot\text{m}>M=200\ \text{kN}\cdot\text{m}$，所以截面安全。

【例 3-9】 某钢筋混凝土双筋截面梁截面配筋如图 3-25 所示。截面尺寸 $b\times h=200\ \text{mm}\times 550\ \text{mm}$，混凝土强度等级为 C35，纵向受力钢筋采用 HRB400 级，箍筋直径为 10 mm，承受的弯矩设计值 $M=200\ \text{kN}\cdot\text{m}$，构件环境类别为一类，安全等级为二级，试验算该梁的正截面受弯承载力。

【解】 (1) 计算受压区高度 x

$$a_s=c+d_{sv}+d+\frac{d'}{2}=20+10+18+\frac{25}{2}=60(\text{mm})$$

$$a'_s=20+10+9=39(\text{mm})$$

梁的有效高度：

$$h_0=h-a_s=550-60=490(\text{mm})$$

受压区高度：

$$x=\frac{A_s f_y-A'_s f'_y}{\alpha_1 f_c b}=\frac{1272\times 360-763\times 360}{1.0\times 16.7\times 200}=55(\text{mm})$$

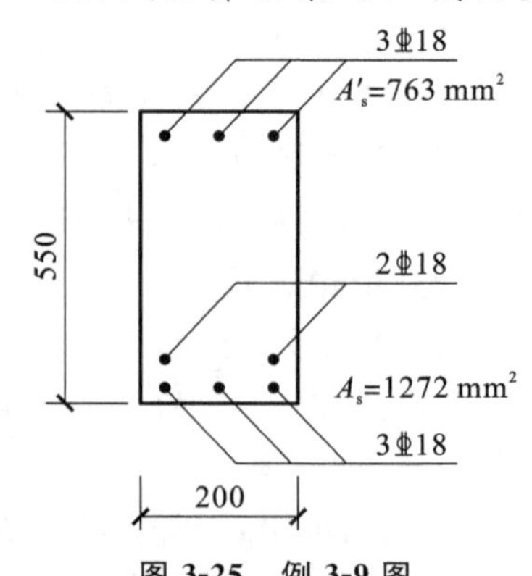

图 3-25 例 3-9 图

(2) 计算截面的受弯承载力 M_u

由于 $x=55\ \text{mm}<2a'_s=78\ \text{mm}$，故受压钢筋不屈服。由式(3-32)，得：

$$M_u=A_s f_y(h_0-a'_s)=1272\times 360\times(490-39)=206.5\times 10^6(\text{N}\cdot\text{mm})=206.5\ \text{kN}\cdot\text{m}$$

(3) 判断截面是否安全

由于 $M_u=206.5\ \text{kN}\cdot\text{m}<\gamma_0 M=220\ \text{kN}\cdot\text{m}$，故截面不安全。

3.7 T形截面受弯构件正截面承载力计算

3.7.1 T形截面的形成与组成

由矩形截面受弯构件的受力分析可知，当受弯构件进入破坏阶段以后，中和轴以下的混凝土将不再承受拉力。因此，在矩形截面中，将受拉区的纵向受拉钢筋集中布置在梁的中部承受拉力，将受拉区的混凝土挖去一部分，如图3-26所示，就形成了由梁肋与翼缘组成的T形截面。T形截面与原矩形截面相比，承载力不仅不会降低，而且能节省混凝土，减轻构件自重。

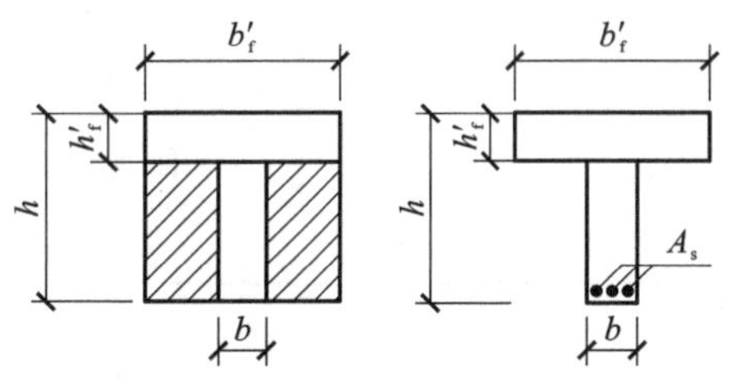

图3-26 T形截面的形成

T形截面广泛应用于实际工程中。在现浇梁板结构中，梁与板整浇在一起，自然形成了T形截面[图3-27(a)]；槽形板的肋与板连接在一起，就形成了可按T形截面计算的倒L形截面[图3-27(b)]。人们将许多预制构件有意识地做成T形截面[图3-27(c)]，空心板[图3-27(d)]也可折算成按T形截面计算的工字形截面[图3-27(e)]。

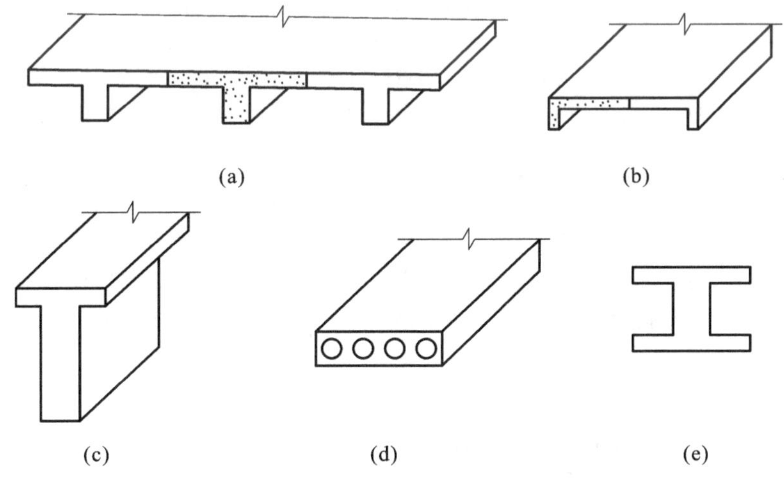

图3-27 T形截面应用实例

T形截面的伸出部分称为翼缘，中间部分称为肋或梁腹。肋的宽度为 b；受压区的翼缘计算宽度为 b'_f，高度为 h'_f；截面全高为 h(图3-26)。工字形截面的受拉区翼缘不参与受力，因此也按T形截面计算。显然，T形截面的受压翼缘宽度越大，截面的受弯承载力就越大(因为 b'_f 增大，可使受压区高度 x 减小，使内力臂 $z=\gamma_s h_0$ 增大)。但试验及理论分析表明，与肋部共同工作的翼缘宽度是有限的。沿翼缘宽度上的压应力分布如图3-28(a)所示。离肋部越远，翼缘参与受力的程度越小。为了简化计算，假定距肋部一定范围内的翼缘全部参与工作，而在这个范围以外的部分则不考虑参与受力。这个范围称为翼缘计算宽度 b'_f，即有效翼缘宽度，如图 3-28(b)所示。翼缘计算宽度 b'_f 与影响翼缘传递剪力能力的翼缘厚度、梁的计算跨度和受力情况（单独梁肋、现浇梁板结构中的 T 形梁的受力情况）等很多因素有关。《混凝土结构设计规范》(GB 50010—2010)对翼缘计算宽度 b'_f 取值的规定见表 3-5。

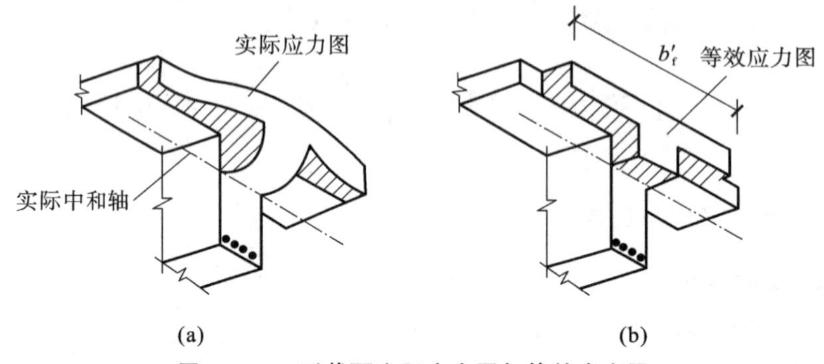

图 3-28　T 形截面实际应力图与等效应力图

表 3-5　受弯构件受压区翼缘计算宽度 b'_f

情况		T 形、工字形截面		倒 L 形截面
		肋形梁(板)	独立梁	肋形梁(板)
1	按跨度 l_0 考虑	$l_0/3$	$l_0/3$	$l_0/6$
2	按梁(肋)净距 S_n 考虑	$b+S_n$	—	$b+S_n/2$
3	按翼缘高度 h'_f 考虑	$b+12h'_f$	b	$b+5h'_f$

注：1. 表中 b 为梁的腹板宽度；

2. 肋形梁在梁跨内设有间距小于纵肋间距的横肋时，可不考虑表中情况 3 的规定；

3. 加腋的 T 形、工字形及倒 L 形截面，当受压区加腋高度 $h_h \geqslant h'_f$ 且加腋长度 $b_h \leqslant 3h_h$ 时，其翼缘计算宽度可按表中情况 3 的规定分别增加 $2b_h$(T 形、工字形截面)和 b_h(倒 L 形截面)；

4. 独立梁受压区翼缘板在荷载作用下，经验算沿纵肋方向可能产生裂缝时，其计算宽度应取腹板宽度 b。

3.7.2　T 形截面的分类及判别

弯矩的大小及纵向受拉钢筋的多少决定了 T 形截面破坏时中和轴位置的高低。按中和轴位置的不同，T 形截面可分为两类：当中和轴通过翼缘($x \leqslant h'_f$)时，受压面积图形为矩形[图 3-29(a)]，称为第Ⅰ类 T 形截面；当中和轴通过腹板($x > h'_f$)时，受压面积图形为 T 形[图 3-29(b)]，称为第Ⅱ类 T 形截面。

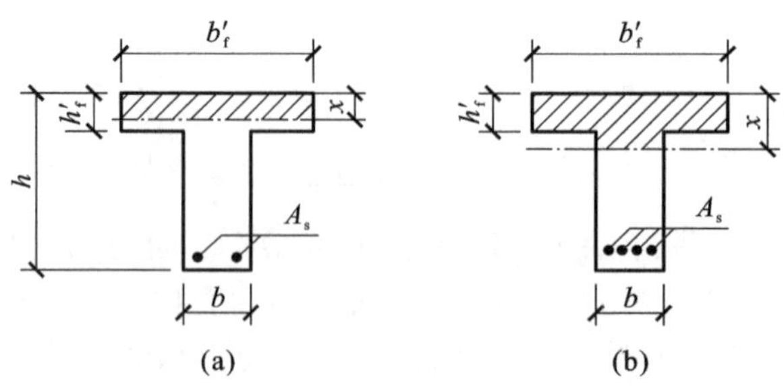

图 3-29　两类 T 形截面

(a) 第Ⅰ类；(b) 第Ⅱ类

从图 3-29 中不难看出，当受压区高度 $x=h'_f$ 时，为两类 T 形截面的界限情况。可以利用这个界限条件下的截面应力图（图 3-30），建立两类 T 形截面的判别式。

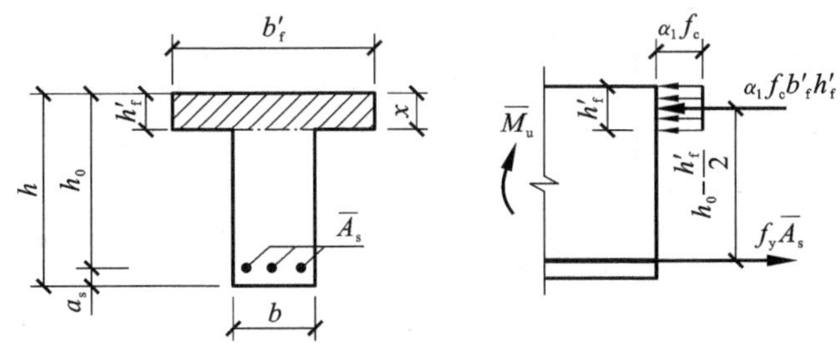

图 3-30 T 形截面界限状态应力图

由图 3-30 中的截面平衡条件，得：

$$\sum X = 0 \Rightarrow \overline{A}_s f_y = \alpha_1 f_c b'_f h'_f \tag{3-39}$$

$$\sum M = 0 \Rightarrow \overline{M}_u = \alpha_1 f_c b'_f h'_f \left(h_0 - \frac{h'_f}{2}\right) \tag{3-40}$$

式中 $\overline{M}_u$——中和轴通过翼缘下缘时，截面所受的弯矩；

$\overline{A}_s$——中和轴通过翼缘下缘时，受拉钢筋的截面面积。

由式(3-39)和式(3-40)可以看出：

如果

$$A_s \leqslant \overline{A}_s = \frac{\alpha_1 f_c b'_f h'_f}{f_y} \tag{3-41a}$$

或

$$\gamma_0 M \leqslant \overline{M} = \alpha_1 f_c b'_f h'_f \left(h_0 - \frac{h'_f}{2}\right) \tag{3-41b}$$

说明 $x \leqslant h'_f$，为第Ⅰ类 T 形截面。

如果

$$A_s > \overline{A}_s = \frac{\alpha_1 f_c b'_f h'_f}{f_y} \tag{3-41c}$$

或

$$\gamma_0 M > \overline{M} = \alpha_1 f_c b'_f h'_f \left(h_0 - \frac{h'_f}{2}\right) \tag{3-41d}$$

说明 $x > h'_f$，为第Ⅱ类 T 形截面。

截面设计时，因受拉钢筋截面面积未知，用式(3-41b)或式(3-41d)判别 T 形截面的类型；截面复核时，用式(3-41a)或式(3-41c)判别 T 形截面的类型。

3.7.3 T 形截面的基本公式和适用条件

3.7.3.1 第Ⅰ类 T 形截面

(1) 基本公式

对于第Ⅰ类 T 形截面，由图 3-31 中的的平衡条件，可得基本公式：

$$\sum X = 0 \Rightarrow \alpha_1 f_c b'_f x = f_y A_s \tag{3-42}$$

$$\sum M = 0 \Rightarrow M_u = \alpha_1 f_c b'_f x \left(h_0 - \frac{x}{2}\right) \quad 或 \quad M_u = f_y A_s \left(h_0 - \frac{x}{2}\right) \tag{3-43}$$

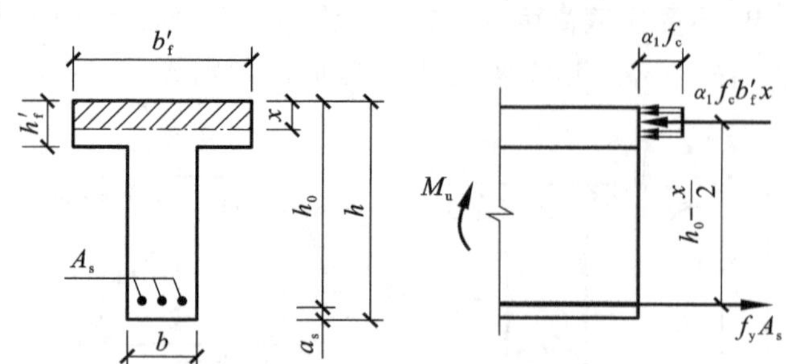

图 3-31　第Ⅰ类 T 形截面应力图

将以上各式与矩形截面基本公式式(3-14)、式(3-15)相比较，可以看出第Ⅰ类 T 形截面相当于截面尺寸为 $b'_f h$ 的矩形截面。

(2) 适用条件

① 为了避免发生超筋破坏，应满足：

$$x \leqslant x_b \tag{3-44a}$$

由于第Ⅰ类 T 形截面的中和轴位于翼缘内，故 x 值较小，该条件自然满足，不必验算。

② 为了避免发生少筋破坏，应满足：

$$\rho \geqslant \rho_{min} \tag{3-44b}$$

应注意的是，式(3-44b)中，T 形截面的最小配筋率 ρ_{min} 是按照截面尺寸为 $b \times h$ 的截面计算的。

3.7.3.2　第Ⅱ类 T 形截面

(1) 基本公式

对于第Ⅱ类 T 形截面，由图 3-32 中的平衡条件，可得基本公式：

$$\sum X = 0 \Rightarrow \alpha_1 f_c [(b'_f - b)h'_f + bx] = f_y A_s \tag{3-45}$$

$$\sum M = 0 \Rightarrow M_u = \alpha_1 f_c \left[(b'_f - b)h'_f \left(h_0 - \frac{h'_f}{2}\right) + bx\left(h_0 - \frac{x}{2}\right) \right] \tag{3-46}$$

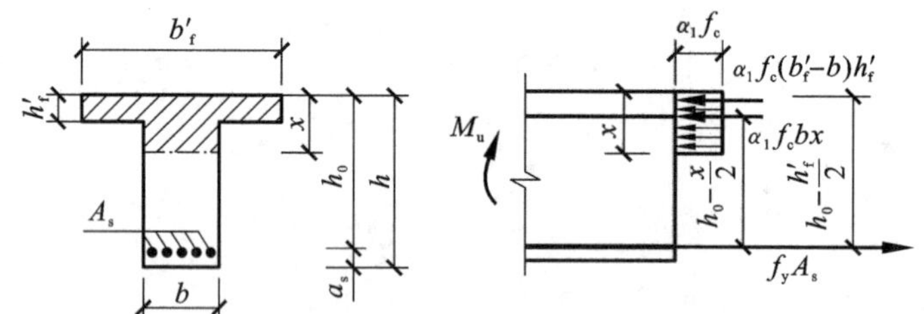

图 3-32　第Ⅱ类 T 形截面应力图

(2) 适用条件

① 为了避免发生超筋破坏，应满足：

$$x \leqslant x_b \tag{3-47a}$$

② 为了避免发生少筋破坏，应满足：

$$\rho \geqslant \rho_{min} \tag{3-47b}$$

对于第Ⅱ类 T 形截面，一般不会发生少筋破坏，该条件自然满足，不必验算。

3.7.4 基本公式的应用

T 形截面基本公式的应用也有两类情况：截面设计和截面复核。

3.7.4.1 截面设计

进行截面设计时，已知截面弯矩设计值 M、截面尺寸和材料强度（混凝土强度等级和钢筋级别），计算截面所需要的受拉钢筋截面面积 A_s。

设计步骤如下。

① 判别 T 形截面类型。

因受拉钢筋截面面积未知，用式(3-41b)或式(3-41d)判别 T 形截面类型。

② 当为第Ⅰ类 T 形截面时，按截面尺寸为 $b'_f h$ 的单筋矩形截面进行设计计算。

③ 当为第Ⅱ类 T 形截面时，按式(3-46)解关于 x 的一元二次方程，计算出受压区高度 x，再代入式(3-45)求出 A_s。

为了避免解方程，也可用系数公式法先求出 ξ，再进一步求出 x。

将式(3-46)改写为：

$$M_2=\gamma_0 M-M_1\leqslant\alpha_1 f_c bx\left(h_0-\frac{x}{2}\right)=\alpha_s\alpha_1 f_c bh_0^2$$

根据式 $\alpha_s=\dfrac{M_2}{\alpha_1 f_c bh_0^2}$进一步确定 α_s，再由 $\xi=1-\sqrt{1-2\alpha_s}$确定 ξ，从而求出 $x=\xi h_0$。

M_1 按下式计算：

$$M_1=\alpha_1 f_c(b'_f-b)h'_f\left(h_0-\frac{h'_f}{2}\right) \tag{3-48}$$

当 $x>\xi_b h_0$ 时，说明截面尺寸过小，加大截面尺寸后重复上述步骤，直至满足要求为止或按双筋截面设计。

为了获得较为经济合理的设计截面，T 形截面配筋率 ρ 应控制在其经济配筋率范围（0.9%～1.8%）之内。

【例 3-10】 某现浇肋梁楼盖的次梁如图 3-33(a)所示。已知梁跨中截面弯矩设计值 $M=130$ kN·m，梁的计算跨度 $l_0=6$ m。该梁所用材料：混凝土强度等级为 C30，纵向钢筋采用 HRB400 级。构件环境类别为一类，安全等级为二级。试计算该梁所需的纵向受拉钢筋截面面积。

【解】 (1) 确定 T 形截面翼缘计算宽度 b'_f

假定箍筋直径为 8 mm，纵向钢筋按一排考虑，则

$$h_0=h-a_s=400-40=360(\text{mm})$$

根据表 3-5，当按梁的计算跨度 l_0 考虑时，$b'_f=\dfrac{1}{3}l_0=2$ m；当按梁的净距 S_n 考虑时，$b'_f=b+S_n=0.2+1.6=1.8$(m)；当按梁的翼缘高度 h'_f 考虑时，$b'_f=b+12h'_f=200+12\times80=1160$(mm)。取以上三项中的最小值，得 $b'_f=1160$ mm。计算截面如图 3-33(b)所示。

(2) 由式(3-41)判断 T 形截面类型

$$\begin{aligned}\gamma_0 M&=130\times10^6\ \text{N}\cdot\text{mm}<\alpha_1 f_c b'_f h'_f\left(h_0-\frac{h'_f}{2}\right)=1.0\times14.3\times1160\times80\times\left(360-\frac{80}{2}\right)\\&=424.7\times10^6(\text{N}\cdot\text{mm})\end{aligned}$$

所以，其属于第Ⅰ类 T 形截面。

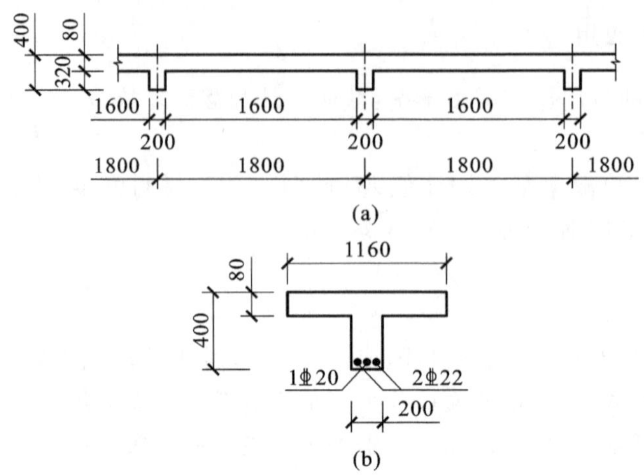

图 3-33　例 3-10 图

（3）按截面尺寸为 $b'_f \times h$ 的单筋矩形截面计算 A_s

$$\alpha_s=\frac{\gamma_0 M}{\alpha_1 f_c b'_f h_0^2}=\frac{1.0\times130\times10^6}{1.0\times14.3\times1160\times360^2}=0.0605$$

$$\xi=1-\sqrt{1-2\alpha_s}=1-\sqrt{1-2\times0.0605}=0.062$$

$$x=\xi h_0=0.062\times360=22.5(\text{mm})<\xi_b h_0=0.518\times360=186.5(\text{mm})$$

$$\gamma_s=1-0.5\xi=1-0.5\times0.062=0.969$$

$$A_s=\frac{M}{f_y h_0 \gamma_s}=\frac{130\times10^6}{360\times360\times0.969}=1035(\text{mm}^2)$$

（4）选择钢筋直径和根数

钢筋选用 2 ⌀ 22+1 ⌀ 20（$A_s=1074\ \text{mm}^2$）。

（5）验算基本公式的适用条件（图 3-34）

$$x=\frac{A_s f_y}{\alpha_1 f_c b'_f}=\frac{1074\times360}{1.0\times14.3\times1160}=23.3(\text{mm})<\xi_b h_0=0.518\times360=186.5(\text{mm})$$

故截面不超筋。

$$\rho_{\min}=\max[0.2\%,(45f_t/f_y)\times100\%]=0.2\%$$

$$\rho=\frac{A_s}{bh}=\frac{1074}{200\times400}=1.31\%>\rho_{\min}=0.2\%$$

故截面不少筋。

（6）绘制截面配筋图

根据上述计算结果，绘制的截面配筋图如图 3-33(b)所示。

【例 3-11】　条件同例 3-10，若将 b'_f 改为 350 mm，求所需受拉钢筋截面面积 A_s。

【解】　（1）由式（3-41）判别 T 形截面类型

由于翼缘减小，弯矩较大，因此纵向受力钢筋按两排考虑：

$$h_0=h-65\ \text{mm}=400-65=335(\text{mm})$$

$$M=130\times10^6\ \text{N}\cdot\text{mm}<\alpha_1 f_c b'_f h'_f\left(h_0-\frac{h'_f}{2}\right)=1.0\times14.3\times350\times80\times\left(335-\frac{80}{2}\right)$$
$$=118.1\times10^6(\text{N}\cdot\text{mm})$$

所以，其属于第Ⅱ类 T 形截面。

(2) 由式(3-46)求 x

$$M_1=\alpha_1 f_c(b'_f-b)h'_f\left(h_0-\frac{h'_f}{2}\right)=1.0\times14.3\times(350-200)\times80\times\left(335-\frac{80}{2}\right)$$

$$=50.62\times10^6(\text{N}\cdot\text{mm})$$

$$M_2=\gamma_0 M-M_1=1.0\times130\times10^6-50.62\times10^6=79.38\times10^6(\text{N}\cdot\text{mm})$$

$$\alpha_s=\frac{M_2}{\alpha_1 f_c bh^2}=\frac{79.38\times10^6}{1.0\times14.3\times200\times335^2}=0.2473$$

$$\xi=1-\sqrt{1-2\alpha_s}=1-\sqrt{1-2\times0.2473}=0.2891$$

$$x=\xi h_0=0.2891\times335=96.8(\text{mm})$$

(3) 求受拉钢筋截面面积 A_s

由于

$$x<\xi_b h_0=0.518\times335=173.5(\text{mm})$$

故梁处于适筋状态，将 ξ 值代入式(3-45)，得受拉钢筋截面面积：

$$A_s=\xi bh_0\frac{\alpha_1 f_c}{f_y}+\frac{\alpha_1 f_c(b'_f-b)h'_f}{f_y}$$

$$=0.2891\times200\times335\times\frac{1.0\times14.3}{360}+\frac{1.0\times14.3\times(350-200)\times80}{360}$$

$$=1246(\text{mm}^2)$$

(4) 选配钢筋

受拉钢筋选用 3⌀18+2⌀18，$A_s=1272\ \text{mm}^2$。

(5) 绘制截面配筋图(图 3-34)

根据上述计算结果，绘制的截面配筋图如图 3-34 所示。

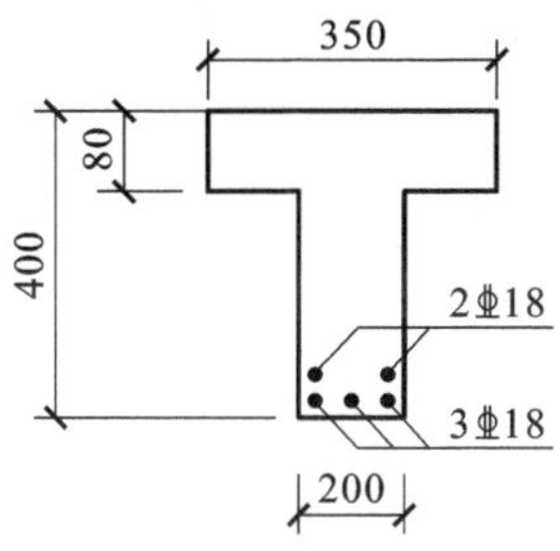

图 3-34 例 3-11 图

3.7.4.2 截面复核

T 形截面复核与单筋矩形截面复核类似，即在截面尺寸 b'_f、h'_f、b 和 h，纵向钢筋截面面积 A_s，材料强度 f_c、f_y 均为已知的情况下，要求确定此截面受弯承载力 M_u，并与该截面所承受的弯矩设计值进行比较，判断该截面是否安全。

求解该问题所依据的是第Ⅰ类 T 形截面的基本公式式(3-42)、式(3-43)或第Ⅱ类 T 形截面的基本公式式(3-45)、式(3-46)及其适用条件。每一类 T 形截面的基本公式中只有两个未知数——受压区高度 x 和 M_u，故可以得到唯一的解。

求解步骤如下。

① 判别 T 形截面类型。

首先根据式(3-41a)或式(3-41c)判别 T 形截面类型。

② 对第Ⅰ类 T 形截面，按截面尺寸为 $b'_f\times h$ 的单筋矩形截面进行计算，求出截面的受弯承载力 M_u。

③ 对第Ⅱ类 T 形截面，按式(3-46)计算出受压区高度 x，依照 x 值的不同求解 M_u。

a. 当 $x\leqslant\xi_b h_0$ 时，梁处于适筋状态，将 $x=\xi h_0$ 代入式(3-46)中计算截面受弯承载力 M_u；

b. 当 $x>\xi_b h_0$ 时，说明受拉钢筋配置过多，梁处于超筋状态，将 $x=\xi_b h_0$ 代入式(3-46)，求截面受弯承载力 M_u。

④ 判断截面是否安全。

当 $\gamma_0 M \leqslant M_u$ 时，截面安全；当 $\gamma_0 M > M_u$ 时，截面不安全。

【例 3-12】 某 T 形截面梁的截面尺寸及钢筋（$A_s = 942\ \text{mm}^2$）设置如图 3-35 所示。该梁所用材料：混凝土强度等级为 C30，纵向钢筋为 HRB400 级。箍筋直径为 10 mm，截面弯矩设计值 $M = 170.0\ \text{kN} \cdot \text{m}$。构件环境类别为一类，安全等级为二级。试验算正截面是否满足承载力的要求。

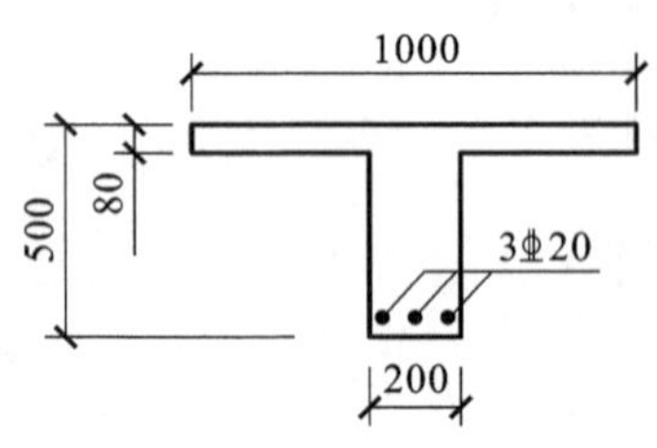

图 3-35 例 3-12 图

【解】 (1) 由式(3-41)判别 T 形截面类型

$$a_s = 20 + 10 + \frac{20}{2} = 40(\text{mm})$$

$$h_0 = h - a_s = 500 - 40 = 460(\text{mm})$$

$$A_s = 942\ \text{mm}^2 < \frac{\alpha_1 f_c b'_f h'_f}{f_y} = \frac{1.0 \times 14.3 \times 1000 \times 80}{360} = 3178(\text{mm}^2)$$

故属于第Ⅰ类 T 形截面。

(2) 按截面尺寸为 $b'_f \times h$ 的单筋矩形截面计算受弯承载力 M_u

受压区高度：

$$x = \frac{A_s f_y}{\alpha_1 f_c b'_f} = \frac{942 \times 360}{1.0 \times 14.3 \times 1000} = 23.7(\text{mm})$$

配筋率：

$$\rho = \frac{A_s}{bh} = \frac{942}{200 \times 500} = 0.94\%$$

由于

$$x = 23.7\ \text{mm} < \xi_b h_0 = 0.518 \times 460 = 238(\text{mm})$$

$$\rho_{\min} = \max[0.2\%, (45 f_t / f_y) \times 100\%] = 0.2\%$$

$$\rho = 0.94\% > \rho_{\min} = 0.2\%$$

故梁处于适筋状态。

将 x 值代入式(3-43)，得：

$$M_u = \alpha_1 f_c b'_f x \left(h_0 - \frac{x}{2}\right) = 1.0 \times 14.3 \times 1000 \times 23.7 \times \left(460 - \frac{23.7}{2}\right)$$

$$= 150 \times 10^6 (\text{N} \cdot \text{mm}) = 152\ \text{kN} \cdot \text{m}$$

(3) 判断截面是否安全

由于

$$M_u = 152\ \text{kN} \cdot \text{m} < \gamma_0 M = 170\ \text{kN} \cdot \text{m}$$

因此截面不安全。

【例 3-13】 某 T 形截面梁的截面尺寸、钢筋（$A_s = 2663\ \text{mm}^2$）设置如图 3-36 所示。该梁所用材料：混凝土强度等级为 C30，纵向钢筋为 HRB400 级。$a_s = 65$ mm，截面弯矩设计值 $M = 600\ \text{kN} \cdot \text{m}$，安全等级为二级，环境类别为一类。试验算正截面是否满足承载力的要求。

【解】 (1) 由式(3-41)判别 T 形截面类型

$$h_0 = h - a_s = 800 - 65 = 735(\text{mm})$$

$$A_s = 2663\ \text{mm}^2 > \frac{\alpha_1 f_c b'_f h'_f}{f_y} = \frac{1.0 \times 14.3 \times 500 \times 100}{360} = 1986(\text{mm}^2)$$

故属于第Ⅱ类 T 形截面。

(2) 按第Ⅱ类T形截面计算受弯承载力 M_u

受压区高度：

$$x=\frac{A_s f_y-\alpha_1 f_c(b'_f-b)h'_f}{\alpha_1 f_c b}$$

$$=\frac{2663\times360-1.0\times14.3\times(500-300)\times100}{1.0\times14.3\times300}$$

$$=157(\text{mm})$$

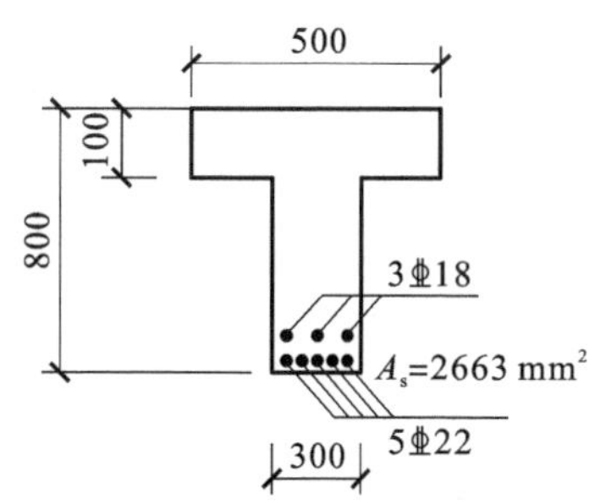

图3-36 例3-13图

配筋率：

$$\rho=\frac{A_s}{bh}=\frac{2663}{300\times800}\times100\%=1.10\%$$

$$\rho_{min}=\max[0.2\%,(45f_t/f_y)\times100\%]=0.2\%$$

由于 $x=157\ \text{mm}<\xi_b h_0=0.518\times735=381(\text{mm})$，且 $\rho=1.10\%>\rho_{min}=0.2\%$，故梁处于适筋状态。

将 x 值代入式(3-46)，得：

$$M_u=\alpha_1 f_c\left[(b'_f-b)h'_f\left(h_0-\frac{h'_f}{2}\right)+bx\left(h_0-\frac{x}{2}\right)\right]$$

$$=1.0\times14.3\times\left[(500-300)\times100\times\left(735-\frac{100}{2}\right)+300\times157\times\left(735-\frac{157}{2}\right)\right]$$

$$=638\times10^6(\text{N}\cdot\text{mm})=638\ \text{kN}\cdot\text{m}$$

(3) 判断截面是否安全

由于 $M_u=638\ \text{kN}\cdot\text{m}>\gamma_0 M=600\ \text{kN}\cdot\text{m}$，所以该梁截面安全。

【例3-14】 受均布荷载作用的T形截面简支梁如图3-37(a)所示，跨度 $l=5.0$ m。截面尺寸、钢筋($A_s=1570\ \text{mm}^2$)设置如图3-37(b)所示。该梁所用材料：混凝土强度等级为C30，钢筋为HRB400级，箍筋直径为10 m。构件环境类别为一类，安全等级为二级。试按正截面受弯承载力要求计算此梁所能承受的计算荷载(包括梁自重)q。

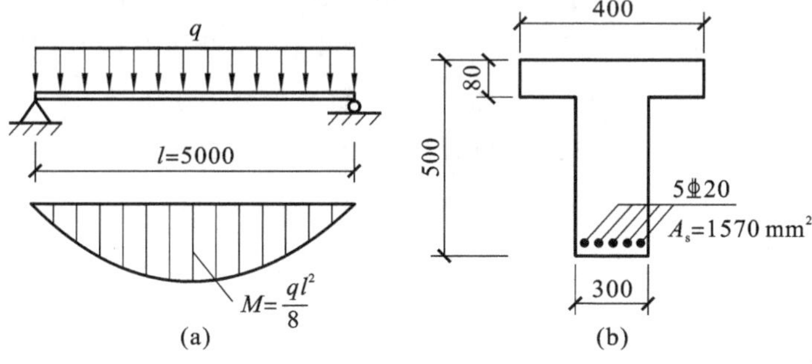

图3-37 例3-14图

【解】 (1) 由式(3-41)判别T形截面类型

$$a_s=20+10+\frac{20}{2}=40(\text{mm})$$

$$h_0=h-a_s=500-40=460(\text{mm})$$

$$A_s=1570\ \text{mm}^2<\frac{\alpha_1 f_c b'_f h'_f}{f_y}=\frac{1.0\times14.3\times400\times80}{360}=1271(\text{mm}^2)$$

故属于第Ⅱ类T形截面。

(2) 按第Ⅱ类T形截面计算受弯承载力 M_u

受压区高度：

$$x=\frac{A_s f_y-\alpha_1 f_c(b'_f-b)h'_f}{\alpha_1 f_c b}=\frac{1570\times360-1.0\times14.3\times(400-300)\times80}{1.0\times14.3\times300}=105(\text{mm})$$

配筋率：

$$\rho=\frac{A_s}{bh}=\frac{1570}{300\times500}=1.05\%$$

$$\rho_{\min}=\max[0.2\%,(45f_t/f_y)\times100\%]=0.2\%$$

由于 $x=105\ \text{mm}<\xi_b h_0=0.518\times460=238(\text{mm})$，且 $\rho=1.05\%>\rho_{\min}=0.20\%$，故梁处于适筋状态。

将 x 值代入式(3-46)，得：

$$\begin{aligned}M_u&=\alpha_1 f_c\left[(b'_f-b)h'_f\left(h_0-\frac{h'_f}{2}\right)+bx\left(h_0-\frac{x}{2}\right)\right]\\&=1.0\times14.3\times\left[(400-300)\times80\times\left(460-\frac{80}{2}\right)+300\times105\times\left(460-\frac{105}{2}\right)\right]\\&=231.6\times10^6(\text{N}\cdot\text{mm})=231.6\ \text{kN}\cdot\text{m}\end{aligned}$$

(3) 计算此梁所能承受的计算荷载(包括梁自重)q

简支梁跨中截面的最大弯矩设计值 $M=\frac{ql^2}{8}$，且 $\gamma_0 M=M_u$，则：

$$q=\frac{8M_u}{\gamma_0 l^2}=\frac{8\times231.6}{1.0\times5^2}=74.1(\text{kN/m})$$

知识归纳

(1) 正截面破坏形态有适筋破坏、超筋破坏、少筋破坏。

(2) 影响正截面承载力的主要因素有配筋率、钢筋强度和混凝土强度。

(3) 适筋梁工作过程可分为三个阶段：弹性工作阶段、带裂缝工作阶段、破坏阶段。

(4) 等效矩形应力图的等效原则是：① 合力大小相等；② 合力作用点的位置不变。

(5) 应用计算公式可以解决两类问题：截面设计和截面复核。

① 截面设计：已知内力，求配筋。用系数公式法求解较为方便。

② 截面复核：已知钢筋用量，求受弯承载力 M_u。用基本公式法求解。

(6) 构造要求是钢筋混凝土结构设计的重要组成部分，包括截面尺寸拟订、材料选择、钢筋直径和根数选配和布置等。

思考题

3-1　进行受弯构件正截面设计时，应完成哪些内容？

3-2　钢筋混凝土受弯构件正截面有哪些破坏形态？各自的破坏特点及破坏性质是什么？

3-3　适筋截面从开始加载到完全破坏的全过程一般可分为几个阶段？各阶段的截面应力、应变分布是怎样的？

3-4　当单筋矩形截面设计中出现 $\xi>\xi_b$ 时，应如何处理？

3-5 混凝土等效矩形应力图的等效原则是什么？

3-6 应用基本公式可以解决哪些问题？各自如何求解？

3-7 对于双筋矩形截面，当 $A'_s=A_s$ 时，如何计算截面所能承受的设计弯矩？

3-8 T 形截面分为哪几类？在截面设计和截面复核中应如何判别？

习 题

3-1 一矩形截面梁的截面尺寸为 $b\times h=200\ \text{mm}\times400\ \text{mm}$，弯矩设计值为 80 kN·m。采用的混凝土强度等级为 C25，纵向受力钢筋为 HPB300 级，箍筋直径为 8 mm。构件环境类别为一类，安全等级为二级。试分别用基本公式法和系数公式法计算纵向受拉钢筋截面面积 A_s，并选配钢筋直径及根数。

3-2 如图 3-38 所示雨篷板在板根部每米宽度内承受的弯矩设计值 $M=5.5\ \text{kN}\cdot\text{m}$，混凝土强度等级为 C25，钢筋为 HPB300 级，处于室内正常环境，安全等级为二级。试验算雨篷板正截面承载力是否满足要求。

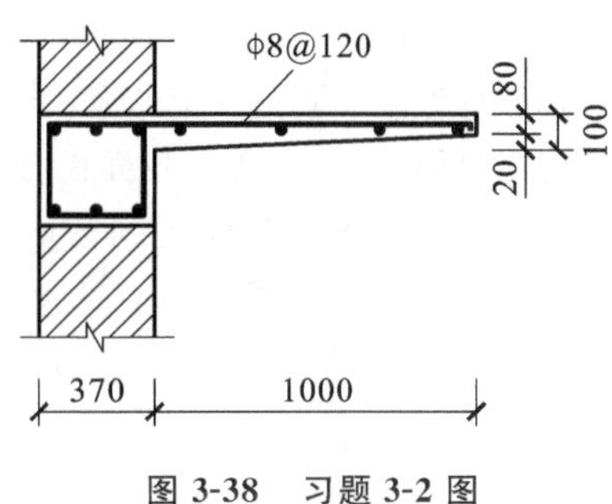

图 3-38 习题 3-2 图

3-3 某矩形截面简支梁截面尺寸 $b\times h=200\ \text{mm}\times450\ \text{mm}$，计算跨度 $l=6.0\ \text{m}$，承受的均布荷载设计值 $q=20\ \text{kN/m}$（已考虑了荷载分项系数和梁自重）。混凝土强度等级为 C30，钢筋采用 HRB400 级。环境为室内正常环境，安全等级为二级。试计算受拉钢筋截面面积，选配钢筋并绘制截面配筋图。

3-4 某钢筋混凝土梁截面尺寸为 $b\times h=200\ \text{mm}\times450\ \text{mm}$。混凝土强度等级为 C30，纵向受力钢筋为 HRB400 级，配置 3⌽20 受拉钢筋。箍筋直径为 8 mm，处于室内正常环境，安全等级为二级。试求此截面所能承受的弯矩设计值。

3-5 一矩形截面简支梁的计算跨度 $l=5.0\ \text{m}$，承受的弯矩设计值 $M=260\ \text{kN}\cdot\text{m}$。因受建筑净空限制，梁的截面高度 h 只能取 450 mm，$b=200$ mm。若混凝土强度等级选用 C30，纵向受力钢筋为 HRB400 级。环境为室内正常环境，安全等级为二级。

① 计算截面所需受拉钢筋和受压钢筋的截面面积；

② 如果受压区配置了 3⌽20 的受压钢筋，试计算截面所需的受拉钢筋截面面积。

（提示：预计受拉钢筋布置两排，故建议取 $h_0=h-65$ mm。）

3-6 一钢筋混凝土梁截面尺寸为 $b\times h=200\ \text{mm}\times400\ \text{mm}$，承受的弯矩设计值 $M=100\ \text{kN}\cdot\text{m}$，混凝土强度等级选用 C30，纵向钢筋为 HRB400 级。配置 3⌽20 受拉钢筋，配置 2⌽14受压钢筋，箍筋直径为 8 mm。环境为室内正常环境，安全等级为二级。试验算此梁正截面是否安全。

3-7 某 T 形截面梁及配筋如图 3-39 所示，弯矩设计值 $M=300\ \text{kN}\cdot\text{m}$，混凝土强度等级为 C30，纵向受力钢筋为 HRB400 级。箍筋直径为 10 mm。环境为室内正常环境，安全等级为二级。试验算梁的正截面承载力。

3-8 图 3-40 所示为一 T 形截面梁，混凝土强度等级为 C35，纵向钢筋为 HRB400 级。箍筋直径为 10 mm。环境为室内正常环境，安全等级为二级。试计算该梁所能承受的弯矩设计值。

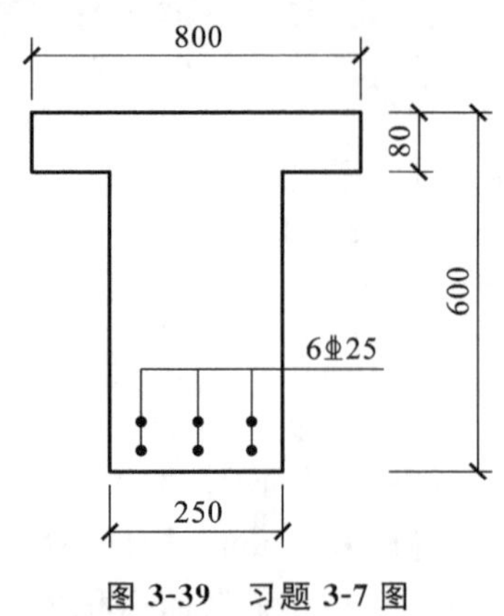

图 3-39　习题 3-7 图

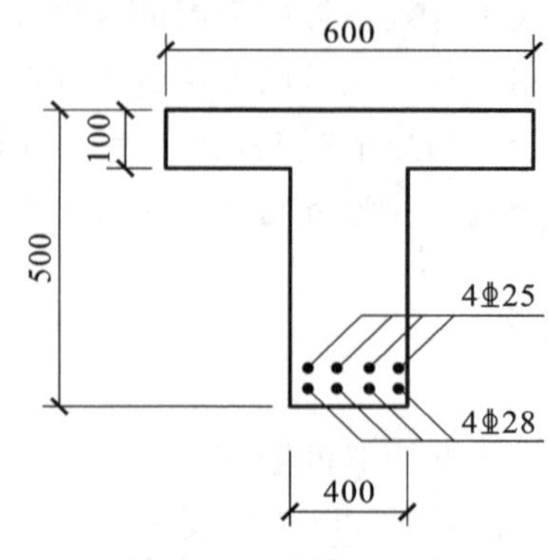

图 3-40　习题 3-8 图

3-9　某现浇肋梁楼盖次梁的板厚为 80 mm，次梁肋宽 $b=200$ mm，梁高 $h=500$ mm，计算跨度 $l=6.0$ m。次梁净距 $S_n=2$ m，由荷载产生的弯矩设计值 $M=150$ kN·m，混凝土强度等级选用 C25，纵向受力钢筋为 HRB335 级。环境为室内正常环境，安全等级为二级。试计算截面所需的受拉钢筋截面面积，并画出截面配筋图。

3-10　某 T 形截面梁的截面尺寸如图 3-41 所示。混凝土强度等级选用 C30，纵向受力钢筋为 HRB400 级。环境为室内正常环境，安全等级为二级。若截面需承受的弯矩设计值 $M=650$ kN·m，试计算截面所需的受拉钢筋截面面积，并画出梁的截面配筋图。

3-11　某钢筋混凝土伸臂梁的计算简图如图 3-42 所示。承受的均布活荷载标准值 $q_k=50$ kN/m，混凝土强度等级选用 C30，纵向受力钢筋为 HRB400 级。环境为室内正常环境，安全等级为二级。试计算 AB 跨内最大正弯矩截面及 B 支座最大负弯矩截面所需的受拉钢筋截面面积，并画出梁的截面配筋图。

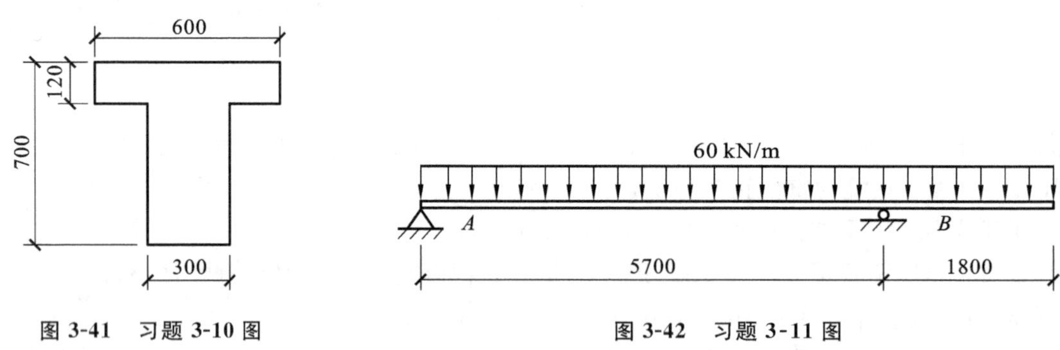

图 3-41　习题 3-10 图

图 3-42　习题 3-11 图

参考文献

[1]　中华人民共和国住房和城乡建设部，中华人民共和国国家质量监督检验检疫总局. GB 50010—2010　混凝土结构设计规范. 北京：中国建筑工业出版社，2011.

[2]　杨霞林，丁小军. 混凝土结构设计原理. 北京：中国建筑工业出版社，2011.

[3]　赵顺波. 混凝土结构设计原理. 上海：同济大学出版社，2012.

[4]　马芹永. 混凝土结构基本原理. 北京：机械工业出版社，2012.

[5]　朱彦鹏，邵永健. 混凝土结构基本原理. 北京：中国建筑工业出版社，2012.

[6]　侯治国. 混凝土结构. 武汉：武汉理工大学出版社，2011.

4 钢筋混凝土受弯构件斜截面承载力计算

内容提要

本章的主要内容为如何保证梁的斜截面具有足够的受剪和受弯承载力。本章的教学重点和教学难点为梁斜截面受剪承载力计算及保证斜截面受弯承载力的构造措施。

能力要求

通过本章的学习，学生应了解斜截面破坏的主要形态；掌握影响斜截面抗剪承载力的主要因素，受弯承载力图(材料图)的作法，弯起钢筋弯起位置和纵向受力钢筋截断位置的确定方法，纵向钢筋伸入支座的锚固要求和箍筋构造要求；熟练掌握斜截面受剪承载力的计算公式及适用条件，防止斜压破坏和斜拉破坏的措施。

4.1 概　　述

受弯构件在外荷载的作用下一般承受弯矩和剪力的共同作用，因此构件不仅在纯弯区段和剪力较小的弯剪区段内产生垂直裂缝，而且会在剪力较大的弯剪区段产生斜裂缝。钢筋混凝土梁的破坏试验表明，梁的破坏类型主要有三种，分别为正截面受弯破坏、斜截面受剪破坏和斜截面受弯破坏。当梁的受剪承载力足够，而某个截面的受弯承载力不足时，就会在该截面发生正截面受弯破坏，这种破坏可以通过计算配置纵向受拉、受压钢筋来避免。反之，当梁的受弯承载力足够，而受剪承载力不足时，梁就可能沿某条斜裂缝发生斜截面破坏。所以受弯构件不但必须进行正截面承载力计算，还必须进行斜截面承载力计算。斜截面破坏有可能是受剪破坏，也可能是受弯破坏。本章的内容就是要讨论如何保证梁的斜截面具有足够的受剪和受弯承载力。

为了避免梁沿斜截面发生受剪破坏，除了要求梁具有合理的截面尺寸之外，还要在梁内配置一定数量的箍筋和弯起钢筋，这些钢筋统称为腹筋。试验表明，箍筋能抑制斜裂缝的发展，在不配置箍筋的梁中，斜裂缝的突然形成可能会导致脆性的斜拉破坏；箍筋还能提高构件抵抗超载和承受由变形引起应力的能力。箍筋一般与梁轴线垂直。弯起钢筋通常是由梁内纵向钢筋弯起而形成的，与梁的轴线斜交。一般梁高在 800 mm 以内时，弯起钢筋的角度为 45°；梁高大于 800 mm 时，弯起钢筋的角度为 60°。由于箍筋和弯起钢筋均与斜裂缝相交，因而能够有效地承受斜截面中的拉力，提高斜截面的承载力。同时，箍筋和弯起钢筋还与梁内纵向受力钢筋和架立钢筋等绑扎或者焊在一起，构成了梁的钢筋骨架。配置有纵向受力钢筋、箍筋和弯起钢筋的梁称为有腹筋梁，只配置纵向受力钢筋而未配置箍筋和弯起钢筋的梁称为无腹筋梁。实际工程中的梁一般要配置箍筋，有时还需配置弯起钢筋。

梁的试验研究表明，如果在梁发生剪切破坏的时候不发生纵筋屈服和黏结锚固破坏，则影响斜截面受剪破坏形态的主要因素是剪跨比和箍筋配筋率。对于无腹筋梁，主要影响因素是剪跨比；对于有腹筋梁，剪跨比的影响减弱，配箍率成为主要的影响因素。因此，在学习受剪破坏之前，首先要

掌握剪跨比和配箍率的概念。

4.1.1 剪跨比

弯矩和剪力的相对关系可以用一个无量纲的参数，即剪跨比 λ 表示：

$$\lambda=\frac{M}{Vh_0} \tag{4-1}$$

式中 M——计算截面的弯矩设计值；

V——计算截面的剪力设计值；

h_0——截面有效高度。

对于集中荷载作用下的简支梁，剪切破坏面一般在集中荷载处，有：

$$\lambda=\frac{M}{Vh_0}=\frac{Va}{Vh_0}=\frac{a}{h_0} \tag{4-2}$$

式中 a——集中荷载与邻近支座之间的距离，称为剪跨。

通常把 $\lambda=\frac{M}{Vh_0}$ 称为广义剪跨比，把 $\lambda=\frac{a}{h_0}$ 称为计算剪跨比。

对于承受均布荷载的梁，广义剪跨比可以用跨高比 l/h_0 近似代替。

4.1.2 配箍率

配箍率是指梁单位面积上的箍筋含量，表达式为：

$$\rho_{sv}=\frac{nA_{sv1}}{bs}\times 100\% \tag{4-3}$$

式中 ρ_{sv}——配箍率；

A_{sv1}——单肢箍筋的截面面积；

n——箍筋的肢数；

b——梁截面宽度；

s——钢筋间距。

梁的斜截面受弯承载力是通过构造措施来保证的，将在第 4.7 节中讲述。

4.2 斜截面受剪破坏的主要形态

4.2.1 无腹筋梁斜截面的受力破坏分析

4.2.1.1 斜截面开裂前的受力状态

图 4-1 所示的矩形截面简支梁承受对称集中荷载。当荷载较小、混凝土未开裂时，可以将梁看作均质弹性体。因此，可以按照材料力学的方法绘出该梁在荷载作用下的主应力迹线，如图 4-2(a) 所示。图中实线为主拉应力迹线，虚线为主压应力迹线。

如图 4-2(b)所示，截面 1—1 上的微元体 1、2、3 分别处于不同的应力状态：微元体 1 位于中和轴处，其正应力 $\sigma=0$，剪应力 τ 最大，主拉应力 σ_{tp} 和主压应力 σ_{cp} 的作用方向与梁轴线的夹角 $\alpha=45°$；微元体 2 位于梁的受压区，由于压应力的存在，主拉应力 σ_{tp} 减小，主压应力 σ_{cp} 增大，主拉应力 σ_{tp} 与梁轴线间的夹角 $\alpha>45°$；微元体 3 位于梁的受拉区，由于拉应力的存在，主拉应力 σ_{tp} 增大，主压应力 σ_{cp} 减小，主拉应力 σ_{tp} 与梁轴线间的夹角 $\alpha<45°$。随着荷载的增加，梁的主拉应力 σ_{tp} 相应增大。

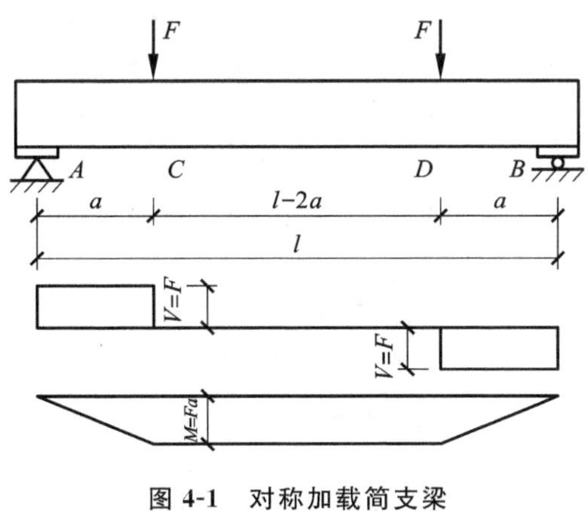

图 4-1 对称加载简支梁

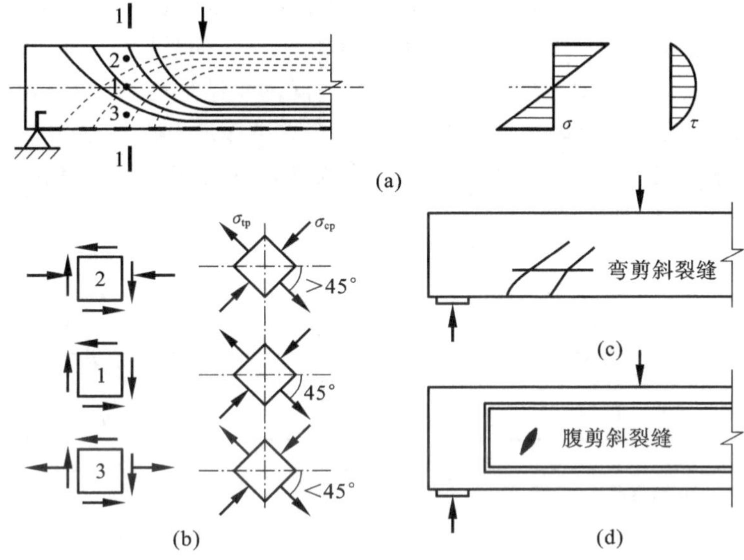

图 4-2 梁的应力状态和斜裂缝形态

当由主拉应力 σ_{tp} 产生的拉应变达到混凝土的极限拉应变时，梁将沿着垂直于主拉应力的方向开裂：在梁的纯弯段表现为垂直的裂缝，而在弯剪区段表现为斜裂缝。

斜裂缝主要有两类：弯剪斜裂缝和腹剪斜裂缝。在通常情况下，斜裂缝往往是由梁底的弯曲裂缝发展而成的。这种裂缝上细下宽，称为弯剪斜裂缝[图 4-2(c)]。当梁的腹板很薄或集中荷载至支座距离很小时，斜裂缝可能首先在梁腹部出现，称为腹剪斜裂缝[图 4-2(d)]。腹剪斜裂缝中间宽、两头细，呈枣核形，常见于薄腹梁中。

4.2.1.2 斜截面开裂后的受力状态

混凝土开裂后，梁不再是均质弹性体，材料力学公式不再适用。当荷载继续增加时，随着斜裂缝条数的增多和裂缝宽度的变大，骨料咬合力下降，纵向钢筋的混凝土保护层有可能被劈裂，钢筋的销栓力逐渐减弱。斜裂缝中的一条发展成为主要斜裂缝，称为临界斜裂缝。取临界斜裂缝 CB 左侧隔离体为研究对象，如图 4-3 所示，其中 C 为斜裂缝起点，B 为斜裂缝终点，临界斜裂缝上端截面 AB 既受剪又受压，称为剪压区。

作用在斜截面上的弯矩和剪力分别为 M_B、V_B。与剪力 V_B 平衡的力有：剪压区 AB 面上混凝土承受的剪力 V_c，由开裂面 BC 两侧凹凸不平产生的骨料咬合力 V_a 的竖向分力，穿过斜裂缝的纵

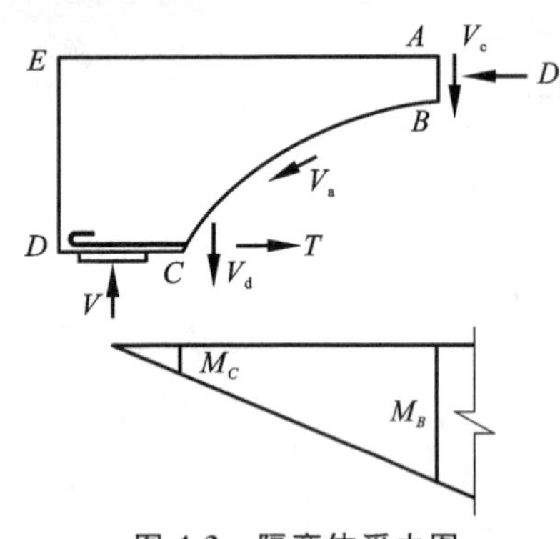

图 4-3　隔离体受力图

向受拉钢筋在斜裂缝处销栓的作用下产生的剪力 V_d。与弯矩 M_B 平衡的是由纵向受拉钢筋的拉力 T 和剪压区 AB 面上混凝土承受的压力 D_c 组成的力偶。

由于斜裂缝的出现，梁在剪弯区段内的应力状态会发生很大变化，主要表现为：

① 剪压区的剪应力和压应力显著增加。开裂前剪力由全截面承受，开裂后则主要由剪压区 AB 截面承受，混凝土剪应力显著增加。同时，因斜裂缝的出现和发展，混凝土剪压区的面积不断减小，因此剪压区内的混凝土压应力也显著增加。

② 斜裂缝的出现，使与斜裂缝相交处的纵向受拉钢筋应力突然增大。因为该处纵向受拉钢筋的拉力在斜裂缝出现前是由截面 C 处的弯矩 M_C 决定的(图 4-3)，而在斜裂缝出现后，根据力矩平衡的概念，纵向受拉钢筋的拉力 T 则由斜裂缝截面 B 处的弯矩 M_B 决定，M_B 大于 M_C。斜裂缝走向越平缓，两者之间的差值越大，则纵向受拉钢筋应力增大越多。

③ 纵向受拉钢筋拉应力的增大导致钢筋与混凝土间的黏结应力增大，有可能出现沿纵向受拉钢筋的黏结裂缝[图 4-4(a)]或撕裂裂缝[图 4-4(b)]。黏结裂缝和撕裂裂缝的出现破坏了钢筋和混凝土的黏结，使得纵向受拉钢筋所承受的拉应力在裂缝面和支座之间几乎相同，荷载通过斜裂缝上部的混凝土拱体传到支座处，纵筋相当于拉杆，二者的共同作用取决于纵向受拉钢筋在支座处的可靠锚固。

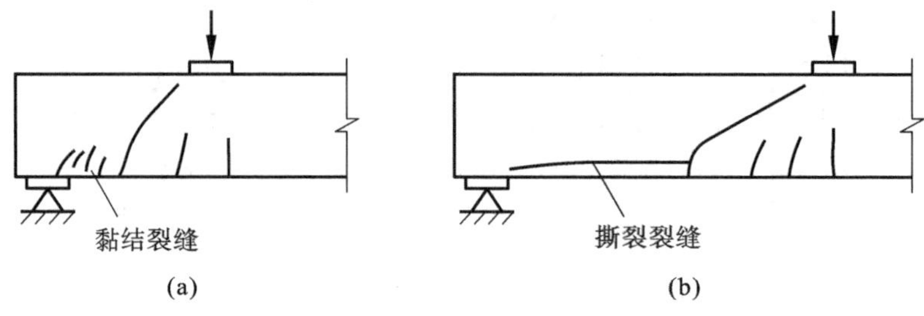

图 4-4　黏结裂缝和撕裂裂缝

斜裂缝的出现和发展使梁的应力发生变化，最终导致在剪力较大的近支座区段内的混凝土被压碎或者被拉坏，即发生斜截面破坏，构件丧失承载能力。

一种较常见的破坏情形是：临界斜裂缝的发展导致混凝土剪压区高度不断减小，最后在剪应力和压应力的共同作用下，剪压区混凝土被压碎(拱顶破坏)，梁发生破坏。破坏时纵向受拉钢筋的拉应力往往低于其屈服强度。

4.2.2　有腹筋梁斜截面破坏形态

通过梁斜截面受剪承载力的试验研究可以发现，由于梁的受力情况和配筋情况不同，主要是剪跨比和配箍率不同，斜截面的受剪破坏主要有三种形态：斜拉破坏、斜压破坏和剪压破坏，如图 4-5 所示。

(1) 斜拉破坏

当梁的剪跨比 λ 比较大，且配箍率 ρ_{sv} 过低时，斜截面将发生斜拉破坏。破坏特点是：梁一旦出现斜裂缝，就会很快形成临界斜裂缝，并迅速延伸到混凝土受压边缘，使构件沿临界斜裂缝被劈拉成两部分而发生破坏。出现斜裂缝时的荷载与破坏荷载之间的差距很小；临界斜裂缝的坡度较小，

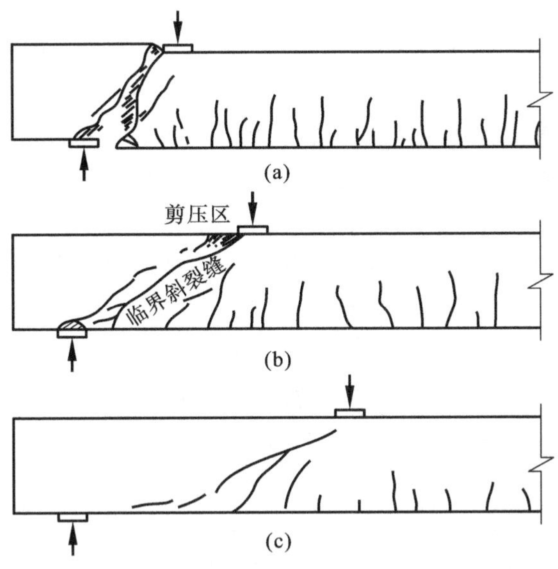

图 4-5 斜截面的受剪破坏形态

(a) 斜压破坏;(b) 剪压破坏;(c) 斜拉破坏

基本上不存在剪压区。这种破坏带有突然性,属于脆性破坏,且混凝土的抗压强度得不到充分利用,所以在工程设计中应该避免。通常该种破坏形态下的剪跨比 $\lambda>3$,或者跨高比 $l/h_0>12$。

(2) 斜压破坏

当剪跨比 λ 比较小($\lambda<1$),或者跨高比 $l/h_0<4$,或者剪跨比虽然适中,但是箍筋配置过多时,破坏是由主压应力超过混凝土的抗压强度而引起的。破坏特点是:随着荷载的增加和梁腹中主压应力的增大,梁被一系列平行的斜裂缝分割成许多倾斜的受压柱体,最后由于柱体中的混凝土被压碎而造成梁的破坏;破坏时腹筋均未达到屈服强度,钢筋强度未被充分利用。这种破坏没有明显的临界斜裂缝,带有突然性,属于脆性破坏,因此在工程设计中也应该避免。斜压破坏多数发生在剪力大而弯矩小的区段,以及梁腹板很薄的 T 形或 I 形截面梁内。

(3) 剪压破坏

剪压破坏主要发生在剪跨比适中($1\leqslant\lambda\leqslant3$,或者 $4\leqslant l/h_0\leqslant12$)、腹筋配置适当的钢筋混凝土梁中。发生剪压破坏的梁,在荷载较小且没有出现裂缝之前,箍筋中的拉应力很小,剪弯区段内的应力几乎全部由混凝土承受。随着荷载的增加,剪弯区段内的主应力不断增大。当主应力达到混凝土的抗拉强度时,就会在剪弯区段出现第一条斜裂缝。随着荷载的继续增加,在混凝土受压区相继出现若干条斜裂缝。当荷载增大到一定程度后,在多条斜裂缝中将有一条明显加宽的临界斜裂缝。临界斜裂缝出现后迅速延伸,使斜截面剪压区的高度缩小。此时与斜裂缝相交的箍筋和纵向钢筋应力迅速增大,最后与斜裂缝相交的大部分箍筋达到屈服极限,剪压区混凝土被压碎,梁发生剪切破坏。剪压破坏有一定的预兆,但与适筋梁的正截面破坏相比,剪压破坏仍属于脆性破坏。

可见,剪压破坏发生在临界斜裂缝形成之后,始于箍筋的屈服,随后剪压区混凝土被压碎。剪压破坏取决于剪压区混凝土和与临界斜裂缝相交的箍筋和纵向钢筋的抗剪能力。

从斜截面的承载力上看,斜压破坏的承载力最大,其次是剪压破坏,斜拉破坏的承载力最小。从破坏形态上看,三种斜截面受剪破坏都属于脆性破坏,其中剪压破坏的延性最好。因此,我国规范中的斜截面抗剪强度计算公式是以剪压破坏为依据建立的,并采用了高于正截面受弯承载力的目标可靠指标。

4.3 影响斜截面受剪承载力的主要因素

根据试验结果，我国目前采用的受弯构件斜截面受剪承载力计算公式主要考虑了以下几方面影响斜截面受剪承载力的因素。

（1）混凝土强度的影响

剪跨比和其他条件相同时，斜截面受剪承载力随着混凝土强度的提高而增大（图 4-6），但是其影响随着配箍率 ρ_{sv} 的增大而有所减小。从试验统计结果来看，对于普通混凝土，用混凝土的抗压强度 f_c 和抗拉强度 f_t 分别表示梁的抗剪强度对试验结果的影响并无明显差异；但是对于高强度混凝土，用混凝土的抗拉强度 f_t 表示梁的抗剪强度与试验结果的符合程度更好。因此，我国规范采用以 f_t 表示梁抗剪强度的计算公式。

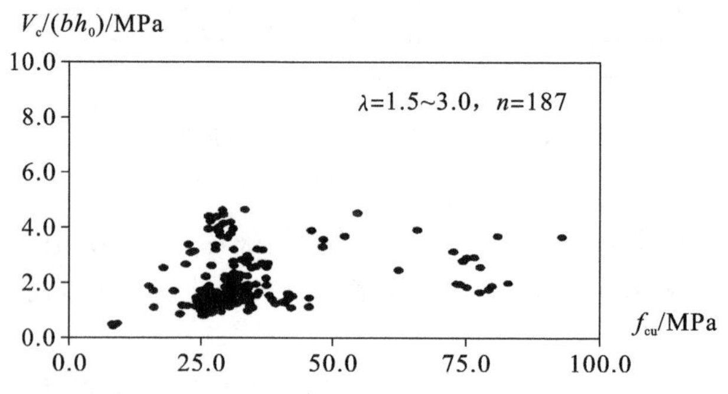

图 4-6　混凝土强度对斜截面受剪承载力的影响

（2）配箍率 ρ_{sv} 和箍筋强度 f_{yv} 的影响

梁的抗剪试验结果表明，在临界斜裂缝出现之前，箍筋的应力很小；有腹筋梁出现斜裂缝后，与斜裂缝相交的箍筋不仅直接承受相当一部分的剪力，还有效地延缓和限制了斜裂缝的发展，从而提高了梁的抗剪强度。

在配箍适量的情况下，梁的抗剪强度还随着箍筋强度的增大而提高。但是，由于剪切破坏属于脆性破坏，因此为了保证斜截面的延性，不宜采用高强度钢筋作为箍筋。

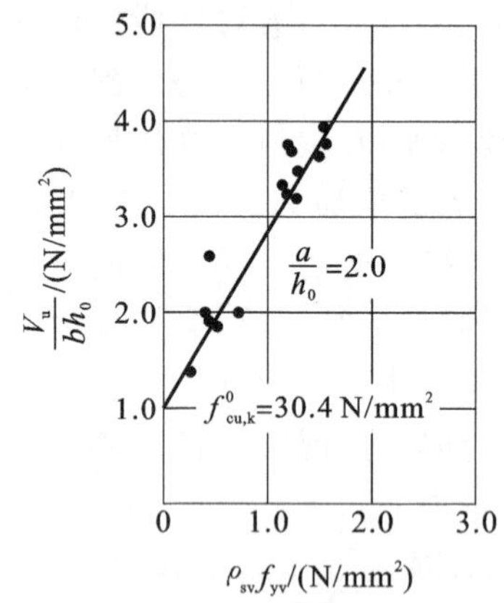

图 4-7　配箍率和箍筋强度对梁受剪承载力的影响

试验表明，当其他条件相同时，可以认为梁的受剪承载力同配箍率与箍筋抗拉强度的乘积具有线性关系，即 $V_u/(bh_0)\sim\rho_{sv}f_{yv}$，如图 4-7所示。

（3）剪跨比的影响

试验表明，剪跨比 λ 对集中荷载作用下无腹筋梁受剪承载力的影响最为显著：当剪跨比 $\lambda<3$ 时，剪跨比越大，受剪承载力越小；当剪跨比 $\lambda>3$ 时，受剪承载力趋于稳定，其影响已经不明显。对于集中荷载作用下的有腹筋梁，剪跨比增大时，受剪承载力减小，但是剪跨比的影响随着配箍率的增大而减弱，如图 4-8、图 4-9 所示。

实际工程中，结构上的荷载情况是很复杂的，而有关剪跨比对抗剪强度影响的试验研究相对较少，研究不够充分，因此为了简化计算，《混凝土结构设计规范》（GB 50010—2010）所采用的计算方

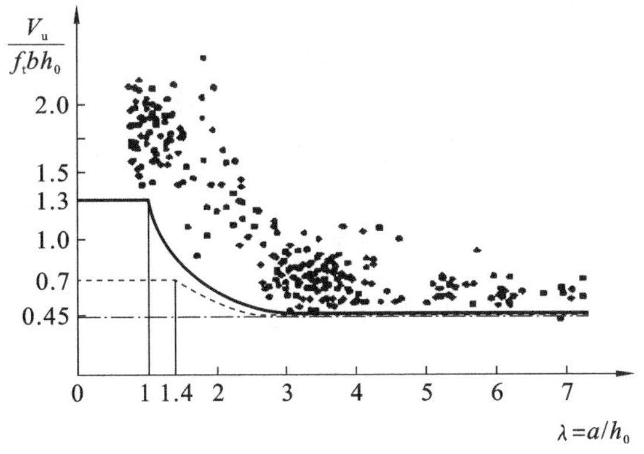

图 4-8 集中荷载作用下无腹筋梁的受剪承载力

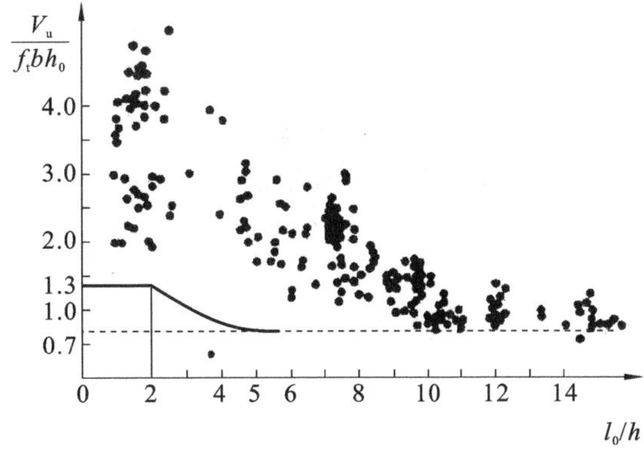

图 4-9 均布荷载作用下无腹筋梁的受剪承载力

法只对集中荷载作用下的独立梁才考虑剪跨比对受剪承载力的影响。除此之外，不考虑剪跨比的影响。

(4) 纵筋配筋率的影响

无腹筋梁的抗剪强度随着纵筋配筋率 ρ 的增加而提高，二者之间大致呈线性关系。这主要是因为纵向受拉钢筋可以限制裂缝的开展，抑制斜裂缝向受压区伸展，从而可增大剪压区面积并提高骨料咬合力。此外，纵向受拉钢筋的销栓作用也有利于梁抗剪强度的提高。当剪跨比增大时，纵筋配筋率对抗剪强度的影响减弱，如图 4-10 所示。

(5) 截面形式的影响

腹板尺寸与矩形截面相同的 T 形和 I 形截面，因为有受压翼缘，所以增大了剪压区的面积，使斜拉破坏和剪压破坏的抗剪承载力有所提高，但没有使斜压破坏的抗剪承载力提高。

(6) 尺寸效应的影响

截面尺寸对无腹筋梁的抗剪承载力有较大的影响：梁高度很大时，撕裂裂缝较明显，销栓作用显著降低，斜裂缝宽度较大，骨料咬合作用减弱。试验表明，在其他条件（混凝土强度、纵筋配筋率、剪跨比）保持不变时，梁高扩大 4 倍，梁的抗剪承载力可下降 25%～30%。对于高度较大的梁，配置腹筋可以控制斜裂缝的开展，减小尺寸效应的影响。适当增加翼缘宽度，可以提高梁的抗剪承载力。

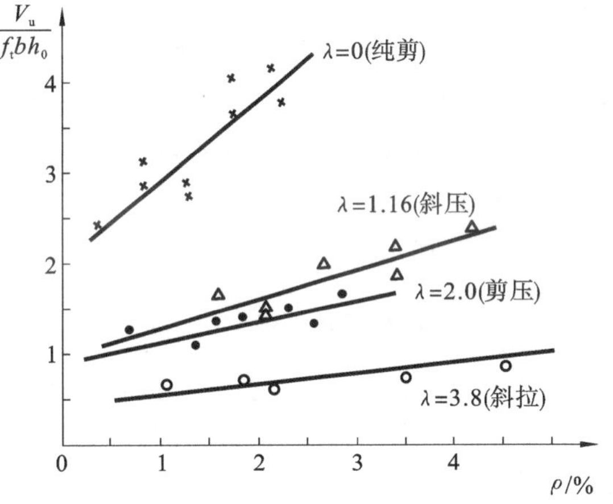

图 4-10 纵筋配筋率对斜截面受剪承载力的影响

除此之外，梁的抗剪承载力还与加载方式、支撑条件等有关。当其他条件相同时，梁在集中荷载作用下的抗剪承载力低于在均布荷载作用下的抗剪承载力。与直接加载方式相比，间接加载时梁的抗剪强度较低。

4.4 斜截面受剪承载力计算公式

4.4.1 基本假定

因为影响混凝土受弯构件受剪破坏的因素较多，破坏形态复杂，对混凝土构件受剪机理的认识

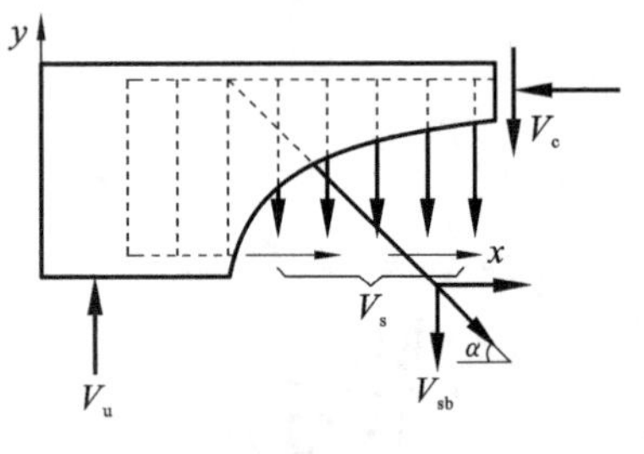

图 4-11 受剪承载力的组成

还不充分，所以斜截面受剪承载力的计算公式是建立在试验和理论研究基础之上的经验公式。我国《混凝土结构设计规范》(GB 50010—2010)中规定的斜截面受剪承载力计算公式是根据剪压破坏形态建立的。计算公式的建立考虑了如下基本假定。

① 斜截面受剪承载力由三部分组成：混凝土剪压区所承受的剪力、与斜截面相交的箍筋所承受的剪力、与斜截面相交的弯起钢筋所承受的剪力。如图 4-11 所示，由 $\sum V=0$ 的平衡条件，可得：

$$V_u=V_{cs}+V_{sb}=V_c+V_s+V_{sb} \tag{4-4}$$

当仅配置箍筋用以抗剪时，计算公式为：

$$V_u=V_{cs}=V_c+V_s \tag{4-5}$$

式中 V_u—— 斜截面破坏时所承受的总剪力；

V_c——构件斜截面上混凝土的受剪承载力设计值；

V_s——构件斜截面上箍筋的受剪承载力设计值；

V_{sb}——与斜截面相交的弯起钢筋的受剪承载力设计值；

V_{cs}——构件斜截面上混凝土和箍筋的受剪承载力设计值。

② 梁发生剪压破坏时，与斜截面相交的箍筋和弯起钢筋的拉应力都达到其屈服强度，但是要考虑拉应力分布不均匀的影响，特别是靠近剪压区腹筋的拉应力有可能达不到屈服强度。

③ 不考虑斜裂缝处的骨料咬合力和纵筋的销栓力。骨料咬合力和纵筋的销栓力虽然在无腹筋梁中的作用显著，但在有腹筋梁中的抗剪作用大部分被箍筋承受，故不考虑。

④ 不考虑截面尺寸效应的影响。截面尺寸效应对无腹筋受弯构件的影响较大，在无腹筋厚板的计算中才考虑。

⑤ 剪跨比 λ 的影响仅在计算承受以集中荷载为主的梁时才考虑。

4.4.2 基本计算公式

梁的受剪承载力计算公式是以斜截面发生剪压破坏时的受力特点建立的。斜拉破坏可以通过规定最小配箍率的方法控制，斜压破坏可以通过限制截面最小尺寸或者限制最大配箍率的方法加以控制。

由于受力状态和影响因素相当复杂，故对斜截面受剪承载力的计算，目前国内外尚未形成统一的计算理论和方法。我国现行规范所采用的计算公式，是以国内大量试验结果为依据，在考虑主要影响因素的基础上建立起来的经验公式。

4.4.2.1 不配置箍筋和弯起钢筋的一般板类受弯构件

板类构件通常承受的荷载不大，剪力较小，因此一般不必进行斜截面承载力计算，也不配箍筋和弯起钢筋。但是，当板上承受的荷载较大时，需要对其斜截面承载力进行计算。

对于不配置箍筋和弯起钢筋的一般板类受弯构件，其斜截面受剪承载力应按下式计算：

$$V_c=0.7\beta_h f_t b h_0 \tag{4-6}$$

式中 β_h——截面高度影响系数，$\beta_h=\left(\frac{800}{h_0}\right)^{\frac{1}{4}}$，$h_0$ 取值见下；

f_t——混凝土轴心抗拉强度设计值；

b——梁截面的宽度；

h_0——梁截面的有效高度，当 $h_0<800$ mm 时，取 $h_0=800$ mm，当 $h_0>2000$ mm时，取 $h_0=2000$ mm。

4.4.2.2 矩形、T 形和 I 形截面的一般受弯构件

① 对于无腹筋梁，斜截面受剪承载力为：

$$V\leqslant V_{cs}=0.7f_tbh_0 \tag{4-7}$$

② 仅配置箍筋时，梁的斜截面受剪承载力为：

$$V\leqslant V_{cs}=V_c+V_s=0.7f_tbh_0+f_{yv}\frac{A_{sv}}{s}h_0 \tag{4-8}$$

③ 同时配置箍筋和弯起钢筋时，梁的斜截面受剪承载力为：

$$V\leqslant V_u=V_{cs}+V_{sb}=0.7f_tbh_0+f_{yv}\frac{A_{sv}}{s}h_0+0.8f_yA_{sb}\sin\alpha_s \tag{4-9}$$

式中 V——剪力设计值；

V_u——抵抗剪力设计值，即受剪承载力设计值；

f_t——混凝土轴心抗拉强度设计值；

b——梁截面的宽度；

h_0——梁截面的有效高度，即纵向受拉钢筋合力作用点至截面受压边缘的距离，$h_0=h-a_s$；

f_{yv}——箍筋屈服强度设计值；

A_{sv}——配置在同一截面内箍筋各肢的全部截面面积，$A_{sv}=nA_{sv1}$，n 为在同一截面内箍筋的肢数，A_{sv1} 为单肢箍筋的截面面积；

s——沿构件长度方向的箍筋间距；

f_y——受拉钢筋屈服强度设计值；

A_{sb}——同一平面内弯起钢筋的截面面积；

α_s——斜截面上弯起钢筋的切线与构件纵轴线的夹角，一般取 45°，当梁高度大于 800 mm 时取 60°。

0.8 为应力不均匀系数，用来考虑靠近剪压区的弯起钢筋在斜截面破坏时可能达不到钢筋抗拉强度设计值的情况。

以上公式用于矩形截面梁承受均布荷载作用的情况，以及承受均布荷载和集中荷载作用，但以均布荷载为主的情况。

T 形截面梁和 I 形截面梁可以使用与矩形截面梁相同的计算公式，这是因为在发生剪压破坏时，T 形截面和 I 形截面的剪压区面积要比同样宽度 b 的矩形截面大，其受剪承载力比同条件的矩形截面大，因而在荷载作用下，按式(4-7)～式(4-9)计算将提高 T 形及 I 形截面的受剪承载力储备，而在集中荷载作用下，其受剪承载力按照以上公式进行计算也可以得到保证。另一方面，当 T 形和 I 形截面的梁腹板很薄时，可能在梁的腹板区发生斜压破坏，其受剪承载力随着腹板高度的增加而降低，此时翼缘宽度对受剪承载力影响甚微，但是这种破坏可以通过采取构造措施来防止。

4.4.2.3 集中荷载作用下的独立梁

这里的集中荷载包括多种荷载。其中，集中荷载对支座截面或者节点边缘所产生的剪力值占总剪力值 75%以上的情况，都可以按照集中荷载作用进行计算。其斜截面受剪承载力的计算公式如下。

① 对于无腹筋梁，斜截面受剪承载力为：

$$V\leqslant V_{cs}=\frac{1.75}{\lambda+1.0}f_tbh_0 \tag{4-10}$$

② 仅配置箍筋时，梁的斜截面受剪承载力为：

$$V \leqslant V_{cs} = V_c + V_s = \frac{1.75}{\lambda + 1.0} f_t b h_0 + f_{yv} \frac{A_{sv}}{s} h_0 \tag{4-11}$$

③ 同时配置箍筋和弯起钢筋时，梁的斜截面受剪承载力为：

$$V \leqslant V_u = V_{cs} + V_{sb} = \frac{1.75}{\lambda + 1.0} f_t b h_0 + f_{yv} \frac{A_{sv}}{s} h_0 + 0.8 f_y A_{sb} \sin\alpha_s \tag{4-12}$$

式中　λ——计算截面的剪跨比，当 $\lambda < 1.5$ 时，取 $\lambda = 1.5$；当 $\lambda > 3$ 时，取 $\lambda = 3$。

考虑弯起钢筋与破坏斜截面相交位置的不确定性，其应力可能达不到屈服强度，因此在公式中引入了弯起钢筋应力不均匀系数 0.8。

对于一般的受弯构件，当 $V \leqslant 0.7 f_t b h_0$ 时，以及对于承受以集中荷载为主的独立梁，当 $V \leqslant \frac{1.75}{\lambda + 1.0} f_t b h_0$ 时，理论上可以采用无腹筋梁。但在实际工程中，由于剪切破坏有明显的脆性，特别是斜拉破坏，斜裂缝一出现，梁即被剪坏，因此单靠混凝土承受剪力是不安全的。所以《混凝土结构设计规范》(GB 50010—2010)规定，仅对梁高 $h < 150$ mm 的梁，当 $V \leqslant 0.7 f_t b h_0$ 或者 $V \leqslant \frac{1.75}{\lambda + 1.0} f_t b h_0$ 时，才允许采用无腹筋梁，除此以外的其他情况，都要按照构造要求配置腹筋。

4.4.2.4　受剪承载力计算公式的适用范围

如前所述，斜截面受剪承载力的计算公式是以剪压破坏为依据建立起来的，因此并不适用于斜压破坏和斜拉破坏。为了避免所设计的梁出现这两种破坏形态，在运用前述设计公式时，必须符合以下两方面的限定条件。

(1) 最小截面尺寸

规定最小截面尺寸的目的主要是防止发生斜压破坏，另外可防止构件在使用阶段斜裂缝过大，腹筋布置过多、过密从而不便于施工等情况的发生。《混凝土结构设计规范》(GB 50010—2010)规定，对于矩形、T 形和 I 形截面的受弯构件，其受剪截面应符合下列条件。

当 $h_w/b \leqslant 4$ 时：

$$V \leqslant 0.25 \beta_c f_c b h_0$$

当 $h_w/b \geqslant 6$ 时：

$$V \leqslant 0.2 \beta_c f_c b h_0$$

当 $4 < h_w/b < 6$ 时，V 按线性内插法确定。

试验分析表明，当梁的受剪承载力用混凝土轴心抗压强度设计值 f_c 表示的时候，对高强度混凝土的取值过高，而乘以系数 β_c 以后，其受剪承载力的计算值与试验结果符合程度较好，可以取 β_c 为 $\sqrt{\frac{23.1}{f_c}}$，其中 23.1 是 C50 混凝土的轴心抗压强度设计值。为了简化计算，《混凝土结构设计规范》(GB 50010—2010)对 β_c 的取值规定如下：当 $f_{cu,k} \leqslant 50$ MPa 时，取 $\beta_c = 1.0$；当 $f_{cu,k} = 80$ MPa 时，取 $\beta_c = 0.8$；其中间值按照线性内插法确定。

(2) 最小配箍率 $\rho_{sv,min}$

试验表明，在混凝土出现斜裂缝以前，斜截面上的应力主要由混凝土承受；出现斜裂缝以后，斜裂缝处的拉应力全部转移给箍筋，箍筋拉应力突然增大。如果箍筋配置过少，将使得箍筋不能承受原来由混凝土承受的拉力，那么斜裂缝一出现，钢筋的拉应力就会达到屈服强度，甚至会被拉断，从而导致斜拉破坏。发生这种情况的原因为配箍率过小。为了避免斜裂缝的突然形成可能导致脆性斜拉破坏的发生，我国对最小配箍率作出了限定，公式如下：

$$\rho_{sv,min}=\frac{nA_{sv1}}{bs}=\frac{0.24f_t}{f_{yv}} \tag{4-13}$$

此外，箍筋还要满足最小直径和最大间距的要求，详见第4.6节。

当采用最小配箍率时，对于一般受弯构件，有

$$V_{cs}=0.7f_tbh_0+f_{yv}\frac{A_{sv}}{s}h_0=0.7f_tbh_0+0.24f_tbh_0=0.94f_tbh_0 \tag{4-14}$$

所以对于矩形、T形和I形截面的一般受弯构件，当 $V\leqslant 0.94f_tbh_0$ 时，可以按照构造配置箍筋。同理，对于集中荷载作用下的独立梁，当 $V\leqslant\left(\frac{1.75}{\lambda+1.0}+0.24\right)f_tbh_0$ 时，可以直接按照最小配箍率配置箍筋。

4.5 基本计算公式的应用

4.5.1 剪力设计值的计算截面

一般已知截面的剪力设计值 V，构件截面尺寸 bh，混凝土强度等级 f_c、f_t，求箍筋用量或者箍筋和弯起钢筋的用量。

在进行受弯构件斜截面承载力计算之前，首先必须确定进行斜截面受剪承载力计算的截面，简称剪力设计值的计算截面，如图4-12所示，即：

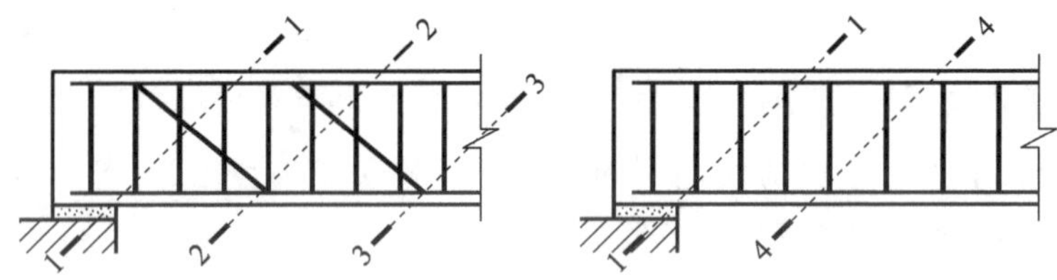

图4-12 斜截面剪力设计值计算截面的位置

① 支座边缘处的截面，即1—1截面；

② 箍筋截面面积或间距改变处的截面，即4—4截面；

③ 受拉区弯起钢筋弯起点处的截面，即2—2、3—3截面；

④ 截面尺寸改变处的截面。

4.5.2 受剪承载力计算方法

确定计算截面后，可以采用下列步骤进行斜截面抗剪承载力的计算。

4.5.2.1 梁截面尺寸复核

按照以下公式验算截面尺寸。

当 $h_w/b\leqslant 4$ 时：

$$V\leqslant 0.25\beta_cf_cbh_0 \tag{4-15}$$

当 $h_w/b\geqslant 6$ 时：

$$V\leqslant 0.2\beta_cf_cbh_0 \tag{4-16}$$

当 $4<h_w/b<6$ 时，V 按线性内插法取值，也可按下式计算：

$$V\leqslant 0.025\left(14-\frac{h_w}{b}\right)\beta_cf_cbh_0 \tag{4-17}$$

式中 V——构件斜截面上的最大剪力设计值。

β_c——混凝土强度影响系数，当混凝土强度等级不超过C50时，取$\beta_c=1.0$；当混凝土强度等级为C80时，取$\beta_c=0.8$；其间按线性内插法确定。

b——矩形截面的宽度，T形截面或I形截面的腹板宽度。

h_0——截面的有效高度。

h_w——截面的腹板高度，对矩形截面，取有效高度；对T形截面，取有效高度减去翼缘高度；对I形截面，取腹板净高。

如果不能满足截面尺寸要求，应加大截面尺寸或者提高混凝土强度等级，以避免出现箍筋超筋的现象。

4.5.2.2 判断是否需要按计算配置腹筋

其分为以下三种情况。

① 若梁所承受的剪力较小，截面尺寸较大，能满足下式的要求。

对于一般受弯构件：

$$V_{cs}\leqslant 0.7f_tbh_0 \tag{4-18}$$

对于集中荷载作用下的独立梁：

$$V\leqslant\frac{1.75}{\lambda+1.0}f_tbh_0 \tag{4-19}$$

则可以按照前述有关箍筋直径和间距的构造要求配置箍筋，不需要进行受剪承载力计算。

② 当不满足上面两式，但是满足$V\leqslant 0.94f_tbh_0$或者$V\leqslant\left(\frac{1.75}{\lambda+1.0}+0.24\right)f_tbh_0$时，可以直接按照最小配箍率配置箍筋，即$\rho_{sv}=\rho_{sv,\min}=\frac{nA_{sv1}}{bs}=0.24\frac{f_t}{f_{yv}}$，不需要再进行受剪承载力计算。

③ 如果上述条件均不满足，则应按照下面的步骤计算所需的腹筋。

a. 仅配置箍筋时，箍筋配置数量的计算。

对于一般受弯构件：

$$V_{cs}=0.7f_tbh_0+f_{yv}\frac{A_{sv}}{s}h_0 \tag{4-20}$$

对于集中荷载作用下的独立梁：

$$V\leqslant V_{cs}=V_c+V_s=\frac{1.75}{\lambda+1.0}f_tbh_0+f_{yv}\frac{A_{sv}}{s}h_0 \tag{4-21}$$

由以上公式可以求出$\frac{A_{sv}}{s}$。得到$\frac{A_{sv}}{s}$值后，即可以选择合适的箍筋直径和肢数，确定A_{sv}，从而求得s，并参照构造要求和尾数取整原则确定实用的s值；同时，在满足构造要求的前提下，使最后选取的$\frac{A_{sv}}{s}$值尽量接近于计算所得的$\frac{A_{sv}}{s}$值。

b. 同时配置箍筋和弯起钢筋时，腹筋的计算。

如果计算所得的箍筋间距过小，且不宜再增大箍筋直径，则可考虑采用弯起钢筋与箍筋共同抗剪。一般先根据经验和构造要求选定箍筋的直径和间距，再按照公式$A_{sb}\geqslant\frac{V-0.7f_tbh_0-f_{yv}\frac{A_{sv}}{s}h_0}{0.8f_y\sin\alpha_s}$或者$A_{sb}\geqslant\frac{V-\frac{1.75}{\lambda+1.0}f_tbh_0-f_{yv}\frac{A_{sv}}{s}h_0}{0.8f_y\sin\alpha_s}$来求解弯起钢筋的截面面积。由于每根弯起钢筋只能承受一定范

围内的剪力，所以钢筋的弯起要满足构造要求。也可以先进行钢筋的弯起，再配置箍筋。

4.6 箍筋的构造要求

混凝土梁宜采用箍筋作为承受剪力的钢筋。梁中箍筋的配置应满足《混凝土结构设计规范》(GB 50010—2010)给定的构造要求，主要包括箍筋的直径、间距、形式和肢数等。

4.6.1 箍筋的选择

普通箍筋宜采用 HRB400、HRBF400、HRB500、HRBF500 级钢筋，也可采用 HRB335、HRBF335 和 HPB300 级钢筋。

4.6.2 箍筋的直径

对于截面高度大于 800 mm 的梁，箍筋直径不宜小于 8 mm；对于截面高度不大于 800 mm 的梁，箍筋直径不宜小于 6 mm。梁中配有计算需要的纵向受压钢筋时，箍筋直径还不应小于 $d/4$，d 为纵向受压钢筋的最大直径。对于按承载力计算不需要配置箍筋的梁，当截面高度 $h>300$ mm 时，应沿梁全长设置构造箍筋；当 150 mm$\leqslant h \leqslant$300 mm 时，可仅在构件端部 $l_0/4$ 范围内设置构造箍筋，l_0 为跨度，但当在构件中部 $l_0/2$ 范围内有集中荷载作用时，则应沿梁全长设置箍筋；当截面高度 $h<150$ mm 时，可以不设置箍筋。

4.6.3 箍筋的间距

① 支座处的第一道箍筋离支座边宜大于等于 50 mm，一般取 50 mm。支座范围内每隔 100～200 mm 设置一道箍筋，并宜在纵向钢筋的端部设置一道箍筋。

② 当梁中配有按计算需要的纵向受压钢筋时，箍筋的间距不应大于 $15d$，同时不应大于 400 mm。当一层内的纵向受压钢筋多于 5 根且直径大于 18 mm 时，箍筋间距不应大于纵向受压钢筋最小直径的 10 倍。

③ 梁中箍筋的最大间距还应满足表 4-1 的规定；当 $V>0.7f_tbh_0$ 时，配箍率还不应小于$0.24f_t/f_{yv}$。

表 4-1 **梁中箍筋的最大间距** (单位：mm)

梁高 h	$V>0.7f_tbh_0$	$V\leqslant 0.7f_tbh_0$
$150<h\leqslant 300$	150	200
$300<h\leqslant 500$	200	300
$500<h\leqslant 800$	250	350
$h>800$	300	400

4.6.4 箍筋的形式

常见的箍筋形式有开口式和封闭式，具体形式主要有开口矩形箍筋、封闭矩形箍筋、菱形箍筋、异形箍筋、圆形箍筋、螺旋箍筋等。当梁中配有按计算需要的纵向受压钢筋时，箍筋应做成封闭式，且两个端头应做成 135°弯钩，弯钩端部的平直段长度不应小于 5 倍的箍筋直径和 50 mm 中的较大值。一般情况下，梁都应采用封闭式箍筋。开口式箍筋只能用于无振动荷载且计算不需要配置纵向受压钢筋的现浇 T 形截面梁的跨中部分。

4.6.5 箍筋的肢数

以梁断面钢筋为例，箍筋的一个立边称为一个肢。如图 4-13 所示，只有一个立边的箍筋称为单肢箍筋；封闭矩形箍筋因为有两个立边，故称为双肢箍筋；由两个双肢箍筋组合而成的一组箍筋，称为四肢箍筋；由三个双肢箍筋组成的一组箍筋称为六肢箍筋，以此类推。

单肢箍筋只有在梁的截面宽度小于等于 150 mm，且截面上、下只有一根纵向钢筋的时候才能使用。当梁的截面宽度大于 400 mm 且一层内的纵向受压钢筋多于 3 根时，或当梁的截面宽度不大于 400 mm 但一层内的纵向受压钢筋多于 4 根时，应设置复合箍筋。复合箍筋是指在混凝土结构构件纵轴方向同一截面内，按一定间距配置两种或两种以上形式箍筋而形成的箍筋。四肢箍筋即为复合箍筋。

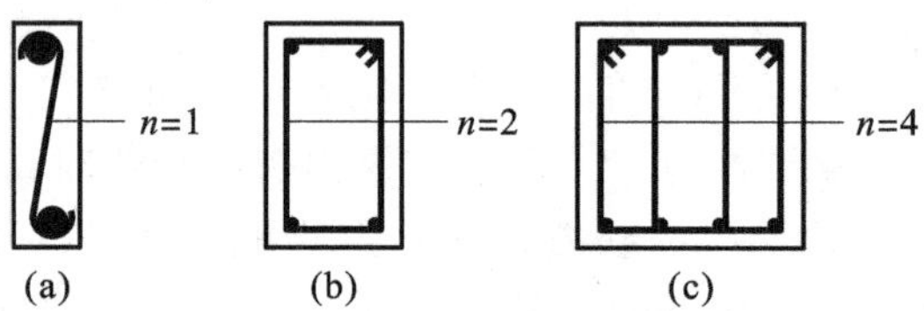

图 4-13 箍筋肢数

(a) 单肢箍筋；(b) 双肢箍筋；(c) 四肢箍筋

【例 4-1】 一钢筋混凝土矩形截面简支梁如图 4-14 所示，作用有均布荷载，其设计值为 68 kN/m(包括梁自重)，梁净跨 l_n=5160 mm，l=5400 mm；截面尺寸 $b\times h$=250 mm×500 mm，混凝土强度等级采用 C25，f_c=11.9 N/mm²，f_t=1.27 N/mm²；受拉钢筋采用 HRB400 级，f_y=360 N/mm²；箍筋采用 HRB335 级，f_{yv}=300 N/mm²；根据正截面受弯承载力计算，已配有 6Φ22 纵筋，按两排布置。求箍筋用量。

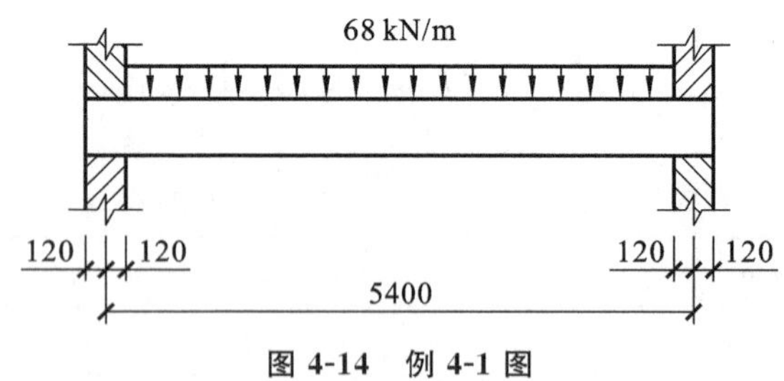

图 4-14 例 4-1 图

【解】 (1) 梁截面尺寸复核

支座边缘剪力设计值为：

$$V_A=\frac{1}{2}ql_n=\frac{1}{2}\times 68\times 5.16=175.44(\text{kN})$$

$$h_w=h_0=500-65=435(\text{mm})$$

$$\frac{h_w}{b}=\frac{h_0}{b}=\frac{435}{250}=1.744<4$$

则

$$0.25\beta_c f_c bh_0=0.25\times 1.0\times 11.9\times 250\times 435=323.53(\text{kN})>175.44\ \text{kN}$$

所以截面尺寸足够。

(2) 判断是否需要配置腹筋

$$0.7f_t bh_0=0.7\times 1.27\times 250\times 435=96.68(\text{kN})<175.44\ \text{kN}$$

故需要按照计算配置腹筋。

(3) 箍筋配置数量的计算

$$\frac{A_{sv}}{s}=\frac{V_{cs}-0.7f_t bh_0}{f_{yv}h_0}=\frac{175.44\times 10^3-0.7\times 1.27\times 250\times 435}{300\times 435}=0.603$$

选用双肢箍筋，钢筋尺寸为Φ8 mm，A_{sv1}=50.3 mm²，则

$$s=\frac{2\times 50.3}{0.603}=166.7(\text{mm})$$

取 s 为 160 mm，由表 4-1 可以查得，$V>0.7f_tbh_0$ 时规定的箍筋最大间距为 250 mm，故 s 满足规定要求。

【例 4-2】 一矩形截面简支梁承受如图 4-15 所示的荷载，均布荷载设计值 $q=8$ kN/m，两个集中力设计值 $P=110$ kN（在梁的三分点处），梁的截面尺寸 $b\times h=250$ mm×550 mm，$h_0=485$ mm，混凝土强度等级为 C25，箍筋选用 HPB300 级钢筋，试确定箍筋用量。

【解】 （1）剪力计算

均布荷载在支座边缘处产生的剪力设计值为：

$$V_n=\frac{1}{2}ql_n=\frac{1}{2}\times 8\times 5.16=20.64(\text{kN})$$

集中荷载在支座边缘处产生的剪力设计值为 110 kN。

则支座处的总剪力为 20.64＋110＝130.64 (kN)。

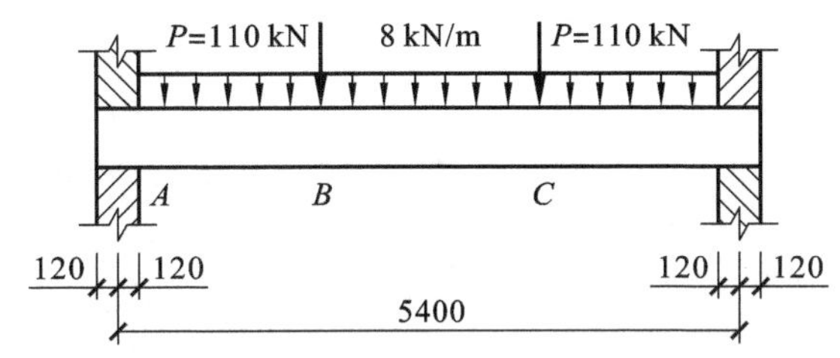

图 4-15　例 4-2 图

集中荷载在支座截面处产生的剪力设计值与该截面处总剪力值的百分比为：

$$\frac{110}{130.64}\times 100\%=84.2\%>75\%$$

所以应该按照集中荷载作用的相应公式计算斜截面承载力。

（2）复核截面尺寸

$$\frac{h_w}{b}=\frac{485}{250}=1.94<4$$

$$0.25\beta_c f_c bh_0=0.25\times 1.0\times 11.9\times 250\times 485=360.72(\text{kN})>144\ \text{kN}$$

故截面尺寸满足要求。

（3）验算是否需要按计算配置箍筋

剪跨比为：

$$\lambda=\frac{a}{h_0}=\frac{1.8}{0.485}=3.7>3$$

取 $\lambda=3$，则

$$\frac{1.75}{\lambda+1.0}f_tbh_0=\frac{1.75}{3+1.0}\times 1.27\times 250\times 485=67.37(\text{kN})<V=131.6\ \text{kN}$$

所以应该按计算配置箍筋。

（4）计算箍筋数量

a. AB 区段。

$$\frac{A_{sv}}{s}=\frac{V-\dfrac{1.75}{\lambda+1.0}f_tbh_0}{f_{yv}h_0}=\frac{(131.6-67.37)\times 1000}{1.0\times 270\times 485}=0.490$$

选用双肢箍筋Φ8，即 $n=2$，$A_{sv1}=50.3\ \text{mm}^2$。

箍筋间距为：

$$s=\frac{A_{sv}}{0.490}=\frac{2\times 50.3}{0.490}=205.1(\text{mm})$$

取 $s=200$ mm，由表 4-1 可以查得，$V>0.7f_tbh_0$ 时规定的箍筋最大间距为 250 mm，故 s 满足

规定要求。

b. BC 区段。

由剪力图，得 $V=117.2\ \text{kN}$，则：

$$\frac{A_{sv}}{s}=\frac{V-\dfrac{1.75}{\lambda+1.0}f_t bh_0}{f_{yv}h_0}=\frac{(117.2-67.37)\times1000}{1.0\times270\times485}=0.381$$

选用双肢箍筋 $\phi8$，即 $n=2$，$A_{sv1}=50.3\ \text{mm}^2$。

箍筋间距为：

$$s=\frac{A_{sv}}{0.381}=\frac{2\times50.3}{0.381}=264.4(\text{mm})$$

由表 4-1 可以查得，$V>0.7f_t bh_0$ 时规定的箍筋最大间距为 250 mm，故取 $s=250$ mm。

(5) 验算最小配箍率条件

$$\rho_{sv}=\frac{A_{sv}}{bs}=\frac{nA_{sv1}}{bs}=\frac{2\times50.3}{250\times250}\times100\%=0.16\%$$

最小配箍率为：

$$\rho_{sv,\min}=0.24\frac{f_t}{f_y}=0.24\times\frac{1.27}{270}\times100\%=0.113\%<0.201\%$$

故其满足要求。

【例 4-3】 一 T 形截面简支梁截面尺寸为：$b'_f=650$ mm，$h'_f=110$ mm，$b=250$ mm，$h=700$ mm。混凝土强度等级采用 C30，受力钢筋采用 HRB400 级。其承受如图 4-16 所示的荷载，均布荷载设计值 $q=15\ \text{kN/m}$，两个集中力设计值 $P=200\ \text{kN}$，$l_n=7.2$ m，$a=2.4$ m，$h_0=635$ mm。箍筋选用 HRB335 级钢筋，试确定箍筋用量。

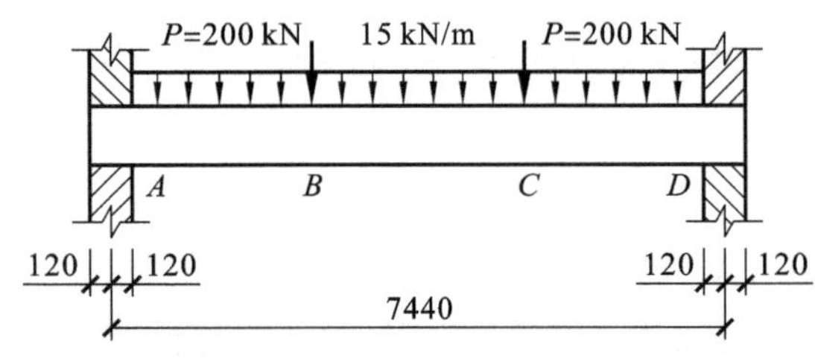

图 4-16 例 4-3 图

【解】 (1) 剪力计算

因为 T 形截，所以应该按照集中荷载作用的相应公式计算斜截面承载力。

(2) 复核截面尺寸

$$\frac{h_w}{b}=\frac{635-110}{250}=2.1<4$$

$$\begin{aligned}0.25\beta_c f_c bh_0&=0.25\times1.0\times14.3\times250\times635\\&=567.53(\text{kN})>254\ \text{kN}\end{aligned}$$

故截面尺寸满足要求。

(3) 验算是否需要按计算配置箍筋

剪跨比为：

$$\lambda=\frac{a}{h_0}=\frac{2.4}{0.635}=3.8>3$$

取 $\lambda=3$，则

$$\frac{1.75}{\lambda+1.0}f_t bh_0=\frac{1.75}{3+1.0}\times1.43\times250\times635=99.3(\text{kN})<V=254\ \text{kN}$$

所以应该按计算配置箍筋。

(4) 计算箍筋数量

a. AB 区段。

$$\frac{A_{sv}}{s}=\frac{V-\dfrac{1.75}{\lambda+1.0}f_t bh_0}{f_{yv}h_0}=\frac{(254-99.3)\times1000}{1.0\times300\times635}=0.812$$

选用双肢箍筋Φ8，即 $n=2$，$A_{sv1}=50.3\ mm^2$。

箍筋间距为：

$$s=\frac{A_{sv}}{0.812}=\frac{2\times 50.3}{0.812}=123.9(mm)$$

取 $s=120$ mm。由表 4-1 可以查得，$V>0.7f_t bh_0$ 时规定的箍筋最大间距为 250 mm，故 s 满足规定要求。

b. BC 区段。

由剪力图，得 $V=218$ kN，则：

$$\frac{A_{sv}}{s}=\frac{V-\dfrac{1.75}{\lambda+1.0}f_t bh_0}{f_{yv}h_0}=\frac{(218-99.3)\times 1000}{1.0\times 300\times 635}=0.623$$

选用双肢箍筋Φ8，即 $n=2$，$A_{sv1}=50.3\ mm^2$。

箍筋间距为：

$$s=\frac{A_{sv}}{0.623}=\frac{2\times 50.3}{0.623}=161.5(mm)$$

取 $s=160$ mm。由表 4-1 可以查得，$V>0.7f_t bh_0$ 时规定的箍筋最大间距为 250 mm，故取 $s=160$ mm。

(5) 验算最小配箍率条件

$$\rho_{sv}=\frac{A_{sv}}{bs}=\frac{nA_{sv1}}{bs}=\frac{2\times 50.3}{250\times 160}\times 100\%=0.251\%$$

最小配箍率为：

$$\rho_{sv,min}=0.24\frac{f_t}{f_y}=0.24\times\frac{1.43}{300}\times 100\%=0.114\%<0.251\%$$

故其满足要求。

BC 区段满足最小配箍率要求，则 AB 段也满足。

【例 4-4】 一 T 形截面简支梁的截面尺寸为 $b'_f=600$ mm，$h'_f=120$ mm，$b=250$ mm，$h=650$ mm。混凝土强度等级采用 C30，受力钢筋采用 HRB400 级，6Φ22。其承受如图 4-17 所示的荷载值，均布荷载设计值 $q=20$ kN/m，集中力设计值 $P=300$ kN，$l_n=4.2$ m，$a=2.1$ m，$h_0=585$ mm，箍筋选用 HRB335 级钢筋，试确定箍筋和弯起钢筋用量。

【解】 (1) 剪力计算

$$V=\frac{P}{2}+\frac{1}{2}ql_n=\frac{300}{2}+\frac{1}{2}\times 20\times 4.2=192(kN)$$

$$\frac{P/2}{V}=\frac{150}{192}=78.1\%>75\%$$

所以应该按照集中荷载作用的相应公式计算斜截面承载力。

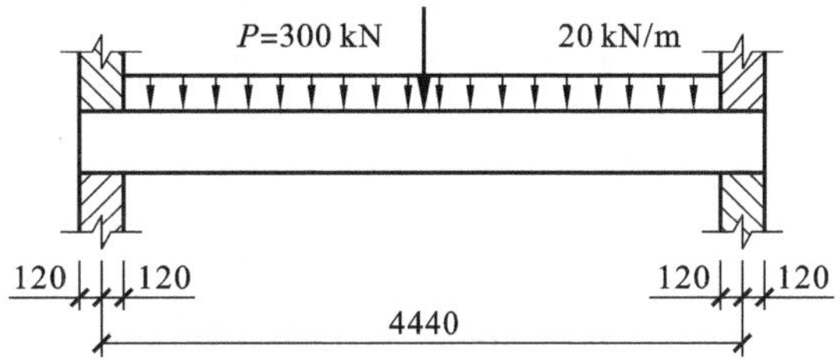

图 4-17 例 4-4 图

(2) 复核截面尺寸

$$\frac{h_w}{b}=\frac{585-120}{250}=1.86<4$$

$$0.25\beta_c f_c bh_0=0.25\times 1.0\times 14.3\times 250\times 585=522.84(kN)>192\ kN$$

故截面尺寸满足要求。

(3) 验算是否需要按计算配置箍筋

剪跨比为：

$$\lambda=\frac{a}{h_0}=\frac{2.1}{0.585}=3.59>3$$

取 $\lambda=3$，则

$$\frac{1.75}{\lambda+1.0}f_t bh_0=\frac{1.75}{3+1.0}\times1.43\times250\times585=91.50(\text{kN})<192\ \text{kN}$$

所以应该按计算配置腹筋。

(4) 按照构造要求，选用双肢箍筋ϕ 8@150

验算最小配箍率条件：

$$\rho_{sv}=\frac{A_{sv}}{bs}=\frac{nA_{sv1}}{bs}=\frac{2\times50.3}{250\times200}\times100\%=0.201\%$$

最小配箍率为：

$$\rho_{sv,\min}=0.24\frac{f_t}{f_y}=0.24\times\frac{1.43}{300}\times100\%=0.114\%<0.201\%$$

故其满足要求。

(5) 求 V_{cs}

$$V_{cs}=\frac{1.75}{\lambda+1.0}f_t bh_0+f_{yv}\frac{A_{sv}}{s}h_0=\frac{1.75}{3+1}\times1.43\times250\times585+300\times\frac{2\times50.3}{200}\times585=179.8(\text{kN})$$

(6) 求 A_{sb}

$$A_{sb}=\frac{V-V_{cs}}{0.8f_y\sin\alpha_s}=\frac{(192-179.8)\times1000}{0.8\times360\times\sin45^\circ}=59.9(\text{mm}^2)$$

将梁跨中配置的纵向钢筋（1 ϕ 22）弯起 1 根，$A_{sb}=380.1\ \text{mm}^2$。

(7) 计算第二排弯起钢筋

计算第二排弯起钢筋，需要先确定第一排弯起钢筋的弯终点至梁支座边缘的水平距离。根据构造要求，第一排弯起钢筋的弯终点至梁支座边缘的水平距离不得大于表 4-1 中所列数值，且不得小于 50 mm，所以令第一排弯起钢筋的弯终点至梁支座边缘的水平距离为 50 mm，则第一排弯起钢筋弯起段的水平投影长度为：

$$50+(650-2\times28)=644(\text{mm})$$

则 2 点所在截面剪力为：

$$V_2=192-20\times0.644=179.12(\text{kN})<V_{cs}=179.8\ \text{kN}$$

所以不需要再配置第二排弯起钢筋。

4.7 斜截面受弯承载力

受弯构件在剪力和弯矩的共同作用下，除了会发生斜截面受剪破坏外，还会发生斜截面受弯破坏和钢筋的锚固破坏。因此在设计中，除了要保证梁的正截面受弯承载力和斜截面受剪承载力以外，还需在构造上采取措施，保证纵向钢筋在弯起、截断和锚固时不发生梁的斜截面受弯破坏或者钢筋的锚固破坏。

4.7.1 保证斜截面受弯承载力的构造措施

在设计中，梁纵向钢筋的弯起必须具备三个要求：满足正截面受弯承载力的要求，满足斜截面受剪承载力的要求，满足斜截面受弯承载力的要求。根据设计经验，只要在可能产生斜截面受弯破

坏的部位采取必要的构造措施，就能保证一般钢筋混凝土梁的斜截面具有足够的受弯承载力。其主要构造要求如下。

4.7.1.1　弯起钢筋弯起位置的构造要求

在混凝土梁的受拉区，弯起钢筋的弯起点可设在按正截面受弯承载力计算不需要该钢筋的截面之前，但弯起钢筋与梁中心线的交点应位于不需要该钢筋的截面之外，如图 4-18 所示；同时，弯起点与按计算充分利用该钢筋的截面之间的距离不应小于 $h_0/2$。

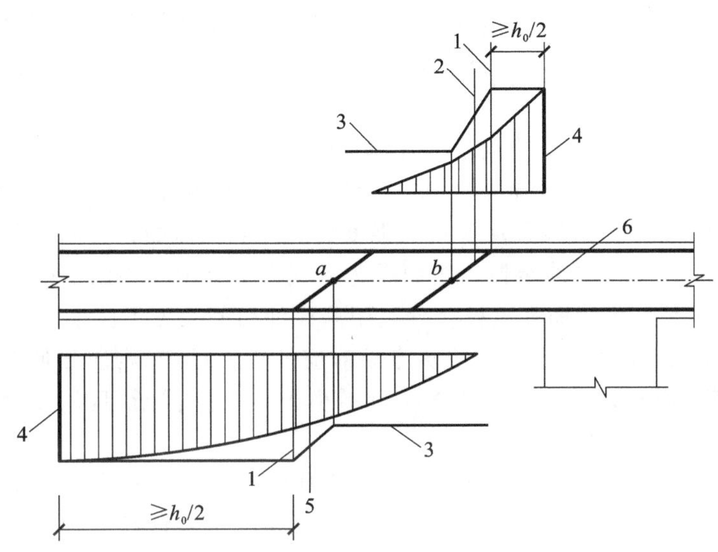

图 4-18　弯起钢筋弯起点与弯矩图的关系

1—受拉区的弯起点；2—按计算不需要钢筋 b 的截面；
3—正截面受弯承载力图；4—按计算充分利用钢筋 a 或 b 强度的截面；
5—按计算不需要钢筋 a 的截面；6—梁中心线

当按计算需要设置弯起钢筋时，从支座起前一排的弯起点至后一排弯终点的距离不应大于表 4-1中 $V>0.7f_tbh_0$ 时的箍筋最大间距。这一要求是为了使每根弯起钢筋都能与斜裂缝相交，以保证斜截面的受剪和受弯承载力。

对于需要进行疲劳验算的梁，当需要设置弯起钢筋时，从支座起前一排的弯起点至后一排弯终点的距离不应大于 $h_0/2$；同时，第一排弯起钢筋的弯终点至梁支座边缘的水平距离不应小于 50 mm，一般取 50 mm。

当纵向受力钢筋不能在需要的地方弯起，或者弯起钢筋不足以承受剪力时，需要增设附加弯起钢筋（即鸭筋），且其两端应锚固在受压区内；弯起钢筋不应采用浮筋，如图 4-19 所示。

梁底的角部钢筋不应弯起；梁顶无现浇板时，顶层的角部钢筋不应弯下。当采用弯起钢筋承受

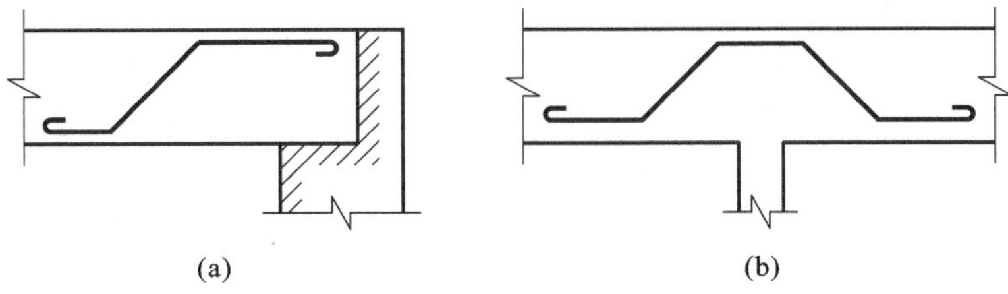

图 4-19　浮筋与鸭筋

(a) 浮筋；(b) 鸭筋

剪力时，弯起角宜取45°或60°；在弯终点外应留有平行于梁轴线方向的锚固长度，且在受拉区不应小于$20d$，在受压区不应小于$10d$，d为弯起钢筋的直径。

4.7.1.2 纵向受拉钢筋在梁受拉区截断的构造要求

梁内纵向受拉钢筋一般不宜在受拉区截断，因为在部分钢筋截断处，特别是当一次截断的钢筋数目较多的时候，有可能出现过宽的裂缝。但是在连续梁支座附近的负弯矩区段内，常常因为配置在上部受拉区的纵向受拉钢筋较多，不可能全部向下弯折作为弯起钢筋使用，也不适合将未弯折的大部分钢筋在梁上部全部拉通作为构造的架力钢筋使用，所以必然要有一部分纵向受拉钢筋在受拉区截断。这时除了要求一次截断的钢筋根数一般不多于两根之外，还应考虑斜截面的受弯承载力。

梁支座截面负弯矩处的纵向受拉钢筋不宜在受拉区截断；必须截断时，应符合下列规定：

① 当$V \leqslant 0.7f_tbh_0$时，应延伸至按正截面受弯承载力计算不需要该钢筋的截面以外不小于$20d$（d为弯起钢筋的直径）处截断，且从该钢筋强度被充分利用截面伸出的长度不应小于$1.2l_a$；

② 当$V > 0.7f_tbh_0$时，应延伸至按正截面受弯承载力计算不需要该钢筋的截面以外不小于h_0且不小于$20d$处截断，且从该钢筋强度被充分利用截面伸出的长度不应小于$1.2l_a+h_0$；

③ 若按上述规定确定的截断点仍位于负弯矩对应的受拉区内，则应延伸至按正截面受弯承载力计算不需要该钢筋的截面以外不小于$1.3h_0$且不小于$20d$处截断，且从该钢筋强度被充分利用截面伸出的长度不应小于$1.2l_a+1.7h_0$。

在钢筋混凝土悬臂梁中，应有不少于两根上部钢筋延伸至悬臂梁外端，并向下弯折不小于$12d$；其余钢筋不应该在梁的上部截断，而应在按前面所述满足斜截面受弯承载力规定的弯起点位置向下弯折，并在梁的下边锚固；在弯终点外应留有平行于梁轴线方向的锚固长度，且在受拉区不应小于$20d$，在受压区不应小于$10d$。

4.7.1.3 抵抗弯矩图及其绘制方法

(1) 抵抗弯矩图

以各截面实际配置的纵向受拉钢筋所能承受的弯矩为纵坐标，以相应的截面位置为横坐标绘制的弯矩图，称为抵抗弯矩图，如图4-20所示。抵抗弯矩图反映了沿梁长正截面上材料的抗力，也称为材料图。在混凝土梁中，根据内力分析所得的弯矩图沿梁的轴线方向是变化的。显然，抵抗弯矩图越贴近内力分析所得的弯矩图（以下简称设计弯矩图），表示材料的利用程度越高。利用抵抗弯矩图可以确定纵向钢筋的弯起数量、弯起钢筋的弯起点或弯终点位置及纵向钢筋的截断位置等。

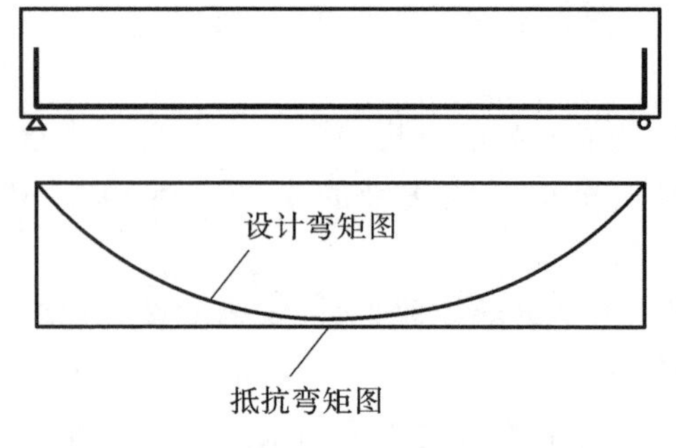

图4-20 抵抗弯矩图与设计弯矩图

设计中，将跨中部分纵向钢筋弯起的目的有两个：一是用于斜截面抗剪，其数量和位置由受剪承载力确定；二是抵抗支座负弯矩。只有当抵抗弯矩图全部覆盖设计弯矩图，各正截面的受弯承载力才有保证；而要满足正截面受弯承载力的要求，也必须通过作抵抗弯矩图才能确定弯起钢筋的数量和位置。

以单筋矩形截面梁为例，其基本计算公式为：

$$\sum X = 0 \Rightarrow \alpha_1 f_c bx = f_y A_s \tag{4-22}$$

$$\sum M = 0 \Rightarrow M \leqslant M_u = f_y A_s \left(h_0 - \frac{x}{2}\right) \tag{4-23}$$

将式(4-22)中的 x 求出后,代入式(4-23)中,可得矩形截面的抵抗弯矩值计算公式:

$$M_u = A_s f_y \left(h_0 - \frac{f_y A_s}{2\alpha_1 f_c b}\right) \tag{4-24}$$

式中 A_s——实际配置的总的纵向受拉钢筋截面面积;

M_u——总的抵抗弯矩值。

则每根钢筋的抵抗弯矩值可近似地按相应的钢筋截面面积的比例分配求得:

$$M_{ui} = M_u \frac{A_{si}}{A_s} \tag{4-25}$$

式中 A_{si}——任意一根纵筋的截面面积;

M_{ui}——任意一根纵筋的抵抗弯矩值。

(2) 纵筋的弯起

下面以一根承受均布荷载的钢筋混凝土矩形截面简支梁为例,讲述如何利用抵抗弯矩图来进行纵筋的弯起。已知简支梁的计算跨度 $l=5.7$ m,承受的均布恒荷载标准值为 $g_k=9$ kN/m(不包括梁自重),承受的均布活荷载标准值为 $q_k=12$ kN/m,按跨中最大弯矩 $M=124.27$ kN·m 求得跨中配置的纵向钢筋为 3 ⌽ 20 ,$A_s=942$ mm²,沿着梁的纵向轴线通长布置。

由内力分析绘制出设计弯矩图 acb,由实际配筋绘制出截面抵抗弯矩图 $adeb$,如图 4-21 所示。可见,抵抗弯矩图完全包络住了设计弯矩图。除了跨中截面,其他截面处的设计弯矩值 M 都小于抵抗弯矩值 M_u,越靠近支座截面,两者间的差值越大,说明越临近支座,钢筋强度富余得越多,这是不经济的。为了节省钢材,降低造价,应将一部分纵向受拉钢筋弯起或者截断。纵筋的弯起和截断必须保证正截面和斜截面受弯承载力的要求,同时还要保证钢筋的黏结锚固要求,所以应通过绘制抵抗弯矩图来解决。

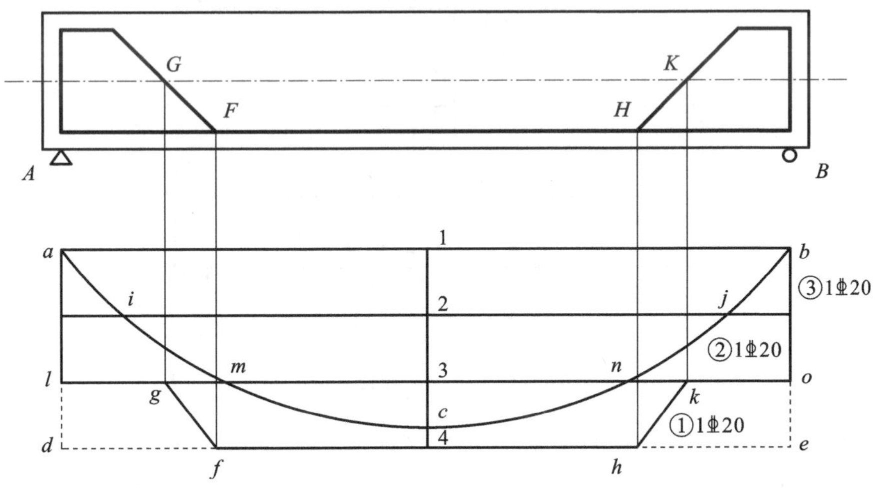

图 4-21 抵抗弯矩图

由构造要求可知,布置在梁底部的纵向受力钢筋是不能截断的,所以只能对纵向钢筋进行弯起处理。弯起时,我国规范规定进入支座范围内的钢筋不能少于 2 根,所以只有布置在梁中部的②号钢筋可以弯起。具体方法如下:

如图 4-21 所示,根据式(4-22)和式(4-25),可以求出每根钢筋所能承受的抵抗弯矩值 M_{ui}。在抵抗弯矩图上,划分出每根钢筋所抵抗的弯矩。3—4 段是①号钢筋所抵抗的弯矩值 M_{u1},2—3 段是②号钢筋所抵抗的弯矩值 M_{u2},1—2 段是③号钢筋所抵抗的弯矩值 M_{u3}。显然,$M_{u1}=M_{u2}=M_{u3}$。

现假设将①号钢筋在截面 F 和 H 处开始弯起，弯起点必须满足与充分利用点之间的距离不得小于 $h_0/2$ 的要求，且弯起钢筋与梁纵轴线的交点应位于按计算不需要该钢筋的截面以外。反映在抵抗弯矩图上为斜线 fg 和 hk，弯起点 f 和 h 必须在设计弯矩图的外面，且与充分利用点之间的距离不得小于 $h_0/2$。由于弯起钢筋正截面受弯的内力臂逐渐减小，故其承受的正截面受弯承载力也相应减小，反映在抵抗弯矩图上呈斜线变化，在 g 和 k 点之外①号钢筋不再参与正截面受弯工作。这时抵抗弯矩图为 $algfhkob$，完全包络住了设计弯矩图 acb。

（3）纵筋的截断

对于连续梁、框架梁、悬臂梁等受弯构件，为了合理配筋，通常会将支座附近负弯矩区段内的部分纵向受拉钢筋在受拉区分批截断，每次截断的钢筋根数一般不多于两根。

以承受均布荷载的悬臂梁为例，如图 4-22 所示，首先绘制出设计弯矩图、抵抗弯矩图，以及①、②、③号钢筋所承受的弯矩值。由图可知，在截面 $M—M$ 和 $N—N$ 处，其抵抗弯矩值和设计弯矩值相等，如按照正截面受弯承载力计算已经不需要①号钢筋了，因此①号钢筋可以在此处退出工作，m 和 n 称为①号钢筋的理论截断点。同理，i 和 j 称为②号钢筋的理论截断点，a 和 b 称为③号钢筋的理论截断点。同时，截面 $M—M$ 和 $N—N$ 处的设计弯矩值正好也是②号和③号钢筋承受的抵抗弯矩值，即 $M—M$ 和 $N—N$ 截面是②号和③号钢筋被充分利用的截面。因此，m 和 n 处为②号和③号钢筋的充分利用点；同理，$I—I$ 和 $J—J$ 截面是③号钢筋被充分利用的截面，i 和 j 处是③号钢筋的充分利用点。

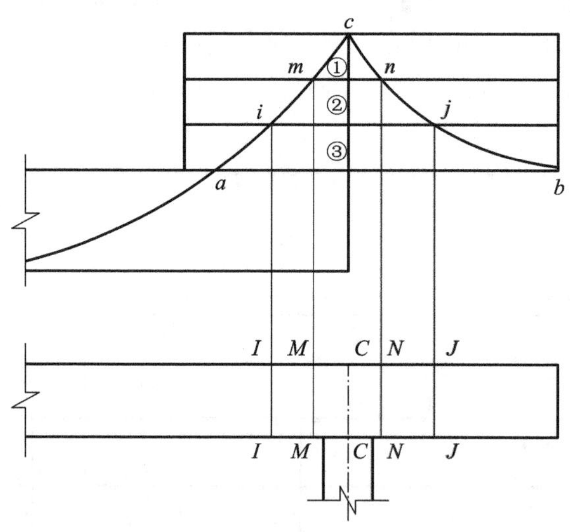

图 4-22　纵向钢筋截断抵抗弯矩图

现拟将①号钢筋截断，如果直接按照图示将钢筋在理论截断点 n 处截断，则该处纵向钢筋所承受的拉应力较大，一部分拉应力将转由混凝土承受，往往会在混凝土中引起弯剪斜裂缝，而此时剩余未截断的纵向钢筋仅能承受 n 处的弯矩，其强度已经被充分利用。这样斜裂缝出现后会扩展延伸至支座截面处，由于靠近支座截面 $C—C$ 处的弯矩值大于理论截断点 n 处的弯矩值，因此会使未截断纵向钢筋的应力达到或者超过屈服强度而发生斜弯破坏。在设计时，为了避免受弯构件发生斜弯破坏，保证钢筋在充分利用点处能够真正发挥作用，需要从钢筋的充分利用点向截断截面以外延伸一段距离才能切断，这段距离就称为延伸长度。

纵向受拉钢筋在梁受拉区被截断时应该满足前述的构造要求。

综上所述，纵向钢筋弯起时抵抗弯矩图的表示方法为：先确定纵筋的弯起位置，再作出弯起处

的抵抗弯矩图。当钢筋在抗弯不需要的截面处被切断时，抵抗弯矩图的表示方法为：根据抵抗弯矩图和设计弯矩图的相交点，即理论切断点的位置，作出切断处的抵抗弯矩图，再加上延伸长度，它在梁纵剖面上的投影即钢筋的实际切断点。这样，通过对梁抵抗弯矩图的绘制，就可以确定各根钢筋的构造和尺寸了。

【案例分析】 某工程为三层砖混结构，现浇钢筋混凝土楼盖，纵墙承重，灰土基础（图 4-23）。施工后于当年 10 月浇灌二层楼盖混凝土，全部主体结构于第二年 1 月完工。在第二年 4 月进行装修工程时，发现各层大梁上均有裂缝。

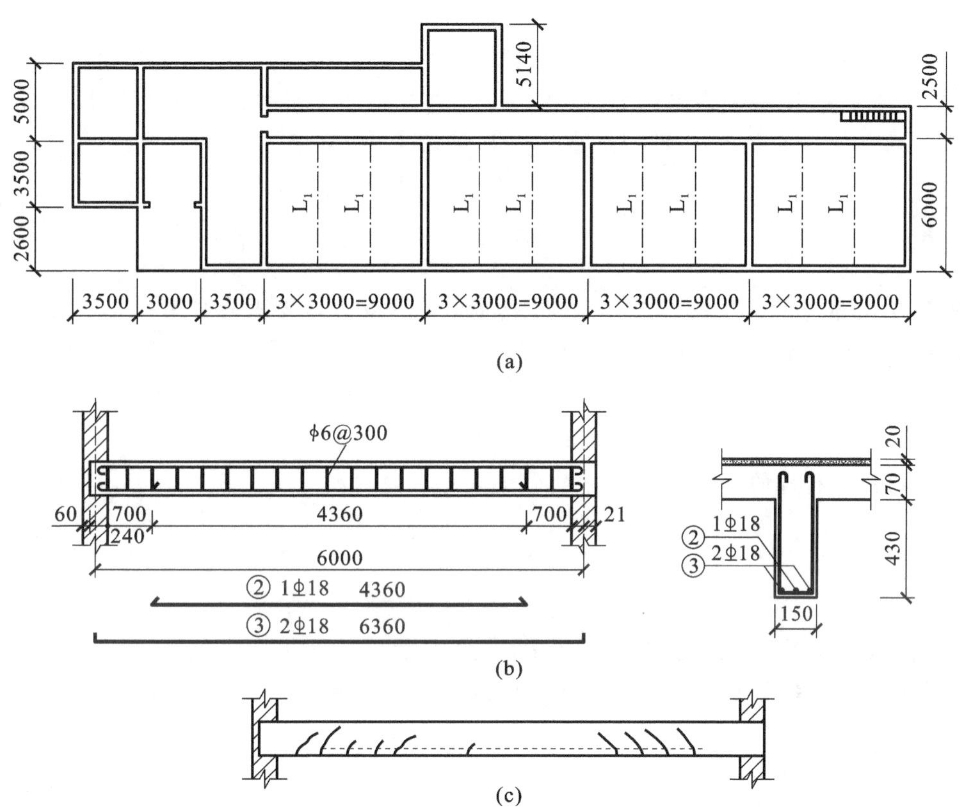

图 4-23 某工程及裂缝情况示意图

(a) 平面图；(b) 大梁及 L_1 配筋图；(c) 大梁裂缝示意图

(1) 现象

裂缝多为斜向，倾角为 50°～60°，且多发生在 300 mm 的钢箍筋间距内。近梁中部为竖向裂缝。斜裂缝两端密集，中部稀少（值得注意的是，在纵筋截断处都有斜裂缝）；其沿梁高度方向的位置较多地在中和轴以下，个别贯通梁高。裂缝宽度在梁端附近为 0.5～1.2 mm，在近跨中处为 0.1～0.5 mm；裂缝深度一般小于梁高的 1/3，个别的两端贯通；裂缝数量每根梁少则 4 根，多则 22 根，一般为 10～15 根。

(2) 事故分析及原因

① 施工原因：浇灌二层梁板时，未采取专门养护措施，浇灌后 2 h 就在板面铺脚手板、堆放砖块砌墙。当年 11 月初浇灌三层现浇板时，室内温度为 0～1 ℃，未采取保温措施。根据试验资料，混凝土在 21 d 后的强度只达 28 d 理论强度值的 42.5%，一个月后才达到 52%。因此，混凝土早期受

冻是这起质量事故的重要原因。另外，混凝土的水泥用量偏低（只有 210 kg/m^3，略小于最低值 225 kg/m^3）也是原因之一。

② 设计原因：其一是箍筋间距过大。《混凝土结构设计规范》（GB 50010—2010）规定："当梁高为 500 mm 且 $V>0.7f_cbh_0$ 时，梁中箍筋的最大间距为 200 mm。"而本工程箍筋间距却为 300 mm，这就是斜裂缝多发生在箍筋之间的原因。其二是纵筋在梁跨中被截断。《混凝土结构设计规范》（GB 50010—2010）规定："纵向受拉钢筋不宜在受拉区被截断。"而本工程梁中部分纵向受拉钢筋在跨中截断。截断处都出现斜裂缝，这说明受拉钢筋对梁截面的抗剪能力起到了一定作用，也说明规范的规定是最适合的。

（3）事故加固方案

由于梁上有大量斜裂缝，很容易发生脆性截面破坏，引起梁的断裂，故必须进行加固。加固方案是：在原大梁外包一 U 形截面梁，该梁按承受原来梁的全部弯矩和剪力进行设计，并在 U 形截面梁的端部沿墙设置钢筋混凝土柱和基础，作为加固梁的支承。

知识归纳

（1）配箍率 ρ_{sv} 和剪跨比 λ 的含义，其在斜截面受剪承载力计算中的应用；

（2）有腹筋梁斜截面受剪破坏的三种形态及破坏特征；

（3）斜截面受剪承载力计算公式的适用范围；

（4）同时配置箍筋和弯起钢筋的受弯构件斜截面受剪承载力计算方法；

（5）受弯构件材料图的画法及保证斜截面受弯承载力的构造措施。

思考题

4-1　在什么情况下可不进行斜截面受剪承载力计算？

4-2　梁内起到抗剪作用的钢筋通常只有弯起钢筋和箍筋吗？

习　题

4-1　一钢筋混凝土简支梁的截面尺寸 $b\times h=200\ \text{mm}\times 500\ \text{mm}$，$a_s=40$ mm，混凝土强度等级为 C30，承受的剪力设计值 $V=140$ kN，环境类别为一类，箍筋采用 HPB300 级钢筋，求所需受剪箍筋。

4-2　一钢筋混凝土矩形截面简支梁两端支承在 240 mm 厚的砖墙上，梁的净跨 $l_n=3.56$ m，截面尺寸 $b\times h=200\ \text{mm}\times 500\ \text{mm}$，$a_s=65$ mm，混凝土强度等级为 C30，纵向钢筋采用 HRB400 级，箍筋采用 HRB335 级，承受的永久均布荷载标准值 $g_k=30$ kN/m（包括自重），可变均布荷载标准值 $q_k=55$ kN/m，环境类别为一类。试求：

① 所需纵向受拉钢筋。

② 不设弯起钢筋时所需受剪箍筋。

③ 利用受拉纵筋为弯起钢筋时所需箍筋。

4-3　某钢筋混凝土矩形截面简支梁承受的荷载设计值如图 4-24 所示。其中，集中荷载设计值为92 kN，均布荷载设计值为 7.5 kN/m（包括自重）。梁截面尺寸 $b\times h=250\ \text{mm}\times 600\ \text{mm}$，$a_s=$

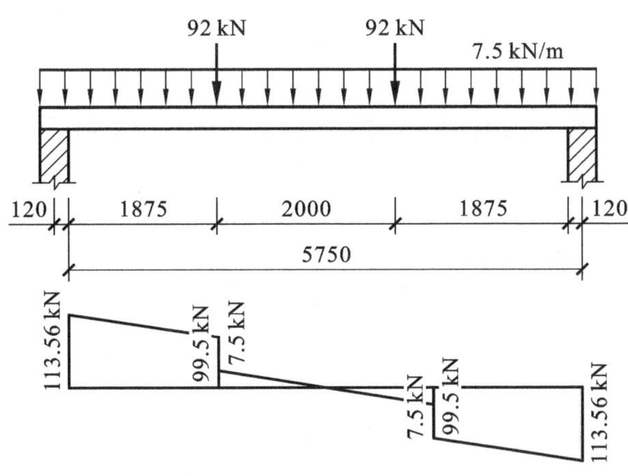

图 4-24 习题 4-3 图

40 mm，配有纵筋 4 Φ 25，混凝土强度等级为 C25，箍筋采用 HPB300 级，试求所需箍筋数量。

4-4 某钢筋混凝土矩形截面简支梁支承在 240 mm 厚的砖墙上，净跨为 3.76 m，截面尺寸 $b\times h=250\text{ mm}\times 600\text{ mm}$，$a_s=65\text{ mm}$，混凝土强度等级为 C25，纵向钢筋采用 HRB335 级，箍筋采用 HPB300 级，承受的均布荷载标准值 $g_k=88\text{ kN/m}$(包括自重)。试求梁内所需纵向钢筋和箍筋的数量。

4-5 某 T 形截面简支梁的截面尺寸 $b\times h=300\text{ mm}\times 700\text{ mm}$，$b'_f=600\text{ mm}$，$h'_f=200\text{ mm}$，$a_s=60\text{ mm}$，净跨度 $l_n=5\text{ m}$，承受的均布荷载设计值为 30 kN/m，忽略梁的自重，距左支座 2 m 处作用一集中荷载 400 kN，如图 4-25 所示，混凝土强度等级为 C30，箍筋采用 HRB335 级。试计算所需要的箍筋。

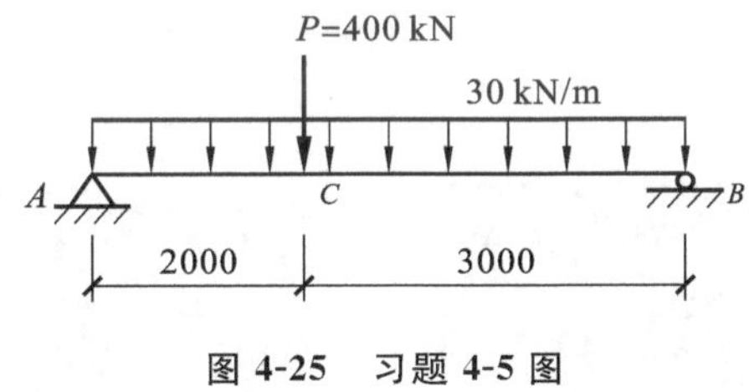

图 4-25 习题 4-5 图

参考文献

[1] 中华人民共和国住房和城乡建设部，中华人民共和国国家质量监督检验检疫总局. GB 50010—2010 混凝土结构设计规范. 北京：中国建筑工业出版社，2011.

[2] 天津大学，同济大学，南京工学院. 钢筋混凝土结构：上册. 北京：中国建筑工业出版社，1979.

[3] 王传志，滕智明. 钢筋混凝土结构理论. 北京：中国建筑工业出版社，1985.

[4] 滕智明，罗福午，施岚青. 钢筋混凝土基本构件. 北京：清华大学出版社，1985.

[5] 王振东，施岚青，黄成岩. 混凝土结构设计规范，设计方法. 北京：地震出版社，1991.

5 钢筋混凝土受压构件的承载力计算

内容提要

本章的主要内容为钢筋混凝土受压构件的基本构造要求，轴心受压构件正截面承载力计算，偏心受压构件正截面破坏形态、承载力计算及受压构件斜截面承载力计算。本章的教学重点为偏心受压构件的受力特征及矩形截面偏心受压构件承载力计算方法，教学难点为 N-M 相关曲线的概念及其应用。

能力要求

通过本章的学习，学生应掌握轴心受压构件承载力计算方法，偏心受压矩形截面对称配筋承载力计算方法；理解纵向弯曲影响因素和 N-M 相关曲线。

5.1 钢筋混凝土受压构件的基本构造要求

5.1.1 受压构件的分类

承受纵向压力的构件称为受压构件。它是建筑结构中常见的受力构件，如多层房屋中的框架柱[图 5-1(a)]、单层工业厂房中的排架柱[图 5-1(b)]。它们将屋面和楼层荷载传给基础，是建筑中主要的承重构件。

(a)

(b)

图 5-1 框架柱及排架柱

(a) 框架柱；(b) 排架柱

钢筋混凝土受压构件按照轴向力 N 的作用线是否作用于截面形心，可分为轴心受压构件和偏心受压构件两类，如图 5-2 所示。

工程上将轴向力 N 作用于截面形心的构件称为轴心受压构件。然而在实际工程中，往往由于施工时钢筋位置和截面几何尺寸的误差、混凝土本身的不均匀性、荷载实际位置的偏差等，几乎没有真正意义上理想的轴心受压构件。但在结构设计中，为简化结构计算，可将桁架的受压腹杆、以

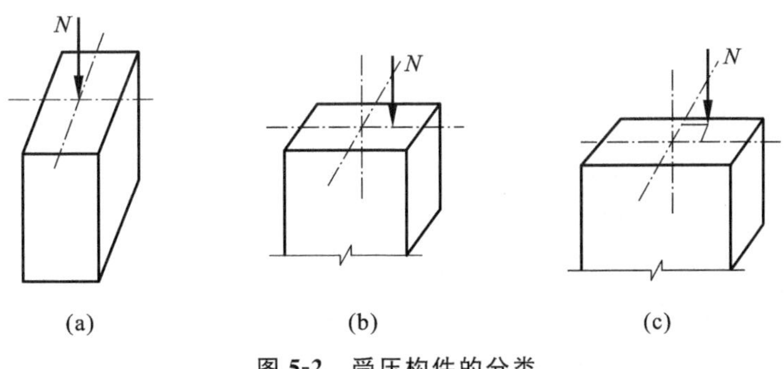

图 5-2 受压构件的分类

(a) 轴心受压构件；(b) 单向偏心受压构件；(c) 双向偏心受压构件

承受恒荷载为主的框架结构的中柱近似地当作轴心受压构件来计算。

轴向力 N 作用于截面形心以外的构件，称为偏心受压构件。根据偏心方向，偏心受压构件可分为单向偏心受压构件[图 5-2(b)]和双向偏心受压构件[图 5-2(c)]。当构件轴向力的作用线仅与构件一个方向的形心作用线不重合时，称为单向偏心受压构件；当构件轴向力的作用线与两个方向的形心作用线都不重合时，称为双向偏心受压构件。本章仅研究单向偏心受压构件。在构件截面上，当弯矩 M 和轴向力 N 共同作用时，根据已有力学知识($e_0=M/N$)，可以将其看成偏心距为 e_0 的轴向力 N 的作用。

5.1.2 受压构件截面形式及尺寸

(1) 截面形式

轴心受压柱一般采用正方形或矩形的截面形式，有时根据需要也可采用圆形或多边形；偏心受压构件一般采用矩形、正方形、T 形、I 形截面。

(2) 截面尺寸

对于现浇钢筋混凝土柱，矩形截面尺寸不宜小于 250 mm×250 mm，圆形截面的直径不宜小于 350 mm；对于 I 形截面，其翼缘厚度不应小于 120 mm，腹板厚度不宜小于 100 mm。

为避免长细比过大，承载力降低过多，一般控制长细比 $\frac{l_0}{b}\leqslant 30$，$\frac{l_0}{h}\leqslant 25$，$\frac{l_0}{d}\leqslant 25$。其中，$l_0$ 为构件计算长度，b、h 分别为构件截面短边尺寸、长边尺寸，d 为圆形截面直径。

另外，为了施工支模方便，当高度小于 800 mm 时，截面尺寸取 50 mm 为模数；当高度大于 800 mm时，取 100 mm 为模数。

5.1.3 材料强度的选择

(1) 混凝土

混凝土强度对受压构件承载力影响较大。为了能够充分利用混凝土的抗压性能，节约钢材，减小构件截面尺寸，受压构件宜采用较高强度等级的混凝土，一般采用 C30～C50 混凝土。在高层建筑中，也可根据需要采用更高强度等级的混凝土。

(2) 钢筋

受压构件不宜采用高强度钢筋。在混凝土达到极限压应变时，受压构件中与混凝土一起受压钢筋的压应力只能达到 400 N/mm^2 左右，不能充分发挥高强度钢筋的作用。但在偏心受压构件中，有些钢筋还要承受拉力，因此钢筋强度也不能太低。通常选用 HRB400 级和 HRB500 级钢筋作为受压构件的纵向受力钢筋，采用 HPB300、HRB400 级钢筋作为箍筋。

5.1.4 钢筋的构造要求

受压构件需配置纵向钢筋(受力钢筋、构造钢筋)和水平箍筋，如图 5-3 所示。

5.1.4.1 纵向钢筋的构造要求

轴心受压构件设置纵向钢筋有三个方面的作用：

① 提高承载能力，协助混凝土受压，减小截面尺寸；

② 承受由偶然偏心、混凝土收缩变形和温度变化引起的拉应力；

③ 防止构件发生突然的脆性破坏。

图 5-3 柱配筋

偏心受压构件中纵向受力钢筋的主要作用是：

① 提高承载能力，协助混凝土受压，减小截面尺寸；

② 用来承受偏心压力产生的弯矩作用。

纵向受力钢筋的构造应根据计算来确定，同时应满足《混凝土结构设计规范》(GB 50010—2010)规定的下列构造要求。

(1) 直径、间距、混凝土保护层厚度

纵向受力钢筋的直径不宜小于 12 mm；柱中纵向钢筋的净间距不应小于 50 mm，且不宜大于 300 mm；混凝土保护层厚度要求与梁的要求相同。

(2) 钢筋布置方式

轴心受压构件的纵向钢筋沿着截面四周均匀、对称布置；圆柱中纵向钢筋不宜少于 8 根，不应少于 6 根，且宜沿周边均匀布置。

偏心受压构件的纵向钢筋按照计算要求设置在弯矩作用方向的两对边。其按照两对边纵向钢筋的布置方式，可分为对称配筋和非对称配筋。在弯矩作用方向的两对边对称配置相同纵向受力钢筋的布置方式，称为对称配筋。在弯矩作用方向的两对边配置不同纵向受力钢筋的布置方式，称为非对称配筋。

当偏心受压柱的截面高度大于 600 mm 时，在柱的侧面上应设置直径不小于 10 mm 的纵向构造钢筋，并相应设置复合箍筋或拉筋。受压构件纵向钢筋净间距如图 5-4 所示。

(3) 纵向受力钢筋的配筋率

全部纵向钢筋的配筋率不宜大于 5%，且不应小于最小配筋率 $\rho_{\min}$。$\rho_{\min}$ 取值见附表 19，其取值

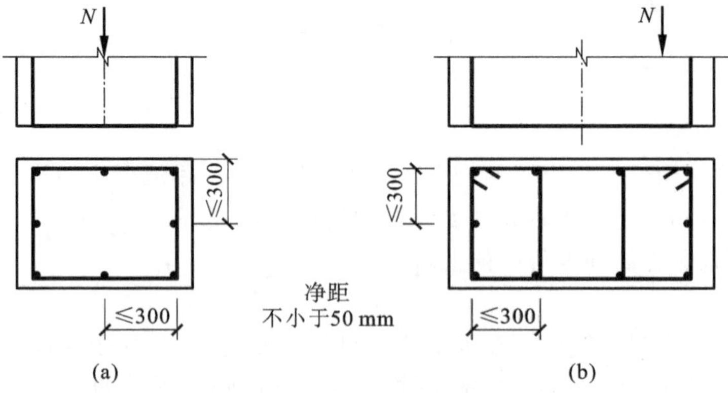

图 5-4 受压构件纵向钢筋净间距(不小于 50 mm)

(a) 轴心受压柱；(b) 偏心受压柱

范围为 0.5%～0.6%。一侧纵向钢筋配筋率不应小于 0.2%。受压构件配筋率由相应纵筋截面面积除以构件全截面面积计算。

5.1.4.2 箍筋的构造要求

受压构件设置箍筋的作用：

① 与纵向钢筋形成钢筋骨架；

② 防止纵向钢筋受力后被压屈；

③ 承受剪力。

因此，受压构件中箍筋应满足《混凝土结构设计规范》(GB 50010—2010)规定的下列构造要求。

(1) 箍筋直径与间距

箍筋直径不应小于 $d_{max}/4$，且不应小于 6 mm，d_{max}为纵向钢筋的最大直径；箍筋间距不应大于 400 mm 及构件截面的短边尺寸，且不应大于 $15d_{min}$，d_{min}为纵向钢筋的最小直径。

当柱中全部纵向钢筋的配筋率大于 3%时，箍筋的直径不应小于 8 mm；间距不应大于纵向受力钢筋最小直径的 10 倍，且不应大于 200 mm。

(2) 设置复合箍筋

受压箍筋应采用封闭式箍筋。当柱子截面尺寸大于 400 mm 且各边纵向钢筋多于 3 根，或柱截面尺寸不大于 400 mm 但各边纵向钢筋多于 4 根时，应设置复合箍筋，如图 5-5 所示。

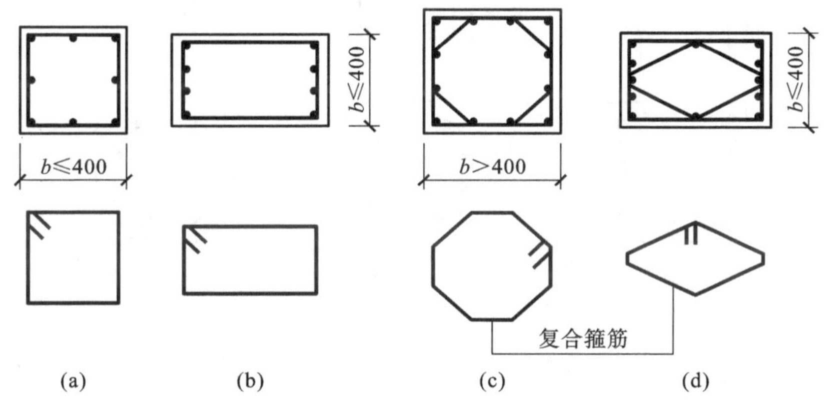

图 5-5 受压构件常用箍筋形式

(3) 复杂截面箍筋

对于截面形状复杂的构件，不可采用具有内折角的箍筋。因为内折角处受拉钢筋的合力向外，可能会使混凝土保护层崩裂。应采用分离式箍筋，如图 5-6 所示。

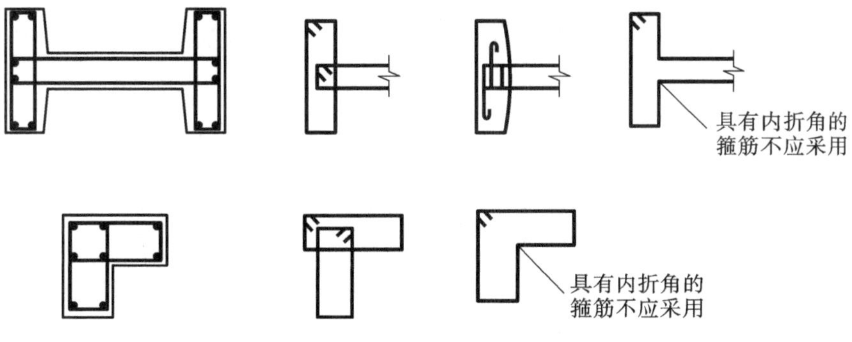

图 5-6 复杂截面箍筋

5.2 轴心受压构件正截面承载力计算

轴心受压构件中，钢筋骨架是由纵向受力钢筋和箍筋经绑扎或焊接而成的。根据箍筋配置方式的不同，轴心受压柱可分为普通箍筋柱、螺旋箍筋柱和焊接环筋柱，如图5-7所示。普通箍筋柱配置纵向受力钢筋和普通箍筋，螺旋箍筋柱配置纵向受力钢筋和螺旋箍筋，焊接环筋柱配置纵向受力钢筋和焊接环式箍筋。螺旋箍筋和焊接环式箍筋统称为间接钢筋。下面分别对轴心受压普通箍筋柱和间接钢筋柱（螺旋箍筋柱和焊接环筋柱）的正截面承载力进行计算。

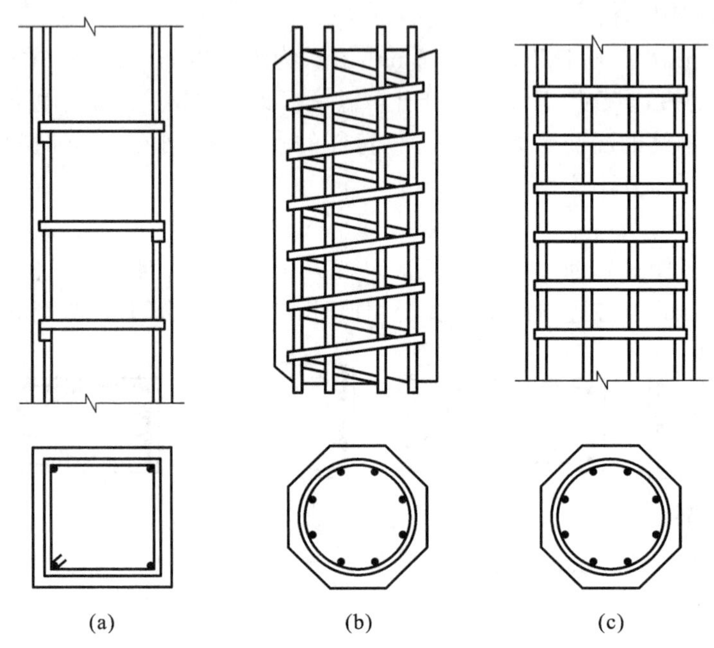

图5-7 轴心受压柱的类型

(a) 普通箍筋柱；(b) 螺旋箍筋柱；(c) 焊接环筋柱

5.2.1 轴心受压普通箍筋柱正截面承载力计算

5.2.1.1 轴心受压柱的分类

根据长细比不同，轴心受压柱可分为短柱和长柱。当柱的长细比满足下列要求时为短柱，否则应按照长柱考虑。短柱和长柱在受力性能和破坏特征上有所不同，计算时要注意区别。

对于矩形截面：

$$\frac{l_0}{b} \leqslant 8 \tag{5-1}$$

对于圆形截面：

$$\frac{l_0}{d} \leqslant 7 \tag{5-2}$$

对于任意截面：

$$\frac{l_0}{i} \leqslant 28 \tag{5-3}$$

式中 l_0——柱的计算长度，见表5-1；

b——矩形截面短边尺寸；

d——圆形截面直径；

i——任意截面的最小回转半径。

表 5-1　**框架结构各层柱的计算长度**

楼盖类型	柱的类型	l_0
现浇楼盖	底层柱	$1.0H$
	其余各层柱	$1.25H$
装配式楼盖	底层柱	$1.25H$
	其余各层柱	$1.5H$

注：表中 H 对于底层柱为基础顶面到一层楼盖顶面的高度，对于其余各层柱为上、下两层楼盖之间的高度。

5.2.1.2　轴心受压普通箍筋柱的破坏过程及承载力计算公式

(1) 短柱破坏过程分析及承载力计算公式

对于短柱，可能存在的初始偏心对承载力无明显影响。在加载试验中，由于钢筋和混凝土之间存在着黏结力，故钢筋和混凝土之间的压应变是相等的。当荷载较小时，构件处于弹性阶段，压缩变形和外力之间呈线性关系。当荷载稍大时，压缩变形和外力之间成非线性关系，并且变形增加速度大于荷载增加速度。当荷载继续增大时，柱中开始出现微裂缝。在临近破坏荷载时，构件中的混凝土达到极限压应变，柱四周出现明显的纵向裂缝，箍筋间的纵向钢筋呈灯笼状向外被压屈，构件因混凝土被压碎而破坏。轴心受压短柱破坏时，一般是纵向钢筋先达到屈服强度，继续增加一定荷载后，混凝土达到极限应变，构件发生破坏，如图 5-8 所示。但是如果采用高强度钢筋(屈服强度大于400 N/mm^2)，也可能在混凝土达到极限应变时纵向钢筋没有达到屈服强度，再继续发生一段变形后构件破坏。无论受压钢筋是否屈服，构件的最终承载力都以混凝土被压碎作为控制条件。

由上述可知，钢筋混凝土轴心受压短柱的正截面承载力由钢筋和混凝土两部分承载力构成。其达到承载能力极限状态时的计算简图如图 5-9 所示。

由竖向平衡条件可知，轴心受压短柱的正截面承载力计算公式为：

$$N_u^s = f_c A + f'_y A'_s \tag{5-4}$$

式中　N_u^s——轴心受压短柱承载力设计值，kN；

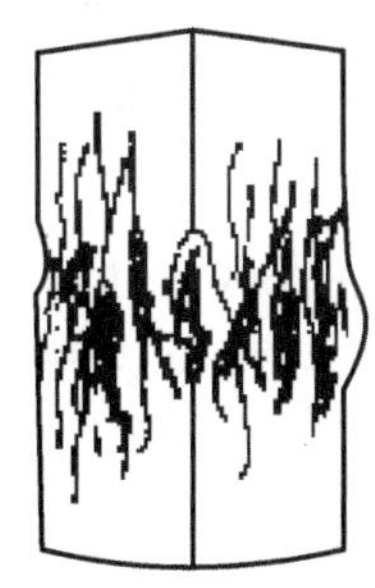

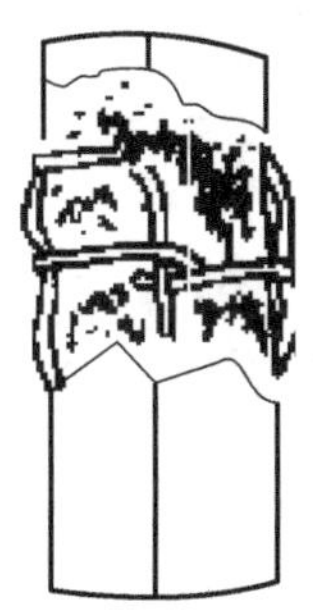

图 5-8　短柱的受压破坏过程

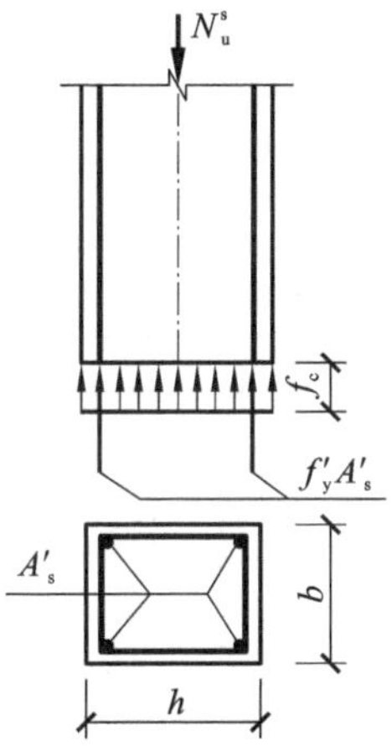

图 5-9　轴心受压短柱的截面承载力计算简图

f_c——混凝土轴心抗压强度设计值，N/mm^2；

A——构件截面面积，mm^2，当纵筋配筋率大于3%时，用$(A-A'_s)$代替；

f'_y——纵向钢筋抗压强度设计值，N/mm^2；

A'_s——全部受压纵筋截面面积，mm^2。

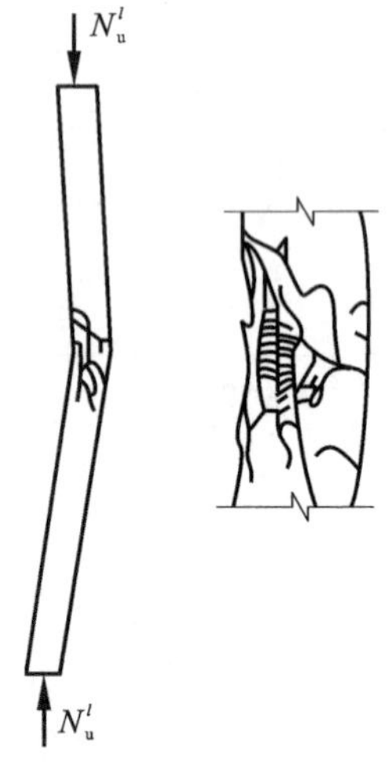

图 5-10　轴心受压长柱破坏形态

(2) 长柱破坏过程分析及承载力计算公式

对于长柱，要考虑由各种偶然因素造成的初始偏心距对承载力的影响。加载后，初始偏心距将产生附加弯矩，附加弯矩产生水平挠曲，水平挠曲又会增大偏心距。随着荷载的增加，截面一侧首先出现横向裂缝；临近破坏时，另一侧混凝土被压碎剥落，箍筋间的纵向钢筋被压屈外凸。所以长柱是在弯矩和轴力的共同作用下发生破坏的。另外，对于长细比较大的柱，还会发生失稳破坏，即当荷载增加到很大的时候，构件挠度突然剧增，承载力急剧下降，在荷载作用下钢筋和混凝土的应变都小于材料破坏时的极限应变。轴心受压长柱破坏形态如图5-10所示。

试验结果也表明：在截面尺寸、材料强度、配筋相同的条件下，长柱破坏荷载低于短柱破坏荷载。《混凝土结构设计规范》(GB 50010—2010)中引入一个降低系数φ来反映这种承载力随长细比降低的现象。

$$\varphi=\frac{N_u^l}{N_u^s} \tag{5-5}$$

式中　N_u^l，N_u^s——长柱和短柱的承载力。

φ称为稳定系数。长细比越大，稳定系数越小。稳定系数可以从表5-2中查得。

表5-2　**钢筋混凝土轴心受压构件的稳定系数**

l_0/b	≤8	10	12	14	16	18	20	22	24	26	28
l_0/d	≤7	8.5	10.5	12	14	15.5	17	19	21	22.5	24
l_0/i	≤28	35	42	48	55	62	69	76	83	90	97
φ	1.0	0.98	0.95	0.92	0.87	0.81	0.75	0.70	0.65	0.60	0.56
l_0/b	30	32	34	36	38	40	42	44	46	48	50
l_0/d	26	28	29.5	31	33	34.5	36.5	38	40	41.5	43
l_0/i	104	111	118	125	132	139	146	153	160	167	174
φ	0.52	0.48	0.44	0.40	0.36	0.32	0.29	0.26	0.23	0.21	0.19

注：l_0为构件的计算长度，b为矩形截面短边长度，d为圆形截面直径，i为截面的最小回转半径。

根据以上分析，由轴心受压短柱截面竖向力的平衡条件，并考虑长柱与短柱承载力计算公式的统一及构件可靠度的调整因素，配有纵向钢筋和普通箍筋的轴心受压构件正截面承载力计算公式为：

$$\gamma_0 N \leqslant N_u = 0.9\varphi(f_c A + f'_y A'_s) \tag{5-6}$$

式中　γ_0——结构重要性系数；

N——轴心压力设计值，kN；

N_u——轴心受压柱承载力设计值,kN;

f_c——混凝土轴心抗压强度设计值,N/mm²;

A——构件截面面积,mm²,当纵筋配筋率大于3%时,用$(A-A'_s)$代替;

f'_y——纵向钢筋抗压强度设计值,N/mm²;

A'_s——全部受压纵筋截面面积,mm²;

φ——钢筋混凝土构件的稳定系数。

式中系数0.9主要是为了保持与偏心受压构件正截面承载力计算具有相近的可靠度而增加的调整系数。

5.2.1.3　公式应用

钢筋混凝土轴心受压构件设计包括截面设计和截面复核两类问题。

(1) 截面设计

已知轴向压力设计值和柱的计算长度、截面尺寸$b\times h$、材料强度，求纵向钢筋的截面面积。

首先确定φ值,然后根据公式计算纵向钢筋截面面积[式(5-6)中取等号]:

$$A'_s=\frac{\gamma_0 N/(0.9\varphi)-f_cA}{f'_y} \tag{5-7}$$

最后选配钢筋,并验算最小配筋率。

(2) 截面复核

已知轴向压力设计值和柱的计算长度、截面尺寸$b\times h$、材料强度、纵向钢筋的截面面积,求轴心受压柱正截面承载力设计值。

一般首先验算配筋率,然后确定稳定系数φ值,再次计算承载力设计值,并与轴向压力设计值进行比较判断。

【例5-1】　图5-11所示多层现浇框架厂房结构标准层中柱截面尺寸为400 mm×400 mm,轴向压力设计值$N=2100$ kN,楼层高$H=5.60$ m,计算长度$l_0=1.25H$,混凝土强度等级采用C30($f_c=14.3$ N/mm²),钢筋采用HRB335级($f'_y=300$ N/mm²),环境类别为一类。确定该柱截面纵向钢筋截面面积。

【解】　长细比$\frac{l_0}{b}=\frac{1.25\times 5600}{400}=17.5$,查表5-2得$\varphi=0.825$。

根据轴心受压承载力公式确定A'_s:

$$A'_s=\frac{1}{f'_y}\left(\frac{\gamma_0 N}{0.9\varphi}-f_cA\right)=\frac{1}{300}\times\left(\frac{1.0\times 2100\times 10^3}{0.9\times 0.825}-14.3\times 400\times 400\right)$$
$$=1801(\text{mm}^2)$$

$$\rho'=\frac{A'_s}{A}=\frac{1801}{400\times 400}\times 100\%=1.1\%>\rho'_{\min}=0.6\%$$

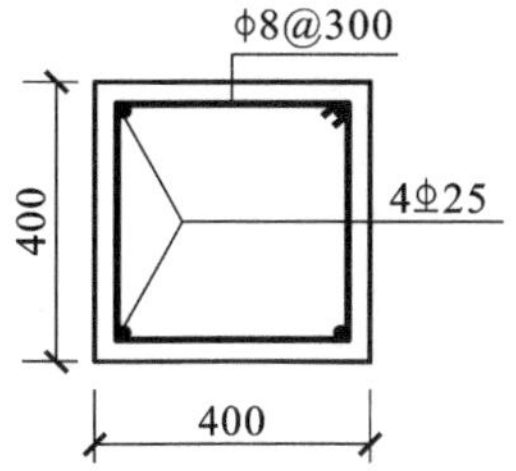

图5-11　例5-1配筋简图

故其配筋率满足要求,对称配筋截面每一侧的配筋率也满足0.2%的构造要求。

纵向钢筋选用4Φ25,$A'_s=1964$ mm²。

【例5-2】　图5-12所示无侧移现浇框架结构底层中柱的计算长度$l_0=4.2$ m,截面尺寸为300 mm×300 mm,柱内配有4Φ16纵筋($f'_y=300$ N/mm²),混凝土强度等级为C30($f_c=14.3$ N/mm²),环境类别为一类。柱轴心压力设计值$N=900$ kN,试核算该柱是否安全。

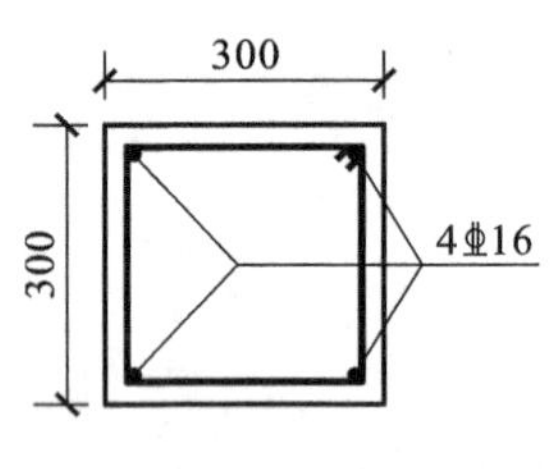

图 5-12　例 5-2 配筋简图

【解】 (1) 求 φ

由 $\frac{l_0}{b}=\frac{4200}{300}=14.0$，查表 5-2 得 $\varphi=0.92$。

(2) 求 N_u

$$
\begin{aligned}
N_u &= 0.9\varphi(f_c A + f'_y A'_s) \\
&= 0.9\times0.92\times(14.3\times300\times300+300\times804) \\
&= 1265(\text{kN}) > 900\ \text{kN}
\end{aligned}
$$

故该柱安全。

5.2.2　轴心受压间接钢筋柱正截面承载力计算

在普通箍筋柱承受的轴向压力值较大，截面尺寸又受到限制，增加钢筋用量和提高混凝土强度等级均不能满足要求的情况下，可以采用螺旋箍筋柱或焊接环筋柱(图 5-13)。由于这两种间接钢筋柱的性能相同，为论述方便，将其统称为间接钢筋柱，不再作具体的区分。

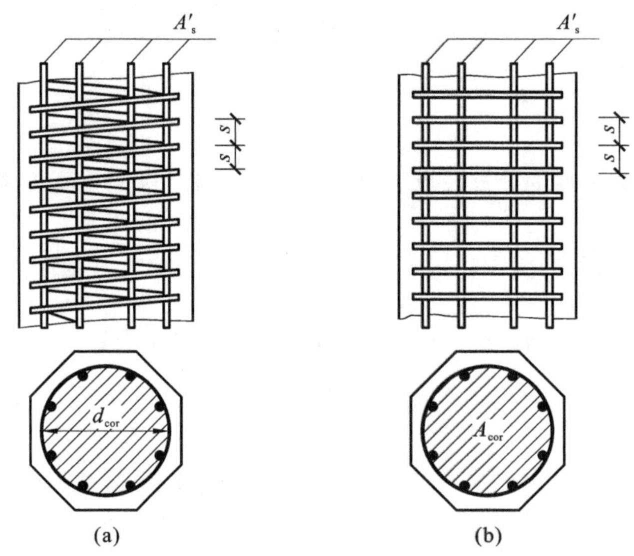

图 5-13　轴心受压螺旋箍筋柱和轴心受压焊接环筋柱示意图

(a) 轴心受压螺旋箍筋柱；(b) 轴心受压焊接环筋柱

(1) 破坏过程分析

通过试验可得到，当压力较小时间接钢筋(螺旋箍筋、焊接环式箍筋)受力较小，作用不明显；当压力较大时，混凝土纵向裂缝发展，横向变形加大，对间接钢筋产生压应力，间接钢筋反过来约束核心区混凝土的侧向膨胀。核心区混凝土处于三向受压应力状态，相当于受到一个套箍作用，侧向压力将有效约束核心区混凝土受压时的侧向变形和内部微裂缝发展，核心区混凝土的抗压强度可得到较大的提高，间接钢筋的作用逐渐显现出来。在间接钢筋约束混凝土侧向变形而提高混凝土的强度和变形能力的同时，间接钢筋中产生了拉应力。当外力逐渐增大，间接钢筋的拉应力达到抗拉屈服极限时，即失去对核心区混凝土的约束作用，不能再有效约束混凝土的侧向变形，混凝土的抗压强度就不能再提高了，混凝土被压碎，柱子破坏。由于间接钢筋外的混凝土保护层在间接钢筋受到较大拉应力时就开裂、剥落，计算时可不考虑这部分混凝土的作用。

同时试验表明，螺旋箍筋柱与普通箍筋柱的受力性能和破坏特点有所不同，虽然混凝土保护层

提早剥落，但由于螺旋箍筋间距较小，足以阻止螺旋箍筋之间的纵向钢筋被压屈，因此纵向钢筋能继续承载，并且核心区混凝土处在三向受力状态，承载力有所提高，超过普通箍筋柱的承载力，并比普通箍筋柱有较大的延性。

综上所述，采用螺旋箍筋或焊接环式箍筋后，可以使核心区混凝土处于三向受压应力状态，间接起到提高构件纵向承载力和变形能力的作用。

(2) 正截面承载力计算

由上述分析可知，由于间接钢筋使核心区混凝土处于三向受压应力状态，根据混凝土圆柱体在三向受压试验中的试验结果，受到径向压应力 σ_r 作用的约束混凝土轴心抗压强度 f_1 为：

$$f_1 = f_c + 4\sigma_r \tag{5-8}$$

极限状态下，取间接钢筋为脱离体，如图 5-14 所示。由力学平衡条件得

$$2f_{yv}A_{ss1} = \sigma_r s d_{cor} \tag{5-9}$$

图 5-14　间接钢筋脱离体受力图

得到：

$$\sigma_r = \frac{2f_{yv}A_{ss1}}{sd_{cor}} \tag{5-10}$$

式中　f_{yv}——间接钢筋抗拉强度设计值，N/mm²；

A_{ss1}——单根间接钢筋的截面面积，mm²；

s——沿构件轴线方向的间接钢筋间距；

d_{cor}——构件核心截面直径，即间接钢筋内表面之间的距离。

将式(5-10)代入式(5-8)，得核心截面区内混凝土的抗压强度：

$$f_1 = f_c + \frac{8f_{yv}A_{ss1}}{sd_{cor}} \tag{5-11}$$

截面极限抗压承载力由核心混凝土和纵向钢筋共同承受，理论值为：

$$N_u = f_1 A_{cor} + f'_y A'_s \tag{5-12}$$

将式(5-11)代入式(5-12)中，得：

$$N_u = f_c A_{cor} + f'_y A'_s + \frac{8f_{yv}A_{ss1}}{sd_{cor}} \cdot \frac{\pi d_{cor}^2}{4} = f_c A_{cor} + f'_y A'_s + \frac{2f_{yv}\pi d_{cor}A_{ss1}}{s} = f_c A_{cor} + f'_y A'_s + 2f_{yv}A_{ss0} \tag{5-13}$$

式中　A_{ss0}——间接钢筋换算面积，$A_{ss0} = \dfrac{\pi d_{cor}A_{ss1}}{s}$。

试验表明，当混凝土强度等级大于 C50 时，间接钢筋的约束作用有所减弱，即径向压应力对构件承载力的影响有所降低，因此式(5-13)中的第三项应考虑折减系数 α，整体还要考虑与偏心受压构件保持较一致的可靠度，等式右端乘以系数 0.9。所以《混凝土结构设计规范》(GB 50010—2010)给出的间接钢筋柱承载力设计公式为：

$$\gamma_0 N \leqslant N_u = 0.9(f_c A_{cor} + f'_y A'_s + 2\alpha f_y A_{ss0}) \tag{5-14}$$

α 为间接钢筋对混凝土约束的折减系数：当混凝土强度等级不超过 C50 时，取 $\alpha=1$；当混凝土强度等级为 C80 时，取 $\alpha=0.85$；其中间值采用插值法确定。

(3) 应用公式过程中应注意的几个问题

① 应使 $N_{u间} \leqslant 1.5N_{u普}$，目的是为了保证在使用荷载作用下箍筋外表面混凝土不致过早剥落，使间接钢筋外面的混凝土保护层有足够的抵抗破坏的安全度。

② 凡属下列情况之一的，不能考虑间接钢筋的作用，应按照轴心受压普通箍筋柱计算承载力。

a. 当 $l_0/d>12$ 时，由于柱长细比较大，间接钢筋受偏心影响难以充分发挥其提高核心区混凝土抗压强度的作用，因此不考虑间接钢筋的作用。

b. 当 $N_{u间}<N_{u普}$ 时，由于计算时只考虑核心区混凝土的截面面积 A_{cor}，当外围混凝土较厚时，计算的间接钢筋柱承载力低于普通箍筋柱的承载力，因此不考虑间接钢筋的作用。

c. 当间接钢筋换算面积 A_{ss0} 小于全部纵向钢筋面积的 25%时，太少的间接钢筋难以保证对混凝土发挥有效的约束作用，因此不考虑间接钢筋的作用。

③ 间接钢筋的间距 s 不应大于 80 mm 及 $d_{cor}/5$ 中的较小值，且不应小于 40 mm。

5.3 偏心受压构件正截面承载力分析

5.3.1 偏心受压构件的破坏形态

轴向力 N 的作用点偏离构件形心的距离叫作偏心距，用 e_0 表示。构件在轴向力 N 和偏心距 e_0 的作用下，相当于承受轴向力 N 和弯矩 M 的共同作用，该压弯构件成为偏心受压构件。实际工程中，偏心受压构件在承受轴向力和弯矩作用的同时，还会承受横向剪力的作用。因此，偏心受压构件和受弯构件一样，除了需要进行正截面承载力计算外，还需要进行斜截面承载力计算。

本章主要针对单向偏心受压构件进行研究。对于大多数单向偏心受压构件，在偏心压力 N 的作用下，通常沿偏心轴方向的两边配置纵向钢筋。其中，离偏心压力 N 较近一侧的纵向钢筋受压，其截面面积用 A'_s 表示；另一侧纵向钢筋则根据轴向力 N 偏心距的大小，可能受拉，也可能受压，其截面面积用 A_s 表示，如图 5-15 所示。

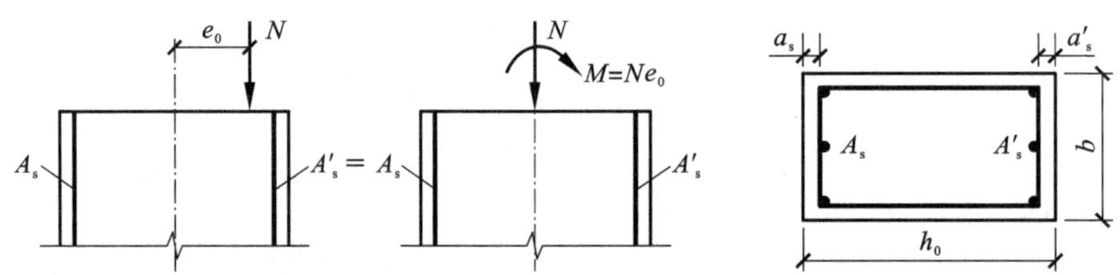

图 5-15　偏心受压构件纵向钢筋示意图

从正截面受力性能上看，可以将偏心受压状态看成是轴心受压和受弯的过渡状态。当弯矩 $M=0$时，偏心受压构件可视为轴心受压构件；当 $N=0$ 时，偏心受压构件可视为受弯构件。所以，轴心受压和受弯是偏心受压构件的两种极限情况，偏心受压构件的受力性能和破坏形态介于轴心受压破坏和受弯破坏之间。钢筋混凝土偏心受压构件的最终破坏是由混凝土被压碎所造成的，但引起混凝土受压破坏的原因有所不同，主要与轴向力 N 的偏心距大小和纵向配筋数量有关。根据偏心距和纵向钢筋配筋率的不同，偏心受压构件发生不同的破坏形态，一般分为大偏心受压破坏和小偏心受压破坏。

5.3.1.1 大偏心受压破坏(受拉破坏)

当构件偏心距较大，即弯矩 M 的作用相对明显，且截面面积为 A_s 的受拉钢筋配置不太多时，会发生大偏心破坏。在偏心荷载作用下，构件靠近轴向力 N 的一侧截面受压，远离轴向力 N 的一侧截面受拉。随着荷载的增加，首先在受拉区产生横向裂缝；当荷载继续增加时，受拉区边缘混凝土达到极限拉应变，裂缝截面处的拉应力完全由钢筋来承受；当受拉钢筋达到屈服后，受拉变形的

发展大于受压变形。随着钢筋屈服后的塑性伸长,裂缝明显加宽并向受压一侧延伸,截面中性轴向受压一侧移动,使受压区混凝土受压面积减小,受压区边缘混凝土的压应变增大。最后受压区混凝土出现纵向裂缝,受压边缘混凝土达到极限压应变而被压碎,构件宣告破坏。当混凝土受压区高度不是太小,混凝土保护层厚度不是太厚,受压钢筋强度等级不是太高时,混凝土被压碎前受压区纵筋一般能达到受压屈服强度。

大偏心受压破坏的特征是:首先是受拉钢筋达到屈服,其次是受压钢筋在一般情况下也能达到屈服,最后混凝土被压碎。由于其破坏始于受拉区,所以又称为受拉破坏。大偏心受压破坏发生前有明显的预兆,变形较大,属于塑性破坏。破坏时截面上的应变分布、应力分布如图 5-16 所示。

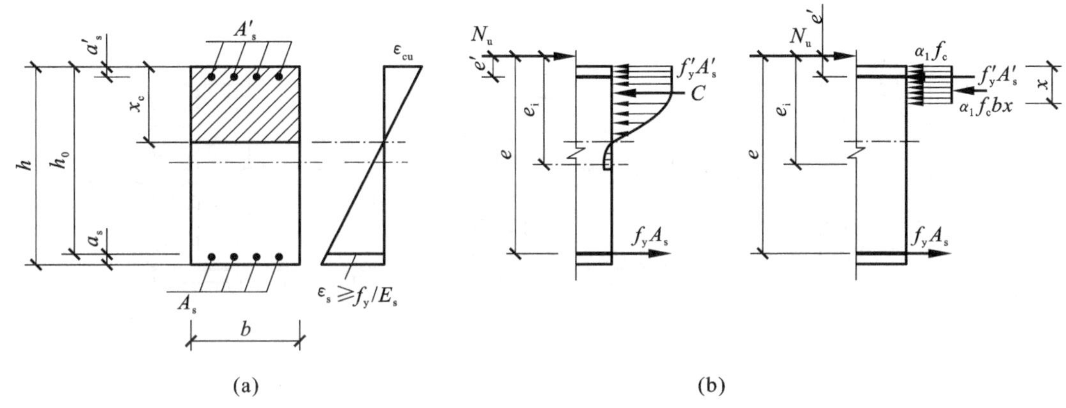

图 5-16 大偏心受压构件计算简图

(a) 截面应变分布和应力分布;(b) 等效应力图

5.3.1.2 小偏心受压破坏(受压破坏)

在偏心距较小或者很小时,构件会发生小偏心受压破坏;或者虽偏心距较大,但受拉一侧配置较多钢筋时,构件也会发生小偏心受压破坏。这说明偏心距较大时,构件不一定会发生大偏心受压破坏。当构件截面全部受压或者大部分受压时,截面受压区混凝土和钢筋的应力较大,而受拉钢筋应力较小。具体破坏形式和条件如下所述。

① 当偏心距很小时,构件截面将全部处于受压状态,但是靠近轴向力一侧的压应力较大,而另一侧的压应力较小。破坏时,压应力较大一侧的混凝土先达到极限压应变,使得混凝土被压碎。在混凝土被压碎前,压应力较大一侧的纵向钢筋只要强度等级不是太高,其压应力一般能达到钢筋屈服强度;另一侧混凝土和钢筋的压应力均低于各自的抗压强度,受拉钢筋不屈服。由于截面破坏时受拉钢筋的应力未达到受拉屈服强度,在截面应力分布图中其压应力用 σ_s 表示,如图 5-17(b)所示。

② 当偏心距较小或偏心距较大但受拉钢筋配置过多时,构件截面大部分受压、小部分受拉。破坏时受压区混凝土被压碎,受压钢筋屈服;受拉钢筋拉应力很小,虽有横向裂缝出现,但是不明显。构件破坏是由受压区混凝土先达到极限压应变,使得混凝土被压碎引起的。在混凝土被压碎前,受压一侧的纵向钢筋只要强度等级不是太高,其压应力一般能达到钢筋屈服强度,而受拉钢筋的应力没有达到屈服强度。由于截面破坏时受拉钢筋的应力未达到屈服强度,在截面应力分布图中其拉应力用 σ_s 表示,如图 5-17(a)所示。

通过以上分析,可知上述两种破坏情况的共同特征是:构件的破坏是由受压区混凝土被压碎引起的。离轴向力较近一侧钢筋受压;另一侧钢筋可能受拉,也可能受压,但均未达到受拉屈服强度。

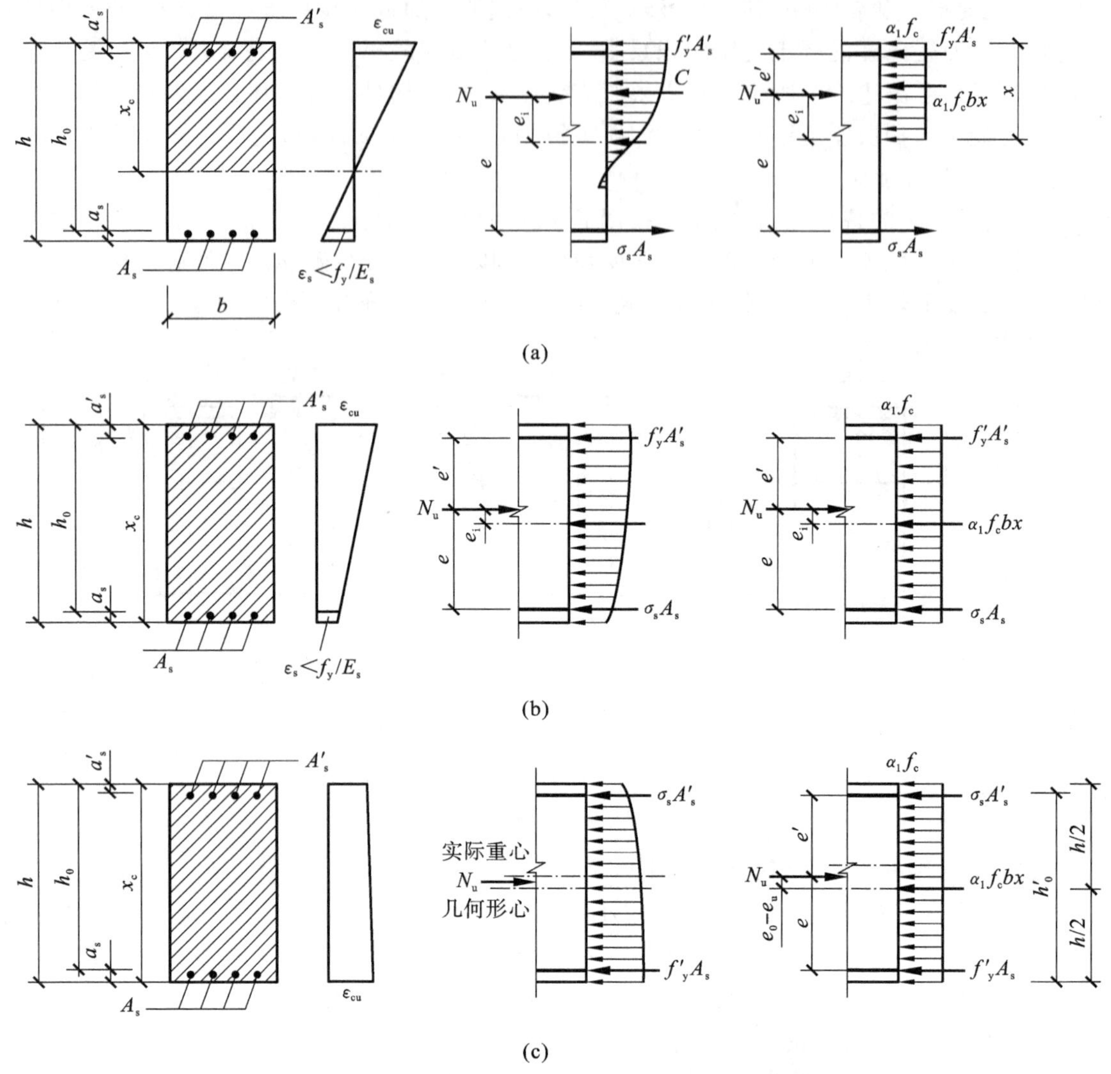

图 5-17　小偏心受压构件破坏时截面中的应力应变图

(a) 截面面积为 A_s 的钢筋受拉不屈服；(b) 截面面积为 A_s 的钢筋受压不屈服；(c) 截面面积为 A_s 的钢筋受压屈服

因为破坏始于受压区，所以小偏心受压破坏又称为受压破坏。发生这种破坏前没有明显的征兆，变形小，属于脆性破坏。

5.3.2　大、小偏心受压破坏的分界

从以上两类偏心受压破坏的特征中可以看出，两类破坏的本质区别在于破坏时受拉钢筋能否达到屈服强度。若受拉钢筋先屈服，然后受压区混凝土被压碎，则为受拉破坏；若远离轴向力一侧的钢筋无论受拉还是受压均未达到受拉屈服强度，则为受压破坏。那么，两类破坏的界限应该是受拉钢筋初始屈服的同时，受压区混凝土达到极限压应变。试验分析表明，从加载开始到接近破坏为止，偏心受压构件的截面平均应变分布也较好地符合平截面假定，这与受弯构件相同。因此，两类偏心受压构件的界限破坏与受弯构件中适筋梁、超筋梁的界限破坏特征完全相同，所以其界限破坏的相对受压区高度也可用 ξ_b 来表示。

综上所述，根据承载能力极限状态时偏心受压构件截面的计算相对受压区高度 $\xi=x/h_0$，可知

大、小偏心受压破坏的判别条件为：当 $\xi \leqslant \xi_b$ 时，为大偏心受压破坏；当 $\xi > \xi_b$ 时，为小偏心受压破坏，如图 5-18 所示。

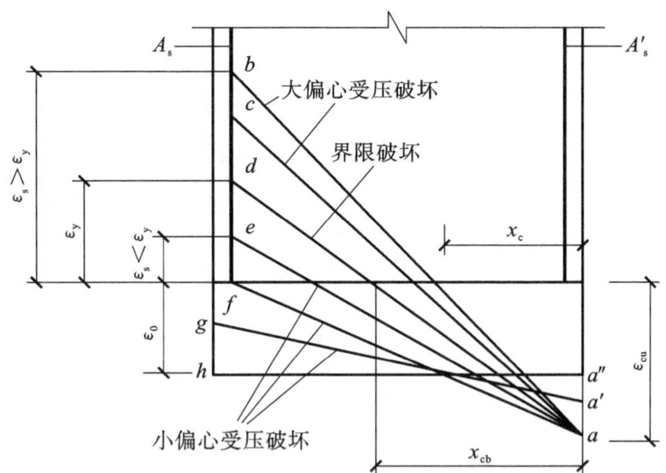

图 5-18 大、小偏心受压破坏构件界面应变图

5.3.3 纵向弯曲对其承载力的影响

5.3.3.1 荷载偏心距 e_0、附加偏心距 e_a 和初始偏心距 e_i

① 偏心受压构件轴向压力对截面形心的偏心距(荷载偏心距)e_0 根据内力设计值计算：

$$e_0 = \frac{M}{N} \tag{5-15}$$

② 工程实际中存在的荷载作用位置的不确定性、混凝土质量的不均匀性和施工偏差等诸多原因，都可能使轴向力的偏心距大于 e_0，可能产生附加偏心距。因此，《混凝土结构设计规范》(GB 50010—2010)规定：在偏心受压构件的正截面承载力计算中，应该考虑轴向力在偏心方向的附加偏心距 e_a。根据工程经验，e_a 值应取 20 mm 和偏心方向截面最大尺寸的 1/30 中的较大值，即：

$$e_a = \max\left(20\ \text{mm}, \frac{h}{30}\right) \tag{5-16}$$

③ 构件的初始偏心距 e_i 为荷载偏心距与附加偏心距之和，即：

$$e_i = e_0 + e_a \tag{5-17}$$

为了安全起见，在进行工程设计时，采用初始偏心距 e_i 来代替荷载偏心距 e_0 进行计算。

5.3.3.2 偏心受压构件挠曲二阶效应

(1) 挠曲二阶效应的定义及其影响

试验表明，钢筋混凝土柱在承受偏心受压荷载后会产生纵向弯曲变形，即会产生侧向挠度。对于长细比较小的柱，即所谓的短柱，纵向弯曲很小，在设计时一般忽略不计。但长细比较大的柱则不同，其纵向弯曲较大，轴向力产生二阶效应，从而使柱产生二阶弯矩，会降低柱的承载力，设计时应予以考虑。设柱跨中挠度为 f，则截面最大弯矩为 $N(e_i+f)$。显然，f 随着荷载的增大而增大，因此弯矩的增大也就越来越明显，如图 5-19 所示。在偏心受压构件计算中，将截面弯矩中的 Ne_i 称为初始弯矩或一阶弯矩，将 Nf 称为附加弯矩或二阶弯矩。

这种由竖向压力(轴向压力)在产生了挠曲变形的杆件中引起的曲率和弯矩增大的现象，称为挠曲二阶效应。若构件的长细比较大，则在轴向压力作用下，应考虑由杆件自身挠曲对截面弯矩产

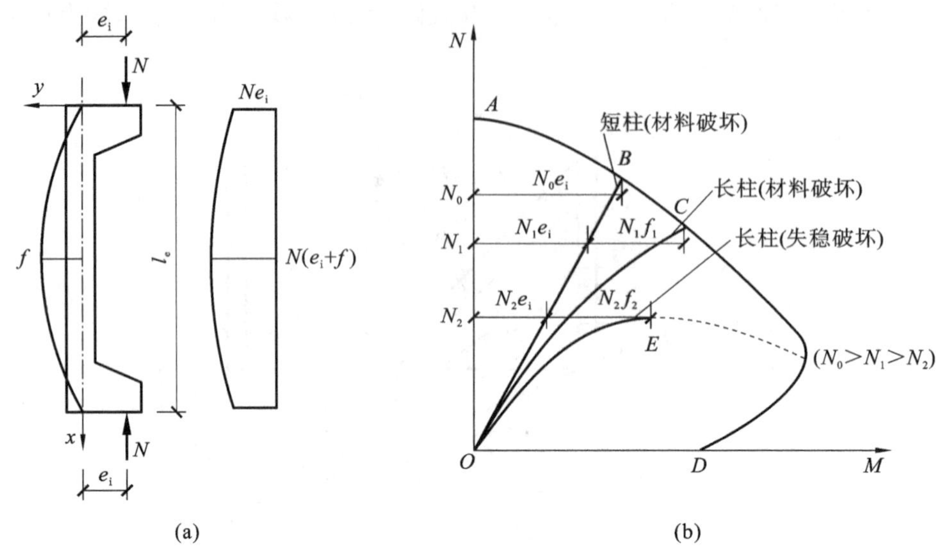

图 5-19　不同长细比偏心受压柱的 N-M 关系曲线

(a) 荷载作用下的侧向挠曲；(b) 长柱与短柱的破坏曲线

生的不利影响。挠曲二阶效应一般会增大杆件中间区段截面的弯矩。当杆件细长，杆件两端弯矩同号(即均使杆件同侧受拉)且两端弯矩的比值接近 1.0 时，将出现杆件中间区段截面的一阶弯矩 Ne_i 考虑挠曲二阶效应后的弯矩值超过杆端弯矩的情况，从而使杆件中间区段截面成为设计的控制截面。

相反，在结构中常见的反弯点位于柱高中部的偏心受压构件，挠曲二阶效应虽能增大构件两端区域外各截面的曲率和弯矩，但增大后的弯矩通常不可能超过柱两端控制截面的弯矩。因此，在这种情况下挠曲二阶效应不会对构件截面的偏心受压承载力产生不利影响。

为了考虑偏心受压构件中长柱纵向弯曲的影响，《混凝土结构设计规范》(GB 50010—2010)规定：对于弯矩作用平面内截面对称的偏心受压构件，当同一主轴方向的杆端弯矩比 $M_1/M_2\leqslant 0.9$ 且轴压比 $\dfrac{N}{f_cA}\leqslant 0.9$ 时，若构件的长细比满足式(5-18)的要求，可不考虑轴向压力在该方向挠曲杆件中产生的附加弯矩的影响，否则应按截面的两个主轴方向分别考虑轴向压力在挠曲杆件中产生的附加弯矩的影响。

$$\frac{l_0}{i}\leqslant 34-12\frac{M_1}{M_2} \tag{5-18}$$

式中　M_1，M_2——考虑侧移影响的偏心受压构件两端截面按结构弹性分析确定的对同一主轴的组合弯矩设计值，绝对值较大者为 M_2，绝对值较小者为 M_1；当构件按单曲率弯曲时，M_1/M_2 取正值[图 5-20(a)]，否则取负值[图 5-20(b)]。

(2) 偏心距调节系数 C_m 和弯矩增大系数 η_{ns}

在实际工程中，必须避免构件发生失稳破坏，因为失稳破坏具有突然性，且材料强度不能充分发挥。对于短柱，可忽略纵向弯曲的影响。但实际工程中遇见的多为中长柱，在确定偏心受压构件的内力设计值时，需要考虑由构件侧向挠度引起的附加弯矩(二阶弯矩)的影响。偏心受压构件考虑附加弯矩影响后得到的最终弯矩设计值，为原柱端最大弯矩值 M_2 乘以偏心距调节系数 C_m 和弯矩增大系数 η_{ns} 所得的值，即 $M=C_m\eta_{ns}M_2$，M_2 为绝对值较大端弯矩。

① 偏心距调节系数 C_m。

对于弯矩作用平面内截面对称的偏心受压构件，同一主轴的杆端弯矩大多不相同，但也存在杆件两端弯矩同号且接近的情况，即M_1/M_2大于0.9。此时，在柱两端方向相同、大小几乎相等的弯矩作用下将产生最大的偏心距，使柱处于最不利的受压状态。这种情况下应考虑偏心距调节系数C_m。《混凝土结构设计规范》(GB 50010—2010)规定构件端截面偏心距调节系数C_m用式(5-19)进行计算：

$$C_m=0.7+0.3\frac{M_1}{M_2}\geqslant 0.7 \tag{5-19}$$

由式(5-19)可以看出，对于反弯点在中间区段(即端弯矩异号)的构件，C_m值将恒小于0.7。《混凝土结构设计规范》(GB 50010—2010)规定当C_m计算值小于0.7时，取0.7。这就相当于规定，对于反弯点在中间区段(即端弯矩异号)的构件，取端弯矩绝对值较小者M_1为0，这时构件将发生单曲率弯曲。显然，这样处理对构件的承载力而言是偏安全的。

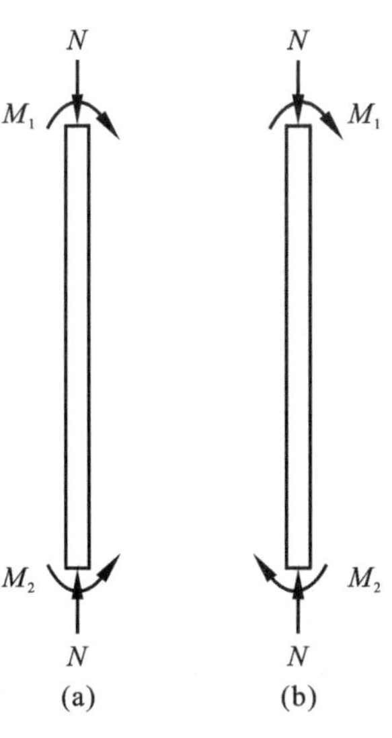

图5-20　偏心受压柱的弯矩

② 弯矩增大系数η_{ns}。

考虑采用荷载偏心距e_0乘以弯矩增大系数η_{ns}来解决纵向弯曲影响的问题，即：

$$M=N(e_0+f)=N\left(1+\frac{f}{e_0}\right)e_0=N\eta_{ns}e_0 \tag{5-20}$$

式中，$\eta_{ns}=1+\frac{f}{e_0}$，为弯矩增大系数。其可以通过两铰接柱的挠度曲线而得以证实。推导过程如下。

下面对无侧移标准偏心受压柱(两端铰接且等偏心距$e_{01}=e_{02}$的压杆，如图5-19所示)进行分析，其结果可推广到其他柱。构件在偏心压力N的作用下将发生纵向弯曲(即侧向变形f)，轴向力偏心距由e_0增大到e_0+f。

柱中最大挠度截面弯矩可表示为：

$$M=N(e_0+f)=Ne_0\frac{e_0+f}{e_0}=N\eta_{ns}e_0 \tag{5-21}$$

$$\eta_{ns}=\frac{e_0+f}{e_0}=1+\frac{f}{e_0} \tag{5-22}$$

试验表明，偏心受压柱侧向挠度曲线接近于正弦曲线，即：

$$y=f\sin\frac{\pi x}{l_0} \tag{5-23}$$

式中　l_0——柱的计算长度。

柱挠度曲线的曲率可近似表达为：

$$\phi=\frac{M}{EI}=\frac{d^2y}{dx^2}=f\frac{\pi^2}{l_0^2}\sin\frac{\pi x}{l_0} \tag{5-24}$$

当柱达到最大承载力时，柱高中点控制截面处的曲率最大。将$x=l_0/2$代入上式，得：

$$\phi=f\frac{\pi^2}{l_0^2} \tag{5-25}$$

将式(5-25)代入式(5-22)，可写出η_{ns}关于曲率的表达式：

$$\eta_{ns}=1+\frac{\phi l_0^2}{\pi^2 e_0} \tag{5-26}$$

因此，计算 η_{ns} 的问题转化为计算截面曲率 ϕ 的问题。

根据平截面假定，可知截面曲率为：

$$\phi=\frac{\varepsilon_c+\varepsilon_s}{h_0} \tag{5-27}$$

试验表明：偏心受压构件截面曲率的主要影响因素为荷载偏心距。由于发生界限破坏时，受压区边缘混凝土极限应变值 $\varepsilon_c=\varepsilon_{cu}=0.0033$，受拉侧钢筋应变值 $\varepsilon_s=\varepsilon_y=f_y/E_s$，因此界限破坏情况下的截面曲率 ϕ_b 为：

$$\phi_b=\frac{1.25\varepsilon_{cu}+\dfrac{f_y}{E_s}}{h_0} \tag{5-28}$$

式中，1.25 为长期荷载作用下，混凝土徐变引起压应变增大的修正系数。

以界限破坏时的截面曲率 ϕ_b 为基础，用系数 ζ_c 考虑偏心距对曲率的影响，即可得到偏心受压柱的截面曲率：

$$\phi=\phi_b\zeta_c=\frac{1.25\varepsilon_{cu}+\dfrac{f_y}{E_s}}{h_0}\zeta_c \tag{5-29}$$

将式(5-29)代入式(5-26)，得：

$$\eta_{ns}=1+\frac{\phi l_0^2}{\pi^2 e_0}=1+\frac{\left(1.25\varepsilon_{cu}+\dfrac{f_y}{E_s}\right)l_0^2}{\pi^2 e_0 h_0}\zeta_c \tag{5-30}$$

取 $1.25\varepsilon_{cu}=1.25\times0.0033=0.004125$，$f_y/E_s=0.00225$，即钢筋强度采用 400 MPa 和 500 MPa，$h/h_0=1.1$，π^2 近似取为 10，考虑附加偏心距后以 $M_2/N+e_a$ 代替 e_0，代入式(5-30)，即可推导出偏心受压构件考虑二阶弯矩影响的弯矩增大系数 η_{ns}：

$$\eta_{ns}=1+\frac{1}{1300(M_2/N+e_a)/h_0}\left(\frac{l_0}{h}\right)^2\zeta_c \tag{5-31}$$

式中 ζ_c——截面曲率修正系数，当 $\zeta_c>1.0$ 时，取 $\zeta_c=1.0$。

试验表明，小偏心受压构件的截面曲率小于界限破坏时的曲率 ϕ_b，且随着偏心距的减小而减小；大偏心受压构件的截面曲率与界限破坏时的曲率 ϕ_b 相近。

在发生界限破坏时，对常用的 HPB300、HRB335、HRB400、HRB500 级钢筋和 C50 及以下等级的混凝土，界限受压区高度为 $x_b=\xi_b h_0=(0.491\sim0.576)h_0$。若取 $h_0=0.9h$，则 $x_b=(0.442\sim0.518)h$，近似取 $x_b=0.5h$，则界限破坏时轴向力可近似取为 $N_b=f_c b x_b=0.5f_c bh=0.5f_c A$（即截面纵筋所受的拉力和压力基本平衡，其中 A 为构件的截面面积）。所以，可得到 ζ_c 的表达式为：

$$\zeta_c=\frac{N_b}{N}=\frac{0.5f_c A}{N} \tag{5-32}$$

式中 A——构件截面面积，对 T 形、I 形截面均取 $A=bh+2(b'_f-b)h'_f$；

N——轴向力设计值；

f_c——混凝土的轴心抗压强度设计值；

N_b——构件受压区高度 $x=x_b$ 时构件界限受压承载力设计值，《混凝土结构设计规范》(GB 50010—2010)中近似取 $N_b=0.5f_c A$。

对于大偏心受压构件，构件破坏时实测曲率与界限破坏时曲率相近；而对于小偏心受压构件，其纵向受拉钢筋的应力达不到屈服强度。因此，对大偏心受压构件，$\zeta_c=1$；对小偏心受压构件，$\zeta_c<1$。当 ζ_c 计算值大于 1 时取 1。

5.3.3.3 控制截面弯矩设计值的计算方法

《混凝土结构设计规范》(GB 50010—2010)规定：除排架结构柱外，其他偏心受压构件应考虑轴向压力在挠曲杆件中产生的二阶效应后，控制截面的弯矩设计值，其按式(5-33)计算。

$$M=C_m\eta_{ns}M_2 \tag{5-33}$$

式中，当 $C_m\eta_{ns}$ 小于 1.0 时，取 1.0；对于剪力墙及核心筒墙，可取 $C_m\eta_{ns}=1.0$。

对于排架结构柱，考虑挠曲二阶效应后的弯矩设计值可按下式计算：

$$M=\eta_s M_0 \tag{5-34}$$

$$\eta_s=1+\frac{1}{1500e_i/h_0}\left(\frac{l_0}{h}\right)^2\zeta_c \tag{5-35}$$

$$e_i=e_0+e_a$$

式中 η_s——弯矩增大系数；

M_0——一阶弹性分析中柱端弯矩设计值。

5.4 矩形截面偏心受压构件正截面承载力计算

5.4.1 基本公式及适用条件

5.4.1.1 大偏心受压构件基本公式及适用条件

(1) 基本公式

根据试验分析结果，当为大偏心受压破坏截面时，其在承载能力极限状态下的计算简图如图 5-16所示。与受弯构件一样，作如下假定：

① 受拉区混凝土不参与工作；

② 受压区混凝土应力图采用等效矩形应力图，其合力为 $\alpha_1 f_c bx$；

③ 受拉钢筋应力达到抗拉强度设计值 f_y，受压钢筋应力达到抗压强度设计值 f'_y。

根据图 5-16(b)，采用等效应力图，由平衡条件——纵向力合力为 0 和对受拉钢筋合力作用点的合力矩为 0，可以得出正截面承载力计算公式如下。

由 $\sum N=0$，得：

$$N_u=\alpha_1 f_c bx+f'_y A'_s-f_y A_s \tag{5-36}$$

由 $\sum M_{As}=0$，得：

$$N_u e=\alpha_1 f_c bx\left(h_0-\frac{x}{2}\right)+f'_y A'_s(h_0-a'_s) \tag{5-37}$$

式中 N_u——轴向受压承载力设计值；

x——受压区高度；

e——轴向力作用点到截面面积为 A_s 受拉钢筋合力作用点之间的距离。

$$e=e_i+\frac{h}{2}-a_s \tag{5-38}$$

设计表达式为：

$$N=\alpha_1 f_c bx+f'_y A'_s-f_y A_s \tag{5-39}$$

$$Ne\leqslant\alpha_1 f_c bx\left(h_0-\frac{x}{2}\right)+f'_y A'_s(h_0-a'_s) \tag{5-40}$$

式中　N——轴向力设计值。

（2）适用条件

首先应该满足构件大偏心受压，这也是保证构件破坏时受拉钢筋应力能够达到抗拉强度设计值 f_y 的条件，即：

$$\xi \leqslant \xi_b \tag{5-41}$$

或

$$x \leqslant \xi_b h_0$$

其次，还应保证构件破坏时受压钢筋应力达到抗压强度设计值 f'_y，即：

$$\xi \geqslant \frac{2a'_s}{h_0} \tag{5-42}$$

或

$$x \geqslant 2a'_s$$

当 $x<2a'_s$ 时，说明构件破坏时受压钢筋应力没有达到屈服强度 f'_y，受压钢筋未屈服。与双筋受弯构件的分析类似，可以取 $x=2a'_s$，即可认为受压区混凝土所承受压力的合力 $\alpha_1 f_c bx$ 的作用点位置与受压钢筋合力 $f'_y A'_s$ 的作用点位置重合。根据对受压钢筋合力作用点位置合力矩为 0 的平衡条件，可得：

$$N_u e' = f_y A_s (h_0 - a'_s) \tag{5-43}$$

式中　e'——轴向压力 N 的作用点位置至 A'_s 受压钢筋重心的距离。

设计表达式为：

$$Ne' \leqslant f_y A_s (h_0 - a'_s) \tag{5-44}$$

$$e' = e_i - \frac{h}{2} + a'_s \tag{5-45}$$

5.4.1.2　小偏心受压构件基本公式及适用条件

（1）基本公式

小偏心受压构件破坏时，远离压力作用一侧的钢筋无论受压还是受拉，其应力都达不到受拉屈服强度。建立计算公式时，受压钢筋的应力用 σ_s 表示，受压区混凝土应力曲线图仍然用等效矩形应力图代替。计算简图如图 5-17 所示。图 5-17 中，截面面积为 A_s 纵向钢筋可以先假设受拉；如果计算出来的结果为负值，则表明受压。

类似于大偏心受压构件的分析，由截面纵向力合力为 0 和对受拉、受压钢筋合力作用点的合力矩为 0 的平衡条件，可以得出小偏心受压构件正截面承载力计算公式如下。

由 $\sum N = 0$，得：

$$N_u = \alpha_1 f_c bx + f'_y A'_s - \sigma_s A_s \tag{5-46}$$

由 $\sum M_{A_s} = 0$，得：

$$N_u e = \alpha_1 f_c bx \left(h_0 - \frac{x}{2}\right) + f'_y A'_s (h_0 - a'_s) \tag{5-47}$$

由 $\sum M_{A'_s} = 0$，得：

$$N_u e' = \alpha_1 f_c bx \left(\frac{x}{2} - a'_s\right) - \sigma_s A_s (h_0 - a'_s) \tag{5-48}$$

设计表达式为：

$$N = \alpha_1 f_c bx + f'_y A'_s - \sigma_s A_s \tag{5-49}$$

$$Ne \leqslant \alpha_1 f_c bx\left(h_0 - \frac{x}{2}\right) + f'_y A'_s (h_0 - a'_s) \tag{5-50}$$

$$Ne' \leqslant \alpha_1 f_c bx\left(\frac{x}{2} - a'_s\right) - \sigma_s A_s (h_0 - a'_s) \tag{5-51}$$

式中 e'——轴向力作用点到截面面积为 A'_s 受压钢筋合力作用点的距离：

$$e' = \frac{h}{2} - e_i - a'_s \tag{5-52}$$

在应用上述公式计算正截面承载力时，必须确定距轴向力较远一侧钢筋的应力值 σ_s。《混凝土结构设计规范》(GB 50010—2010)根据试验结果，给出了简化计算公式：

$$\sigma_s = \frac{\xi - \beta_1}{\xi_b - \beta_1} f_y \tag{5-53}$$

当按照上式计算求得的 σ_s 为正值时，表明截面面积为 A_s 的钢筋受拉；当 σ_s 为负值时，表明截面面积为 A_s 的钢筋受压，即 $-f_y \leqslant \sigma_s \leqslant f_y$。

(2) 适用条件

① $\xi > \xi_b$ 或 $x > \xi_b h_0$，说明受拉钢筋能达到受拉屈服强度。

② $x \leqslant h$，因为受压区高度不能超过截面高度。

③ 钢筋应力应在钢筋强度设计值范围内，即 $-f_y \leqslant \sigma_s \leqslant f_y$。

(3) 小偏心反向受压破坏

对于非对称配筋的小偏心受压构件，当偏心距很小，轴向力很大，且离轴向力较近一侧的纵向钢筋 A'_s 比 A_s 大很多，A_s 配置过少(满足最小配筋率的要求)时，由于截面实际重心和构件几何形心不重合，截面实际形心轴偏向 A'_s 一侧，可能使离轴向力作用点较远一侧的 A_s 先屈服，混凝土先被压碎。这种情况称为非对称配筋小偏心反向受压破坏，如图 5-17(c)所示。

为了防止发生这种反向受压破坏，《混凝土结构设计规范》(GB 50010—2010)规定：矩形截面非对称配筋的小偏心受压构件，当 $N > f_c bh$ 时，除按式(5-51)～式(5-53)计算外，还应按下式进行验算：

$$Ne' \leqslant N_u e' = f_c bh\left(\frac{h}{2} - a'_s\right) + f'_y A_s (h'_0 - a_s) \tag{5-54}$$

$$e' = \frac{h}{2} - a'_s - (e_0 - e_a) \tag{5-55}$$

式中 e'——轴向力作用点至受压区纵向钢筋合力作用点的距离；

h'_0——钢筋 A'_s 合力作用点至截面远边的距离，$h'_0 = h - a'_s$。

上式是根据以下假定建立的：

① 混凝土处于全截面均匀受压状态，取 $x = h$，$\alpha_1 = 1$，且混凝土压应力达到轴心抗压强度 f_c。

② 反向受压破坏计算时，取初始偏心距 $e_i = e_0 - e_a$，以考虑不利方向的附加偏心距。这样计算的 e' 偏大，因此计算所得的 A_s 用量增加，结果偏于安全。但这仅适用于反向受压破坏。

5.4.2 非对称配筋矩形截面偏心受压构件正截面承载力计算

非对称配筋矩形截面偏心受压构件正截面承载力计算主要分为两种类型：截面设计和截面复核。无论是哪种计算类型，我们都需要先进行大、小偏心受压破坏类型的判断，然后根据破坏类型选用相应的计算公式。

5.4.2.1 截面设计

首先对大、小偏心受压破坏类型进行判别，常用的判别方法主要有两种。

① 直接通过 ξ 值来进行大、小偏心受压破坏类型的判别。

如果能够根据已知条件和计算公式直接计算出 ξ 值，通过比较 ξ 值和界限相对受压区高度 ξ_b 值可以确定大、小偏心受压破坏类型。当 $\xi \leqslant \xi_b$ 时，为大偏心受压破坏；当 $\xi > \xi_b$ 时，为小偏心受压破坏。此方法适于在采用对称配筋矩形截面设计和截面复核中应用。

② 利用界限偏心距来进行大、小偏心受压破坏类型的判别。

在非对称配筋截面设计中，A'_s 和 A_s 均为未知，无法计算相对受压区高度 ξ，因此不能直接根据 ξ 值来直接进行判断，不得不寻找其他的途径。理论分析表明，为了简化设计，避免反复试算，可以利用对偏心距 e_i 和界限偏心距 $e_{0b,min}$ 进行比较的方法来判别大、小偏心受压破坏类型。根据工程常用材料的性质和截面尺寸间的关系，可知 $e_{0b,min}$ 总是在 $0.3h_0$ 左右波动。因此，对于一般常用等级的混凝土和钢筋，可近似地取 $e_{0b,min}=0.3h_0$。

在进行截面设计时，可按下列条件初步确定大、小偏心受压破坏类型：

① 当 $e_i \leqslant 0.3h_0$ 时，可按小偏心受压破坏进行设计。

② 当 $e_i > 0.3h_0$ 时，截面可能为大偏心受压破坏，也可能为小偏心受压破坏，可先按大偏心受压破坏设计，计算过程中得到 ξ 值后进行验算，以确定截面的真实受力状况。

上面判别大、小偏心受压破坏类型的方法只是初步的。无论大偏心受压破坏还是小偏心受压破坏，严格意义上说，都必须根据所求的钢筋截面面积计算出构件的实际受压区高度。如果不符合原先假定，则应按照实际偏心情况重新计算。

(1) 大偏心受压构件的计算($e_i > 0.3h_0$)

① 情况Ⅰ：A'_s 和 A_s 均未知。

已知截面尺寸，混凝土强度等级，钢筋种类，截面的内力设计值 M、N，计算截面所需钢筋 A'_s 和 A_s。此时，仅有两个方程，而基本未知量有三个——A'_s、A_s 和受压区高度 x，故不能求得唯一解。为此，需要补充一个条件。与双筋受弯构件类似，为了使钢筋总用量($A_s+A'_s$)最小，应充分利用受压区混凝土的强度来承受压力，即取 $x=x_b=\xi_b h_0$。将其代入式(5-40)中，得 A'_s 计算公式：

$$A'_s=\frac{Ne-\alpha_1 f_c b h_0^2 \xi_b(1-0.5\xi_b)}{f'_y(h_0-a'_s)} \tag{5-56}$$

求得 A'_s 后，根据其大小分两种情况考虑。

a. 若求得的 $A'_s \geqslant \rho_{min} bh=0.002bh$，则将 A'_s 值和 $x=x_b=\xi_b h_0$ 直接代入式(5-39)中求得 A_s。

$$A_s=\frac{\alpha_1 f_c b h_0 \xi_b+f'_y A'_s-N}{f_y} \tag{5-57}$$

b. 若求得的 $A'_s < \rho_{min} bh=0.002bh$，则应取 $A'_s=\rho_{min} bh=0.002bh$，然后按照 A'_s 已知来计算 A_s。

② 情况Ⅱ：已知 A'_s，求 A_s。

已知截面尺寸，混凝土强度等级，钢筋种类，截面的内力设计值 M、N，受压钢筋截面面积 A'_s，求纵向钢筋截面面积 A_s。

此时有两个基本方程，两个未知量(A_s 和 x)，因此可以利用基本计算公式来进行求解。先由式(5-40)求解得到 x，然后找出其中一个根是真实的 x 值。根据计算结果可能会出现以下 3 种情况。

a. 若 $2a'_s \leqslant x \leqslant \xi_b h_0$，则将所求得的 x 值直接代入式(5-39)，得：

$$A_s=\frac{\alpha_1 f_c b x+f'_y A'_s-N}{f_y} \tag{5-58}$$

b. 若 $x>\xi_b h_0$，则可改为小偏心受压构件，或者加大截面尺寸重新设计，或者按 A'_s 和 A_s 未知的情况重新计算，使其满足 $x\leqslant\xi_b h_0$ 的条件。

c. 若 $x<2a'_s$，说明受压钢筋没有屈服，应按式(5-44)计算受力钢筋截面面积，即：

$$A_s=\frac{Ne'}{f_y(h_0-a'_s)} \tag{5-59}$$

另外，在不考虑受压钢筋截面面积 A'_s（即取 $A'_s=0$）时，应重新计算 A_s，将计算结果与上式结果进行比较，取两者中的较小值进行配筋，同时要满足最小配筋率的要求。

对于大偏心受压破坏的两种情况，其弯矩作用平面外的受压承载力一般能满足要求。因此，在按弯矩作用平面内进行受压承载力计算后即完成计算内容。

【例 5-3】 一已知偏心受压柱截面尺寸 $b\times h=400\text{ mm}\times450\text{ mm}$，$a_s=a'_s=40\text{ mm}$，轴向力设计值 $N=330\text{ kN}$，弯矩设计值 $M_1=-50\text{ kN}\cdot\text{m}$，$M_2=386\text{ kN}\cdot\text{m}$，柱的计算长度 $l_0=5.1\text{ m}$。混凝土强度等级为 C30，采用 HRB400 级钢筋，截面采用非对称配筋。试求钢筋截面面积 A'_s 和 A_s。

【解】 (1) 确定基本参数

$$f_c=14.3\text{ N/mm}^2,\quad f_y=f'_y=360\text{ N/mm}^2$$

$$h_0=h-a_s=450-40=410(\text{mm})$$

(2) 判断是否需考虑挠曲二阶效应

$$A=bh=400\times450=180000(\text{mm}^2)$$

$$I=\frac{1}{12}bh^3=\frac{1}{12}\times400\times450^3=3037.5\times10^6(\text{mm}^4)$$

$$i=\sqrt{\frac{I}{A}}=\sqrt{\frac{3037.5\times10^6}{180000}}=129.9(\text{mm})$$

$$\frac{M_1}{M_2}=-\frac{50}{386}=-0.13<0.9,\quad \frac{N}{f_cA}=\frac{330\times10^3}{14.3\times180000}=0.129<0.9$$

由于

$$\frac{l_0}{i}=\frac{5100}{129.9}=39.26>34-12\frac{M_1}{M_2}=34-12\times(-0.13)=35.55$$

故应考虑挠曲二阶效应的影响。

(3) 计算弯矩增大系数

$$e_a=\max\left(\frac{h}{30},20\text{ mm}\right)=\max\left(\frac{450}{30},20\right)=20(\text{mm})$$

$$\zeta_c=\frac{0.5f_cA}{N}=\frac{0.5\times14.3\times180000}{330\times10^3}=3.9>1.0$$

故取 $\zeta_c=1$。

$$C_m=0.7+0.3\frac{M_1}{M_2}=0.7+0.3\times(-0.13)=0.66<0.7$$

故取 $C_m=0.7$。

$$\eta_{ns}=1+\frac{1}{1300\left(\frac{M_2}{N}+e_a\right)/h_0}\left(\frac{l_0}{h}\right)^2\zeta_c=1+\frac{1}{1300\times\frac{386\times10^6/(330\times10^3)+20}{410}}\times\left(\frac{5100}{450}\right)^2\times1$$

$$=1.034$$

则

$$C_m\eta_{ns}=0.7\times1.034=0.724<1.0$$

故取 $C_m\eta_{ns}=1.0$。

$$M=C_m\eta_{ns}M_2=1.0\times386=386(\text{kN}\cdot\text{m})$$

(4) 判别大、小偏心受压破坏类型

$$e_0=\frac{M}{N}=\frac{386\times10^6}{330\times10^3}=1169.7(\text{mm})$$

$$e_i=e_0+e_a=1169.7+20=1189.7(\text{mm})>0.3h_0=0.3\times410=123(\text{mm})$$

判断为大偏心受压破坏。

(5) 求 A'_s 和 A_s

因为 A'_s 和 A_s 均未知，为使用钢量最小，取 $\xi=\xi_b$。

$$e=e_i+\frac{h}{2}-a_s=1189.7+\frac{450}{2}-40=1374.7(\text{mm})$$

$$\begin{aligned}A'_s&=\frac{Ne-\alpha_1 f_c bh_0^2\xi_b(1-0.5\xi_b)}{f'_y(h_0-a'_s)}\\&=\frac{330\times10^3\times1374.7-1\times14.3\times400\times410^2\times0.518\times(1-0.5\times0.518)}{360\times(410-40)}\\&=635(\text{mm})>\rho_{min}bh=0.002\times400\times450=360(\text{mm}^2)\end{aligned}$$

满足要求。

$$\begin{aligned}A_s&=\frac{\alpha_1 f_c bh_0\xi_b+f'_yA'_s-N}{f_y}=\frac{1\times14.3\times400\times410\times0.518+360\times635-330\times10^3}{360}\\&=3092(\text{mm}^2)>\rho_{min}bh=0.002\times400\times450=360(\text{mm}^2)\end{aligned}$$

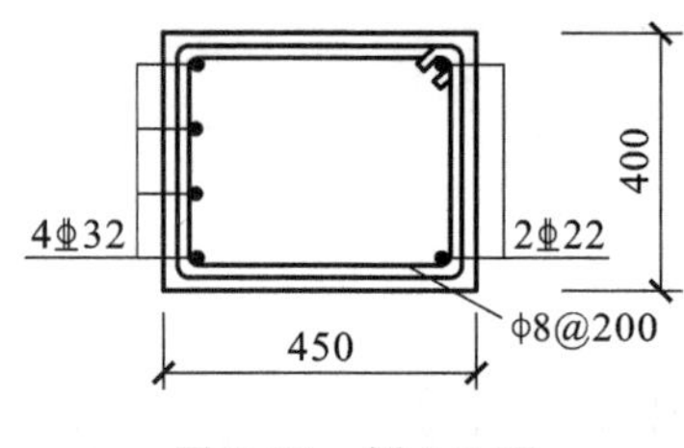

图 5-21 例 5-3 图

满足要求。

如图 5-21 所示，受压钢筋配置 2 Φ 22($A'_s=760\ \text{mm}^2$)，受拉钢筋配置 4 Φ 32($A_s=3104\ \text{mm}^2$)，则全部纵向配筋率为：

$$\rho=\frac{A_s+A'_s}{bh}=\frac{3104+760}{400\times450}\times100\%=2.17\%>\rho_{min}=0.55\%$$

满足要求。

【例 5-4】 已知矩形偏心受压柱截面尺寸 $b\times h=300\ \text{mm}\times400\ \text{mm}$，$a_s=a'_s=40\ \text{mm}$，轴向力设计值 $N=600\ \text{kN}$，弯矩设计值 $M_1=M_2=185\ \text{kN}\cdot\text{m}$，柱的计算长度 $l_0=2.8\ \text{m}$。混凝土强度等级为 C35，采用 HRB400 级钢筋，截面上已配置受压钢筋截面面积为 $A'_s=941\ \text{mm}^2$，截面采用非对称配筋。试求受拉钢筋截面面积 A_s。

【解】 (1) 确定基本参数

$$f_c=16.7\ \text{N/mm}^2,\quad f_y=f'_y=360\ \text{N/mm}^2$$

$$h_0=h-a_s=400-40=360(\text{mm})$$

(2) 判断是否需考虑挠曲二阶效应

$$A=bh=300\times400=120000(\text{mm}^2)$$

$$I=\frac{1}{12}bh^3=\frac{1}{12}\times300\times400^3=1600\times10^6(\text{mm}^4)$$

$$i=\sqrt{\frac{I}{A}}=\sqrt{\frac{1600\times10^6}{120000}}=115.5(\text{mm})$$

$$\frac{M_1}{M_2}=\frac{185}{185}=1>0.9,\quad \frac{N}{f_cA}=\frac{600\times10^3}{16.7\times120000}=0.299<0.9$$

由于

$$\frac{l_0}{i}=\frac{2800}{115.5}=24.2>34-12\frac{M_1}{M_2}=34-12\times1=22$$

故应考虑挠曲二阶效应的影响。

(3) 计算弯矩增大系数

$$e_a=\max\left(\frac{h}{30},20\ \text{mm}\right)=\max\left(\frac{400}{30},20\right)=20(\text{mm})$$

$$\zeta_c=\frac{0.5f_cA}{N}=\frac{0.5\times16.7\times120000}{600\times10^3}=16.7>1.0$$

故取 $\zeta_c=1$。

$$C_m=0.7+0.3\frac{M_1}{M_2}=0.7+0.3\times1=1$$

$$\eta_{ns}=1+\frac{1}{1300\left(\frac{M_2}{N}+e_a\right)/h_0}\left(\frac{l_0}{h}\right)^2\zeta_c=1+\frac{1}{1300\times\frac{185\times10^6/(600\times10^3)+20}{360}}\times\left(\frac{2800}{400}\right)^2\times1$$

$$=1.04$$

则 $C_m\eta_{ns}=1\times1.04=1.04$。

$$M=C_m\eta_{ns}M_2=1.04\times185=192.4(\text{kN}\cdot\text{m})$$

(4) 判别大、小偏心受压破坏类型

$$e_0=\frac{M}{N}=\frac{192.4\times10^6}{600\times10^3}=320(\text{mm})$$

$$e_i=e_0+e_a=320+20=340(\text{mm})$$

$$e_i=340\ \text{mm}>0.3h_0=0.3\times360=108(\text{mm})$$

$$e=e_i+\frac{h}{2}-a_s=340+\frac{400}{2}-40=500(\text{mm})$$

故先按照大偏心受压破坏计算。

(5) 求受拉钢筋截面面积 A_s

已知 $A'_s=941\ \text{mm}^2$,则:

$$\alpha_s=\frac{Ne-f'_yA'_s(h_0-a'_s)}{\alpha_1f_cbh_0^2}=\frac{600\times10^3\times500-360\times941\times(360-40)}{1\times16.7\times300\times360^2}=0.3$$

$$\xi=1-\sqrt{1-2\alpha_s}=1-\sqrt{1-2\times0.3}=0.367<\xi_b=0.518$$

$$x=\xi h_0=0.367\times360=132(\text{mm})>2a'_s=80\ \text{mm}$$

$$A_s=\frac{\alpha_1f_cbh_0\xi+f'_yA'_s-N}{f_y}$$

$$=\frac{1\times16.7\times300\times360\times0.367+360\times941-600\times10^3}{360}$$

$$=1113(\text{mm}^2)>\rho_{min}bh=240\ \text{mm}^2$$

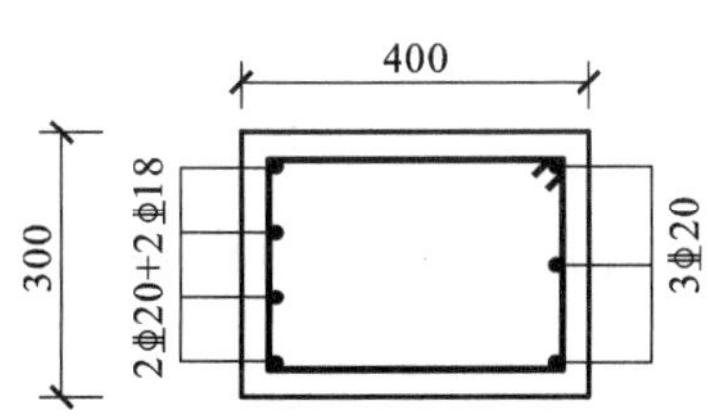

图 5-22 例 5-4 图

如图 5-22 所示,选用钢筋为 2Φ20+2Φ18,实配钢筋截面面积 $A_s=1137\ \text{mm}^2$,则全部纵向配筋率为:

$$\rho=\frac{A_s+A'_s}{bh}=\frac{1137+941}{300\times400}\times100\%=1.73\%>\rho_{min}=0.55\%$$

满足要求。

【例 5-5】 条件同例 5-4，由于构造要求，截面上已配置受压钢筋 5 Φ 25，截面面积为 $A'_s=2454\ mm^2$，试求受拉钢筋截面面积 A_s。

【解】 步骤(1)、(2)同例 5-4。

(3) 求受拉钢筋截面面积 A_s

已知 $A'_s=2454\ mm^2$，则：

$$\alpha_s=\frac{Ne-f'_yA'_s(h_0-a'_s)}{\alpha_1 f_c bh_0^2}=\frac{600\times10^3\times500-360\times2454\times(360-40)}{1\times16.7\times300\times360^2}=0.027$$

$$\xi=1-\sqrt{1-2\alpha_s}=1-\sqrt{1-2\times0.027}=0.027<\xi_b=0.518$$

$$x=\xi h_0=0.027\times360=10(mm)<2a'_s=80\ mm$$

取 $x=2a'_s$，由式(5-44)计算 A_s。

$$e'=e_i-\frac{h}{2}+a'_s=340-\frac{400}{2}+40=180(mm)$$

$$A_s=\frac{Ne'}{f_y(h_0-a'_s)}=\frac{600\times10^3\times180}{360\times(360-40)}$$

$$=938(mm^2)>\rho_{min}bh=240\ mm^2$$

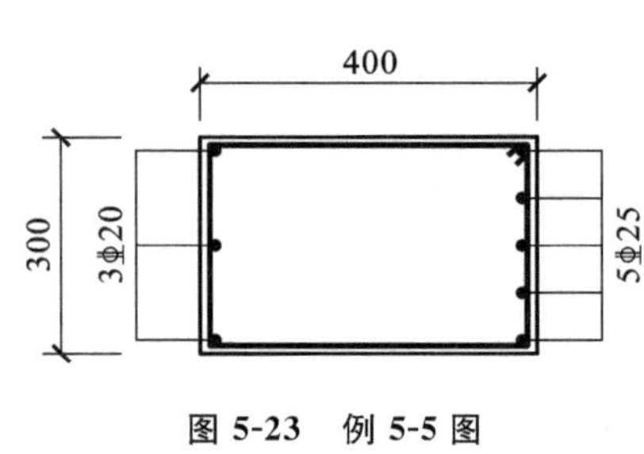

图 5-23 例 5-5 图

选用 3 Φ 20（图 5-23），实配钢筋截面面积为 $A_s=941\ mm^2$，则全部纵向钢筋配筋率为：

$$\rho=\frac{A_s+A'_s}{bh}=\frac{941+2454}{300\times400}\times100\%=2.83\%>\rho_{min}=0.55\%$$

满足要求。

(2) 小偏心受压构件的计算($e_i\leqslant0.3h_0$)

小偏心受压构件同样需要求解 A'_s 和 A_s。但在非对称配筋小偏心矩形截面受压构件中，计算公式有式(5-49)、式(5-50)、式(5-53)，但是有 4 个未知数(σ_s、x、A'_s 和 A_s)，因此没有唯一解，需要补充一个条件。

对于小偏心受压构件，要找到使($A_s+A'_s$)最小的 ξ 值，计算非常麻烦。我们先从求解 A_s 入手。可以注意到，对于小偏心受压构件，截面距轴向力较远一侧的钢筋无论受压还是受拉，且无论配筋多少，其应力都达不到屈服强度。因此，可取 $A_s=\rho_{min}bh=0.002bh$，这样求得的总用钢量($A_s+A'_s$)最经济。

同时计算表明，当 $N\leqslant f_c bh$ 时，钢筋 A_s 的配筋将由最小配筋率控制，故不会发生反向受压破坏。但是当 $N>f_c bh$ 时，可能会发生反向受压破坏，因此 A_s 还应满足下列要求：

$$A_s=\frac{N[h/2-a'_s-(e_0-e_a)]-f_c bh(0.5h-a'_s)}{f'_y(h'_0-a_s)}\geqslant0.002bh \tag{5-60}$$

然后取两者中的较大值作为 A_s 值进行配筋，同时应满足相应的构造要求。通过以上方法先确定 A_s。

A_s 确定后，联立方程组，便可以求得 σ_s、x、A'_s 的唯一解。根据 ξ 值不同，可有下列 3 种情况，如图 5-24 所示。

① 若 $\beta_1 \geqslant \xi > \xi_b$，则 $f_y > \sigma_s \geqslant 0$，表示钢筋受拉且不屈服；

② 若 $\xi_{cy} > \xi > \beta_1$，则 $0 > \sigma_s > -f'_y$，表示钢筋受压且不屈服；

③ 若 $\xi \geqslant \xi_{cy}$，表示钢筋受压且屈服。

其中，β_1 为混凝土受压区高度 x 与中性轴高度 x_c 之比。ξ_{cy} 为钢筋 A_s 受压屈服时的相对受压区高度，故 $\sigma_s = -f'_y$ 且取 $f_y = f'_y$，可得 $\xi_{cy} = 2\beta_1 - \xi_b$。

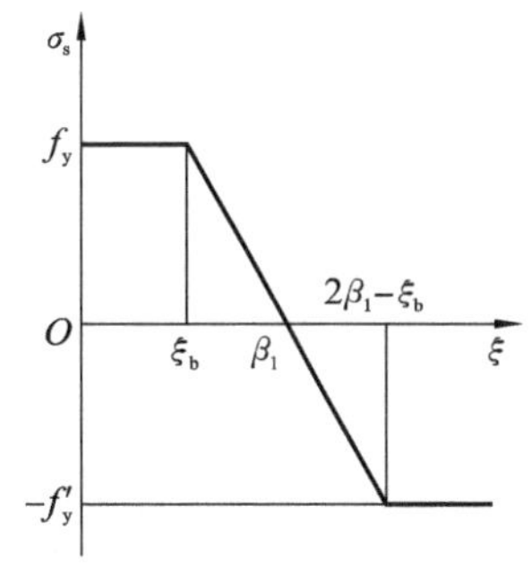

图 5-24 σ_s 曲线

根据以上分析，可得小偏心受压构件截面设计可按下列步骤进行计算。

① 当 $\xi_b < \xi < \xi_{cy}$ 时，所求得的 A'_s 值即为所求受压钢筋截面面积，并应满足最小配筋率的要求。

② 当 $\xi \geqslant \xi_{cy}$ 时，取 $\sigma_s = -f'_y$。如果 $x < h$，取 $x = \xi h_0$，则公式变为：

$$N \leqslant N_u = \alpha_1 f_c b \xi h_0 + f'_y A'_s + f'_y A_s \tag{5-61}$$

$$Ne \leqslant N_u e = \alpha_1 f_c b \xi h_0^2 (1 - 0.5\xi) + f'_y A'_s (h_0 - a'_s) \tag{5-62}$$

将计算确定的 A_s 值代入以上两式，即可求解 ξ 和 A'_s。

如果 $x > h$，说明钢筋 A_s 已经达到受压屈服强度，混凝土全截面受压，且受压区计算高度超过全截面高度，计算时取 $x = h$，公式可变为：

$$N \leqslant N_u = \alpha_1 f_c bh + f'_y A'_s + f'_y A_s \tag{5-63}$$

$$Ne \leqslant N_u e = \alpha_1 f_c bh (h_0 - 0.5h) + f'_y A'_s (h_0 - a'_s) \tag{5-64}$$

以上两个方程中的未知数为 A'_s 和 A_s，先求解出 A'_s，然后再求解 A_s，并与前面的 A_s 进行比较，取其中的较大值进行配筋。

小偏心受压构件还应按轴心受压构件验算垂直于弯矩作用平面的承载力。此时不考虑弯矩影响，但应考虑稳定系数，并取短边尺寸 b 作为截面高度，A'_s 取全部纵向钢筋的截面面积，即 A'_s 与 A_s 之和。

【例 5-6】 一偏心受压柱截面尺寸 $b \times h = 500\ \text{mm} \times 600\ \text{mm}$，$a_s = a'_s = 40\ \text{mm}$，轴向力设计值 $N = 3570\ \text{kN}$，弯矩设计值 $M_1 = 56.5\ \text{kN} \cdot \text{m}$，$M_2 = 60.8\ \text{kN} \cdot \text{m}$，柱的计算长度 $l_0 = 7.2\ \text{m}$。混凝土强度等级为 C30，采用 HRB400 级钢筋，截面采用非对称配筋。试求钢筋截面面积 A'_s 和 A_s。

【解】 (1) 确定基本参数

$$f_c = 14.3\ \text{N/mm}^2, \quad f_y = f'_y = 360\ \text{N/mm}^2$$

$$h_0 = h - a_s = 600 - 40 = 560(\text{mm})$$

(2) 判断是否需考虑挠曲二阶效应

$$A = bh = 500 \times 600 = 300000(\text{mm}^2)$$

$$\frac{M_1}{M_2} = \frac{56.5}{60.8} = 0.93 > 0.9, \quad \frac{N}{f_c A} = \frac{3570 \times 10^3}{14.3 \times 300000} = 0.832 < 0.9$$

$$i = \frac{h}{\sqrt{12}} = \frac{600}{\sqrt{12}} = 173.2(\text{mm})$$

由于

$$\frac{l_0}{i} = \frac{7200}{173.2} = 41.57 > 34 - 12\frac{M_1}{M_2} = 22.84$$

故应考虑挠曲二阶效应的影响。

(3) 计算弯矩增大系数

$$e_a=\max\left(\frac{h}{30},20\ \text{mm}\right)=\max\left(\frac{600}{30},20\right)=20(\text{mm})$$

$$\zeta_c=\frac{0.5f_cA}{N}=\frac{0.5\times14.3\times300000}{3570\times10^3}=0.481<1.0$$

$$C_m=0.7+0.3\frac{M_1}{M_2}=0.98>0.7$$

$$\eta_{ns}=1+\frac{1}{1300\left(\dfrac{M_2}{N}+e_a\right)/h_0}\left(\frac{l_0}{h}\right)^2\zeta_c=1+\frac{1}{1300\times\dfrac{60.8\times10^6/(3570\times10^3)+20}{560}}\times\left(\frac{7200}{600}\right)^2\times0.481$$

$$=1.81$$

则

$$M=C_m\eta_{ns}M_2=0.98\times1.81\times60.8=107.62(\text{kN}\cdot\text{m})$$

(4) 判别大、小偏心受压破坏类型

$$e_0=\frac{M}{N}=\frac{107.62\times10^6}{3570\times10^3}=0.030(\text{m})=30\ \text{mm}$$

$$e_i=e_0+e_a=30+20=50(\text{mm})<0.3h_0=0.3\times560=168(\text{mm})$$

故按照小偏心受压破坏类型计算。

(5) 计算 A_s

$$N=3570\ \text{kN}<f_cbh_0=14.3\times500\times560=4290(\text{kN})$$

故不会发生反向受压破坏。

取

$$A_s=0.002bh=0.002\times500\times600=600(\text{mm}^2)$$

(6) 计算 A'_s

$$e'=\frac{h}{2}-e_i-a'_s=\frac{600}{2}-50-40=210(\text{mm})$$

$$e=e_i+\frac{h}{2}-a_s=50+\frac{600}{2}-40=310(\text{mm})$$

$$Ne'=\alpha_1f_cb\xi h_0\left(\frac{\xi h_0}{2}-a'_s\right)-f_y\frac{\xi-\beta_1}{\xi_b-\beta_1}A_s(h_0-a'_s)$$

代入数值，得：

$$3570\times10^3\times210=1\times14.3\times500\times560\xi\left(\frac{560\xi}{2}-40\right)-360\frac{\xi-0.8}{0.518-0.8}\times600\times(560-40)$$

整理得：

$$\xi^2+0.355\xi-1.096=0$$

求得：

$$\xi=0.88<2\beta_1-\xi_b=2\times0.8-0.518=1.082$$

由于 $\xi_b<\xi<2\beta_1-\xi_b$，则由 $Ne\leqslant\alpha_1f_cbx\left(h_0-\dfrac{x}{2}\right)+f'_yA'_s(h_0-a'_s)$ 得：

$$A'_s=\frac{Ne-\alpha_1f_cbh_0^2\xi(1-0.5\xi)}{f'_y(h_0-a'_s)}=\frac{3570\times10^3\times310-1\times14.3\times500\times560^2\times0.879\times(1-0.5\times0.879)}{360\times(560-40)}$$

$$=10.65(\text{mm}^2)<\rho_{\min}bh=0.002\times50\times600=600(\text{mm}^2)$$

取 $A'_s=600\ mm^2$。

选用 3 ⌀20（图 5-25），实配钢筋截面面积为 $A_s=942\ mm^2$，$A'_s=942\ mm^2$。则全部纵向钢筋配筋率为：

$$\rho=\frac{A_s+A'_s}{bh}=\frac{942+942}{500\times600}\times100\%=0.628\%>\rho_{min}=0.55\%$$

满足要求。

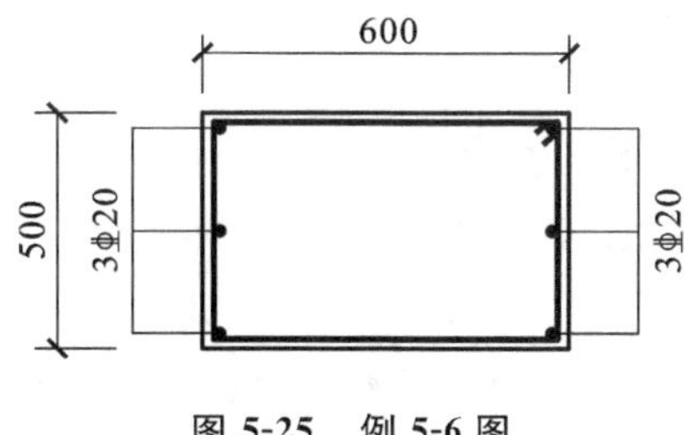

图 5-25　例 5-6 图

5.4.2.2　截面复核

在实际工程中，有时需要对已经制作或者设计好的偏心受压构件进行截面复核。在进行截面复核时，一般已知截面尺寸 b、h，纵向钢筋截面面积 A_s 和 A'_s，构件的计算长度 l_0，材料强度设计值 f_c、f_y 和 f'_y。根据构件轴力和弯矩作用方式，截面承载力复核可分为两种情况。

① 已知轴向力设计值 N，求弯矩作用平面的弯矩设计值 M 或轴向力偏心距 e_0。

由于截面尺寸、材料强度均为已知，可以先令 $x=x_b=\xi_b h_0$，求出界限轴向力 N_b，即：

$$N_b=\alpha_1 f_c b\xi_b h_0+f'_y A'_s-f_y A_s$$

通过此式可以判断出大、小偏心受压破坏类型。

如果已知轴向力 $N\leqslant N_b$，则为大偏心受压破坏。此时可以按照式(5-39)求出 x，之后分两种情况考虑：

a. 若 $2a'_s\leqslant x\leqslant\xi_b h_0$，可按式(5-40)求出 e，进而求出 e_0，则弯矩设计值 $M=Ne_0$。

b. 若 $2a'_s>x$，取 $2a'_s=x$，按照式(5-44)计算出 e'，进而计算出 e_i 和 e_0，则弯矩设计值 $M=Ne_0$。

如果已知轴向力 $N>N_b$，则为小偏心受压破坏。此时应先求出 σ_s 和受压区高度 x，再分三种情况讨论：

a. 当 $\xi_b\leqslant\xi\leqslant\xi_{cy}$ 时，满足小偏心受压破坏的适用条件及 σ_s 的计算公式，可分别按式(5-49)和式(5-53)求出 x，按式(5-50)求出 e，按式(5-38)求出 e_i，按式(5-17)求得 e_0，则弯矩设计值 $M=Ne_0$。

b. 当 $h/h_0\geqslant\xi>\xi_{cy}$ 时，纵向钢筋受压屈服，则取 $\sigma_s=-f'_y$，然后按照式(5-61)求出 ξ，再依次求得 e、e_i 和 e_0，则弯矩设计值 $M=Ne_0$。

c. 当 $\xi>h/h_0$ 时，全截面受压，受压区高度超过截面全高，应取 $x=h$，再按式(5-64)依次求得 e、e_i 和 e_0，则弯矩设计值 $M=Ne_0$。

② 已知弯矩作用平面的弯矩设计值 M 或轴向力偏心距 e_0，求轴向力设计值 N。

此时不知道轴向力 N，因此无法根据界限轴向力来判断大、小偏心受压破坏的类型。

a. 当 $e_i>0.3h_0$ 时，为大偏心受压破坏，此时未知数仅有 x 和 N 两个，联立方程可以求解出 x 和 N。

b. 当 $e_i\leqslant0.3h_0$ 时，为小偏心受压破坏，应该按照小偏心受压破坏公式重新计算 ξ，ξ 值可能出现下列三种情况：

(a) $\xi_b\leqslant\xi\leqslant\xi_{cy}$ 时，满足小偏心的适用条件及 σ_s 的计算公式，可联立式(5-21)、式(5-49)、式(5-50)求出 x，代入小偏心受压破坏公式中求出轴向力 N。

(b) $h/h_0\geqslant\xi>\xi_{cy}$ 时，纵向钢筋受压屈服，则取 $\sigma_s=-f'_y$，然后联立式(5-61)、式(5-62)重新求出 ξ，代入小偏心受压破坏公式中求出轴向力 N。

(c) 当 $\xi>h/h_0$ 时，全截面受压，受压区高度超过截面全高，应取 $x=h$，再按式(5-63)求出轴向力 N。

另一方面，当构件垂直于弯矩作用平面内的长细比较大时，还应根据 l_0/b 确定稳定系数 φ，按照轴心受压情况验算垂直于弯矩作用平面的受压承载力。

【例 5-7】 如图 5-26 所示，已知某钢筋混凝土偏心受压构件承受的轴向力设计值 $N=1200$ kN，截面尺寸为 $b\times h=400$ mm$\times 600$ mm，$a_s=a'_s=45$ mm，混凝土强度等级为 C40，采用 HRB400 级钢筋，$A_s=1256$ mm^2(4 ⌀ 20)，$A'_s=1520$ mm^2(4 ⌀ 22)，柱的计算长度 $l_0=4.0$ m。求截面在 h 方向上可承受的柱端弯矩设计值 M_2(按两端弯矩相等考虑)。

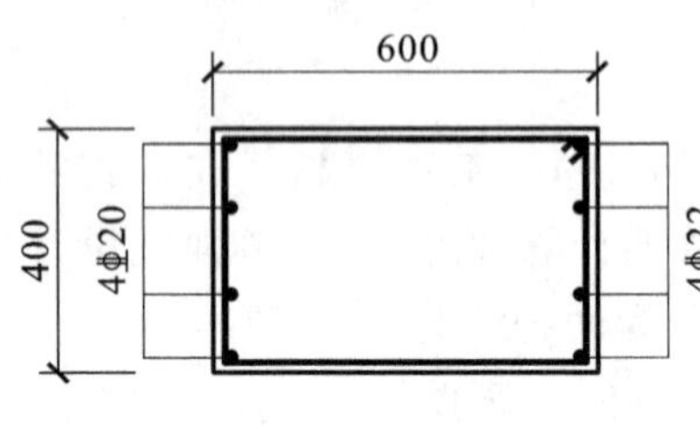

图 5-26　例 5-7 图

【解】 (1) 按大偏心受压破坏求 x

$$h_0=h-a_s=600-45=555(\text{mm})$$

由式(5-39)得：

$$x=\frac{N-f'_yA'_s+f_yA_s}{\alpha_1 f_c b}=\frac{1200\times 10^3-360\times 1520+360\times 1256}{1\times 19.1\times 400}$$

$$=145(\text{mm})<\xi_b h_0=0.518\times 555=287(\text{mm})$$

故属于大偏心受压破坏情况。

(2) 求控制截面承受的弯矩设计值 M

由于 $x=145$ mm$>2a'_s=2\times 45=90$(mm)，则由式(5-40)得：

$$e=\frac{\alpha_1 f_c bx\left(h_0-\dfrac{x}{2}\right)+f'_yA'_s(h_0-a'_s)}{N}$$

$$=\frac{1\times 19.1\times 400\times 145\times(555-145/2)+360\times 1520\times(555-45)}{1200\times 10^3}=678(\text{mm})$$

$$e_i=e-\frac{h}{2}+a_s=678-\frac{600}{2}+45=423(\text{mm})$$

$$e_a=\max\left(\frac{h}{30},20\text{ mm}\right)=\max\left(\frac{600}{30},20\right)=20(\text{mm})$$

$$e_0=e_i-e_a=423-20=403(\text{mm})$$

$$M=Ne_0=1200\times 0.403=483.6(\text{kN}\cdot\text{m})$$

(3) 求柱端弯矩设计值 M

$$\frac{M_1}{M_2}=1.0>0.9,\quad \frac{N}{f_cA}=\frac{1200\times 10^3}{19.1\times 240000}=0.262<0.9$$

$$i=\frac{h}{\sqrt{12}}=\frac{600}{\sqrt{12}}=173.2(\text{mm})$$

由于

$$\frac{l_0}{i}=\frac{4200}{173.2}=23.1>34-12\frac{M_1}{M_2}=22$$

故应考虑挠曲二阶效应的影响。

$$\zeta_c=\frac{0.5f_cA}{N}=\frac{0.5\times 19.1\times 240000}{1200\times 10^3}=1.91\times 1.0$$

$$C_m=0.7+0.3\frac{M_1}{M_2}=1$$

$$M=C_m\eta_{ns}M_2=1\times\eta_{ns}M_2=\left[1+\frac{1}{1300\left(\dfrac{M_2}{N}+e_a\right)/h_0}\left(\frac{l_0}{h}\right)^2\zeta_c\right]M_2$$

代入数值，得：

$$483.6\times10^6=\left[1+\frac{1}{1300\ \frac{M_2/(1200\times10^3)+20}{555}}\times\left(\frac{4000}{600}\right)^2\times1\right]M_2$$

解得柱端弯矩 $M_2=461.93\ \text{kN}\cdot\text{m}$。

则全部纵向配筋率为：

$$\rho=\frac{A_s+A'_s}{bh}=\frac{1256+1520}{400\times600}\times100\%=1.2\%>\rho_{min}=0.55\%$$

满足要求。

【例 5-8】 如图 5-27 所示，已知一钢筋混凝土偏心受压构件的截面尺寸为 $b\times h=500\ \text{mm}\times700\ \text{mm}$，$a_s=a'_s=45\ \text{mm}$，混凝土强度等级为 C35，采用 HRB400 级钢筋，$A_s=2945\ \text{mm}^2$(6 Φ 25)，$A'_s=1964\ \text{mm}^2$(4 Φ 25)，柱的计算长度 $l_0=12.55\ \text{m}$。控制截面的轴向力偏心距 $e_0=460\ \text{mm}$(已经考虑二阶弯矩的影响)，求该柱能承受的轴向力设计值 N。

【解】 (1) 判断大、小偏心受压破坏类型

$$h_0=h-a_s=700-45=655(\text{mm})$$

$$e_0=460\ \text{mm}$$

$$e_a=\max\left(\frac{h}{30},20\ \text{mm}\right)=\max\left(\frac{700}{30},20\right)=23(\text{mm})$$

则：

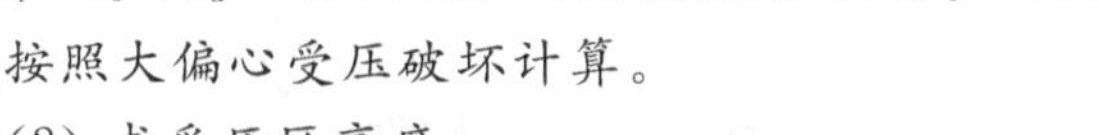

$$e_i=e_0+e_a=460+23=483(\text{mm})>0.3h_0=196.5\ \text{mm}$$

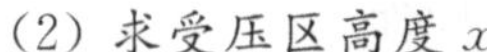

故先按照大偏心受压破坏计算。

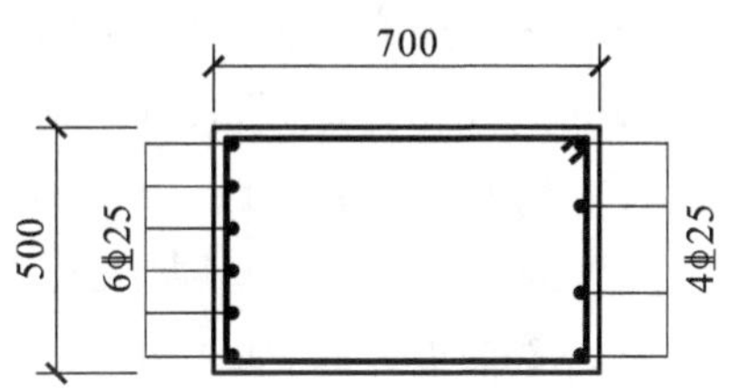

图 5-27 例 5-8 图

(2) 求受压区高度 x

对轴向力 N 取矩，得：

$$\alpha_1 f_c bx\left(e_i-\frac{h}{2}+\frac{x}{2}\right)=f_yA_se-f'_yA'_se'$$

$$e=e_i+\frac{h}{2}-a_s=483+\frac{700}{2}-45=788(\text{mm})$$

$$e'=e_i-\frac{h}{2}+a'_s=483-\frac{700}{2}+45=178(\text{mm})$$

代入数值，得：

$$1\times16.7\times500x\left(483-350+\frac{x}{2}\right)=360\times2945\times788-360\times1964\times178$$

整理得：

$$x^2+266x-169960=0$$

求得 $x=300\ \text{mm}<\xi_bh_0=0.518\times655=339(\text{mm})$，且 $x>2a'_s=2\times45=90(\text{mm})$，则属于大偏心受压破坏。

(3) 求轴向力设计值 N

由于

$$N_u=\alpha_1 f_c bx+f'_yA'_s-f_yA_s=1\times16.7\times500\times300+360\times1964-360\times2945=2151.8(\text{kN})$$

则全部纵向配筋率为：

$$\rho=\frac{A_s+A'_s}{bh}=\frac{2945+1964}{500\times700}\times100\%=1.4\%>\rho_{min}=0.55\%$$

由 $l_0/b=12550/500=25.1$，查表 5-2，得稳定系数 $\varphi=0.625$，又 $\rho<0.03$，按式(5-6)计算得：

$$N_u = 0.9\varphi[f_c A + f'_y(A_s + A'_s)] = 0.9 \times 0.625 \times [16.7 \times 500 \times 700 + 360 \times (2945 + 1964)]$$
$$= 4281.9(\text{kN}) > 2151.8\ \text{kN}$$

故该截面能承受的轴向力设计值 $N = 2151.8$ kN。

5.4.3 对称配筋矩形截面偏心受压构件正截面承载力计算

在实际工程中，偏心受压构件在各种不同荷载组合作用下，如风荷载、地震荷载与竖向荷载组合，可能产生变号的弯矩(即截面在一种荷载组合作用下为受拉部位，在另一种荷载组合作用下却为受压部位)，且两个方向的数值相差不大，这时一般采用对称配筋。或当两个相反方向弯矩相差较大，但按照对称配筋设计求得的纵筋总量与按非对称配筋设计求得的纵筋总量相比增加不多时，宜采用对称配筋。有时为了设计施工方便，避免出现施工错误，一般也采用对称配筋。对称配筋截面满足三个条件：$A_s = A'_s$，$f_y = f'_y$，$a_s = a'_s$。其界限破坏状态时的轴向力 $N_b = \alpha_1 f_c b \xi_b h_0$。对称配筋是非对称配筋的一种特殊形式，受力情况与非对称配筋情况相同，因此无论大偏心受压破坏还是小偏心受压破坏，基本公式都是适用的。

5.4.3.1 截面设计

(1) 大、小偏心受压破坏类型的判断

进行截面设计时，先假设为大偏心受压破坏。因为为对称配筋，所以取 $f_y A_s = f'_y A'_s$，则由式(5-39)得：

$$N_b = \alpha_1 f_c b \xi_b h_0 \tag{5-65}$$

故当 $N > N_b$ 时，按小偏心受压构件设计；当 $N \leqslant N_b$ 时，按大偏心受压构件设计。

同理，也可由式(5-39)求得：

$$\xi = \frac{N}{\alpha_1 f_c b h_0} \tag{5-66}$$

当 $\xi > \xi_b$ 时，按小偏心受压构件设计；当 $\xi \leqslant \xi_b$ 时，按大偏心受压构件设计。

(2) 大偏心受压构件的计算

① 当 $\frac{2a'_s}{h_0} \leqslant \xi \leqslant \xi_b$ 时，取 $x = \xi h_0$，则由式(5-40)可求得：

$$A_s = A'_s = \frac{Ne - \alpha_1 f_c b x (h_0 - x/2)}{f'_y (h_0 - a'_s)} \geqslant 0.002bh \tag{5-67}$$

式中：

$$e = e_i + \frac{h}{2} - a_s$$

② 当 $x < 2a'_s$ 时，同样可按照非对称配筋大偏心受压构件的计算公式处理方法，可得：

$$A_s = \frac{Ne'}{f_y (h_0 - a'_s)} \tag{5-68}$$

式中：

$$e' = e_i - \frac{h}{2} + a'_s$$

③ 当 $x > \xi_b h_0$ 时，则认为受拉钢筋 A_s 达不到受拉屈服强度，此时可按照小偏心受压构件进行计算。

【例 5-9】 一矩形偏心受压柱截面尺寸 $b\times h=300\ \text{mm}\times 400\ \text{mm}$，$a_s=a'_s=40\ \text{mm}$，轴向力设计值 $N=600\ \text{kN}$，弯矩设计值 $M_1=M_2=185\ \text{kN}\cdot\text{m}$，柱的计算长度 $l_0=2.8\ \text{m}$。混凝土强度等级为 C35，采用 HRB400 级钢筋，截面采用对称配筋。求钢筋截面面积。

【解】 (1) 确定基本参数

$$f_c=16.7\ \text{N/mm}^2,\quad f_y=f'_y=360\ \text{N/mm}^2$$

$$h_0=h-a_s=400-40=360(\text{mm})$$

(2) 判断是否需考虑挠曲二阶效应

$$A=bh=300\times 400=120000(\text{mm})$$

$$I=\frac{1}{12}bh^3=\frac{1}{12}\times 300\times 400^3=1600\times 10^6(\text{mm}^4)$$

$$i=\sqrt{\frac{I}{A}}=\sqrt{\frac{1600\times 10^6}{120000}}=115.5(\text{mm})$$

$$\frac{M_1}{M_2}=\frac{185}{185}=1>0.9,\quad \frac{N}{f_cA}=\frac{600\times 10^3}{16.7\times 120000}=0.299<0.9$$

由于

$$\frac{l_0}{i}=\frac{2800}{115.5}=24.2>34-12\frac{M_1}{M_2}=34-12\times 1=22$$

故应考虑挠曲二阶效应的影响。

(3) 计算弯矩增大系数

$$e_a=\max\left(\frac{h}{30},20\ \text{mm}\right)=\max\left(\frac{400}{30},20\right)=20(\text{mm})$$

$$\zeta_c=\frac{0.5f_cA}{N}=\frac{0.5\times 16.7\times 120000}{600\times 10^3}=1.67>1.0$$

故取 $\zeta_c=1$。

$$C_m=0.7+0.3\frac{M_1}{M_2}=0.7+0.3\times 1=1$$

$$\eta_{ns}=1+\frac{1}{1300\left(\frac{M_2}{N}+e_a\right)/h_0}\left(\frac{l_0}{h}\right)^2\zeta_c=1+\frac{1}{1300\times\frac{185\times 10^6/(600\times 10^3)+20}{360}}\times\left(\frac{2800}{400}\right)^2\times 1=1.04$$

则

$$C_m\eta_{ns}=1\times 1.04=1.04$$

$$M=C_m\eta_{ns}M_2=1.04\times 185=192.4(\text{kN}\cdot\text{m})$$

$$e_0=\frac{M}{N}=\frac{192.4\times 10^6}{600\times 10^3}=320(\text{mm})$$

$$e_i=e_0+e_a=320+20=340(\text{mm})$$

$$e=e_i+\frac{h}{2}-a_s=340+\frac{400}{2}-40=500(\text{mm})$$

(4) 判断大、小偏心受压破坏类型

由

$$\xi=\frac{N}{\alpha_1 f_cbh_0}=\frac{600\times 10^3}{1\times 16.7\times 300\times 360}=0.33<\xi_b=0.518$$

可知为大偏心受压破坏。

(5) 计算 A_s、A'_s

由 $\frac{2a'_s}{h_0}=0.22\leqslant\xi\leqslant\xi_b$，$x=\xi h_0=0.33\times360=120(\text{mm})$，得：

$$e=e_i+\frac{h}{2}-a_s=340+\frac{400}{2}-40=500(\text{mm})$$

由 $Ne\leqslant\alpha_1 f_c bx\left(h_0-\frac{x}{2}\right)+f'_y A'_s(h_0-a'_s)$，得：

$$A_s=A'_s=\frac{Ne-\alpha_1 f_c bx(h_0-x/2)}{f'_y(h_0-a'_s)}=\frac{600\times10^3\times500-1\times16.7\times300\times120\times(360-120/2)}{360\times(360-40)}$$

$$=1039(\text{mm}^2)>\rho_{\min}bh=240\ \text{mm}^2$$

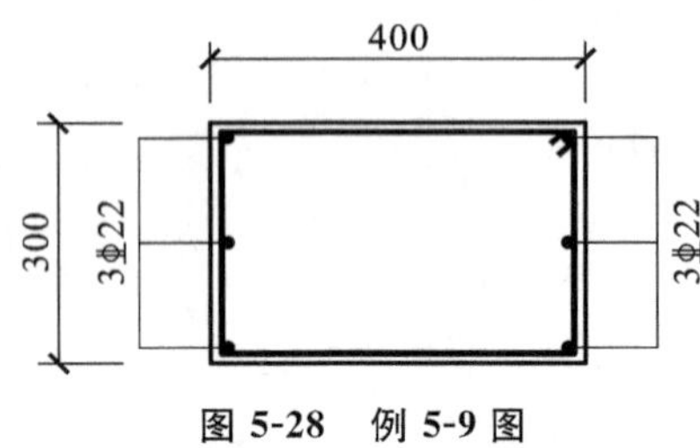

图 5-28　例 5-9 图

每边选配 3 Φ 22(图 5-28)，实配钢筋截面面积 $A_s=A'_s=1140\ \text{mm}^2$。

则全部纵向配筋率为：

$$\rho=\frac{A_s+A'_s}{bh}=\frac{1140+1140}{300\times400}\times100\%$$

$$=1.9\%>\rho_{\min}=0.55\%$$

满足要求。

【例 5-10】 一矩形截面偏心受压柱的截面尺寸 $b\times h=300\ \text{mm}\times400\ \text{mm}$，$a_s=a'_s=40\ \text{mm}$，轴向力设计值 $N=300\ \text{kN}$，弯矩设计值 $M_1=M_2=175\ \text{kN}\cdot\text{m}$(已考虑挠曲二阶效应的影响)，柱的计算长度 $l_0=2.8\ \text{m}$。混凝土强度等级为 C30，采用 HRB400 级钢筋，截面采用对称配筋。求钢筋截面面积。

【解】 (1) 确定基本参数

$$f_c=14.3\ \text{N/mm}^2,\quad f_y=f'_y=360\ \text{N/mm}^2$$

$$h_0=h-a_s=400-40=360(\text{mm})$$

(2) 计算初始偏心距 e_i

$$e_0=\frac{M}{N}=\frac{175\times10^6}{300\times10^3}=583.3(\text{mm})$$

$$e_a=\max\left(\frac{h}{30},20\ \text{mm}\right)=\max\left(\frac{400}{30},20\right)=20(\text{mm})$$

$$e_i=e_0+e_a=583.3+20=603.3(\text{mm})$$

(3) 判断大、小偏心受压破坏类型

$$\xi=\frac{N}{\alpha_1 f_c bh_0}=\frac{300\times10^3}{1\times14.3\times300\times360}=0.194<\xi_b=0.518$$

故为大偏心受压破坏。

由于 $\frac{2a'_s}{h_0}=\frac{2\times40}{360}=0.22>\xi=0.194$，故应取 $x=2a'_s$。

$$e'=e_i-\frac{h}{2}+a'_s=603.3-\frac{400}{2}+40=443.3(\text{mm})$$

$$A_s=A'_s=\frac{Ne'}{f_y(h_0-a'_s)}=\frac{300\times10^3\times443.3}{360\times(360-40)}=1154.4(\text{mm}^2)$$

选配 4 Φ 20(图 5-29)，实配钢筋截面面积为 $A_s=A'_s=1256\ \text{mm}^2$。

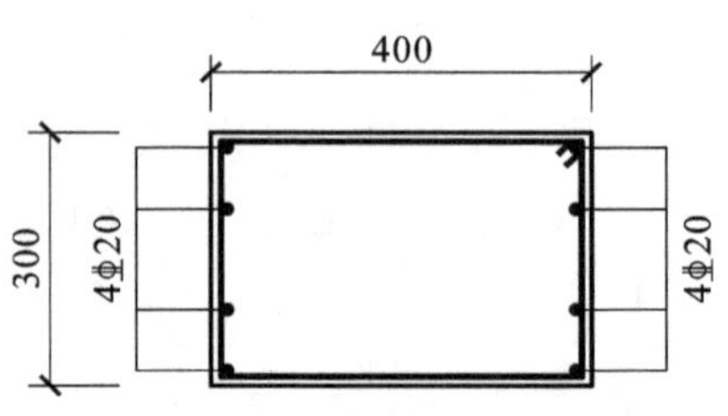

图 5-29　例 5-10 图

则全部纵向配筋率为：

$$\rho=\frac{A_s+A'_s}{bh}=\frac{1256+1256}{300\times400}\times100\%=2.9\%>\rho_{min}=0.55\%$$

满足要求。

(3) 小偏心受压构件

当求得的 $\xi>\xi_b$ 时，可按照小偏心受压构件进行计算。由于为对称配筋，$A'_s=A_s$，将式(5-53)代入式(5-49)中，可得：

$$N=\alpha_1 f_c bx+\left(f'_y-\frac{\xi-\beta_1}{\xi_b-\beta_1}f_y\right)A'_s=\alpha_1 f_c b\xi h_0+\frac{\xi_b-\xi}{\xi_b-\beta_1}f'_y A'_s \tag{5-69}$$

$$Ne=\alpha_1 f_c bh_0^2\xi(1-0.5\xi)+f'_y A'_s(h_0-a'_s) \tag{5-70}$$

由式(5-69)得：

$$f'_y A'_s=\frac{N-\alpha_1 f_c b\xi h_0}{\dfrac{\xi_b-\xi}{\xi_b-\beta_1}} \tag{5-71}$$

代入式(5-70)中，并整理得：

$$Ne\left(\frac{\xi_b-\xi}{\xi_b-\beta_1}\right)=\alpha_1 f_c bh_0^2\xi(1-0.5\xi)\frac{\xi_b-\xi}{\xi_b-\beta_1}+(N-\alpha_1 f_c bh_0\xi)(h_0-a'_s) \tag{5-72}$$

上式为一个关于 ξ 的三次方程，直接求解 ξ 非常不方便。为此，我们介绍一种简化方法。

在小偏心受压构件中，对于常用材料强度，可近似取

$$\xi=\frac{N-\xi_b\alpha_1 f_c bh_0}{\dfrac{Ne-0.43\alpha_1 f_c bh_0^2}{(0.8-\xi_b)(h_0-a'_s)}+\alpha_1 f_c bh_0}+\xi_b \tag{5-73}$$

将式(5-73)代入式(5-50)，可得：

$$A_s=A'_s=\frac{Ne-\alpha_1 f_c bh_0^2\xi(1-0.5\xi)}{f'_y(h_0-a'_s)}\geqslant0.002bh \tag{5-74}$$

当 $A_s+A'_s>0.05bh$ 时，说明截面尺寸过小，宜加大构件截面尺寸。当 $A'_s<0$ 时，按最小配筋率来配置受压钢筋，即使 $A_s=A'_s=0.002bh$，并使 $(A_s+A'_s)$ 不小于全部纵筋配筋量。

【例 5-11】 一截面为矩形的钢筋混凝土受压构件，其截面尺寸为 $b\times h=400\text{ mm}\times700\text{ mm}$，构件计算长度为 $l_0=5\text{ m}$，轴向力设计值 $N=2400\text{ kN}$，柱端弯矩设计值 $M_1=M_2=282\text{ kN}\cdot\text{m}$（已考虑挠曲二阶效应的影响），$a_s=a'_s=40\text{ mm}$。混凝土强度等级为 C30，采用 HRB400 级钢筋。采用对称配筋，求纵向钢筋截面面积。

【解】 (1) 确定参数

$$f_c=14.3\text{ N/mm}^2,\quad f_y=f'_y=360\text{ N/mm}^2$$

$$h_0=h-a_s=700-40=660(\text{mm})$$

(2) 判断大、小偏心受压破坏类型

$$e_0=\frac{M}{N}=\frac{282\times10^6}{2400\times10^3}=117.5(\text{mm})$$

$$e_a=\max\left(\frac{h}{30},20\text{ mm}\right)=\max\left(\frac{700}{30},20\right)=23.33(\text{mm})$$

$$e_i=e_0+e_a=117.5+23.33=140.83(\text{mm})$$

由于

$$\xi=\frac{N}{\alpha_1 f_c bh_0}=\frac{2400\times10^3}{1\times14.3\times300\times660}=0.85>\xi_b=0.518$$

故为小偏心受压破坏。

(3) 求 A_s、A'_s

$$e=e_i+\frac{h}{2}-a_s=140.83+\frac{700}{2}-40=450.83(\text{mm})$$

$$\xi=\frac{N-\xi_b\alpha_1 f_c bh_0}{\dfrac{Ne-0.43\alpha_1 f_c bh_0^2}{(0.8-\xi_b)(h_0-a'_s)}+\alpha_1 f_c bh_0}+\xi_b$$

$$=\frac{2400\times10^3-1.0\times14.3\times400\times600\times0.518}{\dfrac{2400\times10^3\times450.83-0.43\times1.0\times14.3\times400\times660^2}{(0.8-0.518)\times(660-40)}+1.0\times14.3\times400\times600}+0.518$$

$$=0.634$$

$$A_s=A'_s=\frac{Ne-\alpha_1 f_c bh_0^2\xi(1-0.5\xi)}{f'_y(h_0-a'_s)}$$

$$=\frac{2400\times10^3\times450.83-1\times14.3\times400\times660^2\times0.634\times(1-0.5\times0.634)}{360\times(660-40)}$$

$$=13.7(\text{mm}^2)<\rho_{min}bh=0.002\times400\times700=560(\text{mm}^2)$$

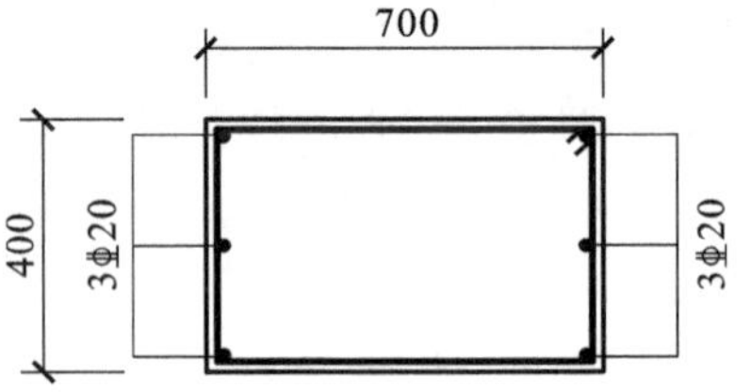

取 $A_s=A'_s=\rho_{min}bh=560\ \text{mm}^2$。

如图 5-30 所示，选用 3 ⏀ 20，实配钢筋截面面积为 $A_s=A'_s=941\ \text{mm}^2$，则全部纵向配筋率为：

$$\rho=\frac{A_s+A'_s}{bh}=\frac{941\times2}{400\times700}\times100\%$$

$$=0.67\%>\rho_{min}=0.55\%$$

满足要求。

700
400
3⏀20
3⏀20

图 5-30 例 5-11 图

5.4.3.2 截面复核

对称配筋偏心受压构件截面承载力复核方法与非对称配筋时相同，计算时只要在相关公式中取 $A_s=A'_s$，$f_y=f'_y$ 即可。另外，需要注意的是，在复核小偏心受压破坏时，因为采用对称配筋，所以仅需考虑靠近轴向压力一侧混凝土先被压坏的情况。

5.5 I形截面受压构件正截面承载力计算

在实际工程中，由于结构构造原因，经常会出现I形截面偏心受压构件。单层工业厂房中，为了节省混凝土和减轻构件自重，较大尺寸的排架柱往往采用I形截面。由于排架柱承受正、负两个方向的弯矩，因此这种I形截面一般采用对称配筋。I形截面偏心受压构件的受力性能、破坏特征和计算原理与矩形截面偏心受压构件相同，不同的是受压区可能仅限于一侧翼缘，可能进入腹板，也可能进入另一侧翼缘，计算公式较矩形截面复杂。I形截面偏心受压构件分为大偏心受压构件和小偏心受压构件两种。

5.5.1 基本公式及适用条件

5.5.1.1 大偏心受压构件基本公式及适用条件

(1) 基本公式

当 $x\leqslant\xi_b h_0$ 时，为大偏心受压构件。其基本公式可分别按下列两种情况考虑。

① 当 $x \leqslant h'_f$ 时，按照宽度为 b'_f、高度为 h 的矩形截面计算，如图 5-31(b)所示，计算公式为：

$$N \leqslant N_u = \alpha_1 f_c b'_f x + f'_y A'_s - f_y A_s \tag{5-75}$$

$$Ne \leqslant N_u e = \alpha_1 f_c b'_f x \left(h_0 - \frac{x}{2}\right) + f'_y A'_s (h'_0 - a'_s) \tag{5-76}$$

② 当 $h'_f < x \leqslant \xi_b h_0$ 时，受压区进入腹板，为 T 形截面，如图 5-31(a)所示。此时应该考虑受压区翼缘和腹板的共同作用，按下列公式进行计算：

$$N \leqslant N_u = \alpha_1 f_c [bx + (b'_f - b)h'_f] + f'_y A'_s - f_y A_s \tag{5-77}$$

$$Ne \leqslant N_u e = \alpha_1 f_c \left[bx\left(h_0 - \frac{x}{2}\right) + (b'_f - b)h'_f\left(h_0 - \frac{h'_f}{2}\right)\right] + f'_y A'_s (h_0 - a'_s) \tag{5-78}$$

(2) 适用条件

保证构件破坏时，受拉钢筋应力能达到抗拉屈服强度设计值的条件，要求 $x \leqslant \xi_b h_0$；同时，保证构件破坏时受压钢筋应力达到抗压强度设计值，要求 $x \geqslant 2a'_s$。

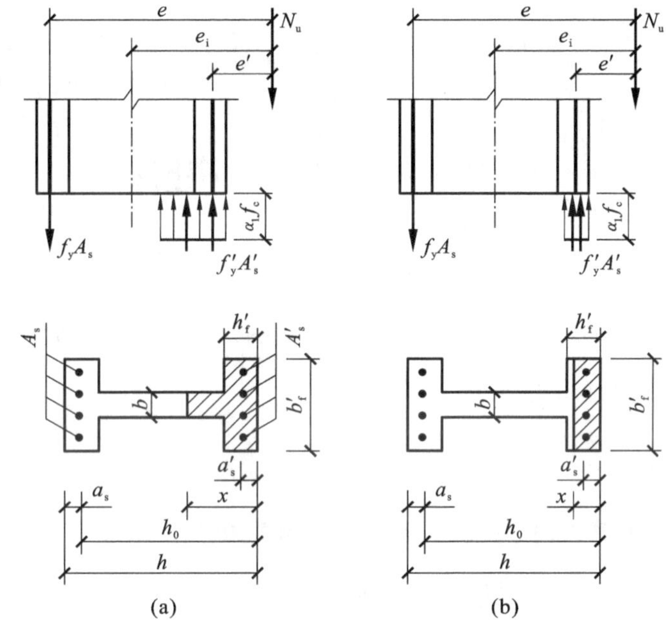

图 5-31　I 形截面大偏心受压截面计算简图

(a) $x \leqslant h'_f$；(b) $h'_f < x \leqslant \xi_b h_0$

5.5.1.2　小偏心受压构件基本公式及适用条件

(1) 基本公式

对于小偏心 I 形截面(图 5-32)，一般不会出现 $x < h'_f$ 的情况，因此仅讨论 $x \geqslant h'_f$ 的计算公式。

① 对于 I 形截面小偏心受压构件，当受压区进入腹板时，受压区为 T 形截面，承载力计算基本公式为：

$$N \leqslant N_u = \alpha_1 f_c [bx + (b'_f - b)h'_f] + f'_y A'_s - \sigma_s A_s \tag{5-79}$$

$$Ne \leqslant N_u e = \alpha_1 f_c \left[bx\left(h_0 - \frac{x}{2}\right) + (b'_f - b)h'_f\left(h_0 - \frac{h'_f}{2}\right)\right] + f'_y A'_s (h_0 - a'_s) \tag{5-80}$$

② 当受压区跨越腹板进入另一侧翼缘($x > h - h'_f$)时，承载力计算公式为：

$$N \leqslant N_u = \alpha_1 f_c [bx + (b'_f - b)h'_f + (b'_f - b)h'_f(h_f + x - h)] + f'_y A'_s - \sigma_s A_s \tag{5-81}$$

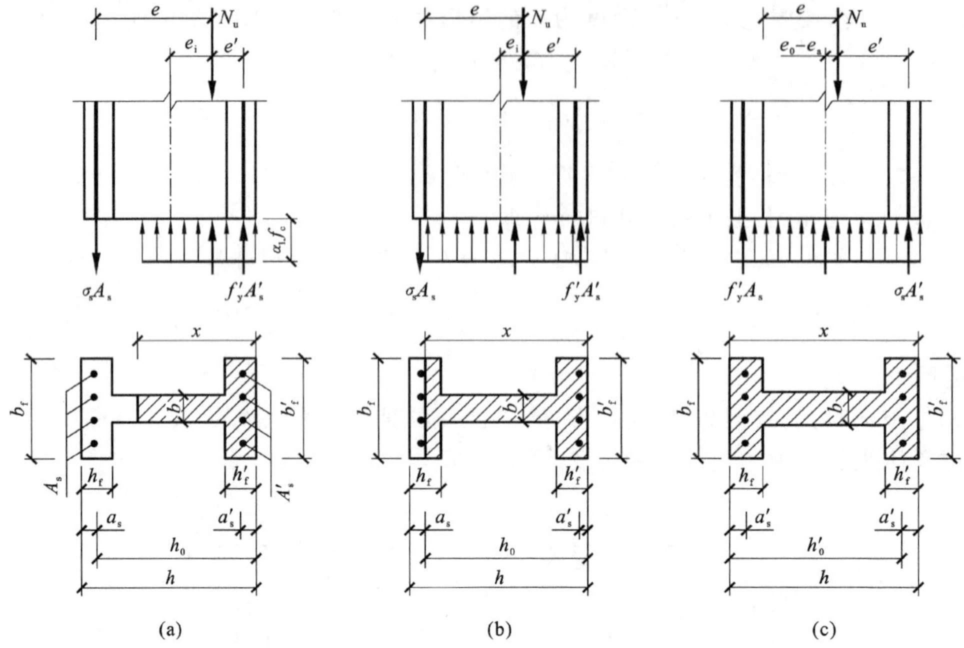

图 5-32　I 形小偏心受压截面计算简图

(a) 受压区进入腹板；(b) 受压区进入另一侧翼缘；(c) 受压区为全截面

$$Ne \leqslant N_u e = \alpha_1 f_c \left[bx\left(h_0 - \frac{x}{2}\right) + (b'_f - b)h'_f\left(h_0 - \frac{h'_f}{2}\right) \right] +$$

$$\alpha_1 f_c (b_f - b)(h_f + x - h)\left(h_f - \frac{h_f + x - h}{2} - a_s\right) + f'_y A'_s (h_0 - a'_s) \tag{5-82}$$

小偏心受压时，σ_s 仍然可用式(5-53)计算。

(2) 适用条件

适用条件为：$x > \xi_b h_0$。

5.5.2　对称配筋 I 形截面偏心受压构件正截面承载力计算

(1) 对称配筋 I 形截面大偏心受压构件正截面承载力计算

对称配筋 I 形截面大偏心受压构件可按照如下步骤进行判别和计算。首先，假定 I 形截面是宽度为 b'_f 的矩形截面，同时取 $f_y A_s = f'_y A'_s$，则由式(5-75)得：

$$x = \frac{N}{\alpha_1 f_c b'_f} \tag{5-83}$$

根据 x 计算值的不同，可分为以下几种情况。

① 当 $2a'_s \leqslant x \leqslant h'_f$ 时，判断为大偏心受压构件，代入式(5-76)即可求得 $A_s = A'_s$。

② 当 $h'_f < x \leqslant \xi_b h_0$ 时，受压区进入腹板，前面计算的 x 值无效，需要重新计算，取 $f_y A_s = f'_y A'_s$，由式(5-77)得：

$$x = \frac{N - \alpha_1 f_c (b'_f - b)h'_f}{\alpha_1 f_c b} \tag{5-84}$$

将求得的 x 值代入式(5-80)中，得：

$$A_s = A'_s = \frac{Ne - \alpha_1 f_c bx\left(h_0 - \dfrac{x}{2}\right) + (b'_f - b)h'_f\left(h_0 - \dfrac{h'_f}{2}\right)}{f'_y (h_0 - a'_s)} \tag{5-85}$$

③ 当 $x < 2a'_s$ 时，则同矩形截面偏心受压构件一样，取 $x = 2a'_s$，然后按照式(5-68)计算 A_s。

【例 5-12】　如图 5-33 所示，某 I 形截面受压柱的截面尺寸 $b\times h=100\ \text{mm}\times 900\ \text{mm}$，$a_s=a'_s=40\ \text{mm}$，$b_f=b'_f=400\ \text{mm}$，$h_f=h'_f=150\ \text{mm}$，轴向力设计值 $N=877\ \text{kN}$，控制截面弯矩设计值 $M_1=M_2=941\ \text{kN}\cdot\text{m}$，柱的计算长度 $l_0=5.5\ \text{m}$。混凝土强度等级为 C35，采用 HRB400 级钢筋，截面采用对称配筋，求钢筋截面面积。

【解】　(1) 确定基本参数

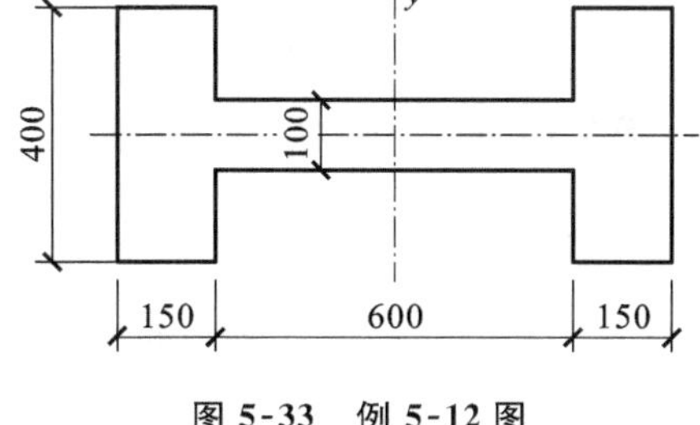

图 5-33　例 5-12 图

$$f_c=16.7\ \text{N/mm}^2,\quad f_y=f'_y=360\ \text{N/mm}^2$$

$$h_0=h-a_s=900-40=860(\text{mm})$$

$$A=100\times 900+2\times(400-100)\times 150=18\times 10^4(\text{mm}^2)$$

由于控制截面弯矩设计值为 941 kN·m，因此：

$$e_0=\frac{M}{N}=\frac{941\times 10^6}{877\times 10^3}=1042(\text{mm})$$

$$e_a=\max\left(\frac{h}{30},20\ \text{mm}\right)=\max\left(\frac{900}{30},20\right)=30(\text{mm})$$

$$e_i=e_0+e_a=1042+30=1072(\text{mm})$$

(2) 判别大、小偏心受压破坏类型

先假定中和轴在受压翼缘内，则受压区高度 x 为：

$$x=\frac{N}{\alpha_1 f_c b'_f}=\frac{877\times 10^3}{1\times 16.7\times 400}=131(\text{mm})<\xi_b h_0=0.518\times 860=445.48(\text{mm})$$

故为大偏心受压破坏，且 $x>2a'_s=2\times 40=80(\text{mm})$，$x=131\ \text{mm}<h'_f=150\ \text{mm}$，故受压区在翼缘内。

(3) 求 A_s、A'_s

$$e=e_i+\frac{h}{2}-a_s=1072+\frac{900}{2}-40=1482(\text{mm})$$

将 x 值代入下式中，得：

$$A_s=A'_s=\frac{Ne-\alpha_1 f_c bx(h_0-x/2)}{f'_y(h_0-a'_s)}=\frac{877\times 10^3\times 1482-1\times 16.7\times 400\times 131\times\left(860-\frac{131}{2}\right)}{360\times(860-40)}$$

$$=2051(\text{mm}^2)>\rho_{\min}bh=360\ \text{mm}^2$$

选用 2 ⌀ 28+2 ⌀ 25，实配钢筋截面面积为 $A_s=A'_s=2214\ \text{mm}^2$。

则全部纵向配筋率为：

$$\rho=\frac{A_s+A'_s}{bh}=\frac{2214\times 2}{18\times 10^4}\times 100\%=2.5\%>\rho_{\min}=0.55\%$$

满足要求。

(2) 对称配筋 I 形截面小偏心受压构件正截面承载力计算

对称配筋 I 形截面的计算方法与对称配筋矩形截面的计算方法基本相同，一般采用近似公式计算 ξ：

$$\xi=\frac{N-\alpha_1 f_c(b'_f-b)h'_f-\xi_b\alpha_1 f_c bh_0}{\dfrac{Ne-\alpha_1 f_c(b'_f-b)h'_f(h_0-h'_f/2)-0.45\alpha_1 f_c bh_0^2}{(0.8-\xi_b)(h_0-a'_s)}+\alpha_1 f_c bh_0}+\xi_b$$

把求得的 ξ 值代入式(5-80)、式(5-82)中，即可求得钢筋截面面积。

【例 5-13】 一与例 5-12 中相同的柱，柱的截面内力设计值为 $N=2100$ kN，控制截面弯矩 $M_1=M_2=800$ kN·m，对称配筋，求柱所需钢筋截面面积。

【解】 (1) 确定基本参数

$$f_c=16.7\ \text{N/mm}^2,\quad f_y=f'_y=360\ \text{N/mm}^2$$

$$h_0=h-a_s=900-40=860(\text{mm})$$

$$A=100\times900+2\times(400-100)\times150=18\times10^4(\text{mm}^2)$$

由于控制截面弯矩为 800 kN·m，因此：

$$e_0=\frac{M}{N}=\frac{800\times10^6}{2100\times10^3}=381(\text{mm})$$

$$e_a=\max\left(\frac{h}{30},20\ \text{mm}\right)=\max\left(\frac{900}{30},20\right)=30(\text{mm})$$

$$e_i=e_0+e_a=381+30=411(\text{mm})$$

$$e=e_i+\frac{h}{2}-a_s=411+\frac{900}{2}-40=821(\text{mm})$$

(2) 判别大、小偏心受压破坏类型

先假定中和轴在受压翼缘内，则受压区高度 x 为：

$$x=\frac{N}{\alpha_1 f_c b'_f}=\frac{2100\times10^3}{1\times16.7\times400}=314(\text{mm})>h'_f=150\ \text{mm}$$

$$x=314\ \text{mm}>h'_f=150\ \text{mm}$$

说明受压区已经进入腹板。再按大偏心受压破坏计算受压区高度：

$$x=\frac{N-\alpha_1 f_c(b'_f-b)h'_f}{\alpha_1 f_c b}=\frac{2100\times10^3-1\times16.7\times(400-100)\times150}{1\times16.7\times100}=807(\text{mm})>\xi_b h_0=445\ \text{mm}$$

故为小偏心受压破坏，应按小偏心受压破坏重新计算受压区高度。

按截面对称配筋小偏心受压杆件近似计算 ξ，即

$$\xi=\frac{N-\alpha_1 f_c(b'_f-b)h'_f-\xi_b\alpha_1 f_c bh_0}{\dfrac{Ne-\alpha_1 f_c(b'_f-b)h'_f(h_0-h'_f/2)-0.45\alpha_1 f_c bh_0^2}{(0.8-\xi_b)(h_0-a'_s)}+\alpha_1 f_c bh_0}+\xi_b$$

$$=\frac{2100\times10^3-1\times16.7\times(400-100)\times150-0.518\times1\times16.7\times100\times860}{\dfrac{2100\times10^3\times821-1\times16.7\times(400-100)\times150\times\left(860-\frac{150}{2}\right)-0.45\times1\times16.7\times100\times860^2}{(0.8-0.518)\times(860-40)}+1\times16.7\times100\times860}+0.518$$

$$=0.672>\xi_b=0.518$$

(3) 求 A_s、A'_s

将 ξ 值代入式(5-80)，得：

$$A_s=A'_s=\frac{Ne-\alpha_1 f_c bh_0^2\xi(1-0.5\xi)-\alpha_1 f_c(b'_f-b)h'_f\left(h_0-\frac{h'_f}{2}\right)}{f'_y(h_0-a'_s)}$$

$$=\frac{2100\times10^3\times821-1\times16.7\times100\times860^2\times0.672\times\left(1-\frac{0.672}{2}\right)-1\times16.7\times(400-100)\times150\times\left(860-\frac{150}{2}\right)}{360\times(860-40)}$$

$$=1975(\text{mm}^2)>\rho_{\min}A=0.002\times18\times10^4=360(\text{mm}^2)$$

如图 5-34 所示，选用 2⌀28+2⌀25，实配钢筋截面面积为 $A_s=A'_s=2214\ \text{mm}^2$。

全部纵向配筋率为：

$$\rho=\frac{A_s+A'_s}{bh}=\frac{2214\times2}{18\times10^4}\times100\%=2.5\%>\rho_{\min}=0.55\%$$

满足要求。

(4) 验算垂直于弯矩作用平面的受压承载力

$$I_x=\frac{1}{12}\times(900-2\times150)\times100^3+2\times\frac{1}{12}\times150\times400^3$$

$$=16.5\times10^8(\text{mm}^4)$$

$$i_x=\sqrt{\frac{I_x}{A}}=\sqrt{\frac{16.5\times10^8}{18\times10^4}}=95.7(\text{mm})$$

$$\frac{l_0}{i_x}=\frac{5500}{95.7}=57.5$$

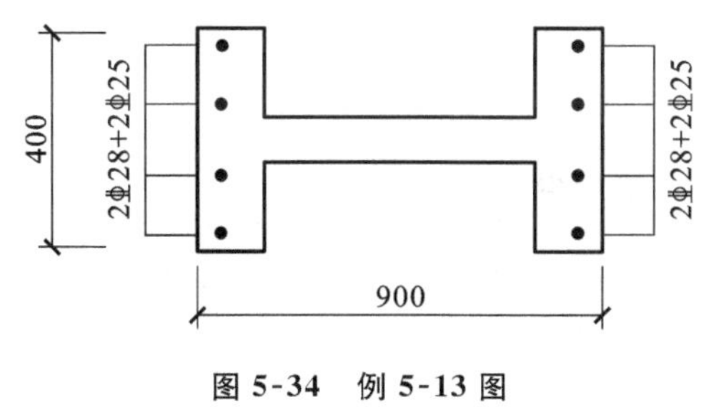

图 5-34 例 5-13 图

查表 5-2,得 $\varphi=0.849$,又 $\rho<0.03$,按式(5-6)计算得:

$$N_u=0.9\varphi[f_cA+f'_y(A_s+A'_s)]=0.9\times0.849\times[16.7\times18\times10^4+360\times(2214+2214)]$$

$$=3514.9(\text{kN})>N=2100\text{ kN}$$

满足要求。

5.6 偏心受压构件正截面承载力 N_u-M_u 相关曲线及其应用

对于给定截面尺寸、材料强度等级及配筋的偏心受压构件,当达到正截面受压承载力极限状态时,截面所能承受的抗压承载力 N_u 和抗弯承载力 M_u 是相互关联的。随着偏心距的增大,截面抗压承载力 N_u 会下降,但是当偏心距增大到一定数值时,抗压承载力 N_u 和抗弯承载力 M_u 的关系将会发生改变。这种关联可以确定为一条 N_u-M_u 相关曲线。这条曲线可以直观地让我们了解大、小偏心受压构件的 N_u 和 M_u 及其与配筋率之间的关系,并能利用这种关系快速进行截面设计和判断偏心受压破坏类型。图 5-35 所示为一组偏心受压构件在不同偏心距作用下,根据试验测得的 N_u-M_u 相关曲线。

下面分析一下对称配筋矩形截面 N_u-M_u 相关曲线。

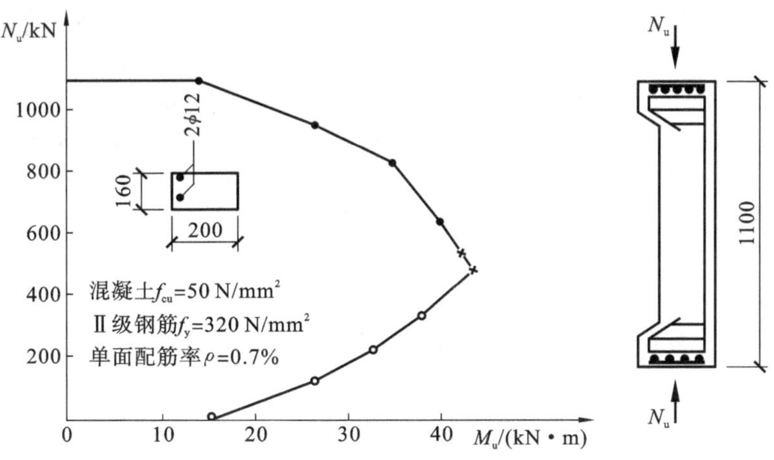

图 5-35 偏心受压构件试验测得的 N_u-M_u 相关曲线

5.6.1 大偏心受压构件 N_u-M_u 相关曲线

将 $e=e_i+\frac{h}{2}-a_s$ 及 $N=N_u$ 代入式(5-38)中,可得:

$$N_u\left(e_i+\frac{h}{2}-a_s\right)=N_u\left(h_0-\frac{x}{2}\right)+f'_yA'_s(h_0-a'_s)$$

其中，$M_u=N_ue_i$。

整理得：

$$M_u=-N_u\left(\frac{h}{2}-a_s\right)+N_u\left(h_0-\frac{x}{2}\right)+f'_yA'_s(h_0-a'_s)=0.5N_u\left(h-\frac{N_u}{\alpha_1 f_c b}\right)+f'_yA'_s(h_0-a'_s)$$

$$=-\frac{N_u^2}{2\alpha_1 f_c b}+\frac{N_u h}{2}+f'_yA'_s(h_0-a'_s) \tag{5-86}$$

由上式可知，N_u 与 M_u 是二次函数关系，如图 5-36 所示。ab 段表示大偏心受压破坏（受拉破坏）时的 N_u-M_u 相关曲线。N_u 随着 M_u 的增大而增大。a 点表示构件纯弯（$N_u=0$）时的弯矩值 M_u。b 点为受拉钢筋与受压混凝土同时达到其强度值时的界限状态，即 $N_b=\alpha_1 f_c b\xi_b h_0$，$b$ 点对应的弯矩为构件纯弯破坏时所受的最大弯矩值 M_u。

5.6.2 小偏心受压构件 N_u-M_u 相关曲线

将 $e=e_i+\frac{h}{2}-a_s$ 及 $N=N_u$，$M_u=N_ue_i$ 代入式(5-50)中，可得：

$$M_u=-N_u\left(\frac{h}{2}-a_s\right)+\xi(1-0.5\xi)\alpha_1 f_c bh_0^2+f'_ya'_s(h_0-a'_s) \tag{5-87}$$

ξ 是 N_u 的一次函数，式(5-87)中 $\xi(1-0.5\xi)$ 可以表示为 N_u 的二次函数，因此 N_u 与 M_u 也是二次函数关系。如图 5-36 所示，bc 段表示小偏心受压破坏（受压破坏）时的 N_u-M_u 相关曲线。c 点表示轴心受压（$M_u=0$，N_u 达到最大值）；随着 M_u 的增大，N_u 减小，直至界限破坏时的 b 点，N_u 降至小偏心受压破坏时的最小值。

5.6.3 N_u-M_u 相关曲线的特点及用途

(1) N_u-M_u 相关曲线的特点

N_u-M_u 相关曲线反映了钢筋混凝土构件在压力和弯矩共同作用下正截面承载力的变化规律，具有以下一些特点：

① 曲线上任意一点的坐标（M_u，N_u）代表截面处于正截面承载力极限状态的一组内力组合。如果给出的点位于图中 N_u-M_u 曲线内侧（如图中点 e），说明该截面未达到承载力极限状态，截面是安全的；若给出的点位于曲线外侧（如图中点 f），说明该截面承载力不足。

② 截面受弯承载力在 b 点（M_b，N_b）达到最大，该点达到界限破坏。

a. ab 段（$N_u\leqslant N_b$）为大偏心受压破坏（受拉破坏）。

b. bc 段（$N_u>N_b$）为小偏心受压破坏（受压破坏）。

③ 对于对称配筋的偏心受压构件，如果截面尺寸相同，混凝土强度等级和钢筋级别相同，N_u-M_u 相关曲线会随着配筋率的增大而向外侧延伸。但发生界限破坏时，它们的 N_b 是相同的（$N_b=\alpha_1 f_c b\xi_b h_0$）。因此，在以 N_u 为纵坐标的 N_u-M_u 相关曲线上，它们的界限破坏点在同一水平线上。

(2) N_u-M_u 相关曲线的用途

N_u-M_u 相关曲线上的每一点都代表着一组内力组合，因此一个偏心受压构件截面内力的设计值（M_u，N_u）可能会有多种组合。在多种组合设计值中，由于 M_u 和 N_u 是相关联的，不容易确定哪一组内力组合最为不利。如果对每一组内力组合都进行配筋，最后根据配筋量最大进行选配钢筋，工作量会非常大。基于以上问题，我们可以先根据 N_u-M_u 相关曲线来对截面内力进行选择，选择一组最不利内力来进行截面配筋计算，这样可以大大减少计算的工作量。根据图 5-36，可以得出

矩形截面对称配筋偏心受压构件 M_u 和 N_u 及其与配筋率之间的关系。对于大偏心受压构件，当轴向力 N 基本不变时，弯矩 M 值越大，所需纵向钢筋越多，即 N 基本不变时，M 越大越不利；当弯矩 M 不变时，轴向力 N 越小，所需的纵向钢筋越多，即 M 不变时，N 越小越不利。也就是在多组内力组合中，弯矩 M 大、轴向力 N 小的内力组合最不利。对于小偏心受压构件，当轴向力 N 基本不变时，弯矩 M 值越大，所需纵向钢筋越多，即 N 基本不变时，M 越大越不利；当弯矩 M 基本不变时，轴向力 N 值越大，所需的纵向钢筋越多，即 M 基本不变时，N 越大越不利。也就是在多组内力组合中，弯矩和轴力都大的内力组合最不利。因此，可以根据以上方法，首先确定大、小偏心受压破坏的类型，然后确定最不利内力组合并进行配筋。

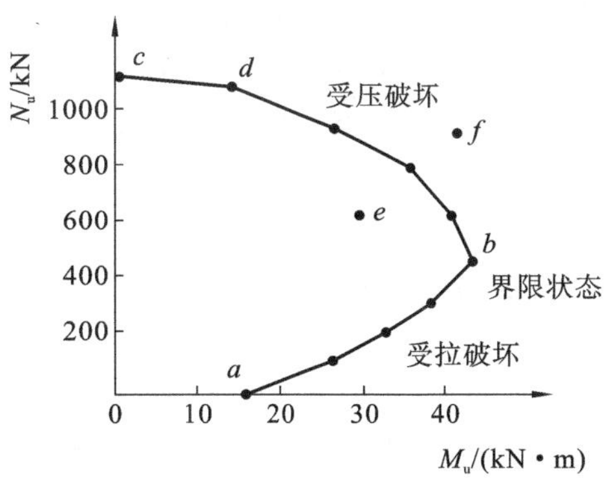

图 5-36 偏心受压构件 N_u-M_u 相关曲线

5.7 偏心受压构件斜截面承载力计算

对于钢筋混凝土偏心受压构件，一般情况下剪力设计值相对较小，可不进行斜截面承载力验算，但对于承受较大水平力作用的框架柱、有横向力作用的屋架上弦压杆，剪力影响比较大，需要进行斜截面承载力计算。

5.7.1 轴向力对斜截面受剪承载力的影响

试验表明，轴向压力的存在对构件斜截面受剪承载力有提高的作用。这是由于轴向压力会阻止或减缓斜裂缝的出现和发展。然而，轴向压力对构件承载力的有利作用也是有限的：当轴压比 $N/(f_cA)=0.3\sim0.5$ 时，受剪承载力达到最大值。若再增加轴向压力，将导致受剪承载力降低。

通过对试验资料的分析和可靠度计算，对于承受横向力作用的矩形截面偏心受压构件，《混凝土结构设计规范》(GB 50010—2010)规定在受弯构件斜截面受剪承载力计算的基础上，增加轴向压力对构件受剪承载力的有利影响，取轴向压力对受剪承载力的贡献为 $V_N=0.07N$，且明确规定当 $N>0.3f_cA$，取 $N=0.3f_cA$ 时，以此限制轴向压力对受剪承载力提高的范围。

5.7.2 偏心受压构件斜截面受剪承载力的具体计算

5.7.2.1 计算公式

通过对偏心受压构件、框架柱实验资料的分析，对于矩形、T 形和 I 形偏心受压构件斜截面承载力的计算，可在集中荷载作用下独立梁计算公式的基础上，加上轴向压力提高引起的受剪承载力设计值，即 $V_N=0.07N$。由此得到公式：

$$V\leqslant\frac{1.75}{\lambda+1}f_tbh_0+f_{yv}\frac{A_s}{s}h_0+0.07N \tag{5-88}$$

式中 N——与剪力设计值 V 相对应的轴向力设计值，当 $N>0.3f_cA$ 时，取 $N=0.3f_cA$；

λ——偏心受压构件计算截面的剪跨比。

计算截面的剪跨比应按下列规定取值。

① 对于各类结构的框架柱，宜取 $\lambda=M/(Vh_0)$；对于框架结构中的框架柱，当其反弯点在规定层高范围内时，可取 $\lambda=H_n/(2h_0)$；当 $\lambda<1$ 时，取 $\lambda=1$；当 $\lambda>3$ 时，取 $\lambda=3$。此处，M 为计算截面上

与剪力设计值相对应的弯矩设计值，H_n 为柱净高。

② 对于其他偏心受压构件，当承受均布荷载时，取 $\lambda=1.5$；当承受集中荷载（包括作用有多种荷载，但集中荷载对支座截面或节点边缘产生的剪力值占总剪力值75%以上的情况）时，取 $\lambda=a/h_0$。且当 $\lambda<1.5$ 时，取 $\lambda=1.5$；当 $\lambda>3$ 时，取 $\lambda=3$。此处，a 为集中荷载至支座或节点边缘的距离。

当剪力设计值符合下列条件时：

$$V\leqslant\frac{1.75}{\lambda+1}f_tbh_0+0.07N \tag{5-89}$$

可不进行斜截面受剪承载力计算，仅需按构造要求配置箍筋。

5.7.2.2 截面限制条件

① 当 $h_w/b\leqslant4$ 时：

$$V\leqslant0.25\beta_cf_cbh_0 \tag{5-90}$$

② 当 $h_w/b\geqslant6$ 时：

$$V\leqslant0.2\beta_cf_cbh_0 \tag{5-91}$$

③ 当 $4<h_w/b<6$ 时，V 按线性内插法确定。

β_c 为混凝土强度影响系数：当混凝土强度等级不超过C50时，取 $\beta_c=1$；当混凝土强度等级为C80时，取 $\beta_c=0.8$；其间按线性内插法计算。

知识归纳

(1) 对于配有普通箍筋的轴心受压柱，在破坏时一般是纵向钢筋先达到抗压强度，然后混凝土达到极限压应变，构件破坏。

(2) 高强度钢筋在受压构件中不能充分发挥作用，其最大应力只能达到400 N/mm²。因此，在受压构件中不宜采用高强度钢筋。

(3) 柱纵向弯曲产生的附加弯矩将降低长柱的承载力，因而在轴心受压构件的计算中引入稳定系数 φ，在偏心受压构件计算中引入弯矩增大系数 η_{ns} 和偏心距调节系数 C_m 来考虑附加弯矩的影响。

(4) 偏心受压构件正截面破坏形式有两种：大偏心受压破坏和小偏心受压破坏。大偏心受压破坏时受拉钢筋先达到屈服强度，然后另一侧受压区的混凝土被压碎，属于延性破坏。小偏心受压破坏时，距轴向力较近一侧混凝土被压碎，受压钢筋达到屈服强度；构件截面另一侧混凝土和钢筋应力一般比较小，达不到各自强度限值，属于脆性破坏。

(5) 进行截面设计时，可采用以下两种方法判别大、小偏心受压破坏类型。

① 当采用非对称配筋截面设计时，按下式判别：

a. 当 $e_i\leqslant0.3h_0$ 时，属于小偏心受压破坏；

b. 当 $e_i>0.3h_0$ 时，属于大偏心受压破坏，求出 x 值后再确切判断。

② 当采用对称配筋截面设计时，可以用 x 值判别：

当 $x=\dfrac{N}{\alpha_1f_cb}\leqslant\xi_bh_0$ 时，属于大偏心受压破坏；反之，属于小偏心受压破坏。

(6) 偏心受压构件斜截面受剪承载力可采用在受弯构件的计算公式中增加一项轴向力影响值的方法计算。

思考题

5-1 轴心受压构件为什么不宜采用高强度钢筋?

5-2 如何划分轴心受压构件的长柱与短柱?

5-3 为什么实际工程中没有绝对的轴心受压构件?

5-4 进行螺旋筋柱正截面受压承载力计算时,有哪些限制条件?为什么要加以这些限制条件?

5-5 螺旋箍筋柱的受压承载力和变形能力为什么比普通箍筋柱高?

5-6 大、小偏心受压构件破坏的界限是什么?

5-7 偏心受压构件为什么要引入附加偏心距 e_a?计算时如何取值?

5-8 划分偏心受压构件大、小偏心受压破坏的条件是什么?大、小偏心受压破坏的特征分别是什么?

5-9 轴向压力对钢筋混凝土偏心受压构件的受剪承载力有何影响?

5-10 对称配筋时,如何判别偏心受压破坏的类型?如何进行矩形截面柱的配筋计算?

习 题

5-1 已知轴心受压柱的截面尺寸为 $b\times h=400\ \text{mm}\times400\ \text{mm}$,计算长度 $l_0=6400\ \text{mm}$,混凝土强度等级为C20,采用HRB400级钢筋,承受的轴向力设计值 $N=1500\ \text{kN}$(作用于柱顶),求纵向钢筋截面面积。

5-2 已知钢筋混凝土柱的截面尺寸为 $300\ \text{mm}\times300\ \text{mm}$,计算高度为 $l_0=4800\ \text{mm}$,混凝土强度等级为C20,采用HRB335级钢筋4ϕ25。求所能承受的最大轴向力设计值。

5-3 已知柱的轴向力设计值 $N=550\ \text{kN}$,柱端弯矩设计值 $M_1=M_2=450\ \text{kN}\cdot\text{m}$,截面尺寸 $b\times h=300\ \text{mm}\times600\ \text{mm}$,$a_s=a'_s=400\ \text{mm}$ 混凝土强度等级为C35,采用HRB400级钢筋,计算长度 $l_0=7.2\ \text{mm}$,求钢筋截面面积 A_s 及 A'_s。

5-4 某钢筋混凝土矩形截面柱截面尺寸 $b\times h=400\ \text{mm}\times500\ \text{mm}$,计算长度 $l_0=4.2\ \text{m}$,混凝土强度等级为C30,承受的轴心压力设计值 $N=1200\ \text{kN}$,柱端弯矩 $M_1=200\ \text{kN}\cdot\text{m}$、$M_2=250\ \text{kN}\cdot\text{m}$(沿长边方向作用,柱按单曲率弯曲),处于一类环境。试确定控制截面的弯矩设计值。

5-5 已知钢筋混凝土框架柱采用的材料为混凝土为C30,钢筋为HRB400级。柱截面尺寸为 $b\times h=400\ \text{mm}\times500\ \text{mm}$,计算长度 $l_0=5.0\ \text{m}$,柱端弯矩设计值 $M_1=M_2=350\ \text{kN}\cdot\text{m}$,$N=480\ \text{kN}$,轴向力沿着长边方向偏心作用,$a_s=a'_s=40\ \text{mm}$。试按对称配筋求 $A_s=A'_s$(不用验算平面外承载力)。

5-6 已知一矩形截面偏心受压柱截面尺寸 $b\times h=400\ \text{mm}\times500\ \text{mm}$,柱的轴向力设计值 $N=1250\ \text{kN}$,柱端弯矩设计值 $M_1=285\ \text{kN}\cdot\text{m}$,混凝土为C40,钢筋为HRB400级,对称配筋,$a_s=a'_s=35\ \text{mm}$,试求纵向受力钢筋的截面面积。

5-7 已知一矩形截面偏心受压柱截面尺寸 $b\times h=500\ \text{mm}\times750\ \text{mm}$,混凝土为C30,每侧纵筋为4$\phi$25,轴向压力偏心距 $e_0=465\ \text{mm}$,$a_s=a'_s=45\ \text{mm}$,试求该柱能承受的轴向力设计值 N_u。

5-8 一矩形截面柱的截面尺寸 $b\times h=300\ \text{mm}\times400\ \text{mm}$,轴向压力设计值 $N=300\ \text{kN}$,弯矩设计值 $M=165\ \text{kN}\cdot\text{m}$,混凝土为C25,钢筋为HRB400级,$a_s=a'_s=40\ \text{mm}$,试求所配纵向受力钢

筋的截面面积 A_s 及 A'_s。

5-9　已知柱截面尺寸 $b\times h=400\ \text{mm}\times 550\ \text{mm}$，内力设计值 $N=600\ \text{kN}$，弯矩设计值 $M=360\ \text{kN}\cdot\text{m}$，采用C35混凝土，HRB335级钢筋，已配置受压钢筋 4Φ22($A'_s=1520\ \text{mm}^2$)，$a_s=a'_s=45\ \text{mm}$，试求纵向受拉钢筋截面面积 A_s。

5-10　已知某单层工业厂房工字形截面边柱的计算长度 $l_0=5.7\ \text{m}$，柱截面轴向力设计值 $N=870\ \text{kN}$，柱端弯矩设计值 $M_1=M_2=420\ \text{kN}\cdot\text{m}$，柱截面尺寸 $b\times h=100\ \text{mm}\times 700\ \text{mm}$，$b_f=b'_f=400\ \text{mm}$，$h_f=h'_f=120\ \text{mm}$，$a_s=a'_s=40\ \text{mm}$，采用C35混凝土，HRB400级钢筋，对称配筋，求钢筋截面面积。

参考文献

[1]　李章政. 混凝土结构基本原理. 北京：化学工业出版社，2013.

[2]　中华人民共和国住房和城乡建设部，中华人民共和国国家质量监督检验检疫总局. GB 50010—2010　混凝土结构设计规范. 北京：中国建筑工业出版社，2011.

[3]　朱彦鹏，邵永健. 混凝土结构基本原理. 北京：中国建筑工业出版社，2012.

[4]　滕智明. 混凝土结构与砌体结构学习指导. 北京：清华大学出版社，2002.

[5]　张庆芳. 混凝土结构复习与解题指导. 北京：人民交通出版社，2009.

[6]　杨霞林，丁小军. 混凝土结构设计原理. 北京：中国建筑工业出版社，2011.

[7]　郭继武. 混凝土结构基本构件. 北京：清华大学出版社，2012.

6 钢筋混凝土受拉构件的承载力计算

内容提要

本章的主要内容为钢筋混凝土受拉构件的受力特征及破坏形态，受拉构件正截面承载力的计算，偏心受拉构件斜截面受剪承载力的计算。本章的教学重点和教学难点为偏心受拉构件正截面受拉承载力的计算方法。

能力要求

通过本章的学习，学生应理解受拉构件的正截面受力特点及破坏特征，熟练掌握受拉构件正截面承载力的计算方法。

6.1 受拉构件的分类

在钢筋混凝土结构中，承受轴向拉力或承受轴向拉力及弯矩共同作用的构件称为受拉构件。

按轴向力作用位置与构件截面形心的相对位置，受拉构件可以分为轴心受拉构件和偏心受拉构件。轴向拉力作用线与构件截面形心线重合的构件，称为轴心受拉构件；轴向拉力作用线与构件截面形心线不重合或构件承受轴向拉力与弯矩共同作用的构件，称为偏心受拉构件。

在实际工程中，由于混凝土是一种非匀质材料，同时由于荷载作用位置不确定及施工尺寸存在误差，故无法很准确地保证轴向力作用线通过截面形心。因此，严格地说，真正意义上的轴心受拉构件是不存在的。但是当构件上弯矩很小(或者偏心距很小)时，为方便计算和设计，可将此类构件简化为轴心受拉构件进行设计，如承受节点荷载的屋架或托架的受拉弦杆、承受内压力的环形管壁和圆形储液罐的壁筒(图 6-1)。

偏心受拉构件是介于轴心受拉和受弯之间的受力构件，如承受地震作用的框架边柱等。

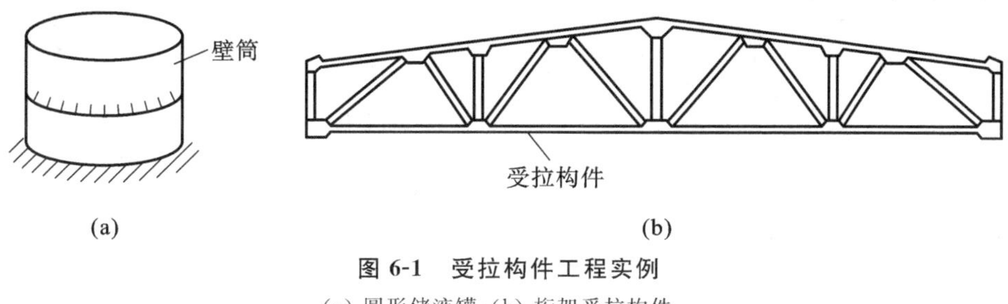

图 6-1 受拉构件工程实例

(a) 圆形储液罐；(b) 桁架受拉构件

6.2 轴心受拉构件正截面承载力计算

轴心受拉构件破坏时，裂缝所在截面的混凝土不承受拉力，全部拉力由钢筋承受，计算简图如图6-2所示。轴心受拉构件正截面承载力计算公式如下：

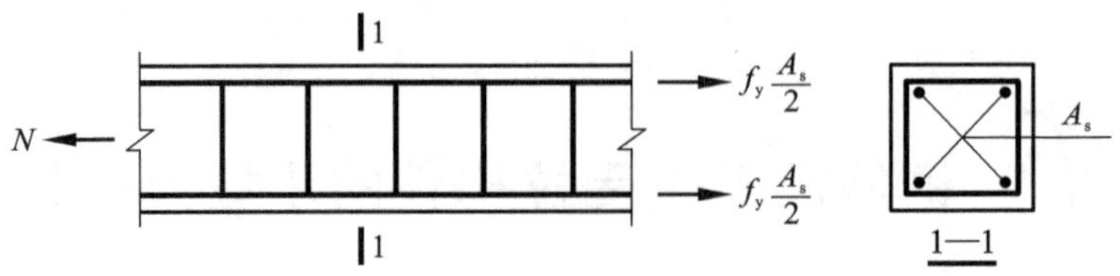

图 6-2 轴心受拉构件承载力计算简图

$$N \leqslant N_u = f_y A_s \tag{6-1}$$

式中 N——轴向拉力设计值；

f_y——钢筋抗拉强度设计值；

A_s——受拉钢筋截面面积。

6.3 偏心受拉构件正截面承载力计算

6.3.1 偏心受拉构件的分类

偏心受拉构件同时承受轴心拉力 N 和弯矩 M 的作用，其偏心距 $e_0 = M/N$。它是一种介于轴心受拉构件($M=0$)和受弯构件($N=0$)之间的受力构件。偏心受拉构件纵向钢筋的布置方式和偏心受压构件相同：离轴向拉力 N 较近一侧配置的钢筋称为受拉钢筋，其截面面积用 A_s 表示；离轴向拉力 N 较远一侧配置的钢筋称为受压钢筋，其截面面积用 A'_s 表示。根据轴心拉力 N 作用位置的不同，偏心受拉构件分为大偏心受拉构件和小偏心受拉构件。

当轴向拉力 N 作用在 A_s 合力作用点与 A'_s 合力作用点之间时，如图 6-3 所示，构件全截面混凝土裂通，仅由两侧钢筋提供的拉力 $f_y A_s$ 和 $f'_y A'_s$ 与轴向拉力 N 平衡，构件的破坏取决于纵向钢筋的抗拉强度和截面面积。这类情况称为小偏心受拉。在小偏心拉力作用下，整个截面的混凝土都将裂通，混凝土全部退出工作，拉力由左、右两侧纵筋分担。当两侧纵筋达到屈服强度时，截面承载力达到极限状态。

当轴向拉力作用于 A_s 与 A'_s 范围以外时，如图 6-4 所示，构件截面 A_s 一侧受拉，A'_s 一侧受压，

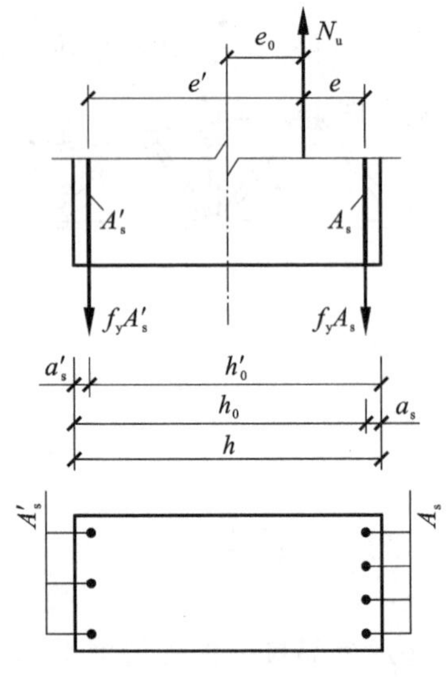

图 6-3 小偏心受拉构件计算简图

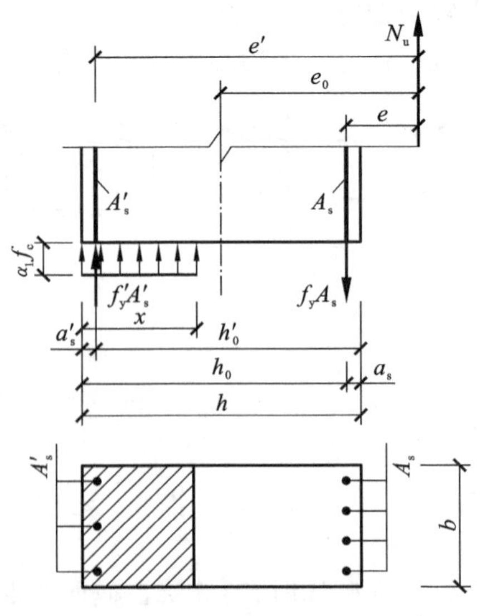

图 6-4 大偏心受拉构件计算简图

在整个受拉过程中都存在混凝土的受压区。破坏时，裂缝不会裂通，构件的破坏取决于 A_s 的抗拉强度或受压区混凝土的抗压强度。这类情况称为大偏心受拉。

可见，大、小偏心受拉构件的分界是构件截面上是否存在受压区，而是否存在受压区与轴向力 N 作用点的位置有直接关系。所以在实际设计中，以轴向拉力 N 的作用点在钢筋 A_s 与 A'_s 之间或之外作为判定大、小偏心受拉的界限，即：

① 当偏心距 $e_0 \leqslant h/2 - a_s$ 时，属于小偏心受拉构件；

② 当偏心距 $e_0 > h/2 - a_s$ 时，属于大偏心受拉构件。

6.3.2 大偏心受拉构件的正截面承载力计算

(1) 基本计算公式

大偏心受拉构件在截面达到极限承载力时，截面受拉侧混凝土产生裂缝，受拉钢筋 A_s 屈服；另一侧的混凝土被压碎，钢筋 A'_s 受压屈服。在进行正截面承载力计算时，受拉钢筋 A_s 的应力取抗拉强度设计值 f_y；受压钢筋 A'_s 的应力取抗压强度设计值 f'_y；混凝土压应力分布采用等效矩形应力图，其应力值为 $\alpha_1 f_c$，受压区高度为 x，截面应力计算简图如图 6-4 所示。

由力和力矩平衡条件，可得大偏心受拉构件正截面承载力计算的基本公式：

$$N \leqslant N_u = f_y A_s - f'_y A'_s - \alpha_1 f_c bx \tag{6-2}$$

$$Ne \leqslant N_u e = \alpha_1 f_c bx\left(h_0 - \frac{x}{2}\right) + f'_y A'_s (h_0 - a'_s) \tag{6-3}$$

式中 e——轴向拉力 N 到受拉钢筋 A_s 合力作用点的距离，$e = e_0 - \dfrac{h}{2} + a_s$。

(2) 适用条件

① 为保证构件不发生超筋破坏，其应满足：

$$x \leqslant \xi_b h_0 \tag{6-4}$$

② 为保证构件不发生少筋破坏，其应满足：

$$A_s \geqslant \max\left(0.45\frac{f_t}{f_y}A, 0.002A\right) \tag{6-5}$$

$$A'_s \geqslant 0.002A \tag{6-6}$$

式中 A——构件截面面积。

③ 为保证受压钢筋 A'_s 屈服，其应满足：

$$x \geqslant 2a'_s \tag{6-7}$$

当 $x < 2a'_s$ 时，A'_s 不会受压屈服，即 A'_s 的应力是未知数。此时，可令 $x = 2a'_s$，对 A'_s 合力作用点取矩，得到：

$$Ne' \leqslant f_y A_s (h_0 - a'_s) \tag{6-8}$$

式中 e'——轴向拉力至 A'_s 合力作用点的距离，$e' = \dfrac{h}{2} - a'_s + e_0$。

6.3.3 截面设计与截面复核

(1) 截面设计

对大偏心受拉构件，截面设计分为两种情况。

① 情况Ⅰ：已知材料强度、截面尺寸、轴向拉力 N 及其作用点位置 e_0，求 A'_s 和 A_s。

a. 求 A'_s。有两个基本方程，三个未知数(x、A_s、A'_s)，不能求得唯一解。为了充分发挥受压区混凝土的抗压作用，同混凝土偏心受压构件一样，为了使钢筋总用量($A_s+A'_s$)最小，取 $x=\xi_b h_0$ 代入式(6-3)，求得 A'_s。

$$A'_s=\frac{Ne-\alpha_1 f_c b h_0^2\xi_b(1-0.5\xi_b)}{f'_y(h_0-a'_s)} \tag{6-9}$$

b. 求 A_s。

若求得的 $A'_s\geqslant\rho'_{\min}bh$，则将 A'_s 值和 $x=\xi_b h_0$ 代入式(6-2)，求得 A_s。

$$A_s=\frac{\alpha_1 f_c b\xi_b h_0+f'_y A'_s+N}{f_y} \tag{6-10}$$

若求得的 $A'_s<\rho'_{\min}bh$，或者出现负值，应取 $A'_s=\rho'_{\min}bh$，然后转为 A'_s 已知，求 A_s 的情况。

② 情况Ⅱ：已知材料强度、截面尺寸、轴向拉力 N 及其作用点位置 e_0、A'_s，求 A_s。

a. 将 A'_s 值代入式(6-3)中，解出 x 值。

b. 当 $2a'_s\leqslant x\leqslant\xi_b h_0$ 时，将 A'_s 值及 x 值代入式(6-2)中计算出 A_s，并验算是否满足 $A_s\geqslant\rho_{\min}bh$。

c. 若 $x<2a'_s$，取 $x=2a'_s$，对 A'_s 合力作用点取矩，得到：

$$A_s\geqslant\frac{Ne'}{f_y(h_0-a'_s)} \tag{6-11}$$

式中

$$e'=\frac{h}{2}-a'_s+e_0$$

d. 若 $x>\xi_b h_0$，则说明已知的 A'_s 太小，应按 A_s、A'_s 均未知的情况Ⅰ重新计算。

(2) 截面复核

已知材料强度，截面尺寸，偏心距 e_0，钢筋截面面积 A_s、A'_s，要求计算轴向拉力 N。

对于大偏心受拉构件，联立式(6-2)和式(6-3)消去 N，求出 x，然后按下述步骤计算：

① 当 $2a'_s\leqslant x\leqslant\xi_b h_0$ 时，将 x 值代入式(6-2)中即可求出轴向拉力 N。

② 当 $x<2a'_s$ 时，取 $x=2a'_s$，按式(6-8)计算 N；

③ 当 $x>\xi_b h_0$ 时，说明 A'_s 钢筋配置不足，取 $x=\xi_b h_0$，分别代入式(6-2)和式(6-3)中求出 N，然后取其中的较小值。

【例 6-1】 如图 6-5 所示，一钢筋混凝土矩形截面偏心受拉构件的截面尺寸 $b\times h=300\text{ mm}\times400\text{ mm}$，拉力设计值 $N=450$ kN，弯矩设计值 $M=900$ kN·m，$a_s=a'_s=35$ mm。混凝土强度等级为 C30，采用 HRB335 级钢筋。求纵向钢筋截面面积。

【解】 (1) 判断大、小偏心受拉类型

$$h_0=h-a_s=400-35=365(\text{mm})$$

$$e_0=\frac{M}{N}=\frac{90\times10^3}{450}=200(\text{mm})>\frac{h}{2}-a_s=\frac{400}{2}-35=165(\text{mm})$$

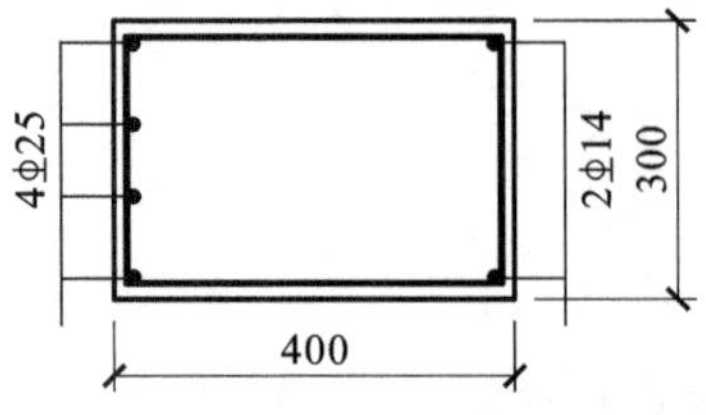

4Φ25 2Φ14 300 400

图 6-5 例 6-1 图

故属于大偏心受拉。

(2) 计算纵向钢筋截面面积

$$e=e_0-\frac{h}{2}+a_s=200-\frac{400}{2}+35=35(\text{mm})$$

$$e'=e_0+\frac{h}{2}-a'_s=200+\frac{400}{2}-35=365(\text{mm})$$

$$x=\xi_b h_0=0.55\times365=200.8(\text{mm})$$

求$(A_s+A'_s)$为最小时的A_s及A'_s，取

$$A'_s=\frac{Ne-\alpha_1 f_c bh_0^2\xi_b(1-0.5\xi_b)}{f'_y(h_0-a'_s)}=\frac{450\times10^3\times35-1\times14.3\times300\times365^2\times0.55\times(1-0.5\times0.55)}{300\times(365-35)}<0$$

因此取$A'_s=\rho'_{min}bh$。

$$\rho'_{min}bh=\max\left(0.45\frac{f_t}{f_y}bh,0.002bh\right)=\max\left(0.45\times\frac{1.1}{300}\times200\times140,0.2\%\times300\times400\right)$$
$$=240(mm^2)$$

取$A'_s=\rho'_{min}bh=240\ mm^2$。

选配2⌽14，实配钢筋截面面积$A'_s=240\ mm^2$。

现在，变成了已知A'_s，求A_s的问题。

由式(6-3)，并结合单筋矩形截面梁承载力系数公式得：

$$\xi=1-\sqrt{1-\frac{Ne-f'_yA'_s(h_0-a'_s)}{0.5\alpha_1 f_c bh_0^2}}=1-\sqrt{1-\frac{450000\times35-300\times240\times(365-35)}{0.5\times1\times14.3\times300\times365^2}}<0$$

由于$x<0<2a'_s=70\ mm$，因此取$x=2a'_s$。

由式(6-8)得：

$$A_s=\frac{Ne'}{f_y(h_0-a'_s)}=\frac{450\times10^3\times365}{300\times(365-35)}=1659(mm^2)>\rho_{min}bh=0.215\%\times300\times400=258(mm^2)$$

令$A'_s=0$，由式(6-3)重解x的一元二次方程，得$x=10.2\ mm$。

将x值代入式(6-2)，重新求得：

$$A_s=\frac{N+f'_yA'_s+\alpha_1 f_c bx}{f_y}=\frac{450\times10^3+1\times14.3\times300\times10.2}{300}=1646(mm^2)$$

从以上两个A_s值中取较小值，即得$A_s=1646\ mm^2$。

选用4⌽25，实配钢筋截面面积为$A_s=1964\ mm^2$。

6.3.4 小偏心受拉构件的正截面承载力计算

(1) 基本计算公式

当达到承载能力极限状态时，小偏心受拉构件全截面混凝土裂通，裂缝所在截面的拉力全部由钢筋承受，其应力均达到屈服强度f_y。分别对A_s与A'_s取矩(图6-3)，可得到小偏心受拉构件正截面承载力的基本计算公式：

$$Ne\leqslant N_u e=f_yA'_s(h_0-a'_s) \tag{6-12}$$

$$Ne'\leqslant N_u e'=f_yA_s(h_0-a'_s) \tag{6-13}$$

式中　e——轴向拉力N至钢筋A_s合力作用点的距离，$e=\frac{h}{2}-a_s-e_0$；

e'——轴向拉力N至钢筋A'_s合力作用点的距离，$e'=\frac{h}{2}-a'_s+e_0$。

(2) 适用条件

为保证构件不发生少筋破坏，A_s与A'_s应满足最小配筋率的要求：

$$A_s\geqslant\max\left(0.45\frac{f_t}{f_y}A,0.002A\right) \tag{6-14}$$

$$A'_s\geqslant\max\left(0.45\frac{f_t}{f_y}A,0.002A\right) \tag{6-15}$$

式中　A——构件截面面积。

对称配筋时：

$$A_s = A'_s = \frac{Ne'}{f_y(h_0 - a'_s)} \tag{6-16}$$

(3) 截面设计与截面复核

① 截面设计。

按式(6-12)、式(6-13)求出 A_s 与 A'_s，求得的 A_s 与 A'_s 应满足最小配筋率的要求。

② 截面复核。

承载力复核时，根据已知的 A_s 与 A'_s 及设计强度，可由式(6-12)、式(6-13)分别求出 N 值，其中较小者即为构件正截面的受拉承载力。

6.4 偏心受拉构件斜截面承载力计算

对偏心受拉构件来说，截面往往在承受弯矩 M 和轴向力 N 共同作用的同时，还承受着较大的剪力，因此还需要验算斜截面受剪承载力。

试验表明，轴向拉力的存在使混凝土剪压区高度比仅受弯矩作用 M 时小，同时轴向拉力的存在增大了构件的主拉应力，使构件中的斜裂缝开展得较长、较宽，且倾角较大，从而导致构件斜截面受剪承载力降低。考虑结构试验条件与实际工程条件的差别，拉力的存在对构件抗剪是不利的，通过可靠度的分析计算，将轴向拉力这种不利影响取为 $0.2N$。

因此，《混凝土结构设计规范》(GB 50010—2010)以受弯构件的斜截面受剪承载力计算公式为基础，考虑轴向拉力对斜截面受剪承载力的不利影响，得到矩形、T 形和 I 形截面偏心受拉构件斜截面受剪承载力计算公式：

$$V \leqslant \frac{1.75}{\lambda+1} f_t b h_0 + f_{yv} \frac{A_{sv}}{s} h_0 - 0.2N \tag{6-17}$$

式中 λ——计算截面的剪跨比，与偏心受压构件的取值相同；

N——与剪力设计值 V 相对应的轴向拉力设计值。

在上式中，箍筋至少可以承受 $f_{yv}\frac{A_{sv}}{s}h_0$ 大小的剪力，故当上式右边的计算值小于 $f_{yv}\frac{A_{sv}}{s}h_0$ 时，应取为 $f_{yv}\frac{A_{sv}}{s}h_0$。同时，为了防止箍筋过少、过稀，保证箍筋承受一定的受剪承载力，$f_{yv}\frac{A_{sv}}{s}h_0$ 不得小于 $0.36 f_t b h_0$。

同时，偏心受拉构件的截面尺寸应满足下式要求：

$$V \leqslant 0.25 \beta_c f_c b h_0 \tag{6-18}$$

式中 β_c——混凝土强度影响系数。当混凝土强度等级小于 C50 时，取 $\beta_c = 1$；当混凝土强度等级为 C80 时，取 $\beta_c = 0.8$；其间按线性插值法计算。

偏心受拉构件斜截面受剪承载力的计算步骤与受弯构件斜截面受剪承载力的计算步骤类似，在此不再赘述。

知识归纳

(1)计算钢筋混凝土轴心受拉构件时不考虑混凝土参与工作，全部轴向拉力由纵向钢筋承受。

(2)偏心受拉构件按破坏特征分为大偏心受拉和小偏心受拉。当轴向拉力作用在钢筋 A_s 合力

作用点和 A'_s 合力作用点之间 $\left(e_0\leqslant\frac{h}{2}-a_s\right)$ 时为小偏心受拉，当轴向拉力作用在钢筋 A_s 合力作用点和 A'_s 合力作用点范围以外 $\left(e_0>\frac{h}{2}-a_s\right)$ 时为大偏心受拉。

(3) 对于轴心受拉构件和大、小偏心受拉构件，任一侧纵向受拉钢筋的最小配筋率取 $\rho=\frac{A_s}{bh}\geqslant\rho_{\min}=\max\left(0.2\%,0.45\frac{f_t}{f_y}\times100\%\right)$。

(4) 偏心受拉构件斜截面受剪承载力计算公式是在轴心受拉构件斜截面受剪承载力计算公式的基础上，减去由于轴向拉力的存在对构件受剪承载力产生的不利影响后得到的。

思考题

6-1 在工程中，哪些构件可视为轴心受拉构件？为什么没有真正意义上的轴心受拉构件？

6-2 偏心受拉构件的破坏形式有哪些？怎么判别大、小偏心受拉构件？

6-3 偏心受拉构件对配筋率有何要求？

习 题

6-1 钢筋混凝土屋架下弦杆的截面尺寸 $b\times h=180\ \text{mm}\times180\ \text{mm}$，混凝土为 C30，钢筋为 HRB335 级，承受的轴向拉力设计值 $N=690$ kN。试求纵向钢筋截面面积 A_s。

6-2 矩形截面柱截面尺寸 $b\times h=250\ \text{mm}\times400\ \text{mm}$，轴向拉力设计值 $N=690$ kN，弯矩设计值 $M=82$ kN·m，混凝土为 C30，钢筋为 HRB335 级，$a_s=a'_s=40$ mm，试求所配纵向受力钢筋的截面面积 A_s 及 A'_s。

6-3 钢筋混凝土矩形偏心受拉构件的截面尺寸 $b\times h=250\ \text{mm}\times400\ \text{mm}$，承受的轴向拉力设计值 $N=530$ kN，弯矩设计值 $M=62$ kN·m，混凝土为 C30，钢筋为 HRB400 级，$a_s=a'_s=40$ mm，试求所配纵向受力钢筋的截面面积。

参考文献

[1] 李章政. 混凝土结构基本原理. 北京：化学工业出版社，2013.

[2] 中华人民共和国住房和城乡建设部，中华人民共和国国家质量监督检验检疫总局. GB 50010—2010 混凝土结构设计规范. 北京：中国建筑工业出版社，2011.

[3] 朱彦鹏，邵永健. 混凝土结构基本原理. 北京：中国建筑工业出版社，2012.

[4] 滕智明. 混凝土结构与砌体结构学习指导. 北京：清华大学出版社，2002.

[5] 张庆芳. 混凝土结构复习与解题指导. 北京：人民交通出版社，2009.

[6] 杨霞林，丁小军. 混凝土结构设计原理. 北京：中国建筑工业出版社，2011.

[7] 郭继武. 混凝土结构基本构件. 北京：清华大学出版社，2012.

7 钢筋混凝土受扭构件承载力计算

内容提要

本章的主要内容为素混凝土受扭构件的开裂扭矩，钢筋混凝土纯扭构件的受力性能及承载力计算方法，弯剪扭构件的受力性能和承载力计算方法。本章的教学重点与教学难点为矩形截面弯剪扭构件承载力计算方法。

能力要求

通过本章的学习，学生应理解剪扭相关性；掌握矩形截面纯扭构件的受力性能和承载力计算方法，T 形和 I 形截面弯剪扭构件承载力计算原则、受扭构件的构造要求；熟练掌握矩形截面弯剪扭构件承载力计算方法。

7.1 受扭构件的分类

扭转是结构构件受力的基本形式之一。图 7-1(a)所示的雨篷梁和图 7-1(b)所示的边框架主梁就是两个典型的受扭构件。

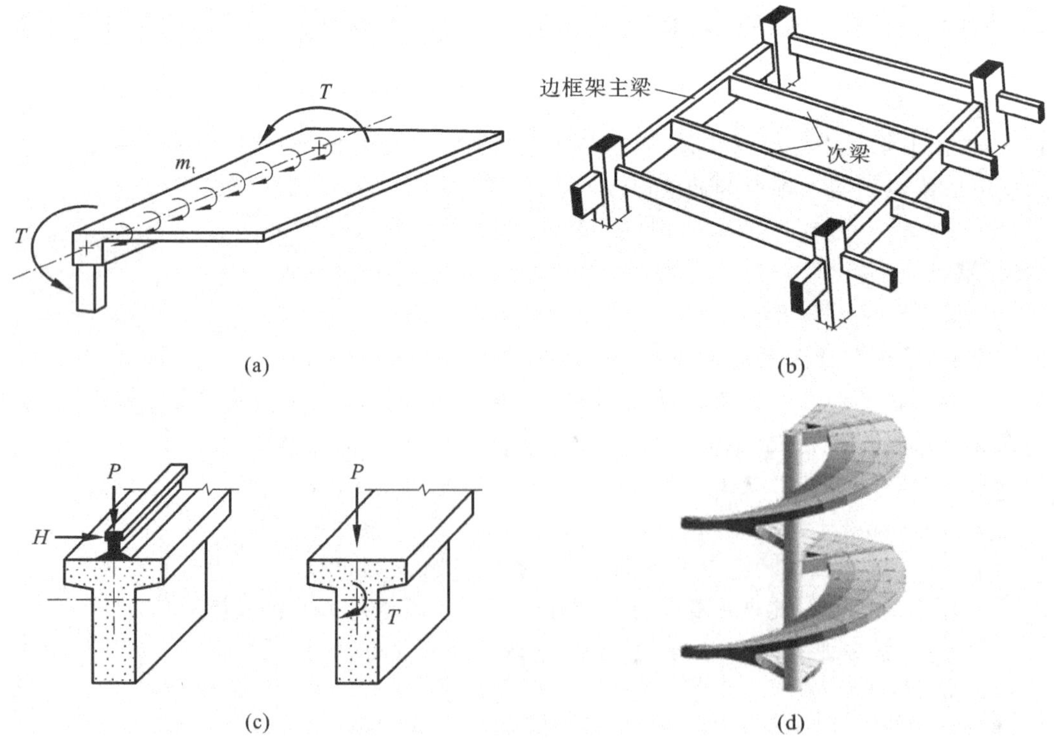

图 7-1 典型受扭构件

雨篷板根部的剪力就是作用在雨篷梁上的均布荷载，雨篷板根部的弯矩就是作用在雨篷梁上的均布扭矩，雨篷梁承受雨篷板传来的均布荷载及均布扭矩。像雨篷梁这样，在静定结构中扭矩是由荷载产生的，可根据平衡条件求得的扭转，称为平衡扭转。

对于边框架主梁，扭矩值和节点处边梁的抗扭刚度与次梁抗弯刚度的比值有关。边梁的抗扭刚度越大，其扭矩越大；当边梁的抗扭刚度为无穷大时，次梁相当于嵌固在边梁中，此时的扭矩达到最大值。次梁的抗弯刚度越大，则在节点处边梁的扭矩越小。这种在超静定结构中，扭矩由于相邻构件的变形互相受到约束而产生的扭转，称为协调扭转。

在实际工程中，只受扭转作用的纯扭构件很少见，一般是扭转和弯曲同时发生的复合受扭构件。通常，受扭构件包括剪扭构件、弯扭构件、弯剪扭构件和压弯剪扭构件。常见的复合受扭构件的例子还有偏心轮压和吊车横向水平制动力作用下的吊车梁[图 7-1(c)]、螺旋楼梯中的梯段梁[图 7-1(d)]。

7.2 纯扭构件承载力计算

7.2.1 纯扭构件的试验研究

7.2.1.1 裂缝出现前的性能

钢筋混凝土构件受扭转作用时，在裂缝出现前其性能符合弹性扭转理论。由材料力学公式可知：构件的正截面上仅有剪应力作用，截面形心处剪应力值为 0，截面边缘处剪应力值较大，其中长边中点处剪应力值最大。扭矩和扭转角之间呈线性关系。

7.2.1.2 裂缝出现后的性能

理想匀质构件的受扭裂缝从主拉应力最大处开始产生，初始裂缝一般产生在截面长边中点处，与构件轴线成 45°角。此后，这条初始裂缝逐渐向两端延伸至短边截面形成螺旋状裂缝，仍与构件成 45°角(图 7-2)，并相继出现许多新的螺旋状裂缝，裂缝向上、下两个邻面延伸，很快形成三面开裂、一面受压的空间扭曲破坏面。最后构件断裂，具有典型的脆性破坏性质(图 7-3)。

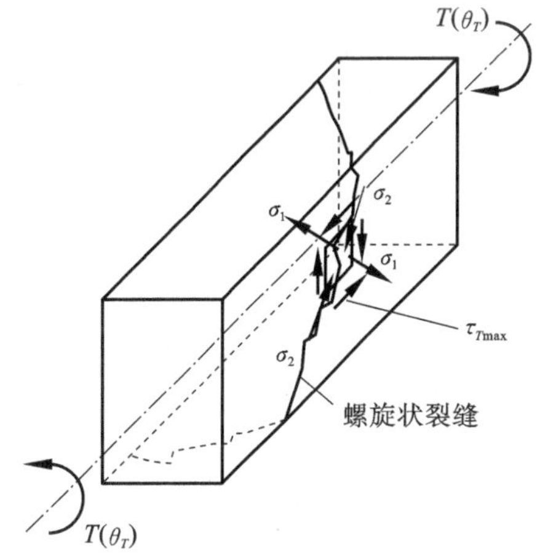

图 7-2 纯扭构件螺旋状裂缝

裂缝出现后，部分混凝土退出工作，受扭钢筋应力明显增加，扭转角显著增大。截面原有的受力平衡状态被打破，带有裂缝的混凝土和受扭钢筋组成新的受力体系，形成新的平衡状态。此时，构件截面的抗扭刚度显著降低，受扭钢筋用量越少，抗扭刚度降低越多，如图 7-4 所示。

试验表明，受扭构件的破坏形态与受扭纵筋、受扭箍筋的配筋率大小有关，可以分为少筋破坏、适筋破坏、部分超筋破坏和超筋破坏四类。

(1) 少筋破坏

当构件的抗扭纵筋和抗扭箍筋配置数量均过少时，一旦裂缝出现，抗扭纵筋和抗扭箍筋即刻达到屈服强度且可能进入强化阶段，甚至会被拉断，构件立即破坏。其破坏特征类似于受弯构件的少筋梁破坏，属于脆性破坏，在设计中应予以避免。

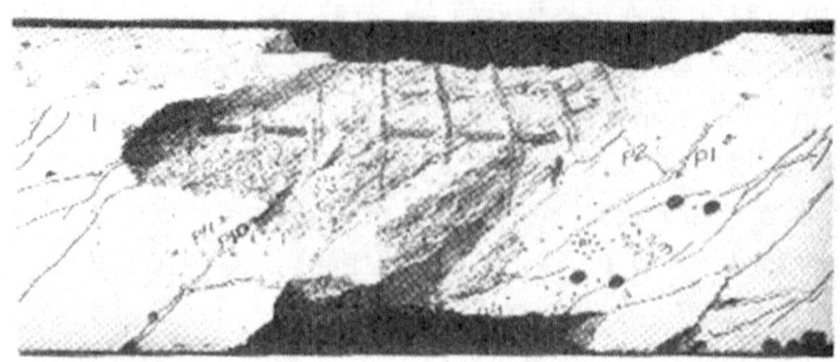

图 7-3　纯扭构件扭曲破坏面

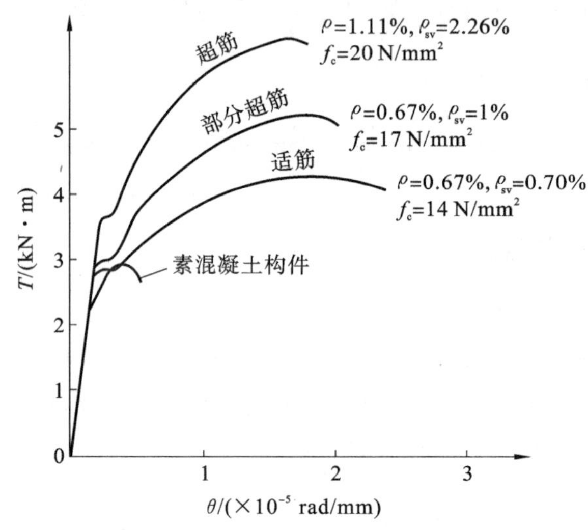

图 7-4　矩形截面纯扭构件实测 ***T*-*θ*** 曲线

（2）适筋破坏

当构件的抗扭纵筋和抗扭箍筋配置数量适当时，裂缝出现后抗扭纵筋和抗扭箍筋的应力随着扭矩的增大而不断增加，先后达到屈服强度，而后混凝土被压碎，构件破坏。其破坏特征类似于受弯构件的适筋梁破坏，属于延性破坏。这种破坏形态可作为设计的依据。

（3）部分超筋破坏

当构件的抗扭纵筋和抗扭箍筋配置数量比例相差较大时，构件发生破坏时会出现抗扭纵筋或抗扭箍筋中的一种钢筋屈服，哪种钢筋配筋率小，哪种钢筋就屈服。该破坏具有一定的延性，但较适筋破坏时弱。

（4）超筋破坏

当构件的抗扭纵筋和抗扭箍筋配置数量均过多时，裂缝出现后抗扭纵筋和抗扭箍筋的应力也随着扭矩的增大而不断增加。由于抗扭纵筋和抗扭箍筋数量较多，应力增长速度较慢，到混凝土被压碎时抗扭纵筋和抗扭箍筋都不会达到屈服强度。这种破坏类似于受弯构件的超筋梁破坏，属于脆性破坏，在设计中应予以避免。

7.2.2　纯扭构件承载力计算

7.2.2.1　开裂扭矩的计算

为避免形成少筋构件，配筋构件的抗扭承载力至少要大于素混凝土构件的抗扭承载力，素混凝土的抗扭承载力也就是它的开裂扭矩。因此，需要计算构件的开裂扭矩，将其作为确定最小抗扭配筋的依据。

钢筋混凝土纯扭构件在裂缝出现以前钢筋应力很小，对构件开裂扭矩影响不大，可以忽略钢筋的影响。

开裂扭矩的计算方法有两类：一类基于弹性理论，得出结果后再考虑塑性；另一类基于塑性理论，得出结果后再考虑混凝土的塑性不足。

(1) 基于弹性理论的方法

应用弹性理论分析时，视混凝土为理想的弹性材料。在扭矩作用下，截面内将产生剪应力 τ。由材料力学可知，弹性材料矩形截面内剪应力的分布如图 7-5(a)所示。

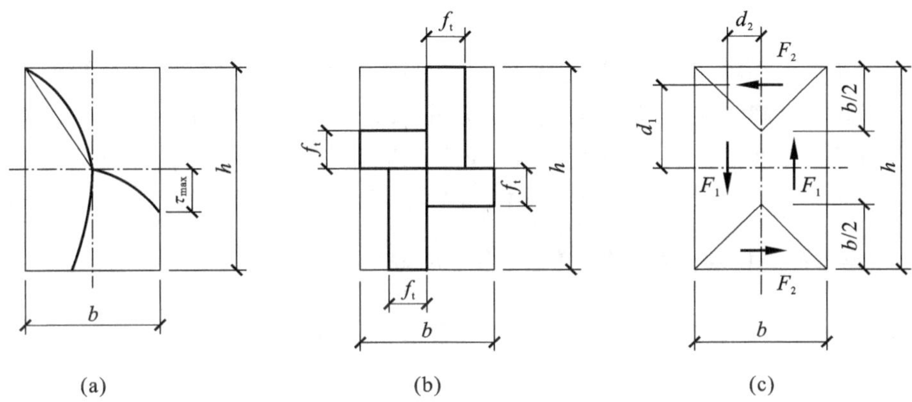

图 7-5 矩形截面纯扭构件的剪应力分布

(a) 弹性剪应力分布；(b) 塑性剪应力分布；(c) 塑形剪应力合力示意图

截面上 τ_{max} 出现在截面长边的中点处，与该点剪应力作用相对应的主拉应力 σ_{pt} 和主压应力 σ_{pc} 分别与构件轴线成 45°和 135°角，其值大小为 τ_{max}。当主拉应力达到混凝土抗拉强度 f_t 时，构件将开裂。此时构件截面的扭矩为开裂扭矩 T_{cr}。

$$T_{cr}=\alpha f_t b^2 h \tag{7-1}$$

式中 α——与比值 h/b 有关的系数，当 h/b 为 1～10 时，α 为 0.208～0.313。

(2) 基于塑性理论的方法

视混凝土为理想的塑性材料，即全截面应力均达到材料强度时，构件发生破坏。若把剪力分布近似划成图 7-5(c)中的四个部分，并分块计算各个部分剪应力的合力和相应的力偶，可得截面的开裂扭矩为：

$$T_{cr}=2(F_1 d_2+F_2 d_1)=\frac{b^2}{6}(3h-b)\tau_{max} \tag{7-2}$$

构件受扭承载力达到极限时，截面上各点的剪应力 τ_{max} 全部达到混凝土抗拉强度 f_t，如图 7-5(b)所示，则可得开裂扭矩为：

$$T_{cr}=f_t\frac{b^2}{6}(3h-b)=f_t W_t \tag{7-3}$$

式中 W_t——截面受扭塑性抵抗矩，对于矩形截面，$W_t=\frac{b^2}{6}(3h-b)$；

f_t——混凝土的抗拉强度；

b,h——矩形截面的短边边长和长边边长。

(3) 纯扭构件开裂扭矩的计算

实际上，混凝土并不是理想的弹性材料和塑形材料，因此截面的开裂扭矩介于式(7-1)、式(7-3)的计算值之间。为此，《混凝土结构设计规范》(GB 50010—2010)以塑性理论的计算公式式(7-3)为基础，将试验结果乘以一个修正系数，得到钢筋混凝土纯扭构件的开裂扭矩。试验表明，对于中低强度等级混凝土，修正系数为 0.8；对于高强度等级混凝土，修正系数为 0.7。为方便工程应用和保证可靠度，《混凝土结构设计规范》(GB 50010—2010)中取混凝土抗拉强度修正系数为 0.7。因此，开裂扭矩的计算公式为：

$$T_{cr}=0.7f_tW_t \tag{7-4}$$

(4) 受扭塑性抵抗矩

① T 形和 I 形截面。

对于 T 形和 I 形截面纯扭构件，以使 W_t 最大为目标，将其截面划分为几个矩形截面。划分的原则是先按截面总高度确定腹板截面，再划分受压翼缘和受拉翼缘，如图 7-6 所示，然后分别计算各个矩形截面的受扭塑性抵抗矩，再按式(7-5)计算 T 形和 I 形截面受扭塑性抵抗矩 W_t。

$$W_t=W_{tw}+W'_{tf}+W_{tf} \tag{7-5}$$

式中 W_{tw}——腹板的受扭塑性抵抗矩，$W_{tw}=\dfrac{b^2}{6}(3h-b)$；

W'_{tf}——受压翼缘的受扭塑性抵抗矩，$W'_{tf}=\dfrac{h'^2_f}{2}(b'_f-b)$；

W_{tf}——受拉翼缘的受扭塑性抵抗矩，$W_{tf}=\dfrac{h_f^2}{2}(b_f-b)$；

W_t——截面总的受扭塑性抵抗矩。

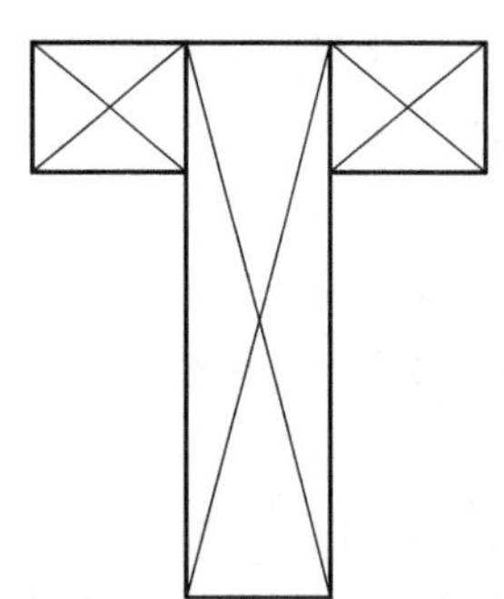

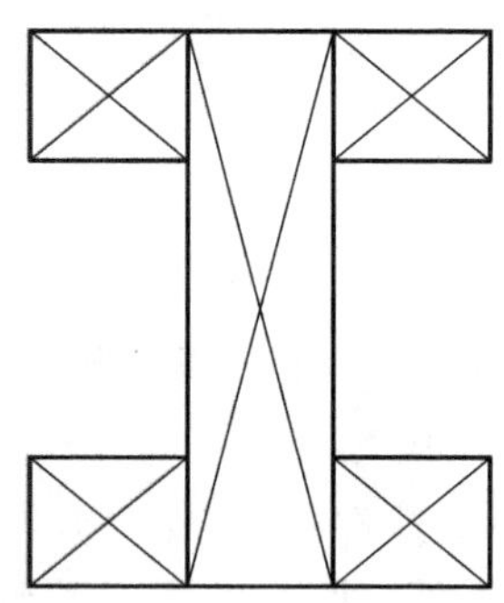

图 7-6 T 形和 I 形截面纯扭构件截面划分

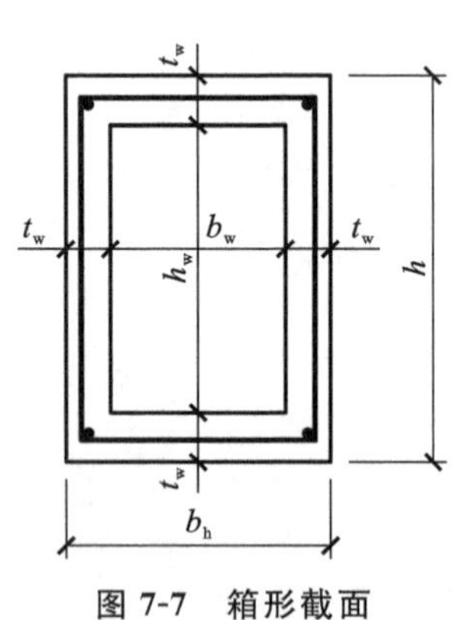

图 7-7 箱形截面

② 箱形截面(图 7-7)。

$$W_t=\frac{b_h^2}{6}(3h_h-b_h)-\frac{(b_h-2t_w)^2}{6}[3h_w-(b_h-2t_w)] \tag{7-6}$$

式中 b_h, h_h——箱形截面的宽度和高度；

h_w——箱形截面的腹板净高；

t_w——箱形截面壁厚，其值不应小于 $b_h/7$。

7.2.2.2 纯扭构件扭曲截面承载力计算

受扭承载力是在大量实验研究的基础上，通过采用空间桁架模型方法得出的半理论半经验的统计公式计算得出的。

(1) 空间桁架模型

实验研究表明，矩形截面纯扭构件在接近承载力极限状态时，核心混凝土部分退出工作，所以可将实心截面的钢筋混凝土受扭构件比拟为一箱形截面构件。此时，具有螺旋状裂缝的混凝土箱壁与抗扭纵筋、箍筋共同组成变角空间桁架模型(图 7-8)。

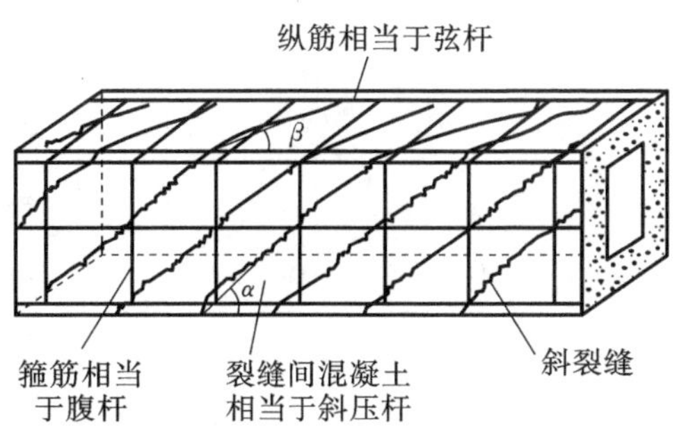

图 7-8　变角空间桁架模型

该模型采用如下基本假定：

① 极限状态下，原实心截面构件简化为箱形截面构件，如图 7-8 所示。混凝土被螺旋状裂缝分成一系列倾角为 α 的斜压杆，与纵筋和箍筋共同构成空间桁架。

② 纵筋和箍筋只承受拉力，构成空间桁架的弦杆和腹杆。

③ 忽略钢筋的销栓作用。

按照此模型，由平衡条件可以推导出矩形截面纯扭构件的受扭承载力 T_u。

$$T_u=2\sqrt{\zeta}\frac{f_{yv}A_{st1}}{s}A_{cor} \tag{7-7}$$

$$\zeta=\frac{f_yA_{stl}/u_{cor}}{f_{yv}A_{st1}/s}=\frac{f_yA_{stl}s}{f_{yv}A_{st1}u_{cor}} \tag{7-8}$$

式中　A_{stl}——受扭计算中对称布置的全部纵向钢筋截面面积；

A_{st1}——受扭计算中沿截面周边配置的箍筋单肢截面面积；

f_y，f_{yv}——受扭纵筋和受扭箍筋的抗拉强度设计值；

s——受扭箍筋的间距；

u_{cor}——截面核心部分的周长，$u_{cor}=2(b_{cor}+h_{cor})$；

A_{cor}——截面核心部分的面积，$A_{cor}=b_{cor}h_{cor}$，截面核心部分指截面中抗扭纵筋外表面连线范围内的部分，b_{cor}为截面短边尺寸减去 2 倍保护层厚度，h_{cor}为截面长边尺寸减去 2 倍保护层厚度；

ζ——沿截面核心部分周长单位长度内的抗扭纵筋强度与沿构件长度方向单位长度内的单侧抗扭箍筋强度的比值。

上面的公式是假定在达到承载力极限状态时纵筋和箍筋均屈服而得出的。当 ζ 过大或过小时，纵筋或箍筋就达不到屈服状态。实验表明：当 $0.5\leqslant\zeta\leqslant2.0$ 时，构件破坏时纵筋和箍筋都能达到屈服强度；当 ζ 在 1.2 左右时，纵筋和箍筋基本上能够同时达到屈服强度。《混凝土结构设计规范》(GB 50010—2010)规定对钢筋混凝土纯扭构件，应符合 $0.6\leqslant\zeta\leqslant1.7$ 的要求，当 $\zeta>1.7$ 时，取 $\zeta=1.7$；设计计算时，常取 $\zeta=1.2$。

式(7-7)是按理想化的空间桁架模型推导出的计算公式，忽略了受扭承载力随混凝土强度增加而提高的规律。因此，该公式的计算结果与实验结果存在一定差异。

(2)《混凝土结构设计规范》(GB 50010—2010)的计算方法

根据实验结果，《混凝土结构设计规范》(GB 50010—2010)规定：钢筋混凝土纯扭构件的受扭承载力 T_u 由混凝土的抵抗扭矩 T_c 和箍筋与纵筋的抵抗扭矩 T_s 共同组成，即：

$$T_u=T_c+T_s \tag{7-9}$$

其中，T_c 为：

$$T_c=\alpha_1f_tW_t \tag{7-10}$$

T_s 可以用变角空间桁架模型的计算公式[式(7-7)]类似表示：

$$T_s = \alpha_2 \sqrt{\zeta} \frac{f_{yv} A_{st1}}{s} A_{cor} \tag{7-11}$$

将式(7-10)、式(7-11)代入式(7-9)，得：

$$T_u = \alpha_1 f_t W_t + \alpha_2 \sqrt{\zeta} \frac{f_{yv} A_{st1}}{s} A_{cor} \tag{7-12}$$

上式各项除以 $f_t W_t$，得：

$$\frac{T_u}{f_t W_t} = \alpha_1 + \alpha_2 \sqrt{\zeta} \frac{f_{yv} A_{st1}}{f_t W_t s} A_{cor} \tag{7-13}$$

对配置不同数量抗扭钢筋的钢筋混凝土纯扭构件进行受扭承载力试验，将试验结果标注在以 $\frac{T_u}{f_t W_t}$ 为纵坐标，以 $\sqrt{\zeta} \frac{f_{yv} A_{st1}}{f_t W_t s} A_{cor}$ 为横坐标的平面上(图 7-9)。

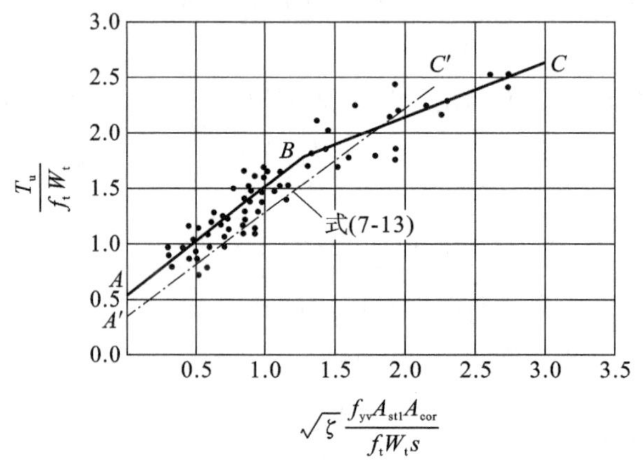

图 7-9 纯扭构件承载力实验结果与计算公式的比较

根据对实验结果的回归统计，考虑可靠指标值 β 的要求，得到系数 $\alpha_1 = 0.35$，$\alpha_2 = 1.2$，如图 7-9 所示。这样即可得到钢筋混凝土矩形截面纯扭构件扭曲截面承载力的计算公式：

$$T \leqslant T_u = 0.35 f_t W_t + 1.2 \sqrt{\zeta} \frac{f_{yv} A_{st1}}{s} A_{cor} \tag{7-14}$$

式(7-14)右侧第一项表示开裂混凝土的抵抗扭矩。因为在承载能力极限状态时构件已经严重开裂，但扭转斜裂缝并未贯通全部截面，故钢筋混凝土构件中混凝土部分的抗扭强度为开裂扭矩的一半，即 $\alpha_1 = 0.35$。

式(7-14)右侧第二项为钢筋的抵抗扭矩。此项系数 α_2 按变角空间桁架模型的公式计算应为 2，《混凝土结构设计规范》(GB 50010—2010)中取为 1.2。这是因为：① 式(7-14)考虑了混凝土的抵抗扭矩；②《混凝土结构设计规范》(GB 50010—2010)中公式中的 A_{cor} 是按箍筋内表面计算的，而变角空间桁架模型中的 A_{cor} 是按截面四角纵筋中心连线来计算的；③ 建立《混凝土结构设计规范》(GB 50010—2010)中的公式时，考虑了少量部分超筋构件的实验结果。

对于偏心距 e_{p0} 不大于 $h/6$ 的预应力混凝土纯扭构件，当计算的 ζ 值不小于 1.7 时，取 1.7，并可在式(7-14)的右边增加预应力影响项 $0.05 \frac{N_{p0}}{A_0} W_t$。此处，$N_{p0}$ 为计算截面上混凝土法向预应力等于 0 时的预加力，取值应符合相应的规定。当 ζ 小于 1.7 或 e_{p0} 大于 $h/6$ 时，不应考虑预加力的影响，而应按照钢筋混凝土纯扭构件计算。

(3) T 形和 I 形截面纯扭构件的承载力计算

与开裂扭矩的计算方法类似，对于 T 形和 I 形截面纯扭构件，可将其截面划分为几个矩形截

面，见图7-6，分别计算各个矩形截面的受扭塑性抵抗矩，然后按各个矩形截面的受扭塑性抵抗矩与总扭矩的比值把总扭矩分配到各个矩形截面上，最后按式(7-14)分别进行受扭承载力计算。各个矩形截面的扭矩设计值可按下列规定计算。

对于腹板：

$$T_w = \frac{W_{tw}}{W_t} T \tag{7-15a}$$

对于受压翼缘：

$$T'_f = \frac{W'_{tf}}{W_t} T \tag{7-15b}$$

对于受拉翼缘：

$$T_f = \frac{W_{tf}}{W_t} T \tag{7-15c}$$

$$W_t = W_{tw} + W'_{tf} + W_{tf}$$

式中 T——构件截面承受的扭矩设计值；

T_w——腹板承受的扭矩设计值；

T'_f，T_f——受压翼缘、受拉翼缘承受的扭矩设计值；

W_{tw}——腹板的受扭塑性抵抗矩，$W_{tw} = \frac{b^2}{6}(3h - b)$；

W'_{tf}——受压翼缘的受扭塑性抵抗矩，$W'_{tf} = \frac{h'^2_f}{2}(b'_f - b)$；

W_{tf}——受拉翼缘的受扭塑性抵抗矩，$W_{tf} = \frac{h_f^2}{2}(b_f - b)$；

W_t——截面总的受扭塑性抵抗矩。

(4) 箱形截面纯扭构件的承载力计算

实验及理论研究表明，具有一定壁厚的箱形截面($t_w \geqslant 0.4b_h$)，与截面尺寸为$b_h h_h$实心矩形截面的受扭承载力计算公式基本相同；当壁厚较小时，箱形截面纯扭构件的承载力小于实心截面。因此，对于箱形截面纯扭构件，其受扭承载力的计算公式与矩形截面纯扭构件的计算公式相似，仅在混凝土抗扭承载力项中考虑与截面相对壁厚有关的修正系数α_h，即：

$$T \leqslant T_u = 0.35\alpha_h f_t W_t + 1.2\sqrt{\zeta}\frac{f_{yv} A_{st1}}{s} A_{cor} \tag{7-16}$$

式中 W_t——箱形截面受扭塑性抵抗矩；

α_h——箱形截面壁厚影响系数，$\alpha_h = 2.5t_w/b_h$，当$\alpha_h > 1$时，取$\alpha_h = 1$；

b_h，h_h——箱形截面的宽度和高度。

按式(7-16)进行箱形截面纯扭构件扭曲截面承载力计算时，ζ值的计算和要求同矩形截面纯扭构件。

7.3 弯剪扭构件承载力计算

7.3.1 弯剪扭构件的受力性能

受扭构件在弯矩、剪力和扭矩的共同作用下，受力是较复杂的。对于弯矩M、剪力V和扭矩T的任意一比例组合(通常以扭弯比$\varphi = \frac{T}{M}$和扭剪比$\chi = \frac{T}{Vb}$表示)，截面都会得到一种破坏结果。此外，截面破坏类型还跟构件配筋及材料强度有关。通过实验研究，得到弯剪扭构件的破坏形态主要有弯型破坏、扭型破坏和剪扭型破坏三种。

(1) 弯型破坏

若构件剪力 V 不起控制作用，且 ψ 值较小，配筋适量，则在弯扭共同作用下，扭矩使沿截面周边的所有纵筋都受拉，而弯矩只使弯曲受拉区的钢筋受拉，故弯曲受拉区纵筋的拉应力是叠加的，从而会降低抗弯承载力[图 7-10(a)]。斜裂缝首先在弯曲受拉区的底部形成，然后发展到两侧面。三个面上的螺旋状裂缝形成一个扭曲破坏面，而第四面即弯曲受压顶面上无裂缝。构件破坏时与螺旋状裂缝相交的纵筋及箍筋均受拉并达到屈服强度，构件顶部受压，形成如图 7-11(a)所示的弯型破坏。

(2) 扭型破坏

当构件剪力 V 不起控制作用，扭矩作用显著，即扭弯比 ψ 及扭剪比 χ 均较大，且 $A'_s < A_s$ 时，由 M 引起的 A'_s 钢筋的压力不足以抵消由 T 引起的 A'_s 钢筋的拉力。由于 $A'_s < A_s$，A'_s 钢筋先受拉屈服，之后构件破坏，可能形成如图 7-11(b)所示的受压区在构件底部的扭型破坏。

(3) 剪扭型破坏

若构件弯矩 M 不起控制作用，剪力和扭矩起控制作用，则扭矩和剪力产生的剪应力总会在构件的一个侧面上叠加，因此会降低抗剪承载力[图 7-10(b)]，则裂缝首先在构件侧面(剪力和扭矩产生的主应力方向一致的侧面)出现，然后向顶面和底面扩展。这三个面上的螺旋状裂缝构成扭曲破坏面，破坏时与螺旋状裂缝相交的纵筋和箍筋受拉并达到屈服强度，而受压区则靠近另一侧面(与剪力和扭矩产生的主应力方向相反的侧面)，形成如图 7-11(c)所示的剪扭型破坏。当 T 很小时，仅发生剪切破坏。

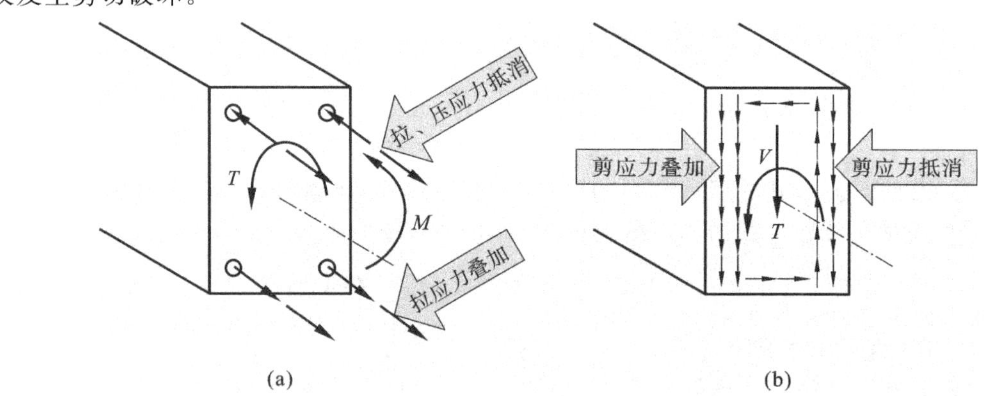

图 7-10　弯剪扭构件截面应力示意图

(a) 在弯扭共同作用下；(b) 在扭剪共同作用下

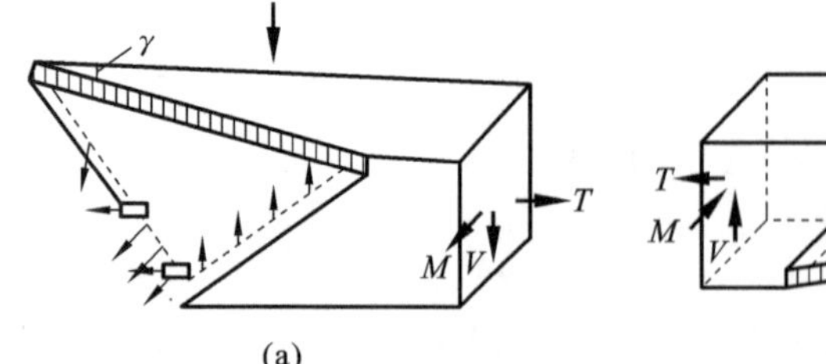

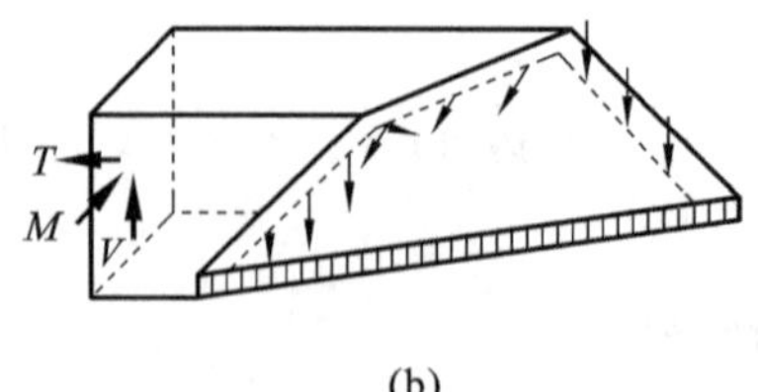

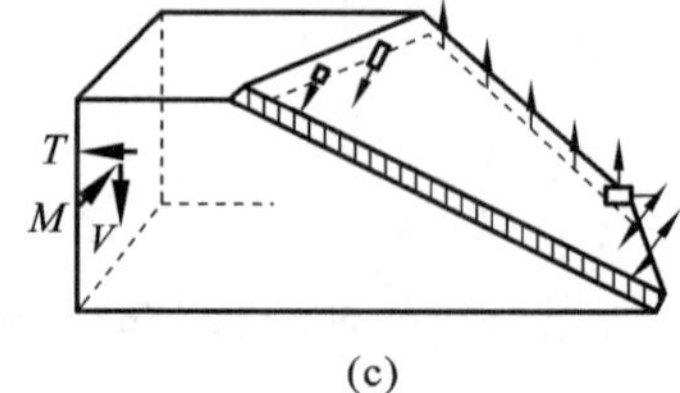

图 7-11　弯剪扭构件破坏类型

(a) 弯型破坏；(b) 扭型破坏；(c) 剪扭型破坏

7.3.2 弯剪扭构件的承载力

7.3.2.1 弯剪扭相关性

实验研究表明，对于弯剪扭构件，构件的受扭承载力与其受弯承载力、受剪承载力是有相互影响的，即构件的受扭承载力随着同时作用的弯矩、剪力的变化而变化；同样，构件的受弯承载力、受剪承载力也随着同时作用的扭矩的变化而发生变化。构件各种承载力相互影响的性质称为各承载力之间的相关性。

7.3.2.2 剪扭构件的承载力

实验结果表明，当剪力与扭矩共同作用时，剪力的存在会使混凝土的抗扭承载力降低，而扭矩的存在也将使混凝土的抗剪承载力降低。二者之间的相关关系大致符合 1/4 圆曲线变化规律，如图 7-12 所示，其表达式为：

$$\left(\frac{V_c}{V_{co}}\right)^2+\left(\frac{T_c}{T_{co}}\right)^2=1 \tag{7-17}$$

式中 V_c, T_c——剪扭共同作用下的受剪承载力及受扭承载力；

V_{co}——纯剪构件混凝土的受剪承载力，$V_{co}=0.7f_t bh_0$；

T_{co}——纯扭构件混凝土的受扭承载力，$T_{co}=0.35f_t W_t$。

将 1/4 圆简化为如图 7-13 所示的三段折线，则有

$\frac{V_c}{V_{co}}\leqslant 0.5$ 时：

$$\frac{T_c}{T_{co}}=1.0 \tag{7-18}$$

$\frac{T_c}{T_{co}}\leqslant 0.5$ 时：

$$\frac{V_c}{V_{co}}=1.0 \tag{7-19}$$

$\frac{V_c}{V_{co}}$、$\frac{T_c}{T_{co}}$大于 0.5 时：

$$\frac{V_c}{V_{co}}+\frac{T_c}{T_{co}}=1.5 \tag{7-20}$$

令$\frac{T_c}{T_{co}}=\beta_t$，则有

$$\frac{V_c}{V_{co}}=1.5-\beta_t \tag{7-21}$$

因为

$$\frac{V_c/V_{co}}{T_c/T_{co}}=\frac{V_c}{T_c}\cdot\frac{0.35f_t W_t}{0.7f_t bh_0}=0.5\frac{V_c}{T_c}\cdot\frac{W_t}{bh_0}=0.5\frac{V}{T}\cdot\frac{W_t}{bh_0} \tag{7-22}$$

即

$$\frac{V_c}{V_{co}}=0.5\beta_t\frac{V}{T}\cdot\frac{W_t}{bh_0}$$

代入式(7-21)，得：

$$\beta_t=\frac{1.5}{1+0.5\frac{V}{T}\cdot\frac{W_t}{bh_0}} \tag{7-23}$$

式中，β_t 为剪扭构件混凝土受扭承载力降低系数，当 $\beta_t<0.5$ 时，取 $\beta_t=0.5$；当 $\beta_t>1.0$ 时，取 $\beta_t=1.0$。相应地，$(1.5-\beta_t)$ 称为剪扭构件混凝土受剪承载力降低系数。

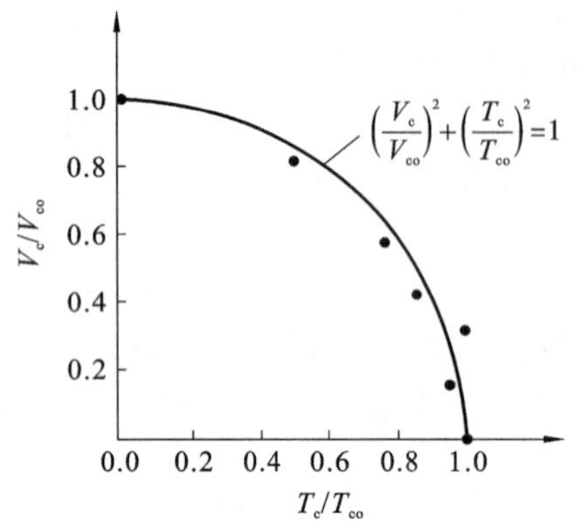

图 7-12 混凝土剪扭承载力相关关系

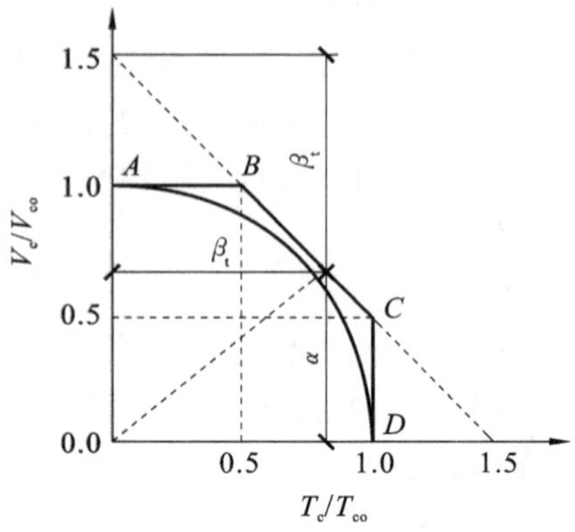

图 7-13 混凝土剪扭承载力相关的计算模式

7.3.2.3 简化计算方法

由于构件弯、剪、扭承载力之间的相互影响非常复杂，要完全考虑它们之间的相关性，并采用统一的相关方程进行计算难以实现。因此，我国的《混凝土结构设计规范》(GB 50010—2010)对复合受扭构件的承载力计算采用了部分相关、部分叠加的计算方法，即在构件剪扭承载力计算时，仅考虑混凝土部分承载力之间的相关性，箍筋部分承载力直接叠加；在构件弯扭承载力计算时，不再考虑二者之间的相关性，分别按受弯、受扭单独计算抗弯纵筋和抗扭纵筋，并将其配置在需要的位置，对于截面同一位置处的两种纵筋，可将二者截面面积叠加后再选择钢筋。

(1) 矩形截面剪扭构件的截面受剪、受扭承载力

对于一般构件：

① 受剪承载力。

$$V_u=(1.5-\beta_t)(0.7f_tbh_0+0.05N_{p0})+f_{yv}\frac{A_{sv}}{s}h_0 \tag{7-24}$$

② 受扭承载力。

$$T_u=\beta_t\left(0.35f_t+0.05\frac{N_{p0}}{A_0}\right)W_t+1.2\sqrt{\zeta}f_{yv}\frac{A_{st1}A_{cor}}{s} \tag{7-25}$$

对于集中荷载作用下(包括有多种荷载作用时，其中集中荷载对支座截面或节点边缘产生的剪力值占总剪力值的75%以上)的独立剪扭构件，受扭承载力仍按式(7-25)计算，受剪承载力改用下式计算：

$$V_u=\frac{1.75}{\lambda+1}(1.5-\beta_t)f_tbh_0+f_{yv}\frac{A_{sv}}{s}h_0 \tag{7-26}$$

此时，受扭承载力降低系数 β_t 按式(7-27)计算：

$$\beta_t=\frac{1.5}{1+0.2(\lambda+1)\frac{V}{T}\cdot\frac{W_t}{bh_0}} \tag{7-27}$$

式中 λ——计算截面的剪跨比。

(2) 箱形截面剪扭构件的截面受剪、受扭承载力

箱形截面剪扭构件的受扭性能与矩形截面受扭构件相似，但应考虑相对壁厚的影响。

对于一般构件，受剪承载力和受扭承载力可按下列公式计算。

① 受剪承载力。

$$V_u=0.7(1.5-\beta_t)f_tbh_0+f_{yv}\frac{A_{sv}}{s}h_0 \tag{7-28}$$

② 受扭承载力。

$$T_u=0.35\alpha_h\beta_tf_tW_t+1.2\sqrt{\zeta}f_{yv}\frac{A_{st1}A_{cor}}{s} \tag{7-29}$$

式中 α_h——箱形截面壁厚影响系数，按纯扭构件计算规定取用；

β_t——受扭承载力降低系数，按式(7-27)计算时以 α_hW_t 代替式中的 W_t，并将截面宽度 b 取箱形截面两个侧壁之间的总厚度。

(3) T形和I形截面剪扭构件的受剪、受扭承载力

① 受剪承载力。

T形和I形截面剪扭构件的受剪承载力可以按矩形截面纯扭构件的计算公式进行计算，但在计算中应以 T_w、W_{tw}分别代替 T、W_t。

② 受扭承载力。

T形和I形截面剪扭构件的受扭承载力可以按纯扭构件的计算方法将截面划分成几个矩形截面进行计算。其中，腹板按矩形截面纯扭构件的计算公式进行计算，但在计算中应以 T_w、W_{tw}分别代替 T、W_t；受压翼缘和受拉翼缘按矩形截面纯扭构件的规定进行计算，但在计算中应以 T'_f、T_f 和 W'_{tf}、W_{tf}分别代替 T、W_t。

7.3.3 弯剪扭构件承载力计算方法

矩形、T形、I形和箱形截面钢筋混凝土弯剪扭构件配筋计算的一般原则是：纵向钢筋应分别按受弯构件的正截面受弯承载力和剪扭构件的受扭承载力所需的钢筋截面面积和相应的位置进行配置，箍筋应分别按剪扭构件的受剪承载力和受扭承载力按所需的箍筋截面面积和相应位置进行配置。

《混凝土结构设计规范》(GB 50010—2010)规定：在弯矩、剪力和扭矩共同作用下的矩形、T形、I形和箱形截面弯剪扭构件，可按下列规定进行承载力计算：

① 当 $V\leqslant 0.35f_tbh_0$ 或 $V\leqslant 0.875f_tbh_0/(\lambda+1)$时，可仅按受弯构件的正截面受弯承载力和纯扭构件的受扭承载力分别进行计算；

② 当 $T\leqslant 0.175f_tW_t$ 或 $T\leqslant 0.175\alpha_hf_tW_t$ 时，可仅按受弯构件的正截面受弯承载力和斜截面受剪承载力分别进行计算。

若已知弯剪扭构件的内力设计值，则初步选定截面尺寸和材料强度等级后，可按下列步骤进行配筋计算。

① 验算截面尺寸限制条件。

为了保证弯剪扭构件破坏时混凝土不首先被压碎，对$\frac{h_w}{b}\leqslant 6$ 的矩形、T形、I形和$\frac{h_w}{t_w}\leqslant 6$ 的箱形截面构件，其截面尺寸应符合下列要求。

当$\frac{h_w}{b}\left(或\frac{h_w}{t_w}\right)\leqslant 4$ 时：

$$\frac{V}{bh_0}+\frac{T}{0.8W_t}\leqslant 0.25\beta_cf_c \tag{7-30}$$

当$\frac{h_w}{b}\left(或\frac{h_w}{t_w}\right)=6$ 时：

$$\frac{V}{bh_0}+\frac{T}{0.8W_t}\leqslant 0.2\beta_c f_c \tag{7-31}$$

当 $4<\frac{h_w}{b}\left(\text{或}\frac{h_w}{t_w}\right)<6$ 时，截面尺寸要求按线性内插法确定。

注：当 $\frac{h_w}{b}\left(\text{或}\frac{h_w}{t_w}\right)>6$ 时，受扭构件的截面尺寸要求及扭曲截面的承载力计算应符合专门标准的规定。

式中 V，T——剪力、扭矩设计值；

b——对矩形截面指截面宽度，对 T 形、I 形截面指腹板宽度，对箱形截面指侧壁总厚度，其值为 $2t_w$；

h_0——截面有效高度；

h_w——截面腹板高度，矩形截面取有效高度，T 形截面取有效高度减去翼缘高度，I 形和箱形截面取腹板净高度；

t_w——箱形截面壁厚，其值不应小于箱形截面宽度的 1/7。

若不满足上述条件，一般应加大截面尺寸或提高混凝土强度等级。

② 验算是否应按计算配置剪扭钢筋。

在弯矩、剪力和扭矩的共同作用下，当矩形、T 形、I 形和箱形截面构件的截面尺寸符合下列要求时，可不进行截面剪扭承载力计算。但为了防止构件开裂后发生脆性破坏，必须按构造要求配置钢筋。

$$\frac{V}{bh_0}+\frac{T}{W_t}\leqslant 0.7f_t+0.05\frac{N_{p0}}{bh_0} \tag{7-32}$$

或

$$\frac{V}{bh_0}+\frac{T}{W_t}\leqslant 0.7f_t+0.07\frac{N}{bh_0} \tag{7-33}$$

式中 N——与剪力、扭矩设计值 V、T 相对应的轴向压力设计值，当 $N>0.3f_cA$ 时，取 $N=0.3f_cA$，此处，A 为构件的截面面积；

N_{p0}——计算截面上混凝土法向预应力等于 0 时的预加力，$N_{p0}>0.3f_cA_o$ 时，取 $N_{p0}=0.3f_cA_o$，此处，A_o 为构件的换算截面面积。

当 $N>0.3f_cA$ 时，取 $N=0.3f_cA$。

③ 判别配筋计算是否可忽略剪力 V 或者扭矩 T。

④ 计算箍筋数量。

当不可忽略剪力 V 或者扭矩 T 时，分别计算受剪和受扭所需的单肢箍筋数量，将二者叠加得到单肢箍筋总用量，据此确定箍筋的直径和间距。箍筋的直径和间距必须符合构造要求。

⑤ 计算纵筋数量。

抗弯纵筋和抗扭纵筋应分别计算，并分别配置在相应位置。将相同位置的两种钢筋数量进行叠加，得到该位置纵筋总用量，然后确定钢筋的直径和根数。所配的纵筋应满足构造要求。

7.4 受扭构件的构造要求

7.4.1 箍筋的构造要求

为防止构件发生少筋性质的脆性破坏，必须保证受扭构件中箍筋的配箍率不小于最小配箍

率，即：

$$\rho_{sv}=\frac{nA_{sv1}}{bs}\geqslant\rho_{sv,min}=0.28\frac{f_t}{f_{yv}} \tag{7-34}$$

抗扭箍筋必须采用封闭式，间距与梁受剪时要求相同。考虑协调扭转而配置的箍筋，其间距不宜大于 0.75b(b 为矩形截面的宽度、T 形或 I 形截面腹板宽度，但对于箱形截面，b 取总宽度 b_h)。

当采用绑扎骨架时，应将箍筋末端做成 135°弯钩，弯钩的端头平直段长度不应小于 10d(d 为箍筋直径)。

7.4.2 纵筋的构造要求

在受扭构件中，纵筋的配筋率应满足下列要求：

$$\rho_{tl}=\frac{A_{stl}}{bh}\geqslant\rho_{stl,min}=0.6\sqrt{\frac{T}{Vb}}\cdot\frac{f_t}{f_y} \tag{7-35}$$

受扭纵筋在构件截面四角必须设置，并沿截面周边均匀、对称布置，间距不应大于 200 mm 和截面宽度 b 中的较小值。受扭纵筋应按受拉钢筋锚固在支座内。

7.5 弯剪扭构件设计例题

【例 7-1】 一钢筋混凝土矩形截面构件的截面尺寸 $b\times h$ 为 250 mm×450 mm，扭矩设计值 T=10 kN·m，混凝土强度等级为 C30(f_c=14.3 N/mm², f_t=1.43 N/mm²)，纵向钢筋和箍筋均采用 HPB300 级钢筋，试计算其配筋。

【解】 (1) 验算构件截面尺寸

$$W_t=\frac{1}{6}b^2(3h-b)=\frac{250^2}{6}\times(3\times450-250)=11.46\times10^6(\text{mm}^2)$$

$$\frac{T}{W_t}=\frac{10\times10^6}{11.46\times10^6}=0.87(\text{N/mm}^2)<0.25\beta_c f_c=0.25\times1.0\times14.3=3.58(\text{N/mm}^2)$$

满足 $\frac{T}{W_t}<0.25\beta_c f_c$ 是规范对构件截面尺寸的限定性要求，本例题满足这一要求。

(2) 抗扭钢筋计算

$$\frac{T}{W_t}=\frac{10\times10^6}{11.46\times10^6}=0.87\ (\text{N/mm}^2)<0.7f_t$$

故按构造配筋即可。

【例 7-2】 一矩形截面梁的截面尺寸为 300 mm×400 mm，混凝土强度等级为 C20(f_c=9.6 N/mm², f_t=1.1 N/mm²)，箍筋采用 HPB300 级(f_{yv}=270 N/mm²)，纵筋采用 HRB335 级(f_y=300 N/mm²)。经计算，梁弯矩设计值 M=14 kN·m，剪力设计值 V=16 kN，扭矩设计值 T=3.8 kN·m，试确定梁的配筋。

【解】 (1) 按 $h_w/b\leqslant4$ 的情况，验算梁截面尺寸是否符合要求

$$W_t=\frac{b^2}{6}(3h-b)=\frac{300^2}{6}\times(3\times400-300)=135\times10^5(\text{mm}^2)$$

$$\frac{V}{bh_0}+\frac{T}{0.8W_t}=\frac{16000}{300\times365}+\frac{3800\times10^3}{0.8\times135\times10^5}=0.49(\text{N/mm}^2)<0.25\beta_c f_c$$
$$=0.25\times9.6\times1.0=2.4(\text{N/mm}^2)$$

故截面尺寸满足要求。

（2）计算参数值

$$\alpha_s=\frac{M}{\alpha_1 f_c b h_0^2}=\frac{14\times10^6}{1\times9.6\times300\times365^2}=0.036$$

$$\xi=1-\sqrt{1-2\alpha_s}=0.037<\xi_b=0.55$$

$$\gamma_s=0.5\times(1+\sqrt{1-2\alpha_s})=0.982$$

$$A_s=\frac{M}{f_y\gamma_s h_0}=\frac{14\times10^6}{300\times0.982\times365}=130(\text{mm}^2)$$

$$\rho_{\min}=45\frac{f_t}{f_y}=45\times\frac{1.1}{300}\times100\%=0.165\%<0.2\%$$

取 $\rho_{\min}=0.2\%$，则：

$$A_s=\rho_{\min}bh=0.2\%\times300\times400=240(\text{mm}^2)$$

（3）验算是否可直接按构造配筋

由式(7-32)，得

$$\frac{V}{bh_0}+\frac{T}{W_t}=\frac{16000}{300\times365}+\frac{3800000}{13500000}=0.428<0.7f_t=0.7\times1.1=0.77$$

故可直接按构造配筋。

（4）计算箍筋数量

选箍筋Φ8@150 mm，算出其配箍率为：

$$\rho_{sv}=\frac{nA_{sv1}^*}{bs}=\frac{2\times50.3}{300\times150}=0.0022$$

最小配箍率为：

$$\rho_{sv,\min}=0.28\frac{f_t}{f_{yv}}=0.28\times\frac{1.1}{270}=0.0011$$

满足要求。

（5）计算受扭纵筋数量

受扭纵筋截面面积为：

$$A_{stl}=\frac{\zeta f_{yv}A_{st1}u_{cor}}{f_y s}$$

$$u_{cor}=2(b_{cor}+h_{cor})=2\times(250+350)=1200(\text{mm})$$

$$A_{stl}=\frac{1.2\times270\times50.3\times1200}{300\times150}=435(\text{mm}^2)$$

（6）校核受扭纵筋配筋率

$$\rho_{tl,\min}=0.6\sqrt{\frac{T}{Vb}}\cdot\frac{f_t}{f_y}=0.6\times\sqrt{\frac{3800\times10^3}{16000\times300}}\times\frac{1.1}{300}=0.0020$$

实际配筋率为：

$$\rho_{tl}=\frac{A_{stl}}{bh}=\frac{435}{300\times400}=0.0036>\rho_{tl,\min}=0.0020$$

满足要求。

（7）计算纵向钢筋截面面积

按正截面受弯承载力计算，梁中钢筋截面面积为 $A_s=240\ \text{mm}^2$，故梁下部钢筋截面面积应为 $240+338/3=353(\text{mm}^2)$，实配 2Φ16（$402\ \text{mm}^2$）。

腰部配 2Φ10，梁顶配 2Φ10。

知识归纳

(1) 素混凝土纯扭构件最后破坏时，三面开裂，一面混凝土被压碎后形成一个空间扭曲破坏面，属于脆性破坏。构件的受扭承载力介于弹性分析与塑性分析结果之间。

(2) 根据纵筋和箍筋的多少，钢筋混凝土纯扭构件的破坏形态有少筋破坏、适筋破坏、部分超筋破坏和超筋破坏四种。为使构件的纵筋和箍筋都达到屈服强度，纵筋和箍筋强度的比值应满足 $0.6\leqslant\zeta\leqslant1.7$，工程中通常取 1.2。

(3) 剪扭构件受扭承载力采用部分相关，部分叠加的计算原则，对混凝土部分考虑承载力之间的相关性。弯剪扭构件的承载力采用简化的叠加法计算，即按受弯构件和剪扭构件分别计算其纵筋和箍筋，然后将所需的钢筋截面面积在相应部位叠加。T 形和 I 形截面纯扭构件承载力计算可将截面划分成几个矩形截面进行配筋计算。

思考题

7-1 素混凝土纯扭构件破坏的特点是什么？

7-2 平衡扭转与协调扭转是如何区分的？

7-3 钢筋混凝土矩形截面纯扭构件有哪几种破坏形态？各在什么条件下发生？

7-4 矩形截面受扭塑性抵抗矩 W_t 是如何导出的？对于 T 形和 I 形截面，如何计算 W_t？

7-5 剪扭共同作用时，构件的剪、扭承载力之间具有怎样的相关性？弯扭共同作用时，构件的弯、扭承载力之间的相关性如何？《混凝土结构设计规范》(GB 50010—2010)是如何考虑这些相关性的？

7-6 受扭纵筋的布置要求与受弯纵筋的布置要求有什么不同？

7-7 简述弯剪扭构件中箍筋和纵筋用量的确定方法。

习 题

7-1 有一钢筋混凝土梁，其截面尺寸 $b=250$ mm，$h=400$ mm。经内力计算，支座处截面承受的扭矩设计值 $T=8$ kN·m，弯矩设计值 $M=45$ kN·m，剪力设计值 $V=48$ kN。采用 C25 混凝土和 HRB335 级钢筋，试计算截面配筋。

7-2 雨篷剖面见图 7-14。雨篷板上承受的均布荷载(已包括板自重)设计值 $q=2.5$ kN/m²，在雨篷自由端沿板宽方向单位长度承受的可变荷载设计值 $p=1.4$ kN/m。雨篷梁截面尺寸 $b=$

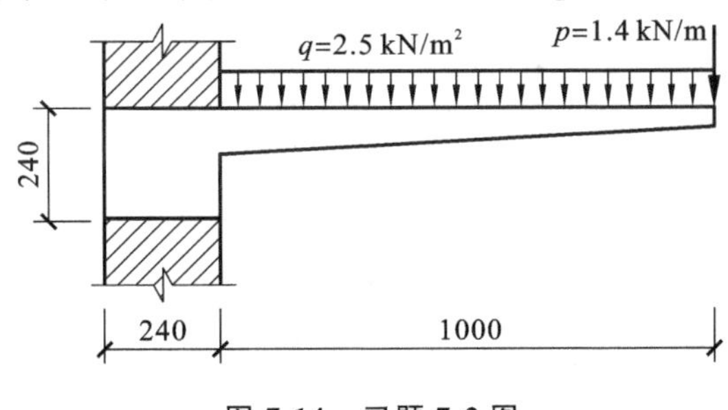

图 7-14 习题 7-2 图

240 mm，h＝240 mm，计算跨度为 2.5 m。采用 C25 混凝土和 HRB335 级钢筋。试确定雨篷梁的配筋数量。

参考文献

[1] 中华人民共和国住房和城乡建设部，中华人民共和国国家质量监督检验检疫总局. GB 50010—2010 混凝土结构设计规范. 北京：中国建筑工业出版社，2011.

[2] 沈蒲生. 混凝土结构设计原理. 4 版. 北京：高等教育出版社，2012.

[3] 顾祥林. 混凝土结构基本原理. 2 版. 上海：同济大学出版社，2011.

[4] 马芹永. 混凝土结构基本原理. 北京：机械工业出版社，2012.

8 钢筋混凝土构件正常使用极限状态验算

内容提要

本章的主要内容为钢筋混凝土构件正常使用极限状态验算，包括对构件裂缝宽度和变形的验算。本章的教学重点为裂缝宽度和变形计算公式的建立及验算方法，教学难点为混凝土构件裂缝产生的机理、短期刚度和长期刚度的概念。

能力要求

通过本章的学习，学生应能够利用相关资料验算受弯构件的挠度和裂缝宽度。

8.1 概　　述

钢筋混凝土结构设计中，承载能力极限状态的验算是保证结构安全可靠的首要条件。此外，在某些工作条件下及使用要求中，某些构件还应进行裂缝宽度和变形的验算，以满足结构构件正常使用极限状态和耐久性的要求。

8.1.1 裂缝控制的目的与方法

产生裂缝的因素很多，有荷载作用、施工养护不善、温度变化、基础不均匀沉降及钢筋锈蚀等。例如，在大块体混凝土凝结、硬化过程所产生的水化热将导致混凝土体内部温度升高，当块体内外温差很大而形成较大的温度应力时，就会产生裂缝。当结构物外层混凝土干缩变形受到约束时，也可能产生裂缝。本章讨论的主要是由荷载所产生裂缝的控制问题。在使用阶段，钢筋混凝土构件往往是带裂缝工作的，特别是随着高强度钢筋的使用，钢筋的工作应力有较大的提高，裂缝宽度也随之按某种关系增大，对裂缝控制问题更应给予重视。

8.1.1.1 裂缝控制的目的

混凝土的抗拉强度比抗压强度小得多，很小的拉应变就可能导致出现裂缝。因此，对于普通钢筋混凝土构件，不出现裂缝是不经济的，一般的工业与民用建筑结构允许构件带裂缝工作。但是过宽的裂缝会影响结构的正常使用功能，影响结构的外观，引起人们心理上的不安；垂直裂缝影响混凝土的碳化时间，进而影响构件的耐久性；同时，随着高强度钢筋的使用，钢筋工作应力的提高，裂缝控制越来越成为需要特别考虑的问题。例如，结构中采用高强度钢筋（HRB500、HRBF500 级）时，其用钢量一般由裂缝或变形控制，从而限制了高强度钢筋的应用。

8.1.1.2 裂缝控制方法

《混凝土结构设计规范》(GB 50010—2010)将配筋混凝土结构构件的裂缝控制等级划分为三级。

① 一级——严格要求不出现裂缝的构件。按荷载标准组合进行计算时，构件受拉边缘混凝土不应产生拉应力。

② 二级——一般要求不出现裂缝的构件。按荷载标准组合计算时，构件受拉边缘混凝土拉应

力不应大于混凝土的轴心抗拉强度标准值。

③ 三级——允许出现裂缝的构件。对于钢筋混凝土构件，按荷载准永久组合并考虑长期作用的影响进行计算时，构件的最大裂缝宽度不应超过《混凝土结构设计规范》(GB 50010—2010)规定的最大裂缝宽度限值。对于预应力混凝土构件，按荷载标准组合并考虑长期作用的影响进行计算时，构件的最大裂缝宽度不应超过《混凝土结构设计规范》(GB 50010—2010)规定的最大裂缝宽度限值。即构件在正常使用状态下，裂缝宽度应满足：

$$w_{max} \leqslant w_{lim} \tag{8-1}$$

式中 w_{lim}——《混凝土结构设计规范》(GB 50010—2010)规定的最大裂缝宽度限度，见附表 18。

对环境类别为二 a 类的预应力混凝土构件，在荷载准永久组合下，受拉边缘混凝土的拉应力不应大于混凝土的轴心抗拉强度标准值。

8.1.2 变形控制的目的和方法

8.1.2.1 变形控制的目的

① 保证结构的使用功能要求。结构构件产生过大的变形将影响甚至使其丧失使用功能，例如，支承精密仪器设备的楼盖产生过大的挠度或振动将降低仪器的精度；屋面结构挠度过大会造成积水，导致渗漏；吊车梁和桥梁的过大变形会妨碍吊车和车辆的正常运行。

② 防止对结构构件产生不良影响。例如，支承在砖墙上的梁端产生过大转角将使支承面积减小，反力偏心增大，从而引起墙体开裂。

③ 防止对非结构构件产生不良影响。结构变形过大会使门窗等不能正常开关，甚至导致隔墙、天花板和饰面开裂或损坏。

④ 满足使用者的心理要求。构件的变形过大，不仅有碍观瞻，还会引起使用者明显的不安全感和不适感，所以应把构件的变形控制在人心理承受范围之内。

8.1.2.2 变形控制的方法

随着高强度混凝土及高强度钢筋(丝)的应用，构件截面尺寸进一步减小，控制钢筋混凝土结构变形的必要性增强。我国《混凝土结构设计规范》(GB 50010—2010)规定受弯构件的最大挠度按荷载准永久组合，预应力混凝土受弯构件的最大挠度按荷载标准组合，并均应考虑荷载长期作用的影响进行计算，要求最大挠度计算值不大于挠度限值(表 8-1)，即：

表 8-1 **受弯构件挠度限值**

构件类型		挠度限值(以计算跨度 l_0 计算)
吊车梁	手动吊车	$l_0/500$
	电动吊车	$l_0/600$
屋盖、楼盖及楼梯构件	当 $l_0<0.7$ m 时	$l_0/200(l_0/250)$
	当 7 m$\leqslant l_0 \leqslant$9 m 时	$l_0/250(l_0/300)$
	当 $l_0>9$ m 时	$l_0/300(l_0/400)$

注：1. 表中 l_0 为构件的计算跨度，计算悬臂梁的挠度限值时，其计算跨度 l_0 按实际悬臂梁长度的 2 倍取用。

2. 表中括号内的数值适用于使用上对挠度有较高要求的构件。

3. 如果构件制作时预先起拱，且使用上允许，则在验算时可将计算所得的挠度值减去起拱值；对预应力混凝土构件，还可减去预加力所产生的反拱值。

4. 构件制作时的起拱值和预加力所产生的反拱值，不宜超过构件在相应荷载组合作用下的计算挠度值。

5. 当构件对使用功能和外观有较高要求时，设计可对挠度限值适当加严。

$$f \leqslant f_{\lim} \tag{8-2}$$

挠度限值主要根据上述控制目的和工程经验确定。一般工业与民用建筑中，混凝土受弯构件的挠度限值如表 8-1 所示。其他土木工程结构构件也各有相应的规定。

8.1.3 结构的耐久性

混凝土结构在外界环境和各种因素的作用下，存在承载力逐渐削弱和衰减的过程，经历一定年数后，甚至不能满足设计应有的功能要求而失效。在混凝土结构设计使用年限内，需要对混凝土结构根据使用环境类别进行耐久性设计。

8.2 钢筋混凝土构件裂缝宽度验算

8.2.1 垂直裂缝的出现、分布与开展

下面先以受弯构件在荷载作用下裂缝的开展过程为例进行介绍。受弯构件如图 8-1 所示，为简化，只取其中纯弯段 AB 作为研究对象，主要研究其中竖向弯曲裂缝的开展过程。设 M 为外荷载产生的弯矩，M_{cr} 为构件正截面开裂弯矩，M_q 为荷载准永久组合作用下对应的弯矩值。

(1) 当 $M < M_{cr}$ 时(图 8-2)

此时沿 AB 段各截面均未开裂，受拉区钢筋与混凝土共同受力。沿构件长度方向，钢筋应力与混凝土应力各自大致保持相等。受拉区边缘混凝土应力均为 σ_{ct}，小于混凝土的极限抗拉强度，即 $\sigma_{ct} < f_t$。各截面的钢筋应力也很小，均为 σ_{s1}。此为受弯构件受力的第Ⅰ阶段(钢筋混凝土受弯构件受力的各阶段见第 3 章)。

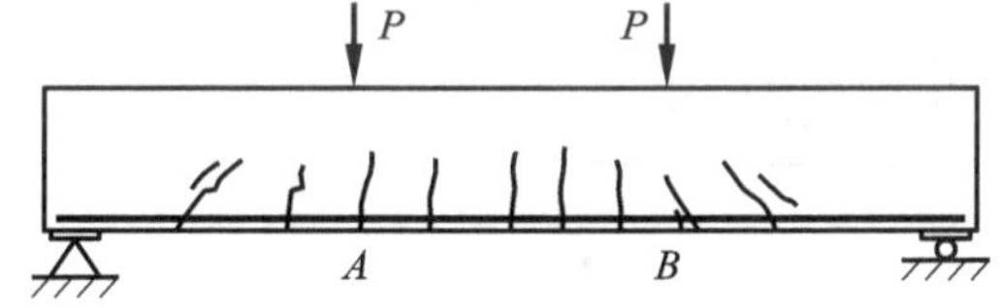

图 8-1 受弯构件受荷图

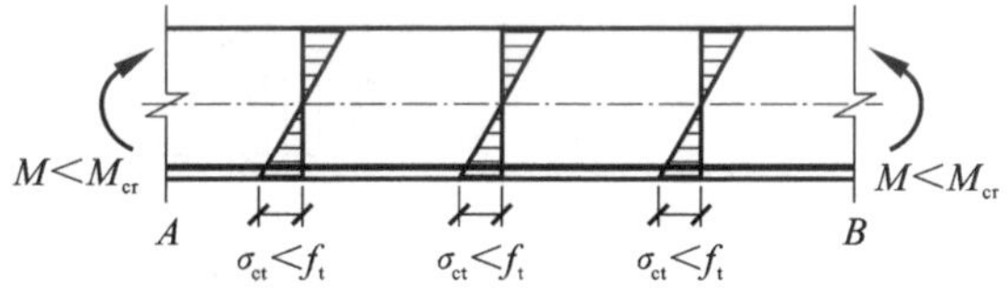

图 8-2 梁在开裂前的截面应力分布情况

(2) 当 $M = M_{cr}$ 时(图 8-3)

此时，从理论上讲，受拉区混凝土应力均达到 f_t，相应地钢筋应力也均增大到 σ_{s1a}，各截面进入裂缝出现的极限状态，混凝土即将出现裂缝[图 8-3(a)]。但试验表明，由于混凝土具有不均匀性，收缩和温度会导致其产生微裂缝等，此时在受拉区混凝土最薄弱处，可能会出现第一批(条)裂缝①。裂缝①的出现，使得裂缝处受拉区混凝土退出工作，原来由混凝土承受的部分拉力全部转由钢筋承受，钢筋应力由 σ_{s1a} 突然增大到 σ_{s2}。裂缝所在截面处的混凝土向两侧回缩，并与钢筋产生相对滑移而在两者间产生黏结应力 τ。黏结应力将钢筋应力又逐渐传给混凝土，使钢筋应力恢复到 σ_{s1a}，混凝土应力也逐渐增大到 f_t。因此，这时沿 AB 段各截面应力已不是均匀分布，中和轴呈波浪状[图 8-3(b)]。此为受弯构件受力的第Ⅰ$_a$ 阶段。

(3) 当 $M = M_{cr} + \Delta M$(M 略大于 M_{cr})时(图 8-4)

随着至裂缝所在截面距离的增加，钢筋应力逐渐减小，混凝土拉应力增加。当达到一定距离 $l_{cr,\min}$ 后，黏结应力消失，钢筋与周围的混凝土间又具有相同的应变。随着荷载的增加，此截面处的

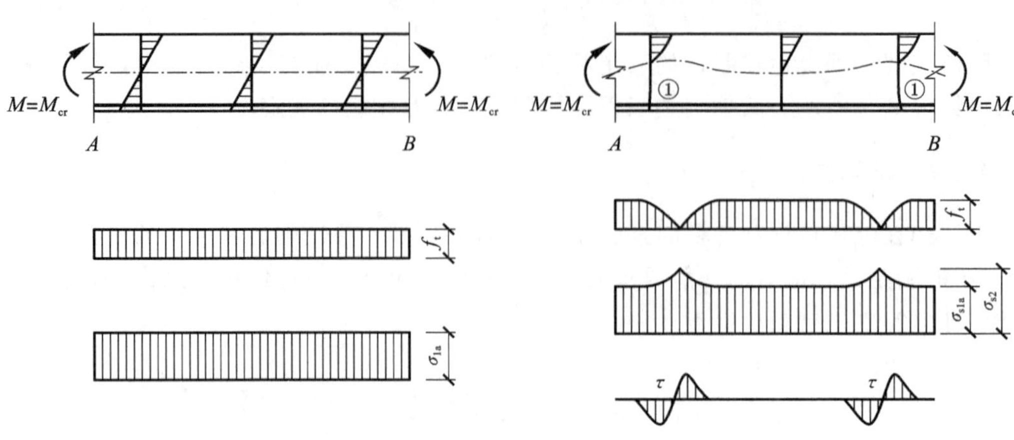

图 8-3　梁在第一批(条)裂缝出现前后的截面应力分布情况

(a) 构件临近开裂时的截面应力分布情况；(b) 出现第一批(条)裂缝时的截面应力分布情况

混凝土拉应力达到抗拉极限强度时，会出现第二批(条)裂缝②，如图 8-4 所示。

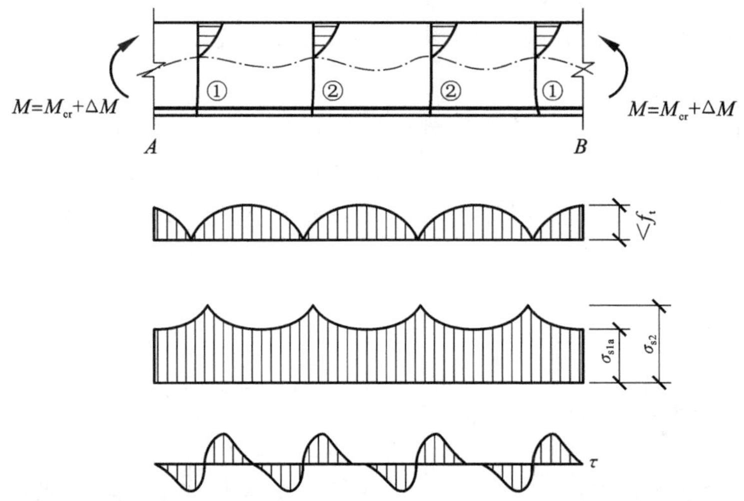

图 8-4　梁在出现第二批(条)裂缝时的截面应力分布情况

试验表明，由于混凝土具有不均匀性，裂缝间距也疏密不等，存在着较大的离散性。在同一纯弯区段内，最大裂缝间距可为平均裂缝间距的 1.3～2.0 倍。当已有裂缝间距小于 $2l_{cr,min}$ 时，由于黏结应力的减小，离开裂缝各截面混凝土的拉应力已经不能再增大到 f_t，混凝土也不会再产生新的裂缝，故裂缝间距最终将稳定为 $l_{cr,min}$～$2l_{cr,min}$。

从理论上讲，即使弯矩继续增加，此时裂缝也已达到稳定的阶段。不过，构件继续出现一些新的微小裂缝是难免的，但这些后生的裂缝常不致成为构件的主要裂缝。一般在弯矩超过构件截面开裂弯矩的 50%以上时，裂缝间距渐趋稳定。

(4) 当 M 从 M_{cr} 增大到 M_q 时(图 8-5)

此时，沿 AB 段由于黏结应力继续减小，在裂缝间钢筋水平处的混凝土基本退出工作并明显回缩，裂缝截面相对滑移，裂缝宽度扩展，钢筋应力渐趋相等，也逐渐增大到 σ_{sq}。

这一阶段不再出现新的裂缝，称为裂缝开展过程，对应于受弯构件的第Ⅱ阶段。

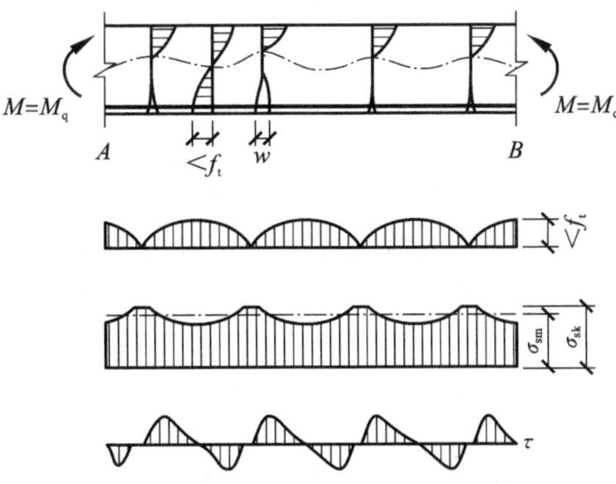

图 8-5 梁在 $M=M_q$ 时的截面应力分布情况

8.2.2 平均裂缝间距

由于影响混凝土裂缝开展的因素众多，以及混凝土的非匀质性和材料的离散度较大，故裂缝的开展和延伸都有一定的随机性。这使对裂缝的分析难度增大，裂缝的间距计算出现了多种不同的理论和分析方法。

8.2.2.1 黏结-滑移理论

最早在钢筋混凝土轴心受拉构件的试验研究中提出了黏结-滑移理论。根据黏结-滑移理论，裂缝宽度是裂缝间距范围内钢筋与混凝土的变形差，以后的研究遵循其基本理念并对其加以补充和修正。

以轴心受拉构件为例，临近开裂时，混凝土应力为 $\sigma_c=f_t$，混凝土和钢筋的应变值相等，黏结应力为 0，无相对滑移。

取裂缝截面起始长度为 l 的一段为平衡体，如图 8-6(a)所示，根据平衡条件，有：

$$\sigma_{s1}A_s=\sigma_{s2}A_s+f_tA_c \tag{8-3}$$

$$\sigma_{s1}A_s-\sigma_{s2}A_s=\tau_m ul \tag{8-4}$$

其中，u 为钢筋总周界长度。根据以上两式的关系，有：

$$l=\frac{f_tA_c}{\tau_m u}=\frac{f_tA_c}{\tau_m \pi d}=\frac{1}{4}\cdot\frac{f_t}{\tau_m}\cdot\frac{d}{\rho} \tag{8-5}$$

$$l_{cr}=k_t\frac{d}{\nu\rho_{te}} \tag{8-6}$$

式中 k_1——经验系数（常数）；

ν——纵向受拉钢筋相对黏结特征系数。

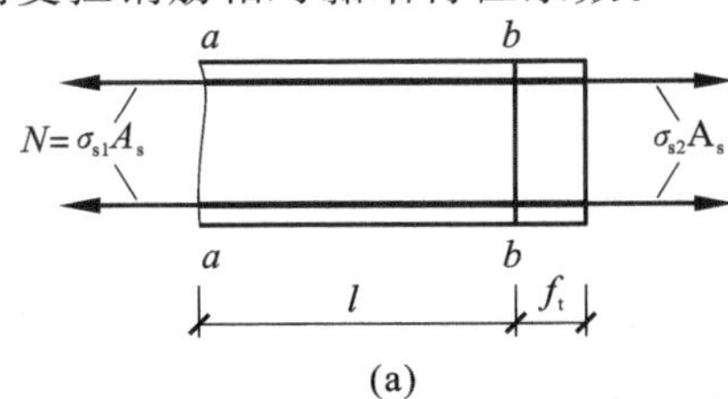

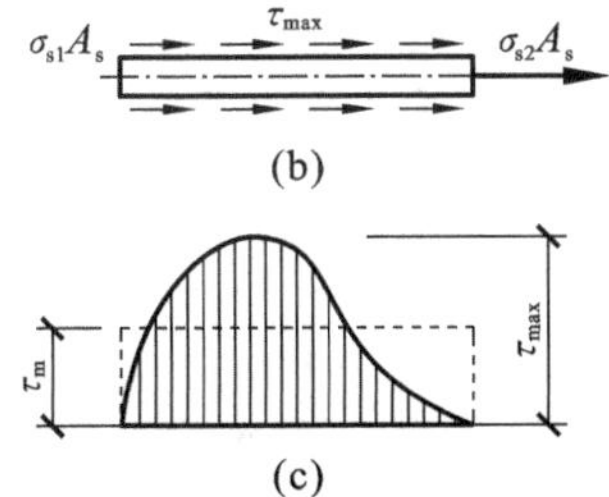

图 8-6 轴心受拉构件黏结应力传递长度

式(8-6)表明，l_{cr}与 d/ρ_{te}成正比。这与试验结果不能很好地吻合：当 ρ_{te}很大时，实际的裂缝间距并不是趋近于 0。因此，需要对式(8-6)作进一步的修正。

8.2.2.2　无滑移理论

由于混凝土和钢筋的黏结，钢筋对受拉张紧混凝土的回缩有约束作用。随着混凝土保护层厚度的增大，外表混凝土较靠近钢筋内芯混凝土受到的约束作用小，所以当出现第一条裂缝后，只有离该裂缝较远处的外表混凝土才有可能达到混凝土抗拉强度，在此处才会出现第二条裂缝。试验证明，混凝土的保护层厚度从 30 mm 降到 15 mm 时，平均裂缝间距减小 30%。在确定平均裂缝间距时，适当考虑混凝土保护层厚度的影响，对式(8-6)进行修正是必要的、合理的。

对于构件表面裂缝，平均裂缝宽度 w_m 与混凝土保护层厚度 c 成正比，故

$$l_{cr}=k_2 c \tag{8-7}$$

式中　c——最外层纵向受拉钢筋外边缘至受拉区底边的距离，mm。当 $c<20$ mm 时，取 $c=20$ mm；当 $c>65$ mm 时，取 $c=65$ mm。

k_2——经验系数，为常数。

8.2.2.3　综合分析

黏结-滑移理论和无滑移理论都对揭示混凝土受拉裂缝平均裂缝间距的规律作出了贡献，但是它们的计算形式和结果差别很大，各自不能完全解释所有的试验现象和数据。进一步的研究是将两者结合起来，可在式(8-6)中引入 k_2c 以考虑混凝土保护层厚度的影响。平均裂缝间距 l_{cr}可按下式计算：

$$l_{cr}=k_2 c+k_1\frac{d}{\nu\rho_{te}} \tag{8-8}$$

根据对试验资料进行分析，并参考以往的工程经验，对于常用的带肋钢筋，取 $k_1=0.08$，$k_2=1.9$。将式(8-8)中的$\frac{d}{\nu}$以纵向受拉钢筋的等效直径 d_{eq}代替，则 l_{cr}的计算公式为：

$$l_{cr}=\beta\left(1.9c+0.08\frac{d_{eq}}{\rho_{te}}\right) \tag{8-9}$$

$$d_{eq}=\frac{\sum n_i d_i^2}{\sum n_i\nu_i d_i} \tag{8-10}$$

式中　β——对于轴心受拉构件，取 $\beta=1.1$；对于其他受力构件，均取 $\beta=1.0$。

d_{eq}——受拉区纵向钢筋的等效直径，mm。

n_i——受拉区第 i 种纵向钢筋的根数。

d_i——受拉区第 i 种纵向钢筋的公称直径，mm。

ν_i——受拉区第 i 种纵向钢筋的相对黏结特征系数，对带肋钢筋，取 $\upsilon_i=1.0$；对光面圆钢筋，取 $\nu_i=0.7$。

从公式中可以看出，若黏结应力传递长度短，则裂缝分布密些。平均裂缝间距与黏结强度及钢筋表面面积大小有关：黏结强度高，平均裂缝间距小；钢筋面积相同，使用小直径钢筋时，平均裂缝间距小。平均裂缝间距还与配筋率有关，低配筋率情况下裂缝间距较大。

8.2.3　平均裂缝宽度及各种受力构件裂缝处的钢筋应力

裂缝的开展是混凝土的回缩、钢筋的伸长导致混凝土与钢筋之间不断产生相对滑移的结果。我国《混凝土结构设计规范》(GB 50010—2010)是以黏结-滑移理论为依托，结合无滑移理论，先确定平均裂缝间距和平均裂缝宽度，然后乘以根据试验统计求得的扩大系数的方法来确定最大裂缝宽度的。

8.2.3.1 平均裂缝宽度

裂缝宽度的离散性比裂缝间距更大，平均裂缝宽度的计算必须以平均裂缝间距为基础。平均裂缝宽度等于两条相邻裂缝之间（计算取平均裂缝间距 l_{cr}）钢筋的平均伸长量与相同水平处受拉混凝土平均伸长量的差值，以受弯构件为例，见图 8-7，即

$$w_m = \varepsilon_{sm} l_{cr} - \varepsilon_{cm} l_{cr} = \varepsilon_{sm} l_{cr}\left(1-\frac{\varepsilon_{cm}}{\varepsilon_{sm}}\right) \tag{8-11}$$

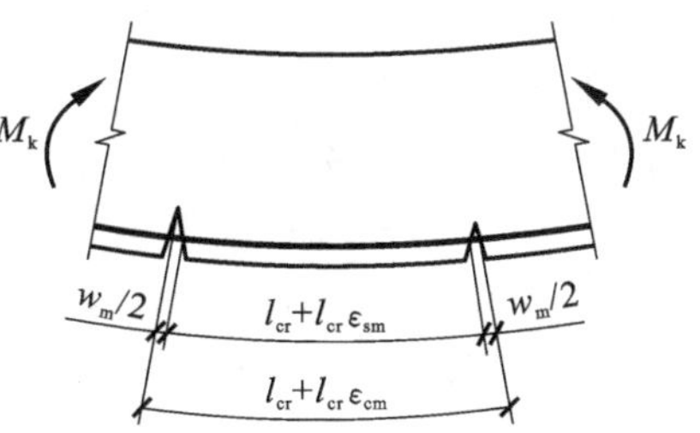

图 8-7 受弯构件开裂后的裂缝宽度

式中 w_m——平均裂缝宽度；

ε_{sm}——纵向受拉钢筋的平均拉应变；

ε_{cm}——与纵向受拉钢筋相同水平处受拉混凝土的平均应变。

为了进一步简化计算，引入纵向钢筋应变不均匀系数 ψ，令 $\varepsilon_{sm}=\psi\frac{\sigma_{sq}}{E_s}$，$\alpha_c=1-\frac{\varepsilon_{cm}}{\varepsilon_{sm}}$，则平均裂缝宽度为：

$$w_m = \alpha_c \psi \frac{\sigma_{sq}}{E_s} l_{cr} \tag{8-12}$$

$$\psi = \frac{\varepsilon_{sm}}{\varepsilon_s} \tag{8-13}$$

式中 α_c——考虑裂缝间混凝土自身伸长对裂缝宽度的影响系数。其值与配筋率、截面形状及混凝土保护层厚度有关，但其变化幅度较小。通过对试验资料的分析，受弯、偏心受压构件取 $\alpha_c=0.77$，其他构件取 $\alpha_c=0.85$。

σ_{sq}——荷载准永久组合作用下裂缝截面处的纵向受拉钢筋应力。

ε_{sm}——纵向受拉钢筋重心处的平均拉应变。

ε_s——按荷载准永久组合计算的，钢筋混凝土构件裂缝所在截面处纵向受拉钢筋重心处的平均拉应变。

ψ——纵向受拉钢筋应变不均匀系数。

由试验研究可知，裂缝稳定以后钢筋应变沿梁长是非均匀分布的，呈波浪形变化（图 8-8）。钢筋应变的峰值在开裂截面处，在裂缝中间处应变较小。用纵向受拉钢筋应变不均匀系数 ψ 反映其不均匀程度，它也反映了受拉混凝土参与工作的程度。受压区边缘混凝土的应变 ε_c 的分布也是非均匀的，开裂截面处应变较大，裂缝之间应变较小，但其波动幅度比钢筋应变的波动幅度小得多，峰值应变与平均应变 ε_{cm} 差别不大。受压区混凝土应变不均匀系数用 ψ_c 表示。

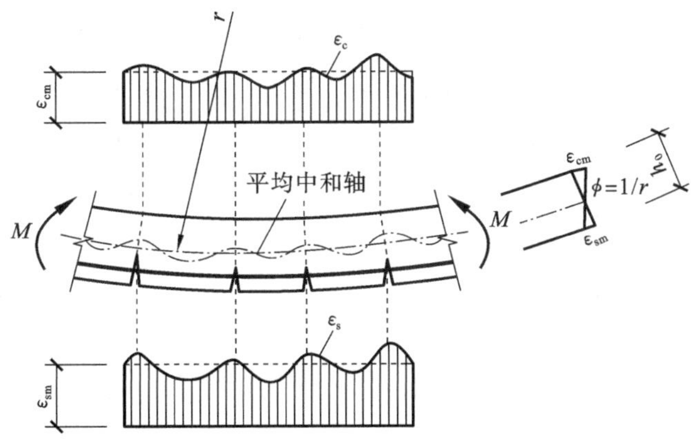

图 8-8 梁纯弯段内各截面应变及裂缝分布

由于裂缝的影响，混凝土截面中和轴在纯弯段内呈波浪形变化，裂缝所在截面处中和轴高度最小。在钢筋屈服之前，对于平均中和轴来说，沿截面高度可以认为截面的平均应变 ε_{sm}、ε_{cm} 符合平截面假定。

ψ 值与混凝土强度、配筋率、钢筋与混凝土的黏结强度、构件的截面尺寸及裂缝所在截面处钢筋应力诸多因素有关。图 8-9 给出了梁内裂缝所在截面处钢筋应变 ε_s、钢筋平均应变 ε_{sm} 及自由钢筋的应变与裂缝所在截面处钢筋应力 σ_{sq} 间的关系。由图可知 $\varepsilon_{sm}<\varepsilon_s$，说明受拉混凝土是参与工作的。随着荷载的增大，$\sigma_{sk}$ 值不断提高，ε_{sm} 与 ε_s 之间的差值减小，ψ 值逐渐增大。这表明混凝土承受拉力的程度减小，各截面中钢筋应力渐趋均匀，说明裂缝间受拉混凝土逐渐退出工作。临近破坏时，ψ 值趋近于 1.0。

根据试验研究结果，受弯构件裂缝间纵向钢筋应变不均匀系数的基本公式可以表述为：

$$\psi=\omega_1\left(1-\frac{M_{cr}}{M_q}\right) \tag{8-14}$$

式中 M_{cr}——混凝土截面的抗裂弯矩；

M_q——按荷载准永久组合计算的弯矩值。

M_q 可按图 8-10 所示的情形进行计算。

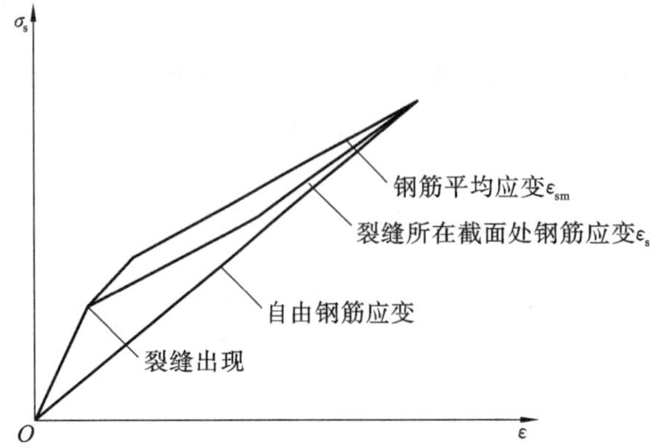

图 8-9 梁内裂缝所在截面处钢筋的应力-应变图

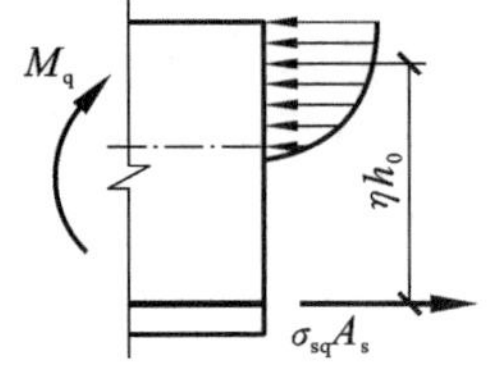

图 8-10 开裂截面受力简图

$$M_q=A_s\sigma_{sq}\eta h_0 \tag{8-15}$$

$$\sigma_{sq}=\frac{M_q}{\eta A_s h_0} \tag{8-16}$$

$$\eta=1-\frac{0.4\sqrt{\sigma_E\rho}}{1+2\gamma'_f} \tag{8-17}$$

式中 σ_{sq}——按荷载准永久组合计算的钢筋混凝土构件裂缝所在截面处纵向受拉钢筋的应力；

η——裂缝所在截面处的内力臂系数，与配筋率及截面形状有关，可以通过试验确定，对于常用的混凝土强度等级及配筋率，可以近似取 η 为 0.87；

γ'_f——受压翼缘截面面积与腹板有效面积的比值，$\gamma'_f=\frac{(b'_f-b)h'_f}{bh_0}$，其中，$b'_f$、$h'_f$ 为受压翼缘的宽度和高度，当 $h'_f>0.2h_0$ 时，取 $h'_f=0.2h_0$；

α_E——钢筋与混凝土的弹性模量比；

ρ——纵向受拉钢筋的配筋率。

M_{cr} 可按图 8-11 所示的情形进行计算。

$$M_{cr}=[0.5bh+(b_f-b)h_f]\eta_2 hf_{tk}=A_{te}\eta_2 hf_{tk} \tag{8-18}$$

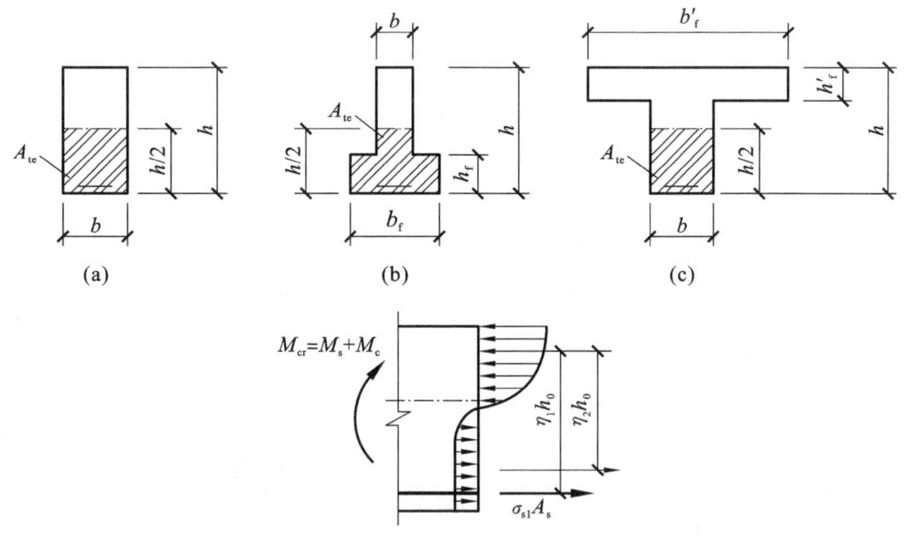

图 8-11 受拉混凝土有效面积及抗裂弯矩计算图

$$A_{te}=0.5bh+(b_f-b)h_f \tag{8-19}$$

式中 f_{tk}——混凝土的轴心抗拉强度标准值；

η_2——内力臂系数；

A_{te}——受拉混凝土有效截面面积。

受拉区的混凝土和钢筋之间是相互制约和影响的，但参与作用的混凝土只包括在钢筋周围一定范围内受拉区混凝土的有效面积，而那些离钢筋较远的受拉区混凝土则认为与钢筋之间基本上没有影响。

根据偏拉、偏压构件的试验资料，以及为了与轴心受拉公式相协调，将 ω_1 统一为 1.1。同时，为了简化计算，并便于与偏心受力构件的计算相协调，将上述公式展开并作一定简化，就可以得到以钢筋应力 σ_{sq} 为主要参数的公式。

将式(8-15)和式(8-18)代入式(8-14)中，并考虑到对钢筋混凝土和预应力钢筋混凝土构件分别采用荷载准永久值和标准值，将 σ_{sq} 改为 σ_s，取 $\eta_2/\eta=0.67$，$h/h_0=1.1$，可得 ψ 的计算公式为：

$$\psi=1.1-\frac{0.65f_{tk}}{\rho_{te}\sigma_s} \tag{8-20}$$

$$\rho_{te}=\frac{A_s+A_p}{A_{te}} \tag{8-21}$$

式中 ρ_{te}——按受拉混凝土有效截面面积计算的纵向受拉钢筋的配筋率。对无黏结后张法构件，仅取纵向受拉普通钢筋计算配筋率。在最大裂缝宽度计算中，当 $\rho_{te}<0.01$ 时，取 $\rho_{te}=0.01$。

A_p——受拉区纵向预应力钢筋截面面积。

A_s——受拉区纵向普通钢筋截面面积。

当 $\psi<0.2$ 时，取 $\psi=0.2$；当 $\psi>1$ 时，取 $\psi=1$；对于直接承受重复荷载的构件，取 $\psi=1$。

8.2.3.2 各种受力构件裂缝处的钢筋应力

(1) 受弯构件

$$\sigma_{sq}=\frac{M_q}{0.87h_0A_s} \tag{8-22}$$

(2) 轴心受拉构件

$$\sigma_{sq}=\frac{N_q}{A_s} \tag{8-23}$$

式中 N_q,M_q——按荷载准永久组合计算的轴向力值。

(3) 偏心受力构件

① 偏心受压构件。

裂缝所在截面处的受力简图如图 8-12 所示。

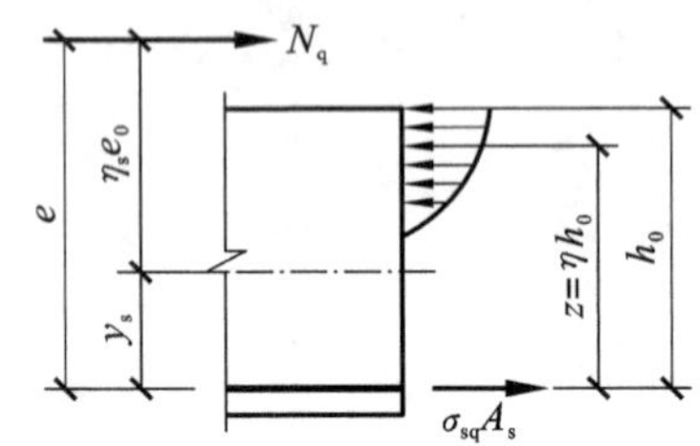

图 8-12 偏心受压构件受力简图

对受压区合力作用点取矩，得：

$$\sigma_{sq}=\frac{N_q(e-z)}{zA_s} \tag{8-24}$$

$$e=\eta_s e_0+y_s \tag{8-25}$$

$$\eta_s=1+\frac{1}{4000e_0/h_0}\left(\frac{l_0}{h}\right)^2 \tag{8-26}$$

$$z=\left[0.87-0.12(1-\gamma'_f)\left(\frac{h_0}{e}\right)^2\right]h_0 \tag{8-27}$$

式中 N_q——按荷载准永久组合计算的轴向力值；

e——轴向压力 N_q 作用点至纵向受拉钢筋合力作用点的距离；

y_s——截面重心至纵向受拉钢筋合力作用点的距离；

η_s——使用阶段轴向压力偏心距增大系数，当$\frac{l_0}{h}\leqslant 14$时，取 $\eta_s=1.0$；

e_0——荷载准永久组合作用下的初始偏心距，取为 M_q/N_q；

z——纵向受拉钢筋合力作用点至受压区合力作用点之间的距离，$z=\eta h_0\leqslant 0.87h_0$，$\eta$ 是内力臂系数。

对于偏心受压构件，η 的计算较麻烦，根据电算分析结果，适当考虑受压区混凝土的塑性影响，为简便起见，近似取为：

$$\eta=0.87-0.12(1-\gamma'_f)\left(\frac{h_0}{e}\right)^2 \tag{8-28}$$

和受弯构件一样，$\gamma'_f=\frac{(b'_f-b)h'_f}{bh_0}$。如果 $h'_f>0.2h_0$，则按 $h'_f=0.2h_0$ 计算。

② 偏心受拉构件。

裂缝所在截面的应力图如图 8-13 所示。按荷载准永久组合计算的轴向拉力 N_q 无论作用在纵向钢筋 A_s 及 A'_s 之间，还是作用在纵向钢筋 A_s 及 A'_s 之外，都认为存在受压区，受压区合力作用点近似位于受压钢筋合力作用点处。

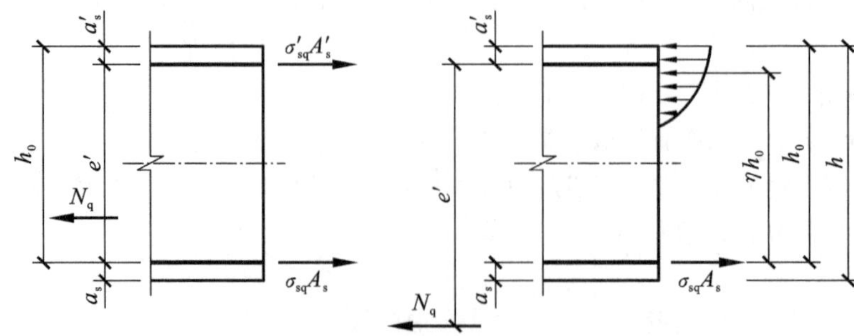

图 8-13 偏心受拉构件裂缝所在截面处应力图

轴向拉力 N_q 对受压区合力作用点取矩，可得：

$$\sigma_{sq}=\frac{N_q e'}{A_s(h_0-a'_s)} \tag{8-29}$$

式中 e'——轴向拉力作用点至受压区或较小受拉边缘纵向钢筋合力作用点的距离，$e'=e_0+y_c-a'_s$，y_c 是截面重心至受压区或较小受拉边缘的距离。

8.2.4 最大裂缝宽度计算

最大裂缝宽度由平均裂缝宽度乘以扩大系数得到。扩大系数主要考虑以下两种情况：一是考虑在荷载准永久组合作用下裂缝的不均匀性；二是考虑在荷载长期作用下混凝土进一步收缩、受拉混凝土的应力松弛及混凝土和钢筋之间的滑移徐变等因素，裂缝间受拉混凝土不断退出工作，使裂缝宽度加大。最大裂缝宽度按下式计算：

$$w_{max}=\tau_s\tau_l w_m \tag{8-30}$$

式中 τ_s——短期裂缝宽度扩大系数；

τ_l——荷载长期作用对裂缝的影响系数。

τ_s 值可根据试验，按统计方法求得。根据我国短期荷载作用试验，可得出受弯、偏心受压构件的 τ_s 计算值为 1.66，轴心受拉、偏心受拉构件的 τ_s 计算值为 1.9；根据试验观测结果，τ_l 的平均值可取 1.66，考虑荷载的组合系数 0.9，则取 τ_l 的计算值为 1.5。

我国《混凝土结构设计规范》(GB 50010—2010)规定在矩形、T 形、倒 T 形和工字形截面的钢筋混凝土受拉、受弯和偏心受压构件中，按荷载准永久组合并考虑长期作用影响下的最大裂缝宽度(mm)为：

$$w_{max}=\alpha_{cr}\psi\frac{\sigma_s}{E_s}\left(1.9c_s+0.08\frac{d_{eq}}{\rho_{te}}\right) \tag{8-31}$$

式中 α_{cr}——构件受力特征系数。对于钢筋混凝土构件中的轴心受拉构件，$\alpha_{cr}=2.7$；对于偏心受拉构件，$\alpha_{cr}=2.4$；对于受弯和偏心受压构件，$\alpha_{cr}=1.9$。

直接承受吊车作用的受弯构件主要承受短期荷载，卸载后裂缝可部分闭合。同时吊车满载的可能性也不大，最大裂缝宽度是按 $\psi=1.0$ 计算的。《混凝土结构设计规范》(GB 50010—2010)规定，对承受吊车荷载但不需要作疲劳验算的受弯构件，可将计算求得的最大裂缝宽度乘以系数 0.85。

构件在正常使用状态下，裂缝宽度应满足：

$$w_{max}\leqslant w_{lim} \tag{8-32}$$

式中 w_{lim}——《混凝土结构设计规范》(GB 50010—2010)规定的最大裂缝宽度限值。

对于 $e_0/h_0\leqslant 0.55$ 的小偏心受压构件，可不验算裂缝宽度。

由裂缝宽度的计算公式可知，影响裂缝宽度的主要因素是钢筋应力，裂缝宽度与钢筋应力近似呈线性关系。钢筋的直径、外形、混凝土保护层厚度及配筋率等也是比较重要的影响因素。

由于钢筋应力是影响裂缝宽度的主要因素，为了控制裂缝宽度，在普通钢筋混凝土结构中不宜采用高强度钢筋。带肋钢筋的黏结强度较光面钢筋大得多，故采用带肋钢筋是减小裂缝宽度的一种有效措施。采用细而密的钢筋，因表面积大而使黏结力增大，可使裂缝间距及裂缝宽度减小。只要不给施工造成较大困难，应尽可能选用较小直径的钢筋，这种方法是行之有效且是最为方便的。但对于带肋钢筋而言，因黏结强度很高，钢筋直径 d 已不再是影响裂缝宽度的重要因素了。

混凝土保护层越厚，裂缝宽度越大，但混凝土碳化区扩展到钢筋表面所需的时间越长。从防止钢筋锈蚀的角度出发，混凝土保护层宜适当加厚。

解决荷载裂缝问题的最有效办法是采用预应力混凝土结构，它能使结构不产生荷载裂缝或减小裂缝宽度。

【例 8-1】 一矩形截面简支梁的截面尺寸 $b\times h=200\ \text{mm}\times 500\ \text{mm}$，计算跨度 $l_0=6\ \text{m}$，承受均布荷载，跨中按荷载准永久组合计算的弯矩 $M_q=80\ \text{kN}\cdot\text{m}$。环境类别为一类，混凝土强度等级为C20，在受拉区配置 HRB335 级钢筋，共 4Φ18($A_s=1017\ \text{mm}^2$)，混凝土保护层厚度 $c_s=25\ \text{mm}$，梁允许出现的最大裂缝宽度限值 $w_{lim}=0.3\ \text{mm}$。试验算最大裂缝宽度是否符合要求。

【解】 $f_{tk}=1.54\ \text{N/mm}^2$， $E_s=2.0\times 10^5\ \text{N/mm}^2$， $h_0=500-(25+10+18/2)=456(\text{mm})$

$$\sigma_{sq}=\frac{M_q}{0.87A_sh_0}=\frac{80\times 10^6}{0.87\times 1017\times 456}=198(\text{N/mm}^2)$$

$$\rho_{te}=\frac{A_s}{0.5bh}=\frac{1017}{0.5\times 200\times 500}=0.0203$$

$$\psi=1.1-\frac{0.65f_{tk}}{\rho_{te}\sigma_{sq}}=1.1-\frac{0.65\times 1.54}{0.0203\times 198}=0.851$$

$$d_{eq}=18\ \text{mm}$$

$$w_{max}=\alpha_{cr}\psi\frac{\sigma_s}{E_s}\left(1.9c_s+0.08\frac{d_{eq}}{\rho_{te}}\right)=1.9\times 0.851\times\frac{198}{2.0\times 10^5}\times\left(1.9\times 25+0.08\times\frac{18}{0.0203}\right)$$
$$=0.190(\text{mm})<0.3\ \text{mm}$$

满足要求。

【例 8-2】 某屋架下弦按轴心受拉构件设计，截面尺寸 $b\times h=200\ \text{mm}\times 160\ \text{mm}$，采用 C40 混凝土，HRB400 级钢筋，混凝土保护层厚度 $c_s=25\ \text{mm}$，配置 4Φ16 钢筋($A_s=804\ \text{mm}^2$)，按荷载准永久组合计算的轴向拉力 $N_q=142\ \text{kN}$，$w_{lim}=0.2\ \text{mm}$，试验算最大裂缝宽度。

【解】 $\alpha_{cr}=2.7$， $f_{tk}=2.39\ \text{N/mm}^2$， $E_s=2.0\times 10^5\ \text{N/mm}^2$， $d_{eq}=16\ \text{mm}$

(1) 计算有效受拉区配筋率 ρ_{te}

$$\rho_{te}=\frac{A_s}{A_{te}}=\frac{A_s}{bh}=\frac{804}{200\times 160}=0.0251>0.01$$

(2) 计算荷载准永久组合作用下的钢筋应力 σ_{sq}

$$\sigma_{sq}=\frac{N_q}{A_s}=\frac{142000}{804}=177(\text{N/mm}^2)$$

(3) 计算钢筋应变不均匀系数 ψ

$$\psi=1.1-\frac{0.65f_{tk}}{\rho_{te}\sigma_{sq}}=1.1-\frac{0.65\times 2.39}{0.0251\times 177}=0.75<1.0$$

(4) 计算最大裂缝宽度 w_{max}

$$w_{max}=\alpha_{cr}\psi\frac{\sigma_s}{E_s}\left(1.9c_s+0.08\frac{d_{eq}}{\rho_{te}}\right)=2.7\times 0.75\times\frac{177}{2\times 10^5}\times\left(1.9\times 25+0.08\times\frac{16}{0.0251}\right)$$
$$=0.177(\text{mm})<w_{lim}=0.2\ \text{mm}$$

满足要求。

【例 8-3】 一矩形截面偏心受压柱的截面尺寸 $b\times h=400\ \text{mm}\times 600\ \text{mm}$，按荷载准永久组合计算的轴向拉力值 $N_q=350\ \text{kN}$，弯矩 $M_q=180\ \text{kN}\cdot\text{m}$，混凝土强度等级为 C30，配置 HRB335 级钢筋4Φ20($A_s=A'_s=1256\ \text{mm}^2$)，混凝土保护层厚度 $c_s=35\ \text{mm}$，柱子的计算长度 $l_0=4.0\ \text{m}$。允许出现的最大裂缝宽度限值 $w_{lim}=0.2\ \text{mm}$。试验算最大裂缝宽度是否符合要求。

【解】
$$f_{tk}=2.01\ \text{N/mm}^2,\quad h_0=600-45=555(\text{mm})$$
$$\frac{l_0}{h}=\frac{4000}{600}=6.67<14$$
取 $\eta_s=1.0$。
$$e_0=\frac{M_q}{N_q}=\frac{180\times10^6}{350\times10^3}=514(\text{mm})$$
$$e=\eta_s e_0+y_s=1\times514+\frac{600}{2}-45=769(\text{mm})$$
$$z=\left[0.87-0.12(1-\gamma'_f)\left(\frac{h_0}{e}\right)^2\right]h_0=\left[0.87-0.12\times(1-0)\times\left(\frac{555}{769}\right)^2\right]\times555=520(\text{mm})$$
$$\sigma_{sq}=\frac{N_q(e-z)}{zA_s}=\frac{350000\times(769-520)}{520\times1256}=133(\text{N/mm}^2)$$
$$\rho_{te}=\frac{A_s}{0.5bh}=\frac{1256}{0.5\times400\times600}=0.0105$$
$$\psi=1.1-\frac{0.65f_{tk}}{\rho_{te}\sigma_{sq}}=1.1-\frac{0.65\times2.01}{0.0105\times133}=0.16$$
$$w_{max}=\alpha_{cr}\psi\frac{\sigma_s}{E_s}\left(1.9c_s+0.08\frac{d_{te}}{\rho_{te}}\right)=2.1\times0.16\times\frac{133}{2.0\times10^5}\times\left(1.9\times35+0.08\times\frac{20}{0.0105}\right)$$
$$=0.05(\text{mm})<0.2\ \text{mm}$$
满足要求。

【例 8-4】 一矩形截面偏心受拉构件的截面尺寸 $b\times h=150\ \text{mm}\times200\ \text{mm}$,按荷载准永久组合计算的轴向拉力值 $N_q=100\ \text{kN}$,偏心距 $e_0=35\ \text{mm}$,混凝土强度等级为 C25,配置 HRB335 级钢筋 4Φ16($A_s=A'_s=402\ \text{mm}^2$),混凝土保护层厚度 $c_s=25\ \text{mm}$。允许出现的最大裂缝宽度限值 $w_{lim}=0.3\ \text{mm}$。试验算最大裂缝宽度是否符合要求。

【解】
$$f_{tk}=1.78\ \text{N/mm}^2,\quad h_0=200-35=165(\text{mm})$$
$$e'=e_0+y_c-a'_s=35+\frac{200}{2}-35=100(\text{mm})$$
$$\sigma_{sq}=\frac{N_q e'}{A_s(h_0-a'_s)}=\frac{100\times10^3\times100}{402\times(165-35)}=191(\text{N/mm}^2)$$
$$\rho_{te}=\frac{A_s}{0.5bh}=\frac{402}{0.5\times150\times200}=0.0268$$
$$\psi=1.1-\frac{0.65f_{tk}}{\rho_{te}\sigma_{sq}}=1.1-\frac{0.65\times1.78}{0.0268\times191}=0.874$$
$$w_{max}=\alpha_{cr}\psi\frac{\sigma_s}{E_s}\left(1.9c_s+0.08\frac{d_{eq}}{\rho_{te}}\right)=2.4\times0.874\times\frac{191}{2.0\times10^5}\times\left(1.9\times25+0.08\times\frac{16}{0.0268}\right)$$
$$=0.19(\text{mm})<0.3\ \text{mm}$$
满足要求。

8.3 钢筋混凝土受弯构件的变形验算

8.3.1 钢筋混凝土构件截面抗弯刚度的计算

若要确定钢筋混凝土受弯构件的挠度,从材料力学的角度分析,关键在于确定其抗弯刚度。抗弯刚度的计算要考虑构件进入开裂阶段后的塑性性质，有两种方法：一种是考虑裂缝之间的受拉混凝土仍参与受力，采用半理论半经验的计算方法；另一种是忽略裂缝之间受拉混凝土的作用，采用以开裂截面的换算截面惯性矩为基础的计算方法，实际上是基于弹性刚度计算的一种方法。前者为《混凝土结构设计规范》(GB 50010—2010)采用的计算方法，并规定：钢筋混凝土受弯构件的最大挠度按荷载准永久组合，预应力混凝土受弯构件的最大挠度按荷载标准组合，并均考虑荷载长期作用的影响进行计算。本书介绍的即为此种方法。后者是《渠化工程总体设计规范》(JTS 182-1—2009)和《公路钢筋混凝土及预应力混凝土桥涵设计规范》(JTG D62—2004)等采用的方法。

8.3.1.1　钢筋混凝土梁截面抗弯刚度的特点

由材料力学可知，弹性均质材料梁的挠曲线微分方程为：

$$\frac{d^2y}{dx^2}=-\frac{1}{r}=-\frac{M}{EI}$$

解此方程，可得计算梁的最大挠度一般计算公式为：

$$f=s\frac{Ml_0^2}{EI}\quad 或\quad f=s\phi l_0^2 \tag{8-33}$$

式中　f——梁的跨中最大挠度；

s——与荷载形式、支承条件有关的系数，例如，计算均布荷载简支梁的跨中挠度时，取 $s=5/48$；

M——跨中最大弯矩；

l_0——梁的计算跨度；

r——截面曲率半径；

EI——梁的截面弯曲刚度，由 $EI=M/\phi$ 可得，截面抗弯刚度的物理意义是使截面产生单位转角所需施加的弯矩，它体现了截面抵抗弯曲变形的能力；

ϕ——截面曲率，即单位长度上梁截面的转角。

当截面尺寸与材料给定后，EI 为一常数，则挠度 f 与弯矩 M 或截面曲率 ϕ 与弯矩 M 成正比，如图 8-14 中的虚线 OA 所示。

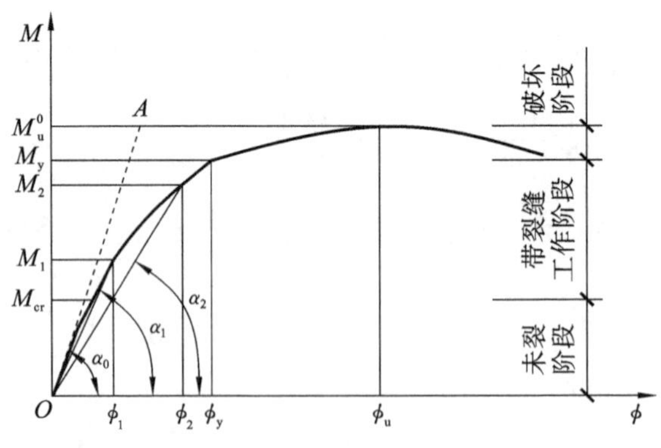

图 8-14　适筋梁 M-ϕ 关系曲线

但是，混凝土是非均质、非连续、非弹性的材料，不能简单地沿用均质弹性材料的刚度计算方法。因此钢筋混凝土梁截面抗弯刚度具有以下特点。

① 达到开裂弯矩前弯曲刚度为常数。在裂缝出现之前 M-ϕ 曲线视为直线，与虚线 OA 比较接近，截面弯曲刚度可以看作常数，近似取为 $0.85E_cI_0$，I_0 为换算截面惯性矩。

② 出现裂缝以后，钢筋混凝土受弯构件在正常使用阶段正截面承受的弯矩约为其最大受弯承

载力试验值 M_u^0 的 50%～70%。在按正常使用极限状态验算构件变形时,任意一点与坐标原点 O 连线的割线斜率为截面弯曲刚度。截面弯曲刚度随着弯矩的增大而减小。

③ 受拉钢筋屈服后,刚度急剧降低。混凝土截面经历了复杂的裂缝开展、弹塑性变化过程,这使得计算弯曲刚度的难度很大,同时不实用。混凝土结构设计中,我国《混凝土结构设计规范》(GB 50010—2010)采用简化方法得到截面弯曲刚度:先以"平均"的概念建立表达式,再考虑其不均匀性及长期荷载的影响。这样,刚度就分为短期刚度和长期刚度。短期刚度是指在荷载短期效应作用下的刚度值,长期刚度是指考虑长期荷载效应作用的刚度值。

8.3.1.2 短期刚度 B_s

受弯构件在正常使用极限状态下是带裂缝工作的,因而它的变形计算是针对裂缝稳定后的构件而言的,以出现裂缝以后的第二个阶段作为设计依据。

为建立均质弹性体梁的变形计算公式,要应用以下三个关系:应力与应变呈线性关系的胡克定律——物理关系,平截面假定——几何关系,静力平衡关系。钢筋混凝土构件中钢筋屈服前变形的计算方法以上述三个关系为基础,并在物理关系上考虑 σ-ε 的非线性关系,在几何关系上考虑某些截面开裂的影响。

① 几何关系。

构件开裂以后,钢筋和混凝土上裂缝处的应变与裂缝之间的应变均不同,此处我们采用平均应变进行计算。

由图 8-8,平均应变 ε_{sm}、ε_{cm} 符合平截面假定,故截面曲率为:

$$\phi=\frac{1}{r_{cm}}=\frac{\varepsilon_{sm}+\varepsilon_{cm}}{h_0} \tag{8-34}$$

式中 r_{cm}——与平均中和轴相应的平均曲率半径;

ε_{cm}——受压区边缘混凝土的平均压应变。

截面弯曲刚度为:

$$B_s=\frac{M_q}{\phi}=\frac{M_q h_0}{\varepsilon_{sm}+\varepsilon_{cm}} \tag{8-35}$$

② 静力平衡关系。

$$\sigma_{sq}=\frac{M_q}{A_s \eta h_0} \tag{8-36}$$

在裂缝截面上,受压区混凝土应力图为曲线形(边缘应力为 σ_{cq}),可简化为矩形进行计算,如图 8-15 所示。其折算高度为 ξh_0,应力丰满系数为 ω。对于 T 形截面,混凝土计算受压区的面积为 $(b'_f-b)h'_f+b\xi h_0$,而受压区合力为 $\omega\sigma_{cq}(\gamma'_f+\xi)bh_0$。其中,$\gamma'_f=\dfrac{(b'_f-b)h'_f}{bh_0}$。

$$\sigma_{cq}=\frac{M_q}{\omega(\gamma'_f+\xi)\eta b h_0^2} \tag{8-37}$$

$$\sigma_{sq}=\frac{M_q}{A_s \eta h_0} \tag{8-38}$$

③ 物理关系。

受拉区钢筋的平均应变 ε_{sm} 及受压区边缘混凝土平均应变 ε_{cm} 的计算如下:

$$\varepsilon_{sm}=\psi\varepsilon_s=\psi\frac{\sigma_{sq}}{E_s} \tag{8-39}$$

$$\varepsilon_{cm}=\psi_c\varepsilon_c=\psi_c\frac{\sigma_{cq}}{E'_c}=\psi_c\frac{\sigma_{cq}}{\nu E_c} \tag{8-40}$$

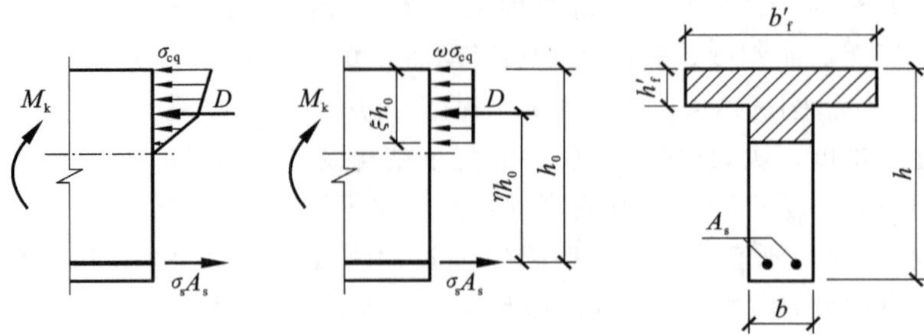

图 8-15　裂缝截面处的计算应力图

式中　E_s，E_c——纵向受拉钢筋、混凝土的弹性模量；

ε_c——按荷载标准组合计算的钢筋混凝土构件裂缝所在截面处受压区边缘混凝土的压应变；

σ_{sq}，σ_{cq}——按荷载准永久组合计算的钢筋混凝土构件裂缝截面处，纵向受拉钢筋重心处的拉应力和受压区边缘混凝土的压应力；

ν——混凝土的弹性特征值。

将式(8-37)代入式(8-40)，得：

$$\varepsilon_{cm}=\psi_c\frac{M_q}{\omega(\gamma'_f+\xi)b\eta h_0^2\nu E_c}$$

令 $\zeta=\omega\nu(\gamma'_f+\xi)\eta/\psi_c$，称之为受压区边缘混凝土平均应变综合系数，则上式简化为：

$$\varepsilon_{cm}=\frac{M_q}{\zeta bh_0^2E_c} \tag{8-41}$$

综合上述三项，可得出在荷载标准组合作用下钢筋混凝土受弯构件短期刚度计算公式的基本形式为：

$$B_s=\frac{M_q}{\phi}=\frac{M_q h_0}{\varepsilon_{cm}+\varepsilon_{sm}}=\frac{1}{\dfrac{\psi}{A_s\eta h_0^2E_s}+\dfrac{1}{\zeta bh_0^3E_c}}=\frac{E_sA_sh_0^2}{\dfrac{\psi}{\eta}+\dfrac{\alpha_E\rho}{\zeta}} \tag{8-42}$$

式中　α_E——钢筋与混凝土的弹性模量比，$\alpha_E=E_s/E_c$；

ρ——纵向受拉钢筋配筋率，$\rho=A_s/(bh_0)$；

η——开裂截面的力臂系数(图 8-16)，试验和理论分析表明，在短期弯矩$(0.5\sim0.7)M_u$范围内，裂缝所在截面的相对受压区高度变化很小，一般情况下 η 在 0.83～0.93 之间波动，其平均值为 0.87，《混凝土结构设计规范》(GB 50010—2010)中取值为 0.87；

ζ——受压区边缘混凝土平均应变综合系数，根据试验资料回归分析，$\dfrac{\alpha_E\rho}{\zeta}$可按下式计算：

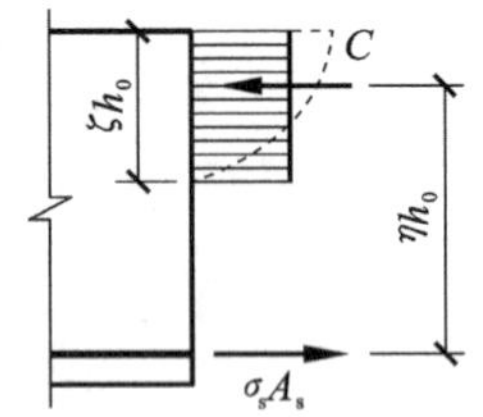

图 8-16　力臂系数 η 示意图

$$\frac{\alpha_E\rho}{\zeta}=0.2+\frac{6\alpha_E\rho}{1+3.5\gamma'_f} \tag{8-43}$$

这样，可得《混凝土结构设计规范》(GB 50010—2010)中规定的在荷载准永久组合作用下钢筋混凝土受弯构件短期刚度的计算公式为：

$$B_s=\frac{E_sA_sh_0^2}{1.15\psi+0.2+\dfrac{6\alpha_E\rho}{1+3.5\gamma'_f}} \tag{8-44}$$

预应力混凝土受弯构件的短期刚度计算参照《混凝土结构设计规范》(GB 50010—2010)。

8.3.1.3　考虑荷载长期作用影响时受弯构件长期刚度 B 的计算

(1) 影响长期刚度 B 的因素

① 在荷载长期作用下，受拉区混凝土将发生徐变，使受压区混凝土的应力松弛。

② 受拉区混凝土与钢筋间的滑移使受拉区混凝土不断地退出工作，因而钢筋的平均应变随时间而增大。

③ 纵向受拉钢筋周围混凝土的收缩受到钢筋的抑制。当受压区纵向钢筋用量较小时，受压区混凝土可较自由地发生收缩变形，将导致梁长期刚度的降低。

(2) 长期刚度的计算方法

计算荷载长期作用对梁挠度影响的方法有多种。第一种方法为用不同方式及在不同程度上考虑混凝土徐变及收缩的影响以计算长期刚度，或者直接计算由荷载长期作用产生的挠度增长和由收缩引起的翘曲；第二种方法是根据试验结果确定的挠度增大系数来计算长期刚度。我国《混凝土结构设计规范》(GB 50010—2010)采用第二种方法。对于考虑荷载长期作用影响时受弯构件长期刚度 B，《混凝土结构设计规范》(GB 50010—2010)规定矩形、T 形、倒 T 形和工字形截面受弯构件的长期刚度按下式计算。

采用荷载标准组合时：

$$B=\frac{M_k}{M_q(\theta-1)+M_k}B_s \tag{8-45}$$

采用荷载准永久组合时：

$$B=\frac{B_s}{\theta} \tag{8-46}$$

式中　M_k——按荷载标准组合计算的弯矩值，取计算区段内的最大弯矩值；

M_q——按荷载准永久组合计算的弯矩值，取计算区段内的最大弯矩值；

B_s——按荷载准永久组合计算的钢筋混凝土受弯构件或按荷载标准组合计算的预应力混凝土受弯构件的短期刚度；

θ——荷载长期作用使挠度增大的影响系数。

该式实质上是考虑荷载长期作用部分使刚度降低的因素后，对短期刚度 B_s 的修正。

θ 可按下述规定取值。

① 对于普通钢筋混凝土受弯构件，θ 可根据纵向受压钢筋配筋率 $\rho'[\rho'=A'_s/(bh_0)]$ 与纵向受拉钢筋配筋率 $\rho[\rho=A_s/(bh_0)]$ 的关系确定。即 θ 按下列规定取用：$\rho'=0$ 时，$\theta=2.0$；$\rho'=\rho$ 时，$\theta=1.6$。

当 $0<\rho'<\rho$ 时，按线性内插法确定：

$$\theta=2.0-0.4\frac{\rho'}{\rho} \tag{8-47}$$

对于翼缘在受拉区的倒 T 形截面，θ 值应增加 20%。

② 对于预应力混凝土受弯构件，取 $\theta=2.0$。

8.3.2　钢筋混凝土构件挠度验算

8.3.2.1　最小刚度原则

由于沿构件长度方向的配筋量及弯矩均为变值，因此沿构件长度方向的刚度也是变化的。例如，承受对称集中荷载作用的简支梁，除纯弯区段外，在剪跨段各截面上的弯矩是不相等的，越靠近支座则弯矩越小。靠近支座处的截面弯曲刚度要比纯弯段内的大，但在剪跨段内存在剪切变形，甚

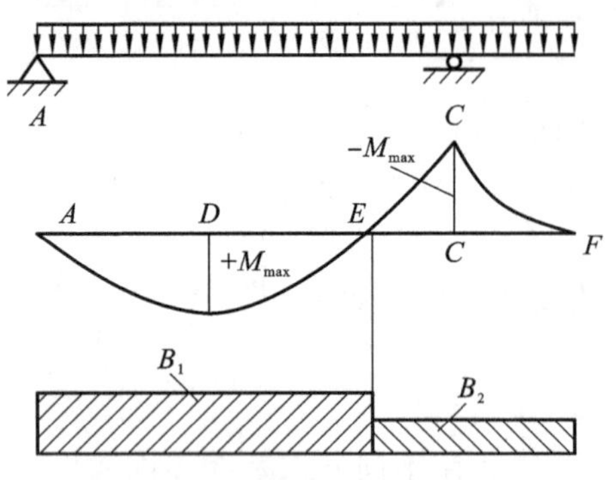

图 8-17　均布荷载作用下单跨外伸梁的弯矩图及刚度取值

至可能出现少量斜裂缝，会使梁的挠度增大。为了简化计算，对等截面构件，可假定同号弯矩区段内各截面的刚度是相等的，并按该区段内最大弯矩处的刚度（最小刚度）来计算，这就是最小刚度原则。例如，对于均布荷载作用下的单跨简支梁的跨中挠度，即按跨中截面最大弯矩 M_{max} 处的刚度 $B(B=B_{min})$ 计算而得：

$$f=\frac{5}{48}\frac{M_{max}l_0^2}{B_{min}} \tag{8-48}$$

又如，对于承受均布荷载的单跨外伸梁（图 8-17），AE 段按 D 截面的弯曲刚度取用，EF 段按 C 截面的弯曲刚度取用。

8.3.2.2　钢筋混凝土构件挠度验算方法

在求得钢筋混凝土构件的短期刚度 B_s 或长期刚度 B 后，挠度值可按一般材料力学公式计算：

$$f=s\frac{Ml_0^2}{EI}$$

将上述算得的刚度值代替材料力学公式中的弹性刚度即可。

进行受弯构件挠度验算时，若采用荷载准永久组合，则：

$$f=s\frac{M_q l_0^2}{B}$$

若采用荷载标准组合，则：

$$f=s\frac{M_k l_0^2}{B}$$

并要求最大挠度计算值不大于挠度限值，即：

$$f\leqslant f_{lim} \tag{8-49}$$

钢筋混凝土受弯构件挠度验算步骤可以归纳如下。

这类问题是：已知构件截面尺寸，混凝土强度等级，钢筋种类、数量、直径，混凝土保护层厚度，永久荷载标准值，可变荷载标准值，准永久值系数，计算跨度，要求验算受弯构件的挠度。

① 根据力学分析结果，进行荷载标准组合（或称短期组合），得到最大弯矩截面的弯矩 M_k（或 M_s），建筑工程中还要进行荷载准永久组合，以得到 M_q；

② 由式(8-44)计算截面的短期刚度 B_s；

③ 计算构件的长期刚度 B；

④ 计算荷载标准组合或准永久组合作用下，并考虑荷载长期作用影响后的构件挠度；

⑤ 根据结构构件的类型选用正确的挠度限值，验算构件的挠度是否超过允许值。

挠度验算结果不满足要求时，增大截面高度是提高截面刚度的最有效方法。当然，也可以采用加大截面配筋率，提高受压区钢筋截面面积或改变截面形式、尺寸等措施来提高截面刚度。

【例 8-5】　一矩形截面简支梁的截面尺寸 $b\times h=200$ mm×500 mm，计算跨度 $l_0=6.5$ m，环境类别为一类，混凝土强度等级为 C20，承受均布荷载，跨中按荷载标准组合计算的弯矩 $M_k=$ 120 kN·m，按荷载准永久组合计算的弯矩 $M_q=60$ kN·m。在受拉区配置 HRB335 级钢筋 4Φ20($A_s=1256$ mm^2)，混凝土保护层厚度 $c=20+5=25$(mm)，梁的允许挠度为 $l_0/200$。试验算挠度是否符合要求。

【解】

$$f_{tk}=1.54\ \text{N/mm}^2,\quad E_s=2.1\times10^5\ \text{N/mm}^2$$

$$E_c=2.55\times10^4\ \text{N/mm}^2,\quad \alpha_E=\frac{E_s}{E_c}=7.84$$

$$h_0=500-\left(25+\frac{20}{2}+10\right)=455(\text{mm})$$

$$\rho=\frac{A_s}{bh_0}=\frac{1256}{200\times455}=0.0138$$

$$\rho_{te}=\frac{A_s}{0.5bh}=\frac{1256}{0.5\times200\times500}=0.0251$$

$$\sigma_{sq}=\frac{M_q}{0.87A_sh_0}=\frac{60\times10^6}{0.87\times1256\times455}=120(\text{N/mm}^2)$$

$$\psi=1.1-\frac{0.65f_{tk}}{\rho_{te}\sigma_{sq}}=1.1-\frac{0.65\times1.54}{0.0251\times120}=0.77$$

$$B_s=\frac{E_sA_sh_0^2}{1.15\psi+0.2+\dfrac{6\alpha_E\rho}{1+3.5\gamma'_f}}=\frac{2\times10^5\times1256\times455^2}{1.15\times0.77+0.2+6\times7.84\times0.0138}$$

$$=3\times10^{13}(\text{N}\cdot\text{mm}^2)$$

又 $\rho'=0$ 时，$\theta=2.0$，则

$$B=\frac{B_s}{\theta}=\frac{3\times10^{13}}{2}=1.5\times10^{13}(\text{N}\cdot\text{mm}^2)$$

$$f=\frac{5}{48}\frac{M_ql_0^2}{B}=\frac{5}{48}\times\frac{60\times10^6\times6500^2}{1.5\times10^{13}}=17.6(\text{mm})$$

$$\frac{f}{l_0}=\frac{17.6}{6500}=\frac{1}{369}<\frac{1}{200}$$

满足要求。

8.4 混凝土结构的耐久性设计

8.4.1 混凝土结构耐久性的概念

混凝土结构的耐久性是指在设计使用年限内，结构和结构构件在正常维护和使用条件下，不需要进行大修加固，能够满足其正常使用和安全功能要求的能力。设计使用年限按《建筑结构可靠度设计统一标准》(GB 50068—2001)确定：对临时性结构为 5 年，易于替换的结构构件为 25 年，普通房屋和构筑物为 50 年，纪念性建筑和特别重要的建筑结构为 100 年及以上。若建设单位提出更高要求，也可按建设单位的要求确定。

混凝土结构的耐久性问题表现为混凝土损伤（裂缝、破碎、酥裂、磨损、溶蚀等）、钢筋的锈蚀、疲劳等，以及钢筋与混凝土之间黏结锚固作用的削弱三方面。从短期看，其影响结构的外观及使用功能；从长远看，其降低了结构的可靠度。因此，建筑物在进行承载能力设计的同时，应根据其所处环境、重要程度和设计使用年限的不同，进行必要的耐久性设计。这是保证结构安全，延长使用年限的重要条件。

8.4.2 影响混凝土结构耐久性的因素

混凝土结构的耐久性破坏实质上为混凝土结构材料与使用环境或结构自身某些物质相互作用

导致结构性能劣化的过程。因此，混凝土结构的耐久性取决于混凝土结构的自身特性（内部因素）和外部环境侵蚀（外部因素）。

内部因素是指混凝土自身的缺陷，可以由结构设计、材料选用、施工质量和维护措施这几个方面产生。例如，混凝土的强度、密实性、水泥用量会决定混凝土的孔结构是否合理，孔径较大，连续孔隙较多，会为外界环境中水、氧气及侵蚀物质向混凝土中扩散、迁移、渗透提供孔道；配置时使用了海水等氯离子含量过大、含氯盐的外加剂，会导致钢筋锈蚀；混凝土保护层厚度偏小，会缩短侵蚀物质向混凝土中扩散的路径，降低钢筋抵抗锈蚀及锈蚀膨胀的能力。

外部因素是指结构所处的使用环境。混凝土表面暴露在大气中，特别是在恶劣的环境中时，会长期受到有害物质的侵蚀，以及外界温度、湿度等不良气候环境往复循环的影响，使混凝土质量随使用时间的增长而劣化，钢筋发生锈蚀等，致使结构物承载能力降低。《混凝土结构设计规范》(GB 50010—2010)将结构工作环境划分为五类，见表 8-2。

表 8-2 **混凝土结构的环境类别**

环境类别	条件
一	室内干燥环境； 无侵蚀性静水浸没环境
二 a	室内潮湿环境； 非严寒和非寒冷地区的露天环境； 非严寒和非寒冷地区与无侵蚀性水或土壤直接接触的环境； 严寒和寒冷地区冰冻线以上与无侵蚀性水或土壤直接接触的环境
二 b	干湿交替环境； 水位频繁变动环境； 严寒和寒冷地区的露天环境； 严寒和寒冷地区冰冻线以上与无侵蚀性水或土壤直接接触的环境
三 a	严寒和寒冷地区冬季水位变动区环境； 受除冰盐影响环境； 海风环境
三 b	盐渍土环境； 受除冰盐作用环境； 海岸环境
四	海水环境
五	受人为或自然侵蚀性物质影响的环境

注：1. 室内潮湿环境是指构件表面经常处于结露或湿润状态的环境；
2. 严寒和寒冷地区的划分应符合《民用建筑热工设计规范》(GB 50176—1993)的有关规定；
3. 海岸环境和海风环境宜根据当地情况，考虑主导风向及结构所处迎风、背风部位等因素的影响，由调查研究和工程经验确定；
4. 受除冰盐影响环境为受到除冰盐盐雾影响的环境，受除冰盐作用环境是指被除冰盐溶液溅射的环境以及使用除冰盐地区的洗车房、停车楼等建筑；
5. 露天环境是指混凝土结构表面所处的环境。

8.4.2.1 混凝土材料的耐久性退化

结构的耐久性破坏都是从材料的耐久性退化开始的。其中，混凝土的耐久性退化可以分为物理作用、化学作用和物理化学作用，是自身因素和环境条件相互影响的结果。

(1) 混凝土的碳化

混凝土的碳化是指大气中的CO_2不断向混凝土孔隙中渗透，并与孔隙中的碱性物质$Ca(OH)_2$溶液发生中和反应，生成碳酸钙($CaCO_3$)使混凝土孔隙内碱度(pH 值)降低的现象。二氧化硫(SO_2)、硫化氢(H_2S)也能与混凝土中的碱性物质发生类似的反应，使碱度下降。碳化对混凝土是无害的，可使混凝土变得坚硬，但对钢筋是不利的。

混凝土孔隙中存在碱性溶液，钢筋在这种碱性介质条件下会生成一层厚度很薄的氧化膜$Fe_2O_3 \cdot nH_2O$，牢固吸附在钢筋表面。氧化膜是稳定的，可保护钢筋不锈蚀。然而由于混凝土的碳化，钢筋表面的介质转变为弱酸性状态，氧化膜遭到破坏。钢筋表面在混凝土孔隙中水和氧的共同作用下发生化学反应，生成氧化物$Fe(OH)_3$(铁锈)。这种氧化物生成后体积增大(最大可达5倍)，使其周围混凝土产生拉应力，直到引起混凝土的开裂和破坏；同时会加剧混凝土的收缩，导致混凝土开裂。

影响碳化速度的因素之一是环境条件，如相对湿度、二氧化碳浓度、温度及混凝土表面的覆盖层、混凝土的应力状态、施工质量等；二是材料本身的因素，如水灰比、水泥品种、水泥用量、骨料品种与粒径、外掺加剂、养护方法与龄期、混凝土强度等级。除时间因素外，影响混凝土碳化的因素还包括环境因素，混凝土材料本身的因素及混凝土的施工、早期养护、使用中的维护等。

对于混凝土的碳化破坏，在施工中的治理措施为：① 在施工中应根据建筑物所处的地理位置、周围环境选择合适的水泥品种，水位变化区、干湿交替作用的部位或较严寒地区应选用抗硫酸盐普通水泥，冲刷部位宜选用高强度水泥；② 分析骨料的性质，如抗酸性骨料与水、水泥的作用对混凝土的碳化有一定的延缓作用；③ 要选好配合比，采用适量的外加剂、高质量的原材料，进行科学的搅拌和运输、及时的养护等，可以减少渗流水量和其他有害物的侵蚀，以确保混凝土的密实性。另外，若建筑物地处环境恶劣的地区，采取环氧基液涂层进行保护效果较好，建筑物地下部分在其周围设置保护层，用各种溶注液浸注混凝土，如用溶化的沥青涂抹。建筑物一旦发生了混凝土碳化，则最好采用环氧材料修补。若碳化深度较大，可凿除混凝土松散部分，洗净进入的有害物质，将混凝土衔接面凿毛，用环氧砂浆或细石混凝土填补，最后用环氧基液做涂基保护。

(2) 混凝土的冻融循环

冻融破坏是我国东北、西北和华北地区水工混凝土建筑在运行过程中发生的主要病害。对于水闸、渡槽等中小型水工混凝土建筑物，冻融破坏的地区范围更为广泛。除东北地区外，华东、华中长江以北地区以及西南高山寒冷地区均存在此类病害。较为典型的工程如东北的云峰水电站，大坝建成运行不到10年，溢流坝表面混凝土冻融破坏面积就高达10000 m^2，占整个溢流坝表面面积的50%左右，混凝土平均冻融剥蚀深度达10 cm以上。

冻融循环对混凝土结构的损伤分为两类：第一类是内部损伤，是由于混凝土内部水结冰，产生约9%的体积膨胀，造成混凝土开裂甚至剥落，通常发生在混凝土内部水含量超过某个临界值的情况下；第二类是表层损伤，是由于混凝土表层持续受盐溶液浸渍，和冻融循环共同作用，在混凝土局部薄弱处发生剥落。在冻融循环作用下，微裂缝逐步开展，使更多的封闭孔相互连接贯通，进一步降低了混凝土的抗冻性，加速了混凝土的冻融破坏。

冻融破坏的主要防治措施：① 提高混凝土密实度(防止环境水进入混凝土内部)；② 提高混凝土含气量(需要形成封闭的微小气泡)；③ 提高混凝土强度，途径为减小水灰比，掺加外加剂、掺入粉煤灰等掺合料；④ 使用渗透结晶型防水剂，阻止水进入到混凝土内部。

(3) 碱-集料反应

碱-集料反应主要是指混凝土中的OH^-与集料中的活性二氧化硅发生化学反应，生成含有碱金属的硅凝胶。它具有强烈的吸水膨胀能力，使混凝土发生不均匀膨胀，产生裂缝，使强度和弹性模量下降，影响混凝土耐久性。

混凝土中的碱是从水泥和外加剂中来的。水泥中的碱主要是从黏土和含有钾、钠的燃料煤中引入的。研究表明，水泥中的碱含量为0.6%～1.0%或碱含量低于0.6%的低碱水泥，不会引起碱-集料反应破坏。最常用的是萘系高效减水剂，其中含有 Na_2SO_4 成分。当高效减水剂掺量高时，会发生碱-集料反应；当高效减水剂掺量为水泥用量的1%时，折合成碱含量为0.045%，一般不会发生碱-集料反应。

普遍认为活性集料有两种：一种是含有活性氧化硅的矿物集料，如硅质石灰岩等；一种是碳酸盐集料中的活性矿物岩，如白云质、石灰岩等。

混凝土孔隙中的碱溶液与集料中的活性物质反应，生成的含有碱金属的硅凝胶吸水而体积膨胀，体积可增大3～4倍；生成的含有碱金属的碳酸盐体积不能膨胀，但活性碳酸盐晶体中包着黏土，当晶体破坏后黏土吸取水分体积膨胀。

混凝土结构碱-集料反应引起的开裂和破坏必须同时具备以下三个条件：混凝土含碱量超标，集料是碱活性的，混凝土暴露在潮湿环境中。缺少其中任何一个条件，其破坏可能性均会减小。因此，对潮湿环境下的重要结构及部位应采取一定的措施。如集料是碱活性的，则应尽量选用低碱水泥；在混凝土拌和时，适当掺加较好的掺合料或引气剂，降低水灰比。

(4) 化学侵蚀

① 溶出性侵蚀（软水侵蚀）。水泥中的水化产物必须在一定浓度的石灰溶液中才能稳定存在。当环境水中的石灰浓度小于该水化产物的极限石灰浓度时，则该水化产物将会被溶解或分解，首先是溶解溶解度比较大的氢氧化钙，直到达到所需要的极限石灰浓度。

② 一般酸性侵蚀。某些地下水或工业废水中含有游离态的酸，这些酸能够和混凝土中的氢氧化钙发生反应，生成相应的钙盐。生成的钙盐或易溶于水，或松软无胶结力，或在水泥石的孔隙内结晶，体积膨胀，产生破坏作用。

③ 膨胀性侵蚀。在海水、地下水及盐沼地矿物水中常含有大量的硫酸盐，如硫酸镁、硫酸钠等，对混凝土均有严重的破坏作用。它们与氢氧化钙作用生成石膏，石膏在混凝土孔隙中结合结晶水体积膨胀，从而对混凝土造成破坏。

8.4.2.2 钢筋的锈蚀

(1) 钢筋钝化膜破坏机理

自然状态下的钢筋表面从空气中吸收溶有 CO_2、O_2 或 SO_2 的水分，形成一种电解质的水膜时，会在钢筋表面层的晶体界面或钢筋的组成成分之间构成无数微电池。阴极与阳极反应，形成电化学腐蚀，生成的 $Fe(OH)_2$ 在空气中进一步被氧化成 $Fe(OH)_3$（铁锈）。铁锈是疏松、多孔、非共格结构，极易透气和渗水。

另一种类型是混凝土的碳化破坏了钢筋表面的氧化膜，致使钢筋锈蚀。当钢筋表面的混凝土孔隙溶液中 Cl^- 浓度超过某一定值时，也能破坏钢筋表面氧化膜，使钢筋锈蚀。混凝土中 Cl^- 来源于混凝土所用的拌和水和外加剂。此外，不良环境中 Cl^- 也会逐渐扩散和渗透进入混凝土内部。

(2) 钢筋锈蚀的后果

钢筋混凝土结构构件在正常使用过程中一般是带裂缝工作的。在个别裂缝处，氧化膜遭到破坏后，此处的钢筋就会锈蚀，进而向着钢筋的环向、纵向发展。这种情况将不断进行下去，严重时将导致沿钢筋长度的混凝土出现纵向裂缝。如果保护层过薄，钢筋间距过小，会导致保护层脱落。钢筋与混凝土之间的黏结应力会降低甚至完全丧失，最终会影响混凝土结构构件的安全性和使用性。

钢筋直径变小，表面凹凸不平，会导致钢筋应力集中，力学性能退化。

(3) 防止钢筋锈蚀的主要措施

① 降低水灰比，增加水泥用量，增强混凝土的密实性。要有足够的混凝土保护层厚度。严格控制 Cl^- 的含量。

② 使用覆盖层，防止 CO_2、O_2 和 Cl^- 的渗入。

8.4.3 耐久性设计原则

虽然混凝土的碳化深度、冻融循环、氯离子侵入深度、钢筋锈蚀等耐久性问题都已经建立了多种不同的物理和数学模型，可以进行定量的理论分析，但是由于工程中混凝土的耐久性劣化和失效的影响因素多且变化幅度大，故现有的计算方法很难满足实际工程的需要。《混凝土结构设计规范》(GB 50010—2010)采用了宏观控制的方法，以概念设计为主。根据环境类别和设计使用年限对结构混凝土提出了相应的限制和要求，以保证结构的耐久性。

《混凝土结构设计规范》(GB 50010—2010)对混凝土耐久性要求的具体规定为：设计使用年限为 50 年的混凝土结构，混凝土材料应符合表 8-3 的规定。

表 8-3 **结构混凝土材料的耐久性基本要求**

环境类别		最大水胶比	最低混凝土强度等级	最大氯离子含量/%	最大碱含量/(kg/m^3)
一		0.60	C20	0.30	不限制
二	a	0.55	C25	0.20	3.0
	b	0.50(0.55)	C30(C25)	0.15	
三	a	0.45(0.50)	C35(C30)	0.15	
	b	0.40	C40	0.10	

注：1. 氯离子含量是指其占胶凝材料总量的百分比；
2. 预应力混凝土构件中的氯离子含量不超过 0.05%，其最低混凝土强度等级宜按表中的规定提高两个等级；
3. 对素混凝土构件的水胶比及最低强度等级的要求可适当放松；
4. 当有可靠的工程经验时，二类环境中的最低混凝土强度等级可以降低一个等级；
5. 处于严寒和寒冷地区二 b、三 a 类环境中的混凝土应使用引气剂，并可采用括号中的有关参数；
6. 当使用非碱活性骨料时，对混凝土中的碱含量可不作限制。

知识归纳

(1) 混凝土结构除应按承载能力极限状态设计外，还应进行正常使用极限状态验算。在结构中，正常使用极限状态验算主要包括裂缝宽度和构件挠度的验算。

(2) 混凝土构件通常是带裂缝工作的，我国《混凝土结构设计规范》(GB 50010—2010)将钢筋混凝土结构构件裂缝控制等级划分为三级。对于第三等级的构件，其裂缝宽度计算值不能超过规定的限值。裂缝宽度以平均裂缝宽度乘以扩大系数来确定。

(3) 在计算构件挠度时，以平均裂缝间距 l_m 范围内的一段构件作为分析研究的对象，以 l_m 内的平均刚度作为其截面刚度。考虑长期荷载作用对挠度的影响时，以对短期刚度进行折减的长期刚度来考虑。挠度的计算值不应超过规定的限值。

(4) 混凝土结构耐久性的影响因素众多，难以达到定量设计的程度。《混凝土结构设计规范》(GB 50010—2010)采用了宏观控制的方法，以概念设计为主。其根据环境类别和设计使用年限对结构混凝土提出了相应的限制和要求，以保证结构的耐久性。

思 考 题

8-1　为什么要进行钢筋混凝土结构构件变形、裂缝宽度验算及耐久性设计？

8-2　我国《混凝土结构设计规范》(GB 50010—2010)中关于配筋混凝土结构的裂缝控制、变形控制是如何规定的？

8-3　试说明建立截面弯曲刚度的基本思路和方法，及受弯构件短期刚度和长期刚度的物理意义。

8-4　参数 ψ 的物理意义是什么？怎么计算？

8-5　在受弯构件挠度计算中，什么是最小刚度原则？

8-6　试述裂缝出现、分布和开展的过程。

8-7　如何计算混凝土构件的最大裂缝宽度？

8-8　试说明减小裂缝挠度和裂缝宽度的措施。

8-9　怎样理解混凝土结构的耐久性？

8-10　试阐述混凝土的碳化机理、影响因素及后果。

8-11　《混凝土结构设计规范》(GB 50010—2010)为什么要规定最小混凝土保护层厚度？

习　题

8-1　某矩形截面简支梁的截面尺寸 $b\times h=200\ \text{mm}\times 500\ \text{mm}$，计算跨度 $l_0=6.0\ \text{m}$。承受均布荷载，恒荷载 $g_k=8\ \text{kN/m}$，活荷载 $q_k=11\ \text{kN/m}$，活荷载的准永久值系数 $\psi_q=0.5$。混凝土强度等级为 C25，环境类别为一类，在受拉区配置 HRB335 级钢筋 2 Φ 20＋2 Φ 16。混凝土保护层厚度 $c=25\ \text{mm}$，梁的允许挠度为 $l_0/200$，允许的最大裂缝宽度限值 $w_{\text{lim}}=0.3\ \text{mm}$。验算梁的挠度和最大裂缝宽度。

8-2　某矩形截面轴心受拉构件截面尺寸 $b\times h=200\ \text{mm}\times 400\ \text{mm}$，配置 HRB400 级钢筋 4 Φ 16，混凝土强度等级为 C25，混凝土保护层厚度 $c=20\ \text{mm}$，按荷载准永久组合计算的轴向拉力 $N_q=150\ \text{kN}$，允许的最大裂缝宽度限值 $w_{\text{lim}}=0.2\ \text{mm}$。验算最大裂缝宽度是否满足要求。若不满足要求，应采取什么措施使其满足要求？

8-3　某矩形截面偏心受拉构件的截面尺寸 $b\times h=150\ \text{mm}\times 200\ \text{mm}$，按荷载准永久组合计算的轴向拉力值 $N_q=200\ \text{kN}$，偏心距 $e_0=30\ \text{mm}$，混凝土强度等级为 C20，配置 HRB335 级钢筋 4 Φ 16($A_s=A'_s=402\ \text{mm}^2$)，混凝土保护层厚度 $c=25\ \text{mm}$。允许出现的最大裂缝宽度限值 $w_{\text{lim}}=0.3\ \text{mm}$。试验算最大裂缝宽度是否符合要求。

8-4　某矩形截面偏心受压柱的截面尺寸 $b\times h=400\ \text{mm}\times 600\ \text{mm}$，按荷载准永久组合计算的轴向拉力值 $N_q=500\ \text{kN}$，弯矩 $M_q=400\ \text{kN}\cdot\text{m}$，混凝土强度等级为 C30，配置 HRB335 级钢筋 4 Φ 22($A_s=A'_s=1520\ \text{mm}^2$)，混凝土保护层厚度 $c=30\ \text{mm}$，柱子的计算长度 $l_0=5\ \text{m}$。允许出现的最大裂缝宽度限值 $w_{\text{lim}}=0.3\ \text{mm}$。试验算最大裂缝宽度是否符合要求。

参考文献

[1]　中华人民共和国住房和城乡建设部，中华人民共和国国家质量监督检验检疫总局. GB

50010—2010 混凝土结构设计规范. 北京:中国建筑工业出版社,2011.

[2] 沈蒲生. 混凝土结构设计原理. 4 版. 北京:高等教育出版社,2012.

[3] 顾祥林. 混凝土结构基本原理. 2 版. 上海:同济大学出版社,2011.

[4] 马芹永. 混凝土结构基本原理. 北京:机械工业出版社,2012.

9 预应力混凝土构件设计

内容提要

本章的主要内容为预应力混凝土结构的基本概念，预应力损失及组合，预应力混凝土轴心受拉构件计算，预应力混凝土构件的构造措施。本章的教学重点为预应力混凝土轴心受力构件的计算，教学难点为预应力混凝土轴心受力构件各阶段的应力分析。

能力要求

通过本章的学习，学生应能了解预应力混凝土构件的一般构造措施，理解预应力混凝土的基本原理，掌握预应力损失的计算、组合方法，及预应力混凝土轴心受力构件的计算方法。

9.1 预应力混凝土结构的基本概念

9.1.1 预应力混凝土结构的基本原理

由于混凝土的抗拉强度和极限抗拉应变都很低，其极限抗拉应变为$(1.0\sim1.5)\times10^{-4}$，因此在使用荷载作用下钢筋混凝土构件通常是带裂缝工作的。计算分析表明，对于使用上不允许出现裂缝的钢筋混凝土构件，其受拉钢筋的应力只有20～30 MPa，钢筋发挥的作用比较小，此时其能承受的荷载较低；而对于使用上允许出现裂缝且裂缝宽度限值为0.2～0.3 mm的钢筋混凝土构件，受拉钢筋的应力为150～250 MPa，这与HPB300、HRB335、HRB400级钢筋正常使用阶段的工作应力接近。因此，在正常使用的钢筋混凝土结构中，高强度钢筋不能发挥其强度高的优势。

为了提高构件的抗裂性能，充分利用高强度钢筋和高强度混凝土，可在钢筋混凝土构件承受外荷载之前预先对外荷载作用下的受拉区施加压应力，以改善其受力性能。这样的结构称为预应力混凝土结构。

现以图9-1和图9-2所示的混凝土构件为例，说明预应力混凝土结构的基本受力原理。

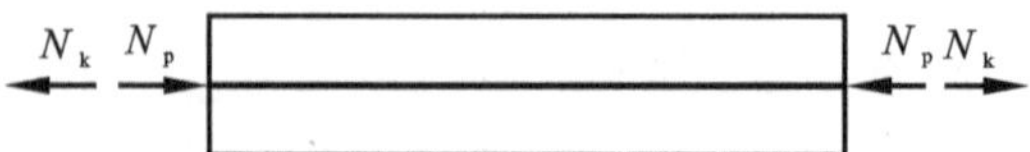

图9-1 预应力混凝土轴心受力构件

图9-1所示为一混凝土轴心受力构件，在使用荷载作用之前，先对其施加轴心预压力N_p，则构件截面上混凝土会受到均匀预压应力的作用；接着在使用荷载N_k的作用下，构件截面上混凝土会受到均匀拉应力的作用。上述预压应力和使用荷载产生的拉应力的叠加即为该构件截面上混凝土的实际应力值。通过人为控制预压力N_p的大小，可使构件截面上混凝土的实际应力为压应力、零应力和很小的拉应力，以满足不同裂缝控制等级的要求。

图 9-2 所示为一简支梁。在使用荷载作用前，预先在简支梁的受拉区施加偏心预压力 N_p，使梁截面下部出现预压应力，如图 9-2(a)所示。在使用荷载 q 的作用下，梁截面下部出现拉应力，如图 9-2(b)所示。最终，该梁受到预压力 N_p 和使用荷载 q 的共同作用，其受力图为图 9-2(a)和图 9-2(b)的叠加，如图 9-2(c)所示。显然，通过人为控制预压力 N_p 的大小及作用点，可使梁在使用荷载作用下受拉区的拉应力减小，甚至变成压应力，以满足不同裂缝控制等级的要求。

由此可见，预应力的作用可以部分或全部抵消外荷载产生的拉应力，从而增强结构的抗裂性。对于在使用阶段允许出现裂缝的构件，预应力也会起到减小裂缝宽度的作用。

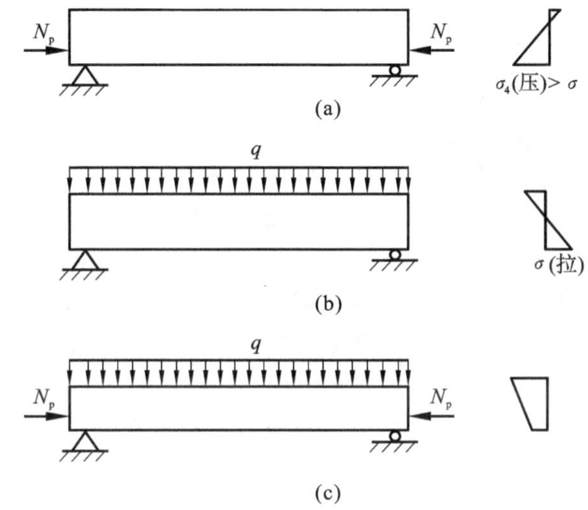

图 9-2 预应力混凝土简支梁

(a) 预压力作用下；(b) 使用荷载作用下；(c) 预压力和使用荷载共同作用下

9.1.2 预应力混凝土结构的优缺点

与普通钢筋混凝土结构相比，预应力混凝土结构具有下列优点。

(1) 增强、提高构件的抗裂性和刚度

通过对构件受拉区施加预应力，可以使结构在使用荷载作用下不开裂或减小裂缝宽度，从而增强、提高构件的抗裂性、耐久性和刚度；由于预应力的反拱作用可减小结构的挠度，因而也可减小构件的变形。

(2) 节省材料，减轻自重

预应力混凝土结构必须采用高强度材料，因而可以减少钢筋用量，减小构件的截面尺寸，节省钢材和混凝土，减轻结构自重，对大跨度、大柱网和承受重荷载的结构效果尤为显著。

(3) 提高构件的抗剪承载力

一方面，由于预应力延缓了斜裂缝的产生，增大了剪压区面积，从而提高了混凝土的抗剪承载力。另一方面，预应力筋提供了销栓抗剪承载力，因而提高了构件整体的抗剪承载力。

(4) 提高构件的耐疲劳性能

预应力可以有效降低钢筋中的应力循环幅度，增加疲劳寿命，因而可提高抗疲劳强度。这对于以承受动力荷载为主的桥梁结构是很有利的。

预应力结构也存在着一些缺点，主要包括构造、施工和设计复杂，且延性较差；需要使用专门施加预应力的设备、灌浆设备等。

下列结构宜优先采用预应力混凝土结构。

① 裂缝控制等级较高的结构；

② 大跨度结构、承受重荷载的结构及承受反复荷载的结构；

③ 对构件刚度和变形控制要求较高的结构构件，如工业厂房的吊车梁、码头和桥梁中的大跨度梁式构件等。

9.1.3 预应力混凝土构件的分类

(1) 按预应力施加程度分类

根据预应力对构件截面裂缝控制程度的不同，预应力混凝土构件可分为三类：

① 全预应力混凝土构件。在混凝土构件中施加预应力后，在荷载标准组合作用下，混凝土构件不出现拉应力，能使截面达到裂缝控制等级为一级的要求。

② 有限预应力混凝土构件。在混凝土构件中施加预应力后，在荷载标准组合作用下，允许出现不超过混凝土抗拉强度标准值的拉应力，能使截面达到裂缝控制等级为二级的要求。

③ 部分预应力混凝土构件。在混凝土构件中施加预应力后，在荷载标准组合作用下，允许混凝土受拉区产生裂缝，但裂缝宽度不应超过规定限值，能使截面达到裂缝控制等级为三级的要求。

全预应力混凝土构件由于对其施加的预应力大，因而具有抗裂性好、刚度大的特点，常用于对抗裂性要求较高的结构，但构件延性差，对抗震不利。部分预应力混凝土构件根据对裂缝控制的要求，降低了预应力值，用于对裂缝控制要求不高的结构，应用范围较广。

(2) 按是否有黏结力分类

根据预应力筋与混凝土之间是否有黏结力，预应力混凝土构件可分为两类：

① 有黏结预应力混凝土构件。其是指沿构件全长预应力筋完全与周围混凝土或水泥砂浆黏结、握裹在一起的预应力混凝土构件。先张法构件及经过孔道灌浆处理的后张法构件属于此类。

② 无黏结预应力混凝土构件。其是指预应力筋自由伸缩变形，不与周围混凝土或砂浆黏结的预应力混凝土构件。其一般采用后张法施工，优点是预应力筋可以像普通钢筋一样事先铺设，而无须进行事先预留孔道、穿筋和灌浆等工序，简化了常规后张法的施工工艺。

9.2 施加预应力的方法和锚具

9.2.1 施加预应力的方法

工程中一般通过张拉预应力筋，利用钢筋被拉伸后的弹性回缩挤压混凝土来对混凝土施加预应力。按照张拉钢筋与浇筑混凝土的先后顺序，其分为先张法和后张法两种。

9.2.1.1 先张法

先张法是先张拉预应力筋，后浇筑混凝土的方法。其施工工序如下：

① 在台座(或钢模)上张拉预应力筋至达到张拉控制应力后，用夹具将预应力筋临时固定，如图 9-3(a)、(b)所示。

② 浇筑混凝土，如图 9-3(c)所示。

③ 养护混凝土至强度为设计强度的 75%以上，切断预应力筋，如图 9-3(d)所示。

切断预应力筋后，预应力筋的回缩受到钢筋与混凝土之间黏结力的阻止，从而使混凝土受压。可见，先张法构件是通过预应力筋与混凝土之间的黏结力来传递预应力的。此方法适用于预制厂

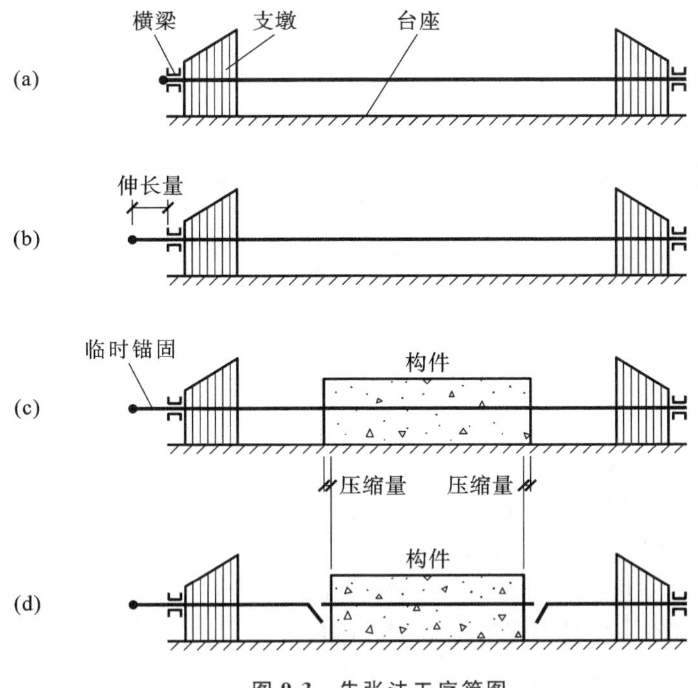

图 9-3 先张法工序简图

(a) 在台座上穿好预应力筋;(b) 张拉预应力筋;(c) 支模并浇筑混凝土;(d) 切断预应力筋

批量制作中、小型预应力构件,如预应力混凝土楼板、屋面板和梁等。

9.2.1.2 *后张法*

后张法是先浇筑混凝土,等混凝土养护硬结后,再在混凝土构件上张拉预应力筋的方法。其施工工序如下:

① 浇筑混凝土构件并预留孔道,养护至规定强度(设计强度的75%以上)后穿预应力筋,如图 9-4(a)所示。

② 张拉预应力筋至达到控制应力,如图 9-4(b)所示。

③ 在张拉端用锚具锚住预应力筋,并对孔道实施压力灌浆,如图 9-4(c)所示。

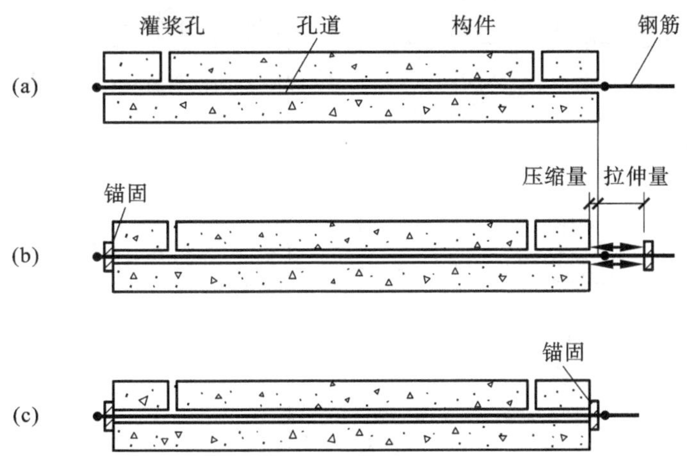

图 9-4 后张法工序简图

(a) 浇筑混凝土构件并预留孔道;(b) 张拉预应力筋;(c) 锚住预应力筋并在孔道内灌浆

后张法构件是通过预应力筋端部的锚具来传递预应力的。因此，锚具是构件的一部分，是永久性的，不能重复利用。此方法适用于在施工现场制作大型构件，如预应力屋架、吊车梁和大跨度桥梁等。

9.2.1.3　先张法和后张法的优缺点

先张法的优点有：张拉工艺比较简单；不需要在构件上设置永久性锚具；可以分批张拉，特别适用于量大面广的中小型构件。其缺点有：需要较大的台座或成批的模钢、养护池等固定设备，一次性投资大；预应力筋布置多数为直线型，曲线布置较为困难。

后张法的优点有：张拉预应力筋可以直接在构件或整个结构上进行，因而可根据不同的荷载性质来合理布置各种形状的预应力筋；适用于运输不便、只能在现场施工的大型构件、特殊结构或可由单体拼装的特大构件。其主要缺点有：永久性锚具的耗钢量大；张拉工序比先张法复杂，施工周期长。

9.2.2　锚具

夹具和锚具是用来锚固预应力筋的装置。在先张法中，构件制作完成后能取下来重复利用的称为夹具，而后张法中永久留在构件上的称为锚具。

夹具和锚具在预应力结构中起重要作用，应满足下列要求：

① 受力安全可靠，其本身应具有足够的强度和刚度；

② 预应力损失小，应使预应力筋尽可能不产生滑移；

③ 构造简单，便于加工制作和施工；

④ 节省材料，降低成本。

目前，预应力筋常用的锚具有以下三种类型。

(1) 螺丝端杆型锚具

螺丝端杆型锚具用于预应力筋的张拉端。图 9-5(a)所示的锚具用于粗钢筋，由螺丝端杆、螺母和垫板组成。螺丝端杆的一端焊于预应力筋端部，另一端与张拉设备相连接，张拉完毕时通过螺母和垫板将预应力筋固定在构件上。图 9-5(b)所示的锚具用于钢束丝，由锥形螺杆、套筒、螺母和垫

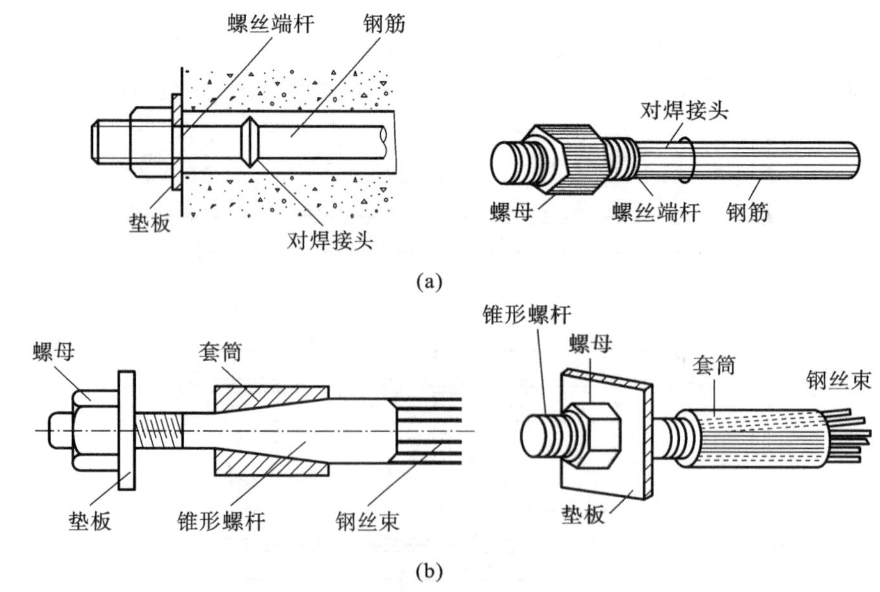

图 9-5　螺丝端杆型锚具

(a) 用于粗钢筋；(b) 用于钢丝束

板组成,通过套筒紧紧地将钢丝束与锥形螺杆挤压成一体。这种锚具的优点是构造简单,滑移小,便于再次张拉,但需特别注意焊接接头的质量,防止发生脆断。

为了解决粗预应力筋焊接接头质量不易保证的问题,已经开发出了不带纵肋的预应力螺纹钢筋(精轧螺纹钢筋)。这种钢筋沿全长表面热轧成大螺距的螺纹,任何一处都可截断并可用螺母锚固,施工非常方便。

(2) 锚块锚塞型锚具

这种锚具由锚块和锚塞两部分组成,如图 9-6 所示。根据所锚固钢筋的根数,锚塞也可分为若干块。锚块内的孔洞及锚塞做成楔形或锥形,预应力筋回缩时受到挤压而被锚住。这种锚具通常用于钢筋的张拉端,也可用于固定端。锚块置于台座、钢模(先张法)或构件(后张法)上。用于固定端时,在张拉过程中锚塞即就位被挤紧;用于张拉端时,钢筋张拉完毕后才将锚塞挤紧。

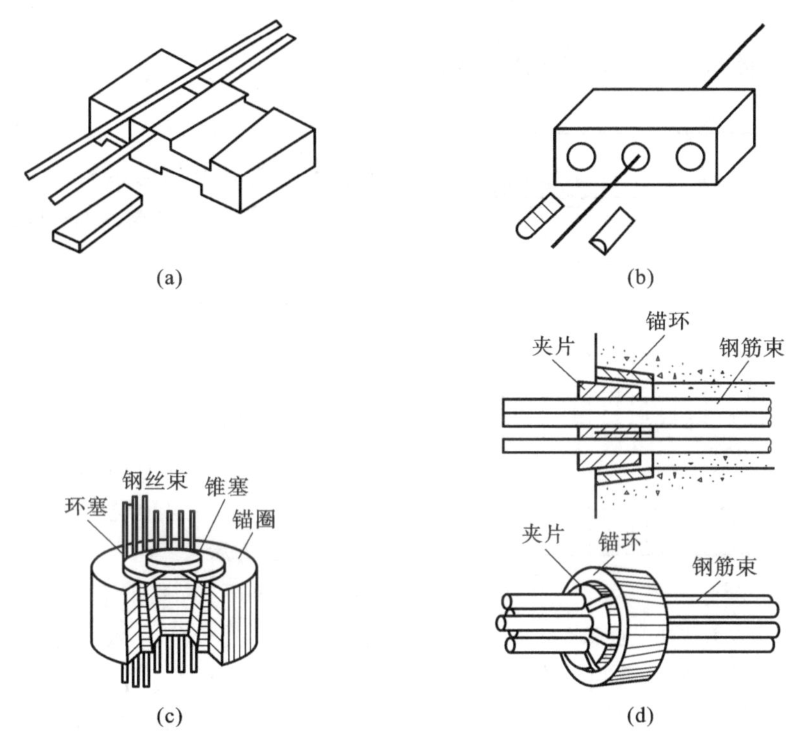

图 9-6 锚块锚塞型锚具

(a) 楔形锚具(用于先张法);(b) 锥形锚具(用于先张法);(c) 楔形锚具(用于后张法);(d) JM12 型锚具

图 9-6(a)、(b)所示的锚具通常用于先张法锚固单根钢丝或钢绞线,分别称为楔形锚具、锥形锚具。图 9-6(c)所示的锚具也是一种楔形锚具,用来锚固后张法构件中的钢丝束。图 9-6(d)所示的锚具称为 JM12 型锚具,有多种规格,适用于后张法中锚固 5 或 6 根钢绞线束,每根钢绞线由 7 股4 mm钢丝组成。由带锥孔的锚板和夹具所组成的夹片式锚具还有 XM 型、QM 型、YM 型、OVM 型等,主要用于锚固由 1～55 根不等的钢绞线组成的钢绞线束,称为大吨位钢绞线群锚体系。

(3) 墩头型锚具

墩头型锚具通常用于后张法中锚固钢丝束。张拉端采用锚杯,如图 9-7(a)所示;固定端采用锚板,如图 9-7(b)所示。锚固时,将钢丝或钢筋的端头墩粗,穿入锚杯内,边张拉边拧紧内螺母。采用这种锚具时,钢丝或钢筋的下料长度要精准,否则会使预应力筋受力不均匀。

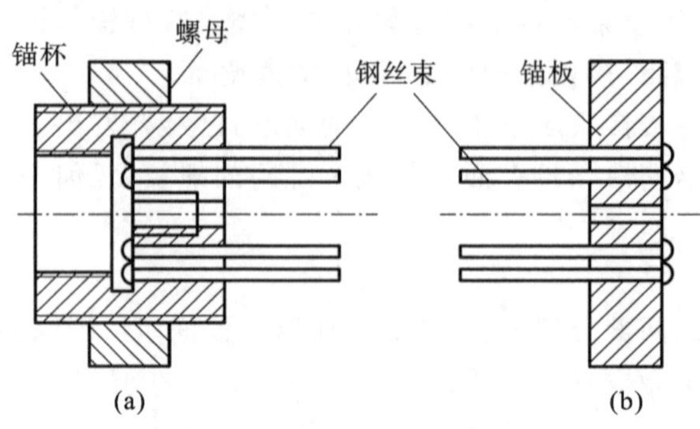

图 9-7　墩头型锚具

（a）张拉端墩头锚；（b）固定端墩头锚

9.2.3　预应力筋的预应力传递长度和锚固长度

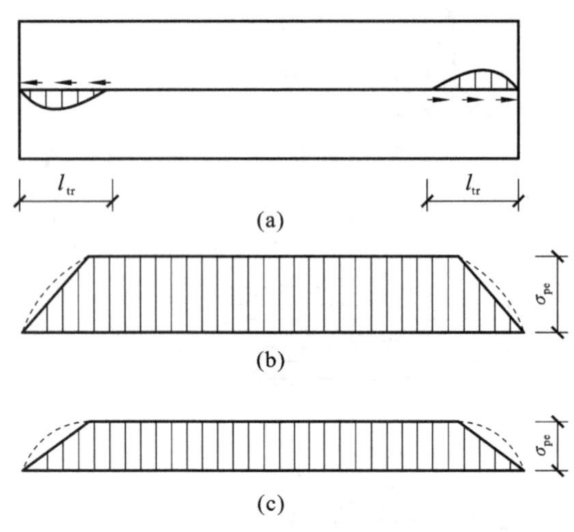

图 9-8　预应力筋的预应力传递长度和有效应力分布

（a）黏结应力分布；（b）预应力筋预应力分布；（c）混凝土预应力分布

先张法构件中，预应力的传递和预应力筋的锚固都是通过预应力筋与混凝土之间的黏结力实现的，所以保证预应力筋的预应力传递长度和锚固长度是非常重要的。

（1）预应力筋的预应力传递长度 l_{tr}

如图 9-8 所示，先张法构件被切断或放松钢筋后，预应力筋在构件端部的应力为 0，由端部向内通过黏结力的积累，预应力筋的应力逐渐增大，至某一长度处达到预应力筋的有效预应力 σ_{pe}。这一长度称为预应力筋的预应力传递长度，用符号 l_{tr} 表示，如图 9-8 所示。

由图 9-8 可知，在预应力传递长度 l_{tr} 范围内，预应力筋和混凝土的有效预应力实际上按曲线分布（图中虚线），但为了简化计算，近似按线性分布，即在构件端部取 0，在预应力传递长度 l_{tr} 的末端取预应力筋的有效预应力值 σ_{pe}。在预应力传递长度内应力按线性分布（图中实线）。

《混凝土结构设计规范》(GB 50010—2010)规定：先张法构件预应力筋的预应力传递长度 l_{tr} 应按以下公式计算：

$$l_{tr}=\alpha \frac{\sigma_{pe}}{f'_{tk}}d \tag{9-1}$$

式中　σ_{pe}——放张时预应力筋的有效预应力；

d——预应力筋的公称直径；

α——预应力筋的外形系数，按表 2-1 采用；

f'_{tk}——与放张时混凝土立方体抗压强度 f'_{cu} 相对应的轴心抗拉强度标准值，按附表 1 以线性内插法确定。

当采用骤然放张预应力施工工艺时，对于光面预应力钢丝，l_{tr} 的起点应从距构件末端 $l_{tr}/4$ 处开始计算。

(2) 预应力筋的锚固长度 l_a

预应力筋锚固长度的概念与计算见第2.3.4节。《混凝土结构设计规范》(GB 50010—2010)规定:计算先张法预应力混凝土构件端部锚固区的正截面和斜截面受弯承载力时,锚固长度范围内预应力筋抗拉强度设计值在锚固起点处取0,在锚固终点处应取 f_{py},两点之间可按线性内插法确定。

9.3 预应力混凝土材料

9.3.1 预应力钢筋

(1) 性能

预应力钢筋的受力特点是从构件制作到使用阶段始终处于高拉应力状态,所以其性能需满足下列要求。

① 高强度。

混凝土预应力的大小取决于预应力钢筋张拉控制应力的大小。考虑构件在制作过程中会出现各种预应力损失,因此需要较高的张拉应力。这就要求预应力钢筋具有较高的强度。

② 较好的塑性。

高强度钢材的塑性性能一般较差。为了保证构件在破坏之前有较强的变形能力,必须保证预应力钢筋有足够的塑性性能。

③ 良好的黏结性能。

先张法构件的预应力是靠钢筋与混凝土之间的黏结力来传递的,所以良好的黏结力是其正常工作的保证。

④ 良好的加工性能。

预应力钢筋要有良好的焊接性能,同时钢筋镦粗后应不影响其物理、力学性能。

(2) 种类

预应力钢筋的发展趋势是高强度、大直径、低松弛和耐腐蚀。目前,预应力钢筋的主要种类有中等强度钢丝、消除应力钢丝、钢绞线和预应力螺纹钢筋。

① 中等强度钢丝的抗拉强度为800～1270 MPa,外形有光圆和螺旋肋两种。

② 消除应力钢丝的抗拉强度为1470～1860 MPa,外形有光圆和螺旋肋两种。

③ 钢绞线(ϕ^S)的抗拉强度为1570～1960 MPa,是由多根细钢丝扭结而成的,常用的有1×7(七股)和1×3(三股)。

④ 预应力螺纹钢筋,又称精轧螺纹粗钢筋,其抗拉强度为980～1230 MPa。这种钢筋在轧制时沿钢筋纵向全部轧有规律的螺纹肋条,可用螺丝套筒连接和螺母锚固,不需要再加工螺纹,也不需要焊接。它适用作预应力混凝土结构中的大直径高强度钢筋。

9.3.2 预应力混凝土

预应力混凝土结构对混凝土材料性能的要求如下。

(1) 高强度

混凝土强度越高,其承受预应力的能力越强。这不仅可以减小构件截面尺寸、减轻结构自重,还可以增强构件的抗拉、抗剪、黏结和承压能力。

(2) 收缩和徐变小

这样可以减小由收缩和徐变引起的预应力损失。

(3) 快硬早强

这样可以尽早施加预应力，以提高台座、模具和锚(夹)具的使用效率，加快施工进度，降低间接费用。

《混凝土结构设计规范》(GB 50010—2010)规定：预应力混凝土结构中的混凝土强度等级不应低于 C30，用高强度钢丝或钢绞线作预应力钢筋的结构，特别是大跨度结构，混凝土强度等级不宜低于 C40。

9.4 张拉控制应力和预应力损失

9.4.1 张拉控制应力 σ_{con}

张拉控制应力是指在进行预应力筋张拉时所控制达到的最大应力值。其值为张拉设备的测力仪表显示的总张拉力除以预应力钢筋截面面积所得到的应力值，用 σ_{con} 表示。

张拉控制应力 σ_{con} 的取值直接影响预应力混凝土的使用效果。若 σ_{con} 取值过低，则经过预应力损失后，预应力筋对混凝土施加的预应力过小，不能有效地增强和提高构件的抗裂性和刚度。若 σ_{con} 取值过高，则可能出现以下情况。

① 张拉过程中个别预应力筋被拉断。

② 构件延性变差，构件的开裂荷载和破坏荷载更加接近。一旦开裂，构件很快破坏，从而会发生无明显征兆的脆性破坏。

③ 钢筋应力的松弛损失将增大。

④ 施工阶段可能引起构件某些部位出现拉应力(称为预拉力)甚至被拉裂，还可能使后张法构件端部混凝土产生局部受压破坏。

σ_{con} 值既不能过高，又不能过低。《混凝土结构设计规范》(GB 50010—2010)规定：预应力筋的张拉控制应力值不应超过表 9-1 中的规定。

表 9-1　　张拉控制应力限值

预应力筋种类	张拉控制应力限值
消除应力钢丝、钢绞线	$0.75f_{ptk}$
中等强度钢丝	$0.70f_{ptk}$
预应力螺纹钢筋	$0.85f_{pyk}$

注：f_{ptk} 为预应力筋极限强度标准值，f_{pyk} 为预应力螺纹钢筋屈服强度标准值。

与此同时，消除应力钢丝、钢绞线、中等强度钢丝的张拉控制应力值不应小于 $0.4f_{ptk}$，预应力螺纹钢筋的张拉控制应力值不宜小于 $0.5f_{pyk}$。

当符合下列情况之一时，张拉控制应力限值可相应提高 $0.05f_{ptk}$ 或 $0.05f_{pyk}$。

① 要求提高构件在施工阶段的抗裂性而在使用阶段受压区内设置的预应力筋；

② 要求部分抵消由应力松弛、摩擦、钢筋分批张拉及预应力筋与张拉台座之间温差等因素产生的预应力损失。

9.4.2 预应力损失

由于张拉工艺和材料特性等因素的影响，预应力钢筋的应力在施工、使用期间将不断降低，此应力降低值称为预应力损失。下面将分别讨论引起预应力损失的因素、预应力损失值的计算和减少预应力损失的措施。

9.4.2.1 锚具变形和钢筋内缩引起的预应力损失 σ_{l1}

其为在应用先张法临时固定预应力筋或应用后张法张拉完毕锚固预应力筋时，由张拉端锚具与垫板之间、垫板与垫板之间、垫板与构件之间的缝隙被挤紧，锚具的压缩变形，以及预应力筋在锚具中的内缩滑移所引起的预应力损失，按下式计算：

$$\sigma_{l1}=\frac{a}{l}E_{\mathrm{p}} \tag{9-2}$$

式中 a——张拉端锚具变形和预应力筋内缩值，mm，按表 9-2 采用；

l——张拉端与锚固端之间的距离，mm；

E_{p}——预应力筋的弹性模量，N/mm^2。

表 9-2 张拉端锚具变形和预应力筋内缩值 a

锚具类别		a/mm
支承式锚具(钢丝束镦头锚具)	螺母缝隙	1
	每块后加垫板的缝隙	1
夹片式锚具	有顶压时	5
	无顶压时	6～8

注：1. 表中的张拉端锚具变形和预应力筋内缩值也可根据实测数据确定；

2. 其他类型的张拉端锚具变形和预应力筋内缩值应根据实测数据确定。

对于由块体拼成的结构，其预应力损失还应计入块体间填缝的预压变形。当以混凝土或砂浆为填缝材料时，每条填缝的预压变形值可取 1 mm。

锚具变形值只考虑张拉端，是因为锚固端的锚具在张拉过程中已经被挤紧。

可采取下列措施来减小锚具变形损失 σ_{l1}。

① 选择变形小或预应力筋内缩小的锚具或夹具，尽量少用垫板，因为每增加一块垫板，a 值就增加 1 mm。

② 先张法采用长线台座，因为 σ_{l1} 与台座长度 l 成反比。

对于先张法构件，当台座长度在 100 m 以上时，σ_{l1} 可忽略不计。

式(9-2)只适用于计算直线预应力筋的锚固回缩预应力损失 σ_{l1}，后张法构件曲线预应力筋或折线预应力筋的锚固回缩预应力损失应重新建立公式计算，此处从略。

9.4.2.2 预应力筋与孔道壁之间的摩擦引起的预应力损失 σ_{l2}

采用后张法张拉预应力筋时，受预应力筋与孔道壁之间摩擦的影响，预应力筋的应力随与张拉端距离的增大而逐渐减小，如图 9-9 所示。这种应力的减小值称为预应力筋与孔道壁之间摩擦引起的预应力损失 σ_{l2}。其值按下式计算。

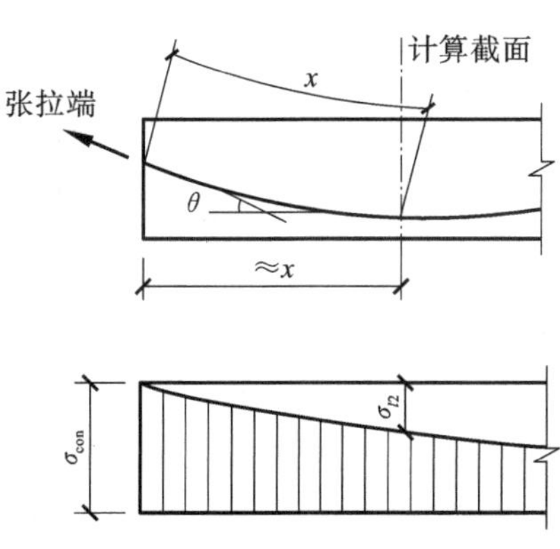

图 9-9 计算摩擦损失示意图

$$\sigma_{l2}=\left(1-\frac{1}{e^{kx+\mu\theta}}\right)\sigma_{con} \tag{9-3a}$$

式中 x——从张拉端至计算截面处孔道的长度，m，可近似取该孔道在纵轴上的水平投影长度，如图 9-9 所示；

θ——从张拉端至计算截面曲线孔道各部分切线的夹角之和，rad；

k——考虑孔道每米长度局部偏差的摩擦系数，按表 9-3 采用；

μ——预应力筋与孔道壁之间的摩擦系数，按表 9-3 采用。

当 $kx+\mu\theta\leqslant 0.3$ 时，式(9-3a)可按下式近似计算：

$$\sigma_{l2}=(kx+\mu\theta)\sigma_{con} \tag{9-3b}$$

表 9-3 **摩擦系数**

孔道成形方式	k	μ	
		钢绞线、钢丝束	预应力螺纹钢筋
预埋金属波纹管	0.0015	0.25	0.50
预埋塑料波纹管	0.0015	0.15	—
预埋钢管	0.0010	0.30	—
抽芯成形	0.0014	0.55	0.60
无黏结预应力筋	0.0040	0.09	—

注：摩擦系数也可根据实测数据确定。

式(9-3)中的 σ_{l2} 包括长度效应和曲率效应两部分。长度效应是指沿孔道长度上由局部偏差产生的摩擦所引起的预应力损失，主要由孔道的位置偏差与尺寸偏差、孔道壁粗糙、预应力筋表面粗糙等原因造成，其大小与预应力筋的拉力成正比；曲率效应是指由孔道曲率使预应力筋与孔道壁之间相互挤压所产生的摩擦引起的预应力损失，其大小与挤压应力成正比。采用后张法的曲线预应力筋的 σ_{l2} 中，既有曲率效应，又有长度效应，且曲率效应是控制因素；而采用后张法的直线预应力筋的 σ_{l2} 中，只有长度效应。

可采取下列措施减小 σ_{l2}。

(1) 两端张拉

较长构件可采取两端张拉。采取该措施后，可使摩擦引起的预应力损失 σ_{l2} 减小约一半，如图 9-10(b)所示。但采取两端张拉将会引起 σ_{l1} 的增加。

(2) 超张拉

超张拉的程序为：$0\rightarrow 1.1\sigma_{con}\xrightarrow{\text{持荷 2 min}}0.85\sigma_{con}\xrightarrow{\text{持荷 2 min}}\sigma_{con}$。采取该措施后可减小 σ_{l2}，同时应力分布均匀些，如图 9-10(c)所示。

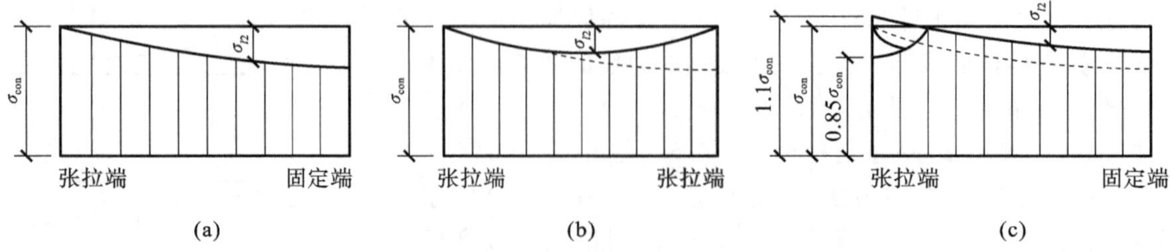

图 9-10 一端张拉、两端张拉、超张拉对减小 σ_{l2} 的影响

(a) 一端张拉；(b) 两端张拉；(c) 超张拉

9.4.2.3 混凝土加热养护时，预应力筋与承受拉力设备之间的温差引起的预应力损失 σ_{l3}

为了缩短先张法构件的生产周期，常采用蒸汽养护来加速混凝土硬结。升温时，新浇筑的混凝土尚未硬结，钢筋受热自由膨胀，但两端台座固定不动，距离保持不变，所以预应力筋的伸长受到限制，使得预应力筋的张紧程度降低，拉应力减小。该拉应力的减小值称为预应力筋与承受拉力设备之间由温差引起的预应力损失 σ_{l3}（简称温差损失）。降温时，混凝土已经与预应力筋形成整体，两者共同回缩，所以升温养护时产生的温差损失 σ_{l3} 不再恢复。

若升温养护时预应力筋与台座之间的温差为 ΔT(℃)，预应力筋的线膨胀系数 $\alpha=1\times10^{-5}$ ℃$^{-1}$，弹性模量 $E_p=2\times10^5$ MPa，则温差损失 σ_{l3} 可按下式计算：

$$\sigma_{l3}=E_s\varepsilon=E_s\alpha\Delta T=2\times10^5\times1\times10^{-5}\Delta T=2\Delta t \tag{9-4}$$

为了减小温差损失 σ_{l3}，可采取下列措施。

① 两阶段升温养护。该措施具体又有以下两种方法。

a. 方法一：先升温 20～25 ℃，待混凝土强度达到 7.5～10 MPa 后，再升温至养护温度；在第二次升温过程中，由于混凝土已与预应力筋形成整体，两者共同变形，故不会再产生预应力损失。

b. 方法二：先在常温下养护，待混凝土强度达到 7.5～10 MPa 后，再升温至养护温度，采用该方法的温差损失 $\sigma_{l3}=0$。

② 在钢模上张拉预应力筋。由于预应力筋被锚固在钢模上，故升温养护时预应力筋与钢模的温度变化相同，两者间无温差，也就无温差损失，即 $\sigma_{l3}=0$。

9.4.2.4 预应力筋应力松弛引起的预应力损失 σ_{l4}

应力松弛是指钢筋在高应力作用下维持长度不变而钢筋应力随着时间的增长而降低的现象。其本质是钢筋沿应力方向的徐变受到约束而发生松弛，导致应力下降。钢筋应力松弛引起的预应力损失 σ_{l4}（简称应力松弛损失）按下列规定计算。

(1) 消除应力钢丝、钢绞线

对于普通松弛：

$$\sigma_{l4}=0.4\left(\frac{\sigma_{con}}{f_{ptk}}-0.5\right)\sigma_{con} \tag{9-5a}$$

对于低松弛，当 $\sigma_{con}\leqslant0.7f_{ptk}$ 时：

$$\sigma_{l4}=0.125\left(\frac{\sigma_{con}}{f_{ptk}}-0.5\right)\sigma_{con} \tag{9-5b}$$

对于低松弛，当 $0.7f_{ptk}<\sigma_{con}\leqslant0.8f_{ptk}$ 时：

$$\sigma_{l4}=0.2\left(\frac{\sigma_{con}}{f_{ptk}}-0.575\right)\sigma_{con} \tag{9-5c}$$

(2) 中等强度钢丝

$$\sigma_{l4}=0.08\sigma_{con} \tag{9-5d}$$

(3) 预应力螺纹钢筋

$$\sigma_{l4}=0.03\sigma_{con} \tag{9-5e}$$

应力松弛在开始阶段发展较快，刚开始几分钟内大约完成 50%，24 h 后约完成 80%，以后发展缓慢。松弛的大小与钢筋的品种、张拉控制应力有关。

减小应力松弛损失的措施是超张拉。其张拉程序为：$0\rightarrow1.05\sigma_{con}\xrightarrow{\text{持荷 2 min}}\sigma_{con}$。其原理是：在低应力下需要较长时间才可完成的应力松弛损失，在高应力下短时间内即可完成；持荷 2 min 可使相当一部分的应力松弛损失发生在预应力筋锚固之前，则锚固后的应力松弛损失得以减小。

9.4.2.5　混凝土收缩和徐变引起的预应力损失 σ_{l5}

混凝土在空气中硬结时体积收缩，在预应力的长期作用下混凝土沿受压方向发生徐变。收缩和徐变均会导致预应力混凝土构件的长度缩短，预应力筋随之回缩产生收缩徐变损失 σ_{l5}。由混凝土收缩、徐变引起的受拉区和受压区纵向预应力筋的预应力损失值 σ_{l5}、σ'_{l5} 可按下列方法确定。

（1）先张法构件

$$\sigma_{l5}=\frac{60+340\dfrac{\sigma_{pc}}{f'_{cu}}}{1+15\rho} \tag{9-6a}$$

$$\sigma'_{l5}=\frac{60+340\dfrac{\sigma'_{pc}}{f'_{cu}}}{1+15\rho} \tag{9-6b}$$

（2）后张法构件

$$\sigma_{l5}=\frac{55+300\dfrac{\sigma_{pc}}{f'_{cu}}}{1+15\rho} \tag{9-7a}$$

$$\sigma'_{l5}=\frac{55+300\dfrac{\sigma'_{pc}}{f'_{cu}}}{1+15\rho} \tag{9-7b}$$

式中　σ_{pc}，σ'_{pc}——受拉区、受压区预应力筋合力作用点处的混凝土法向压应力；

f'_{cu}——施加预应力时混凝土的立方体抗压强度；

ρ，ρ'——受拉区、受压区预应力筋和普通钢筋的配筋率，按式(9-8a)和式(9-8b)计算。

对于先张法构件：

$$\rho=\frac{A_p+A_s}{A_o},\quad \rho'=\frac{A'_p+A'_s}{A_o} \tag{9-8a}$$

对于后张法构件：

$$\rho=\frac{A_p+A_s}{A_n},\quad \rho'=\frac{A'_p+A'_s}{A_n} \tag{9-8b}$$

式中　A_o——先张法构件的换算截面面积，$A_o=A_c+\alpha_E A_s+\alpha_p A_p$；

A_n——后张法构件的净截面面积，$A_n=A_c+\alpha_E A_s$。

对于对称配置预应力筋和普通钢筋的构件，式(9-8a)和式(9-8b)中的配筋率 ρ、ρ' 应按钢筋总截面面积的一半计算。

在计算受拉区、受压区预应力筋合力作用点处的混凝土法向压应力 σ_{pc}、σ'_{pc} 时，仅考虑混凝土预压前的损失(第一批损失)，其普通钢筋中的应力 σ_{l5}、σ'_{l5} 应取为 0，σ_{pc}、σ'_{pc} 均应不大于 $0.5f'_{cu}$；当 σ'_{pc} 为拉应力时，式(9-6b)、式(9-7b)中的 σ'_{pc} 应取为 0；计算混凝土法向压应力 σ_{pc}、σ'_{pc} 时，可根据构件制作情况考虑自重的影响。

当结构处于年平均相对湿度小于 40%的环境下时，σ_{l5} 和 σ'_{l5} 的值应增加 30%。

减小收缩徐变损失 σ_{l5} 的措施主要有：

① 采用高标号水泥，减少水泥用量，降低水灰比，采用级配好、弹性模量大的骨料，采用干硬性混凝土。

② 加强振捣，提高混凝土的密实性。

③ 采取高温、高湿养护，蒸汽养护，以减少混凝土收缩。

9.4.2.6　对于环形构件，由螺旋式预应力筋挤压混凝土引起的预应力损失 σ_{l6}

采用螺旋式预应力筋作为配筋的环形构件，如水管、蓄水池、油管、高压容器等，由于预应力筋

对混凝土的局部挤压，环形构件的核心直径有所减小，预应力筋中的拉应力将会降低，从而造成预应力损失 σ_{l6}。

σ_{l6}的大小和构件的直径成反比：构件的直径 d 越大，则 σ_{l6} 越小。当 d 较大时，σ_{l6} 可以忽略不计。因此，《混凝土结构设计规范》(GB 50010—2010)规定：

① 当 $d \leqslant 3$ m 时，$\sigma_{l6}=30$ N/mm^2；

② 当 $d>3$ m 时，$\sigma_{l6}=0$。

9.4.3 预应力损失值的分阶段组合

上述的六项预应力损失，有的存在于先张法构件中，有的存在于后张法构件中(先张法构件中无 σ_{l6}，后张法构件中无 σ_{l3})，并按照不同的张拉方法分批产生。通常把混凝土预压前出现的预应力损失称为第一批损失，混凝土预压后出现的预应力损失称为第二批损失。《混凝土结构设计规范》(GB 50010—2010)规定预应力损失按表 9-4 进行组合。

表 9-4 各阶段预应力损失值的组合

预应力损失值的组合	先张法构件	后张法构件
混凝土预压前的损失(第一批损失)$\sigma_{l\text{I}}$	$\sigma_{l1}+\sigma_{l2}+\sigma_{l3}+\sigma_{l4}$	$\sigma_{l1}+\sigma_{l2}$
混凝土预压后的损失(第二批损失)$\sigma_{l\text{II}}$	σ_{l5}	$\sigma_{l4}+\sigma_{l5}+\sigma_{l6}$

注：先张法构件中的应力松弛损失 σ_{l4} 在第一批和第二批损失中所占比例如需区分，可根据实际情况确定。

考虑预应力损失计算的误差，避免因预应力总损失计算值偏小而产生不利影响，《混凝土结构设计规范》(GB 50010—2010)规定，当计算求得的预应力总损失值小于下列数值时，应按下列数值取用：先张法构件为 100 N/mm^2，后张法构件为 80 N/mm^2。

9.5 预应力混凝土轴心受拉构件计算

9.5.1 预应力混凝土轴心受拉构件应力分析

预应力混凝土构件从张拉预应力筋开始到构件加载破坏的全过程可分为施工阶段和使用阶段，每个阶段又分为若干受力过程。因此，轴心受拉构件设计除进行使用阶段的承载力、裂缝控制验算外，还应进行施工阶段的验算。下面就先张法和后张法构件各阶段的截面应力进行分析。

9.5.1.1 先张法构件各阶段应力状态

下面以图 9-11 所示的预应力轴心受拉构件为例进行分析。

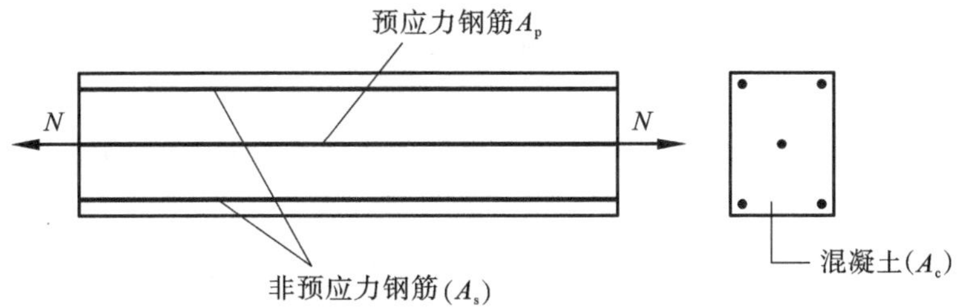

图 9-11 预应力轴心受拉构件示意图

(1) 施工阶段

施工阶段是指从张拉钢筋至构件使用加载之前的全过程，也称为施加预应力阶段。随着施工工序和预应力损失过程的进行，施工阶段又分为 4 个小阶段。

① 张拉钢筋并锚固。

在台座上张拉预应力筋至达到控制应力 σ_{con}，然后将钢筋锚固在台座上，钢筋回缩产生预应力损失 σ_{l1}，如图 9-12 所示。此时混凝土、预应力筋、非预应力钢筋的应力值分别为：

$$\sigma_c = 0 \tag{9-9a}$$

$$\sigma_p = \sigma_{con} - \sigma_{l1} \tag{9-9b}$$

$$\sigma_s = 0 \tag{9-9c}$$

② 混凝土预压前。

浇筑混凝土并养护，一直到钢筋被切断之前，产生温差损失 σ_{l3} 和钢筋松弛损失 σ_{l4}。至此完成第一批损失，$\sigma_{l\,\mathrm{I}} = \sigma_{l1} + \sigma_{l3} + \sigma_{l4}$，如图 9-13 所示。此时，各材料应力为：

$$\sigma_c = 0 \tag{9-10a}$$

$$\sigma_p = \sigma_{con} - \sigma_{l\,\mathrm{I}} \tag{9-10b}$$

$$\sigma_s = 0 \tag{9-10c}$$

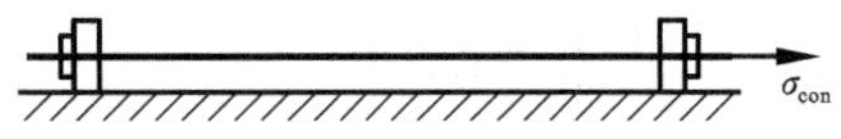

图 9-12　张拉钢筋并锚固

图 9-13　切断钢筋之前

③ 切断预应力筋时刻。

混凝土硬结后（强度达 75%以上设计强度），切断预应力筋，钢筋回弹。依靠混凝土与钢筋之间的黏结力，混凝土受压而构件缩短，钢筋也随之缩短，混凝土获得预压应力 $\sigma_{pc\,\mathrm{I}}$，如图 9-14 所示。此时混凝土、预应力筋、非预应力钢筋的应力分别为 $\sigma_{pc\,\mathrm{I}}$、$\sigma_{pe\,\mathrm{I}}$、$\sigma_{s\,\mathrm{I}}$：

$$\sigma_{pe\,\mathrm{I}} = \sigma_{con} - \sigma_{l\,\mathrm{I}} - \alpha_p \sigma_{pc\,\mathrm{I}} \tag{9-11a}$$

$$\sigma_{s\,\mathrm{I}} = -\alpha_E \sigma_{pc\,\mathrm{I}} \quad (压) \tag{9-11b}$$

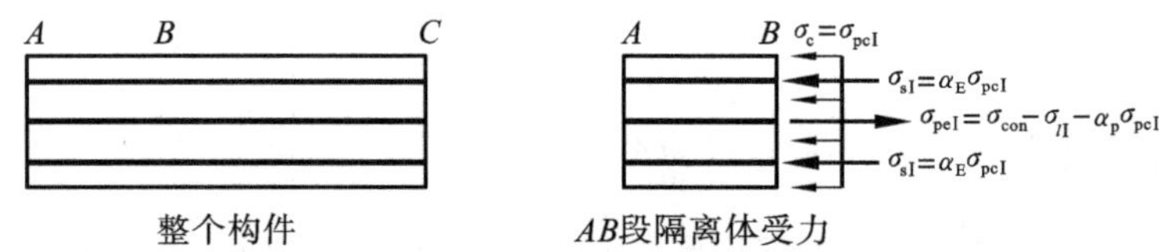

图 9-14　切断钢筋瞬间

由图 9-14 所示截面的平衡条件 $\sum X = 0$，得 $\sigma_{pc\,\mathrm{I}} A_c + \sigma_{s\,\mathrm{I}} A_s = \sigma_{pe\,\mathrm{I}} A_p$。将截面应力代入，得：

$$(\sigma_{con} - \sigma_{l\,\mathrm{I}} - \alpha_p \sigma_{pc\,\mathrm{I}}) A_p = \sigma_{pc\,\mathrm{I}} A_c + \alpha_E \sigma_{pc\,\mathrm{I}} A_s$$

整理得：

$$\sigma_{pc\,\mathrm{I}} = \frac{(\sigma_{con} - \sigma_{l\,\mathrm{I}}) A_p}{A_o} = \frac{N_{p\,\mathrm{I}}}{A_o} \tag{9-12}$$

式中　α_E，α_p——非预应力钢筋、预应力钢筋弹性模量与混凝土弹性模量的比值，$\alpha_p = \frac{E_p}{E_c}$，$\alpha_E = \frac{E_s}{E_c}$；

A_o——换算截面面积，$A_o = A_n + \alpha_E A_E + \alpha_p A_p$。

式(9-12)可理解为放松钢筋时，预应力筋总拉力作用在混凝土换算截面上产生的压应力。

④ 完成第二批损失。

钢筋被切断后至构件使用之前，由于混凝土的收缩徐变，产生了 σ_{l5}，完成第二批预应力损失，即 $\sigma_{l\,\mathrm{II}} = \sigma_{l5}$。至此完成了预应力总损失，$\sigma_l = \sigma_{l\,\mathrm{I}} + \sigma_{l\,\mathrm{II}}$。混凝土的收缩徐变导致构件缩短，预应力钢

筋也随之缩短，预应力钢筋应力降低，钢筋回弹力下降，从而使混凝土压应力也随之降低，由 $\sigma_{pc\,\mathrm{I}}$ 降至 $\sigma_{pc\,\mathrm{II}}$，如图 9-15 所示。此时，预应力钢筋和非预应力钢筋的应力分别为：

$$\sigma_{pe\,\mathrm{II}}=\sigma_{con}-\sigma_l-\alpha_p\sigma_{pc\,\mathrm{II}} \tag{9-13a}$$

$$\sigma_{s\,\mathrm{II}}=-\alpha_E\sigma_{pc\,\mathrm{II}}-\sigma_{l5} \tag{9-13b}$$

利用平衡条件 $\sum X=0$，得 $\sigma_{pc\,\mathrm{II}}A_c+\sigma_{s\,\mathrm{II}}A_s=\sigma_{pe\,\mathrm{II}}A_p$。将截面应力代入并整理，得：

$$\sigma_{pc\,\mathrm{II}}=\frac{(\sigma_{con}-\sigma_l)A_p-\sigma_{l5}A_s}{A_o}=\frac{N_{p\,\mathrm{II}}}{A_o} \tag{9-14}$$

当全部损失完成之后，混凝土截面上最终获得了有效预压应力 $\sigma_{pc\,\mathrm{II}}$，也称建立应力。

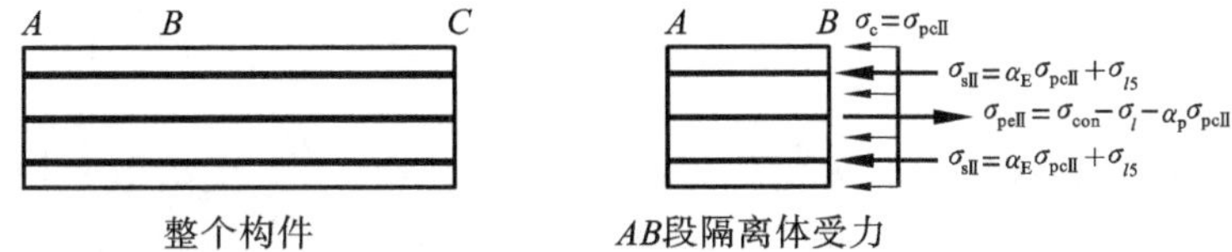

图 9-15 构件完成第二批损失时

(2) 使用阶段

使用阶段是指外荷载从 0 开始增加，直到构件破坏的全过程。其可分为三个阶段。

① 混凝土消压。

当轴向拉力从 0 开始增大时，构件逐渐伸长，混凝土预压应力逐渐减小，混凝土的法向应力恰好为 0 的状态，称为消压状态，所加的轴向拉力称为消压轴力 N_{p0}，如图 9-16 所示。从建立应力状态到消压状态，混凝土的应力增量为 $\sigma_{pc\,\mathrm{II}}$，预应力钢筋和非预应力钢筋应力的变化量分别为 $\alpha_p\sigma_{pc\,\mathrm{II}}$ 和 $\alpha_E\sigma_{pc\,\mathrm{II}}$。因此，消压状态时各材料的应力为：

$$\sigma_{p0}=\sigma_{con}-\sigma_l \tag{9-15a}$$

$$\sigma_{s0}=-\sigma_{l5}\quad(\text{压}) \tag{9-15b}$$

$$\sigma_c=0 \tag{9-15c}$$

同时，根据力的平衡条件 $\sum X=0$，可得消压轴力 N_{p0} 为：

$$N_{p0}=\sigma_{p0}A_p-\sigma_{l5}A_s=(\sigma_{con}-\sigma_l)A_p-\sigma_{l5}A_s=\sigma_{pc\,\mathrm{II}}A_o \tag{9-16}$$

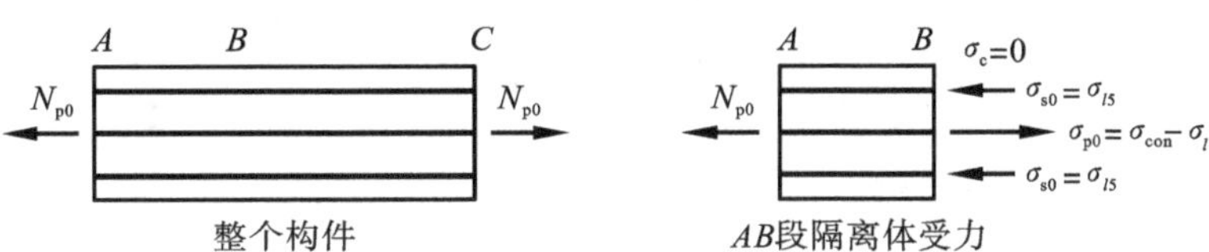

图 9-16 消压状态

② 混凝土即将开裂。

若荷载继续增加，则混凝土开始受拉。当拉应力达到混凝土抗拉强度标准值时，混凝土即将开裂，相应的轴力为开裂轴力 N_{cr}，如图 9-17 所示。此时，材料应力为：

$$\sigma_{pcr}=\sigma_{con}-\sigma_l+\alpha_p f_{tk} \tag{9-17a}$$

$$\sigma_{scr}=\alpha_E f_{tk}-\sigma_{l5} \tag{9-17b}$$

$$\sigma_c=f_{tk} \tag{9-17c}$$

同时，根据力的平衡条件 $\sum X=0$，可得开裂轴力 N_{cr} 为：

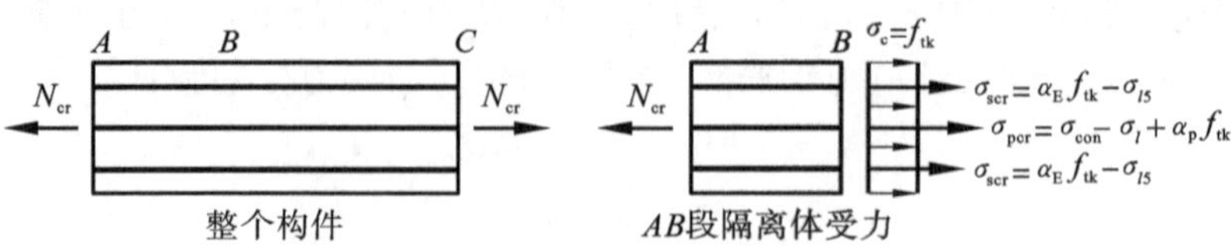

图 9-17　即将开裂状态

$$N_{cr}=\sigma_{pcr}A_p+\sigma_{scr}A_s+f_{tk}A_c=(\sigma_{con}-\sigma_l+\alpha_p f_{tk})A_p+(\alpha_E f_{tk}-\sigma_{l5})A_s+f_{tk}A_c$$
$$=(\sigma_{con}-\sigma_l)\ A_p-\sigma_{l5}A_s+f_{tk}(A_c+\alpha_E A_s+\alpha_p A_p)=(\sigma_{pc\text{II}}+f_{tk})A_o \tag{9-18}$$

由式(9-18)可知，预应力混凝土轴心受拉构件的开裂轴力 N_{cr} 比普通钢筋混凝土轴心受拉构件要大 $\sigma_{pc\text{II}}A_o$，同时 $\sigma_{pc\text{II}}$ 比 f_{tk} 也大得多。这就是预应力混凝土构件抗裂性能好的原因所在。

③ 构件破坏。

若外荷载继续增加，则裂缝出现并贯通，混凝土退出工作，外力全部由钢筋承受。当裂缝截面上的预应力筋和普通钢筋的应力分别达到抗拉强度设计值 f_{py} 和 f_y 时，构件破坏，达到承载能力极限状态。相应的轴向拉力称为极限轴力 N_u，如图 9-18 所示。根据力的平衡条件，可得极限轴力为：

$$N_u=f_yA_s+f_{py}A_s \tag{9-19}$$

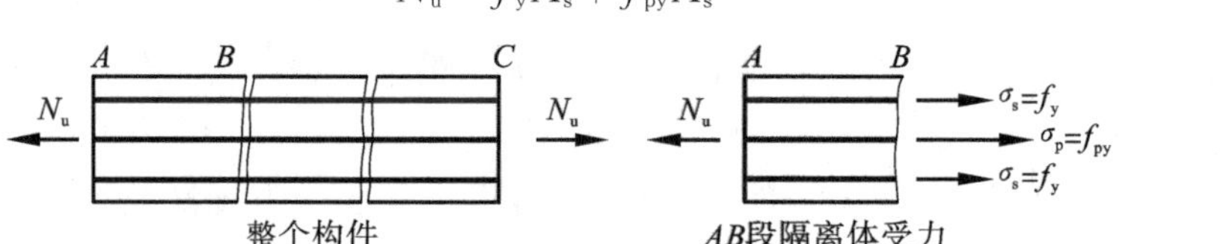

图 9-18　构件破坏

9.5.1.2　*后张法各阶段应力状态*

(1) 施工阶段

后张法施工阶段可分为 3 个小阶段。

① 锚固前。

浇筑混凝土，待混凝土硬结后(强度达到 75%以上设计强度)，在预留孔道内穿筋张拉至达到控制应力 σ_{con}。混凝土受到弹性压缩，产生预压应力，在锚固前产生摩擦损失 σ_{l2}。σ_{l2} 沿构件长度各截面数值不等，各截面三种材料应力也随之变化，如图 9-19 所示。

$$\sigma_p=\sigma_{con}-\sigma_{l2} \tag{9-20a}$$

$$\sigma_s=\alpha_E\sigma_c \tag{9-20b}$$

由力的平衡条件 $\sum X=0$，得：

$$(\sigma_{con}-\sigma_{l2})A_p=\sigma_cA_c+\alpha_EA_s\sigma_c$$

整理得：

$$\sigma_c=\frac{(\sigma_{con}-\sigma_{l2})A_p}{A_c+\alpha_EA_s}=\frac{(\sigma_{con}-\sigma_{l2})A_p}{A_n} \tag{9-21}$$

式中　A_n——后张法构件的净截面面积，$A_n=A_c+\alpha_EA_s$。

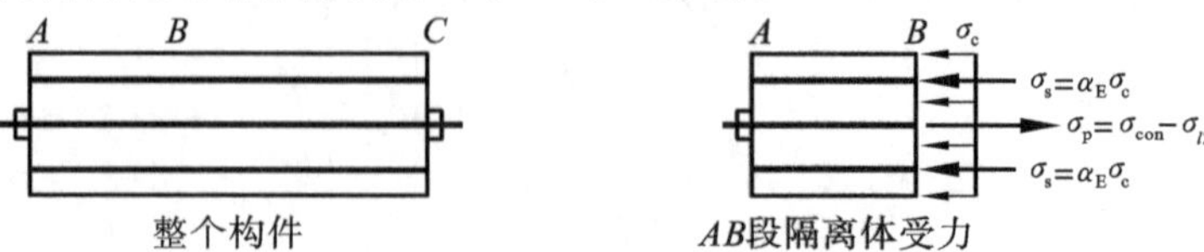

图 9-19　锚固前应力状态

由式(9-21)可知，在张拉端，$\sigma_{l2}=0$，混凝土受到的压应力最大。

② 锚固后。

当预应力钢筋锚固后，又产生了锚具回缩损失 σ_{l1}，至此完成第一批预应力损失 $\sigma_{l\,\mathrm{I}}=\sigma_{l1}+\sigma_{l2}$。混凝土的压应力由 σ_{pc} 降至为 $\sigma_{pc\,\mathrm{I}}$，三种材料的应力见图 9-20。

$$\sigma_{pe\,\mathrm{I}}=\sigma_{con}-\sigma_{l\,\mathrm{I}} \tag{9-22a}$$

$$\sigma_{s\,\mathrm{I}}=\alpha_E\sigma_{pc\,\mathrm{I}} \tag{9-22b}$$

由力的平衡条件 $\sum X=0$，得：

$$(\sigma_{con}-\sigma_{l\,\mathrm{I}})A_p=\sigma_{pc\,\mathrm{I}}A_c+\alpha_E A_s\sigma_{pc\,\mathrm{I}}$$

整理得：

$$\sigma_{pc\,\mathrm{I}}=\frac{(\sigma_{con}-\sigma_{l\,\mathrm{I}})A_p}{A_c+\alpha_E A_s}=\frac{(\sigma_{con}-\sigma_{l\,\mathrm{I}})A_p}{A_n} \tag{9-23}$$

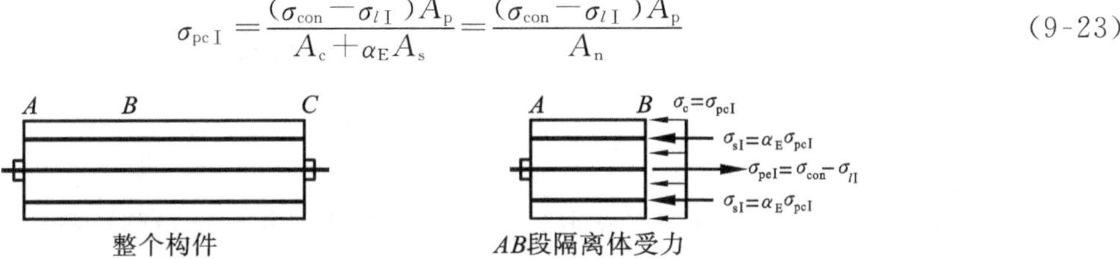

图 9-20 锚固后应力状态

③ 完成第二批预应力损失。

构件投入使用之前，随着时间的增长，因预应力钢筋的松弛和混凝土的收缩徐变而产生第二批预应力损失($\sigma_{l\,\mathrm{II}}=\sigma_{l4}+\sigma_{l5}$)。此时，构件已完成全部预应力损失，预应力总损失值 $\sigma_l=\sigma_{l\,\mathrm{I}}+\sigma_{l\,\mathrm{II}}$。混凝土的压应力由 $\sigma_{pc\,\mathrm{I}}$ 降至 $\sigma_{pc\,\mathrm{II}}$，截面各材料的应力如下，见图 9-21。

$$\sigma_{pe\,\mathrm{II}}=\sigma_{con}-\sigma_l \tag{9-24a}$$

$$\sigma_{s\,\mathrm{II}}=\alpha_E\sigma_{pc\,\mathrm{II}}+\sigma_{l5}\quad(\text{压}) \tag{9-24b}$$

由力的平衡条件 $\sum X=0$，得：

$$(\sigma_{con}-\sigma_l)A_p=\sigma_{pc\,\mathrm{II}}A_c+(\alpha_E\sigma_{pc\,\mathrm{II}}+\sigma_{l5})A_s$$

整理得：

$$\sigma_{pc\,\mathrm{II}}=\frac{(\sigma_{con}-\sigma_l)A_p-\sigma_{l5}A_s}{A_n} \tag{9-25}$$

完成全部预应力损失后，预应力筋的应力称为有效预应力，也称建立应力。

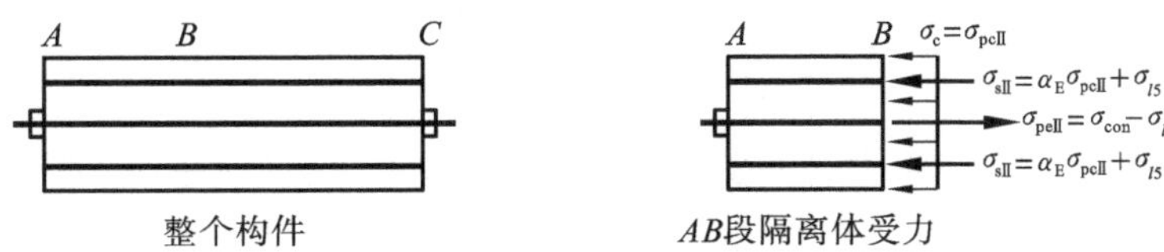

图 9-21 完成第二批预应力损失时的应力状态

(2) 使用阶段

同先张法构件一样，后张法构件的使用阶段也分为 3 个小阶段。

① 混凝土消压。

当轴向拉力从 0 开始增大时，构件逐渐伸长，混凝土预压应力逐渐减小，混凝土的法向应力恰好为 0 的状态，称为消压状态，所加的轴向拉力称为消压轴力，如图 9-22 所示。从建立应力状态到消压状态，混凝土的应力增量为 $\sigma_{pc\,II}$，预应力钢筋和非预应力钢筋应力的变化量分别为 $\alpha_p\sigma_{pc\,II}$ 和 $\alpha_E\sigma_{pc\,II}$。因此，消压状态时各材料的应力为：

$$\sigma_{p0}=\sigma_{con}-\sigma_l+\alpha_p\sigma_{pc\,II} \tag{9-26a}$$

$$\sigma_{s0}=-\sigma_{l5}\quad（压） \tag{9-26b}$$

$$\sigma_c=0 \tag{9-26c}$$

同时，根据力的平衡条件 $\sum X=0$，可得消压轴力 N_{p0} 为：

$$N_{p0}=\sigma_{p0}A_p-\sigma_{l5}A_s=(\sigma_{con}-\sigma_l+\alpha_p\sigma_{pc\,II})A_p-\sigma_{l5}A_s=\sigma_{pc\,II}A_0 \tag{9-27}$$

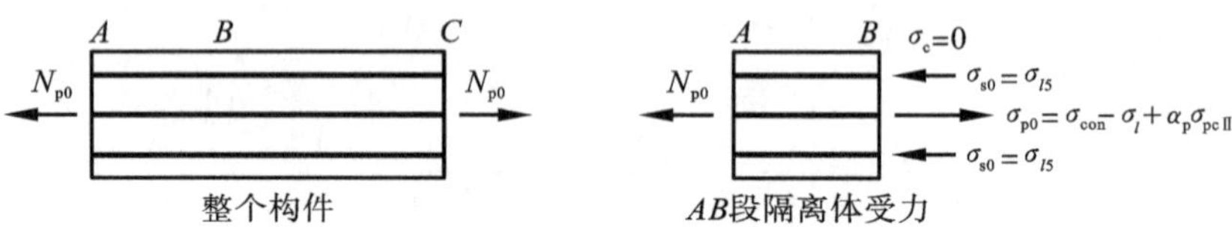

图 9-22　消压状态

② 混凝土即将开裂。

若荷载继续增加，则混凝土开始受拉。当拉应力达到混凝土抗拉强度标准值时，混凝土即将开裂，如图 9-23 所示，相应的轴力为开裂轴力 N_{cr}。此时，材料应力为：

$$\sigma_{pcr}=\sigma_{con}-\sigma_l+\alpha_p\sigma_{pc\,II}+\alpha_p f_{tk} \tag{9-28a}$$

$$\sigma_{scr}=\alpha_E f_{tk}-\sigma_{l5} \tag{9-28b}$$

$$\sigma_c=f_{tk} \tag{9-28c}$$

同时，根据力的平衡条件 $\sum X=0$，可得开裂轴力 N_{cr} 为：

$$\begin{aligned}N_{cr}&=\sigma_{pcr}A_p+\sigma_{scr}A_s+f_{tk}A_c=(\sigma_{con}-\sigma_l+\alpha_p\sigma_{pc\,II}+\alpha_p f_{tk})A_p+(\alpha_E f_{tk}-\sigma_{l5})A_s+f_{tk}A_c\\&=(\sigma_{con}-\sigma_l)A_p-\sigma_{l5}A_s+\alpha_p\sigma_{pc\,II}A_p+f_{tk}(A_c+\alpha_E A_s+\alpha_p A_p)\\&=\sigma_{pc\,II}A_n+\alpha_p\sigma_{pc\,II}A_p+f_{tk}(A_c+\alpha_E A_s+\alpha_p A_p)\\&=(\sigma_{pc\,II}+f_{tk})A_0\end{aligned} \tag{9-29}$$

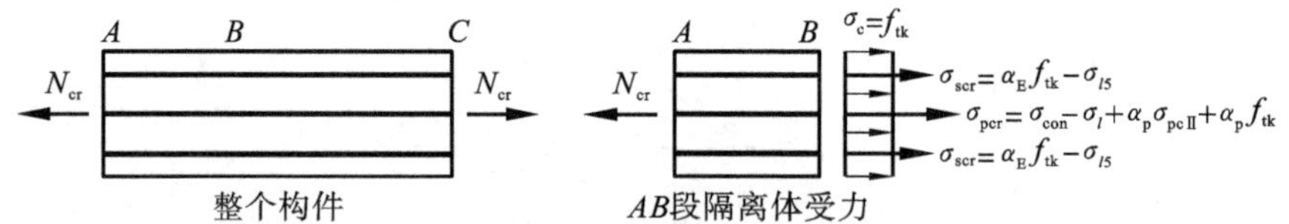

图 9-23　即将开裂状态

③ 构件破坏。

若外荷载继续增加，则裂缝出现并贯通，混凝土退出工作，外力全部由钢筋承受。当裂缝截面上的预应力筋和普通钢筋的应力分别达到各自的抗拉强度设计值 f_{py} 和 f_y 时，构件破坏，即达到承载能力极限状态。相应的轴向拉力称为极限轴力 N_u，如图 9-24 所示。根据力的平衡条件，可得极限轴力为：

$$N_u=f_yA_s+f_{py}A_s \tag{9-30}$$

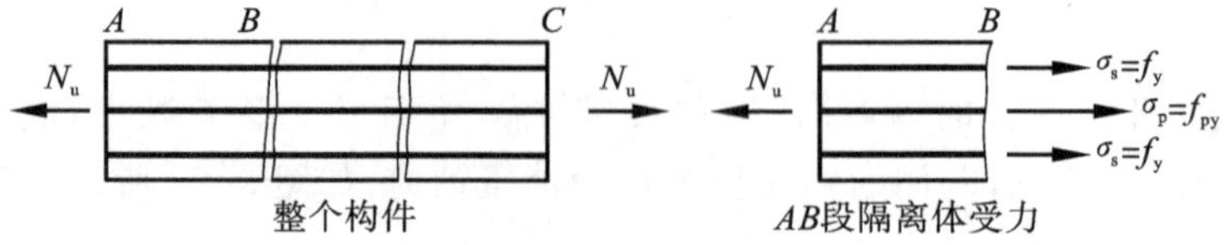

A　B　C
N_u　N_u
整个构件
A　B
N_u
$\sigma_s=f_y$
$\sigma_p=f_{py}$
$\sigma_s=f_y$
AB段隔离体受力

图 9-24　构件破坏

9.5.1.3 预应力构件受力特征分析

图 9-25 所示为后张法轴心受拉构件从张拉预应力筋开始至构件破坏全过程中预应力筋应力 σ_p 和混凝土应力 σ_c 的变化规律。纵坐标以左表示施工阶段，以右表示使用阶段；以横坐标表示应力零点，横坐标以上表示拉应力 σ_p，以下表示压应力 σ_c，N'_{cr} 为普通钢筋混凝土构件的开裂轴力。

分析图 9-25，可得到预应力混凝土构件具有以下 3 个特点。

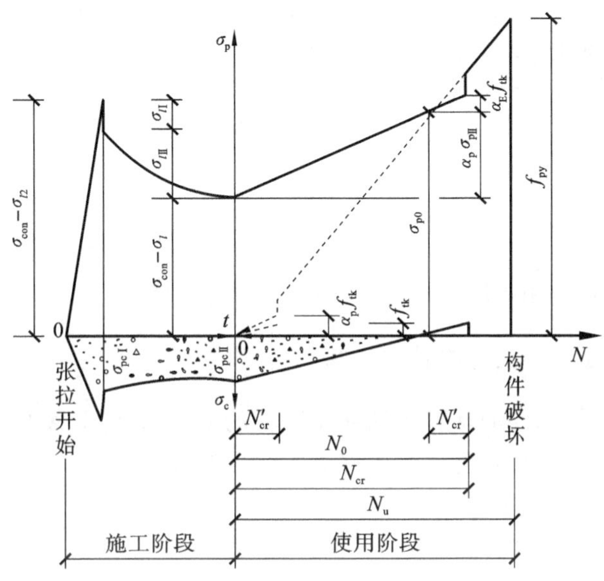

图 9-25 后张法轴心受拉构件的受力分析

(1) 充分发挥高强度材料的强度优势

在构件整个工作阶段，预应力筋始终处于高拉应力状态；在达到消压轴力 N_{p0} 之前混凝土一直受压，混凝土大部分处于高压应力状态。这充分发挥了钢筋的抗拉性能和混凝土的抗压性能，从而使高强度材料得到了利用。

(2) 预应力可以增强构件的抗裂性

若与尺寸和材料完全相同的钢筋混凝土构件相比，预应力混凝土构件的开裂轴力 N_{cr} 要大许多 ($N_{cr}=N_{p0}+N'_{cr}$)，但预应力构件的开裂轴力 N_{cr} 与极限轴力 N_u 比较接近。因此，预应力混凝土构件的抗裂性和刚度远好于钢筋混凝土构件，但其延性较差。

(3) 预应力不能提高构件的承载力

尺寸和材料完全相同的预应力混凝土构件与钢筋混凝土构件相比，两者的极限承载能力相同(均为 N_u)。也就是说，施加预应力不能提高轴心受拉构件的极限承载能力。

9.5.1.4 先张法与后张法受力比较

(1) 混凝土有效预压应力不同

在施工阶段，二者的有效预压应力计算公式不同。

先张法的有效预压应力为：

$$\sigma_{pcII}=\frac{(\sigma_{con}-\sigma_l)A_p-\sigma_{l5}A_s}{A_o}$$

后张法的有效预压应力为：

$$\sigma_{pcII}=\frac{(\sigma_{con}-\sigma_l)A_p-\sigma_{l5}A_s}{A_n}$$

可以看出，先张法计算公式用换算截面面积 A_o，而后张法计算公式用净截面面积 A_n。因此，在其他参数相同的情况下，先张法求得的 $\sigma_{pc\text{Ⅱ}}$ 比后张法小。

(2) 预应力钢筋应力不同

先张法构件放张预应力筋时，预应力筋随构件一起回缩，故除了正常的各种预应力损失外，还有弹性压缩损失。而对于后张法构件，由于直接在构件上张拉预应力筋，故当一次张拉全部预应力筋时，则无弹性压缩损失。在开裂前，先张法构件中预应力筋的应力总比后张法的滞后 $\alpha_p\sigma_{pc\text{Ⅱ}}$。因此，在其他参数相同的情况下，先张法预应力筋的应力 σ_{pe} 比后张法小。

(3) 消压轴力、开裂轴力和极限轴力相同

在使用阶段，二者的消压轴力 N_{p0}、开裂轴力 N_{cr} 和极限轴力 N_u 的计算公式均相同，即：

$$N_{p0}=\sigma_{pc\text{Ⅱ}}A_o$$

$$N_{cr}=(\sigma_{pc\text{Ⅱ}}+f_{tk})A_o$$

$$N_u=f_yA_s+f_{py}A_s$$

三个计算公式表明，在使用阶段，由三种材料共同承受外荷载。

9.5.2 预应力混凝土轴心受拉构件的计算

预应力混凝土轴心受拉构件的计算包括使用阶段的承载力计算、裂缝控制验算、后张法构件端部锚固区的局部受压承载力计算和施工阶段混凝土强度验算。

9.5.2.1 使用阶段的承载力计算

由前述各阶段应力分析可知，构件破坏时全部荷载由预应力钢筋和非预应力钢筋承受。其正截面承载力由下式计算：

$$\gamma_0 N\leqslant f_yA_s+f_{py}A_p \tag{9-31}$$

式中 γ_0——结构重要性系数；

N——轴向拉力设计值；

f_y，f_{py}——普通钢筋、预应力钢筋抗拉强度设计值；

A_s，A_p——纵向普通钢筋、预应力钢筋的全部截面面积。

9.5.2.2 使用阶段的裂缝控制验算

《混凝土结构设计规范》(GB 50010—2010)将预应力混凝土构件的裂缝控制等级分为三级：一级为严格要求不出现裂缝的构件，二级为一般要求不出现裂缝的构件，三级为允许出现裂缝的构件。对于裂缝控制等级为一级、二级的构件，应进行抗裂度验算；对于裂缝控制等级为三级的构件，应进行裂缝宽度验算。

(1) 裂缝控制等级为一级的构件

对于裂缝控制等级为一级的构件，在荷载标准组合作用下，混凝土受拉边缘不得出现拉应力，即应符合下式：

$$\sigma_{ck}-\sigma_{pc}\leqslant 0 \tag{9-32}$$

式中 σ_{ck}——荷载标准组合作用下抗裂验算边缘的混凝土法向应力，对轴心受拉构件，$\sigma_{ck}=N_k/A_o$，A_o 为构件换算截面面积，N_k 为荷载标准组合作用下的轴向拉力；

σ_{pc}——扣除全部预应力损失后抗裂验算边缘混凝土的预应力，对轴心受拉构件，按 $\sigma_{pc\text{Ⅱ}}$ 计算。

(2) 裂缝控制等级为二级的构件

对于裂缝控制等级为二级的构件，在荷载标准组合作用下，受拉区边缘混凝土应力不得超过混

凝土的抗拉强度标准值，即按下式计算：

$$\sigma_{ck}-\sigma_{pc}\leqslant f_{tk} \tag{9-33}$$

(3) 裂缝控制等级为三级的构件

对于使用阶段允许出现裂缝的构件，其最大裂缝宽度可按荷载标准组合并考虑长期作用影响计算，并应符合下列规定：

$$w_{max}\leqslant w_{lim} \tag{9-34}$$

式中 w_{lim}——最大裂缝宽度限值，见附表 18；

w_{max}——预应力混凝土构件按荷载标准组合并考虑长期作用影响计算的最大裂缝宽度，可按下列公式计算。

$$w_{max}=\alpha_{cr}\psi\frac{\sigma_{sk}}{E_s}\left(1.9c_s+0.08\frac{d_{eq}}{\rho_{te}}\right)$$

$$\psi=1.1-0.65\frac{f_{tk}}{\rho_{te}\sigma_{sk}}$$

$$d_{eq}=\frac{\sum n_i d_i^2}{\sum n_i v_i d_i}$$

$$\rho_{te}=\frac{A_s+A_p}{A_{te}}$$

式中 σ_{cr}——构件受力特征系数，对预应力混凝土轴心受拉构件，$\sigma_{cr}=2.7$。

ψ——裂缝间纵向受拉钢筋应变不均匀系数，当 $\psi<0.2$ 时，取 $\psi=0.2$；当 $\psi>1.0$ 时，取 $\psi=1.0$；对直接承受重复荷载的构件，取 $\psi=1.0$。

σ_{sk}——按荷载标准组合计算的预应力混凝土构件纵向受拉钢筋等效应力，按下式计算：

$$\sigma_{sk}=\frac{N_k-N_{po}}{A_p+A_s}$$

c_s——最外层纵向受拉钢筋外边缘至受拉区底边的距离，mm，当 $c_s<20$ mm 时，取 $c_s=20$ mm，当 $c_s>65$ mm 时，取 $c_s=65$ mm。

ρ_{te}——按有效受拉混凝土截面面积计算的纵向受拉钢筋配筋率，当 $\rho_{te}<0.01$ 时，取 $\rho_{te}=0.01$。

A_{te}——有效受拉混凝土截面面积，对轴心受拉构件，取构件截面面积。

A_s——受拉区纵向普通钢筋截面面积。

A_p——受拉区纵向预应力筋截面面积。

d_{eq}——受拉区纵向钢筋的等效直径，mm。

d_i——受拉区第 i 种纵向钢筋的公称直径；对于有黏结预应力钢绞线束的直径取为 $\sqrt{n_1}d_{pl}$，其中 d_{pl} 为单根钢绞线的公称直径，n_1 为单束钢绞线根数。

n_i——受拉区第 i 种纵向钢筋的根数，对于有黏结预应力钢绞线，取为钢绞线束数。

v_i——受拉区第 i 种纵向钢筋的相对黏结特性系数，按第 8 章取用。

对于环境类别为二 a 类的预应力混凝土构件，在荷载准永久组合作用下，受拉区边缘混凝土应力还应符合下列规定：

$$\sigma_{cq}-\sigma_{pc}\leqslant f_{tk} \tag{9-35}$$

式中 σ_{cq}——荷载准永久组合作用下，抗裂验算边缘混凝土的法向应力，对轴心受拉构件，$\sigma_{cq}=N_q/A_o$，N_q 为荷载准永久组合作用下的轴向拉力。

9.5.2.3 后张法构件端部锚固区局部受压承载力计算

在后张法构件的端部，预应力筋中的压应力通过锚具及垫板传递给混凝土。由于锚具下垫板的面积 A_l 很小，因此构件端部承受很大的局部压力。局部压力在构件内逐渐扩散，经过一定的扩散长度（一般为构件的截面宽度）才能均匀分布到构件的全部截面上（图 9-26）。如预应力较大，而垫板面积较小，则垫板下的混凝土有可能发生局部受压破坏。因此，应对构件端部锚固区混凝土进行以下两个方面的局部受压承载力验算。

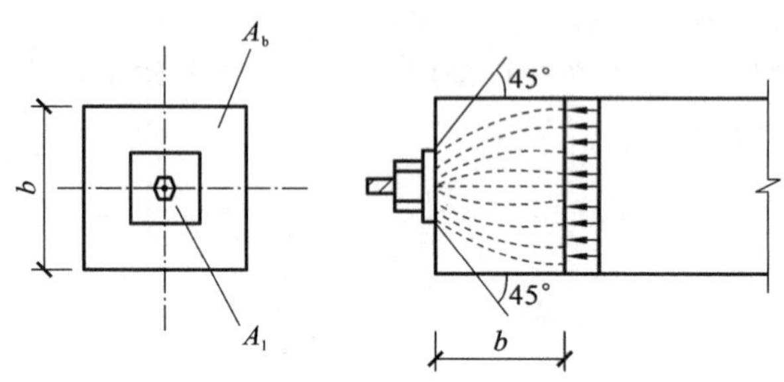

图 9-26 构件端部锚固区局部受压承载力传递

（1）端部受压区截面尺寸验算

为了防止构件端部局部受压区面积过小而在施加预应力时出现裂缝，其局部受压区的截面尺寸应符合下列要求：

$$F_l \leqslant 1.35\beta_c\beta_l f_c A_{ln} \tag{9-36}$$

$$\beta_l = \sqrt{\frac{A_b}{A_l}} \tag{9-37}$$

式中 F_l——局部受压面上作用的局部荷载或局部压力设计值，在后张法构件的锚头局部受压区，取 $F_l = 1.2\sigma_{con}A_p$。

f_c——混凝土轴心抗压强度设计值，在后张法预应力混凝土构件的张拉阶段验算中，应根据相应阶段的混凝土立方体抗压强度 f'_{cu} 查附表 2 按线性内插法确定。

β_c——混凝土强度影响系数，当混凝土强度不超过 C50 时，取 $\beta_c = 1.0$；当混凝土强度等级为 C80 时，取 $\beta_c = 0.8$；其间按线性内插法确定。

β_l——混凝土局部受压时的强度提高系数，按式(9-38)确定。

A_l——混凝土局部受压面积。

A_{ln}——混凝土局部受压净面积，对后张法构件，应在混凝土局部受压面积中扣除孔道、凹槽部分的面积。

A_b——局部受压的计算底面积。

局部受压的计算底面积 A_b，可由局部受压面积 A_l 与计算底面积按同心、对称的原则确定。对于常用情况，可参照图 9-27 取用。

式(9-36)主要是为了防止局部受压面产生过大下沉，因而应按承载力问题来考虑，局部压力取设计值。当不满足时，应采取加大构件端部尺寸，调整锚具位置，提高混凝土强度或增大垫板厚度等措施。

（2）局部受压承载力计算

为满足局部受压承载力的要求，在局部受压区通常配置如图 9-28 所示的方格网式或螺旋式间接钢筋。当局部受压区混凝土纵向受压、横向膨胀时，其横向膨胀受到间接钢筋的约束，从而可提

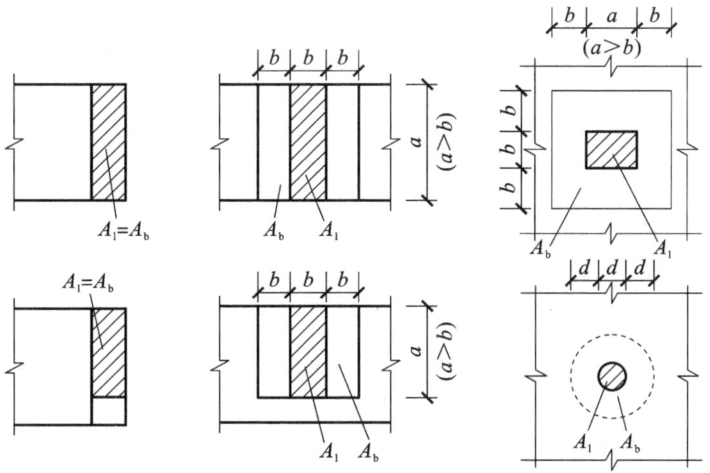

图 9-27 局部受压的计算底面积

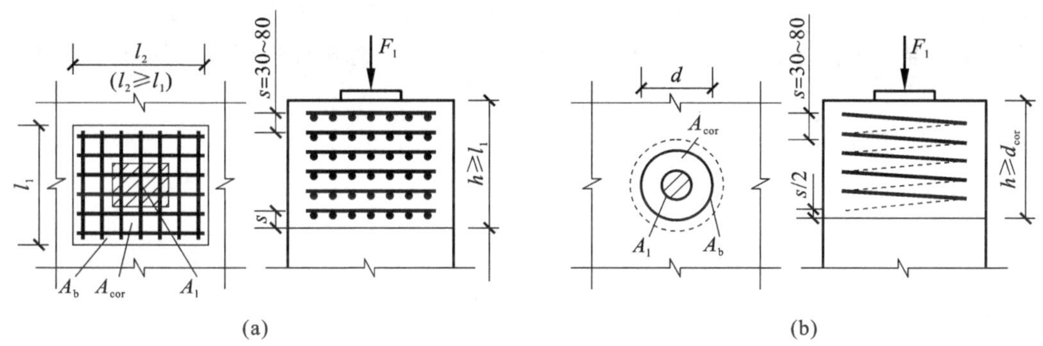

图 9-28 局部受压区的间接钢筋

(a) 方格网式配筋;(b) 螺旋式配筋

高局部受压区的承载力。

《混凝土结构设计规范》(GB 50010—2010)规定,图 9-28 所示配置方格网式或螺旋式间接钢筋构件的局部受压承载力应符合下列规定:

$$F_l \leqslant 0.9(\beta_c \beta_l f_c + 2\alpha \rho_v \beta_{cor} f_{yv}) A_{ln} \tag{9-38}$$

当为方格网式配筋时,如图 9-28(a)所示,钢筋网两个方向上单位长度内钢筋截面面积的比值不宜大于 1.5,其体积配筋率 ρ_v 应按下列公式计算:

$$\rho_v = \frac{n_1 A_{s1} l_1 + n_2 A_{s2} l_2}{A_{cor} s} \tag{9-39}$$

当为螺旋式配筋时,如图 9-28(b)所示,其体积配筋率 ρ_v 应按下列公式计算:

$$\rho_v = \frac{4A_{ss1}}{d_{cor} s} \tag{9-40}$$

式中 β_{cor}——配置间接钢筋的局部受压承载力提高系数,可按式(9-37)计算,但公式中 A_b 应代之以 A_{cor},且当 $A_{cor} > A_b$ 时,取 $A_{cor} = A_b$;当 $A_{cor} \leqslant 1.25A_l$ 时,取 $\beta_{cor} = 1.0$。

α——间接钢筋对混凝土约束的折减系数,当混凝土强度等级不超过 C50 时,取 $\alpha = 1.0$;当混凝土强度等级为 C80 时,取 $\alpha = 0.85$;其间按线性内插法确定。

f_{yv}——间接钢筋的抗拉强度设计值。

A_{cor}——方格网式或螺旋式间接钢筋内表面范围内的混凝土核心截面面积，应大于混凝土局部受压面积 A_l，其重心应与 A_l 的重心重合，计算中按同心、对称的原则取值。

ρ_v——间接钢筋的体积配筋率。

n_1，A_{s1}——方格网沿 l_1 方向的钢筋根数、单根钢筋的截面面积。

n_2，A_{s2}——方格网沿 l_2 方向的钢筋根数、单根钢筋的截面面积。

A_{ss1}——单根螺旋式间接钢筋的截面面积。

d_{cor}——螺旋式间接钢筋内表面范围内的混凝土截面直径。

s——方格网式或螺旋式间接钢筋的间距，宜取 30～80 mm。

间接钢筋应配置在图 9-28 所规定的高度 h 范围内。对于方格网式配筋，应不少于 4 片；对于螺旋式钢筋，应不少于 4 圈。对于柱接头，h 不应小于 $15d$，d 为柱的纵向钢筋直径。

《混凝土结构设计规范》(GB 50010—2010)规定，计算局部受压面积 A_l、计算底面积 A_b 和间接钢筋范围内的混凝土核心面积 A_{cor}时，不应扣除孔道面积。经试验校核，这样计算更为合适。

9.5.2.4　施工阶段验算

先张法构件放松预应力钢筋后，后张法构件预应力钢筋张拉完毕时，混凝土将受到最大的预压应力 σ_{cc}，而此时混凝土强度有可能仅为强度设计值的 75%，应对构件强度进行如下验算：

$$\sigma_{cc} \leqslant 0.8f'_c \tag{9-41}$$

式中　f'_c——相应于施工阶段的混凝土抗压强度设计值。

对于先张法：

$$\sigma_{cc} = \frac{(\sigma_{con} - \sigma_{l\mathrm{I}})A_p}{A_0} \tag{9-42}$$

对于后张法：

$$\sigma_{cc} = \frac{\sigma_{con}A_p}{A_n} \tag{9-43}$$

9.5.3　预应力混凝土轴心受拉构件计算实例

【例 9-1】　24 m 预应力混凝土屋架下弦杆为轴心受拉构件，设计条件见表 9-5。试进行使用阶段承载力计算和抗裂度验算，施工阶段混凝土强度验算以及后张法锚固区局部受压承载力验算。

表 9-5　**设计条件**

材料	混凝土	预应力筋	普通钢筋
品种或强度等级	C50	钢绞线	HRB400
截面	280 mm×180 mm 孔道 2 ϕ 55	1×3 标准型，ϕ^S8.6	按照构造要求配置 4 ⌽ 12(A_s=452 mm²)
材料强度/(N/mm²)	f_c=23.1 f_{tk}=2.64	f_{ptk}=1570 f_{py}=1110	f_y=360
弹性模量/(N/mm²)	E_c=3.45×10⁴	E_p=1.95×10⁵	E_s=2×10⁵
张拉控制应力	$\sigma_{con}=0.75f_{ptk}=0.75\times1570=1177.5$ (N/mm²)		
张拉时混凝土强度	f'_{cu}=50 N/mm²，f'_{ck}=32.4 N/mm²		
张拉工艺	后张法一端张拉，采用 OVM 锚具(直径 120 mm)，孔道为预埋金属波纹管成形		

续表

材料	混凝土	预应力筋	普通钢筋
裂缝控制	二级		
杆件内力	荷载产生的轴向拉力设计值 $N=600$ kN 荷载标准组合产生的轴向拉力 $N_k=480$ kN 荷载准永久组合产生的轴向拉力 $N_q=360$ kN		
结构安全等级	一级		

【解】 (1) 使用阶段承载力计算

由式(9-31)可求得：

$$A_p=\frac{\gamma_0 N-f_y A_s}{f_{py}}=\frac{1.1\times600\times10^3-360\times452}{1110}=448(\text{mm}^2)$$

采用两束 1×3 标准型低松弛钢绞线，每束 6ϕ^S8.6，则 $A_p=2\times6\times37.7=452.4(\text{mm}^2)$。

(2) 计算截面几何特性

$$\alpha_p=\frac{E_p}{E_c}=\frac{1.95\times10^5}{3.45\times10^4}=5.65$$

$$\alpha_E=\frac{E_s}{E_c}=\frac{2\times10^5}{3.45\times10^4}=5.797$$

$$\begin{aligned}A_n&=A_c+\alpha_E A_s=bh-A_{孔}-A_s+\alpha_E A_s\\&=280\times180-2\times\pi\times\left(\frac{55}{2}\right)^2-452+5.797\times452=47819(\text{mm}^2)\end{aligned}$$

$$A_0=A_n+\alpha_p A_p=47819+5.65\times452=50373(\text{mm}^2)$$

(3) 计算预应力损失

控制应力为：

$$\sigma_{con}=0.75f_{ptk}=0.75\times1570=1177.5(\text{mm}^2)$$

① 锚固回缩预应力损失 σ_{l1}。

由表 9-2 得，OVM 夹片式锚具变形和预应力筋内缩值 $a=5$ mm。

由式(9-2)得：

$$\sigma_{l1}=\frac{a}{l}E_p=\frac{5}{24000}\times1.95\times10^5=40.63(\text{N/mm}^2)$$

② 摩擦引起的预应力损失 σ_{l2}。

查表 9-3 得：$k=0.0015$，$\mu=0.25$。

因为是直线预应力筋，所以 $\theta=0$，一端张拉，则 $x=l=24$ m。

当 $kx+\mu\theta\leqslant0.3$ 时，σ_{l2} 可按下式近似计算：

$$\sigma_{l2}=\sigma_{con}(kx+\mu\theta)=1177.5\times(0.0015\times24+0)=42.39(\text{MPa})$$

③ 应力松弛损失 σ_{l4}（低松弛）。

由于 $\sigma_{con}=0.75f_{ptk}$，故采用式(9-5c)计算 σ_{l4}，即

$$\sigma_{l4}=0.2\left(\frac{\sigma_{con}}{f_{ptk}}-0.575\right)\sigma_{con}=0.2\times(0.75-0.575)\times1177.5=42.21(\text{N/mm}^2)$$

④ 收缩徐变损失 σ_{l5}。

当混凝土达到 100% 的设计强度时开始张拉预应力筋，$f'_{cu}=f_{cu,k}=50$ N/mm²，配筋率为：

$$\rho=\frac{A_s+A_p}{2A_n}=\frac{452+452}{2\times 47819}=0.0095$$

第一批预应力损失为：

$$\sigma_{l\,\mathrm{I}}=\sigma_{l1}+\sigma_{l2}=40.63+42.39=83.02(\mathrm{N/mm^2})$$

则

$$\sigma_{pc\,\mathrm{I}}=\frac{(\sigma_{con}-\sigma_{l\,\mathrm{I}})A_p}{A_n}=\frac{(1177.5-83.092)\times 452}{47819}=10.35(\mathrm{N/mm^2})$$

$$\frac{\sigma_{pc\,\mathrm{I}}}{f'_{cu}}=\frac{10.35}{50}=0.21<0.5$$

可得：

$$\sigma_{l5}=\frac{55+300\dfrac{\sigma_{pc\,\mathrm{I}}}{f'_{cu}}}{1+15\rho}=\frac{55+300\times\dfrac{10.35}{50}}{1+15\times 0.0095}=102.5(\mathrm{N/mm^2})$$

总损失为：

$$\sigma_l=\sigma_{l\,\mathrm{I}}+\sigma_{l4}+\sigma_{l5}=83.02+42.2+102.5=227.7(\mathrm{N/mm^2})>80\ \mathrm{N/mm^2}$$

(4) 计算混凝土有效预应力 $\sigma_{pc\,\mathrm{II}}$

完成全部预应力损失计算后，计算截面的有效预应力为：

$$\sigma_{pc\,\mathrm{II}}=\frac{(\sigma_{con}-\sigma_l)A_p-\sigma_{l5}A_s}{A_n}=\frac{(1177.5-227.7)\times 452-102.5\times 452}{47819}=8.009(\mathrm{N/mm^2})$$

(5) 使用阶段裂缝控制验算

在荷载标准组合作用下：

$$\sigma_{ck}=\frac{N_k}{A_o}=\frac{480\times 10^3}{50373}=9.53(\mathrm{N/mm^2})$$

则

$$\sigma_{ck}-\sigma_{pc\,\mathrm{II}}=9.53-8.009=1.52(\mathrm{N/mm^2})<f_{tk}=2.64\ \mathrm{N/mm^2}$$

所以满足一般条件下不出现裂缝的要求。

(6) 施工阶段混凝土压应力验算

张拉到控制应力时，张拉端截面混凝土的压应力达到最大值。该最大压应力可按下式计算：

$$\sigma_{cc}=\frac{\sigma_{con}A_p}{A_n}=\frac{1177.5\times 452}{47819}=11.13(\mathrm{N/mm^2})$$

因为 $\sigma_{cc}=11.13\ \mathrm{N/mm^2}<0.8f'_{ck}=0.8\times 32.4=25.9(\mathrm{N/mm^2})$，所以满足施工阶段混凝土压应力验算要求。

(7) 端部锚具下局部受压承载力计算

① 局部受压区截面尺寸验算。

OVM 夹片式锚具直径为 120 mm，锚具下垫板厚度为 20 mm，局部受压面积可按压力 F_l 从锚具边缘在垫板中沿 45°角扩散到混凝土的面积计算。两个孔道上锚具形成的局部受压区形状不规则，局部受压面积 A_l 可近似按图 9-29 中 160 mm×280 mm 的矩形面积计算，即：

$$A_l=280\times(120+2\times 20)=44800(\mathrm{mm^2})$$

局部受压计算底面积 A_b（应与局部受压面积 A_l 同心、对称）为：

$$A_b=280\times(160+2\times 70)=84000(\mathrm{mm^2})$$

混凝土局部受压净面积为：

$$A_{ln}=A_l-A_{孔}=44800-2\times\frac{\pi}{4}\times 55^2=40048(\mathrm{mm^2})$$

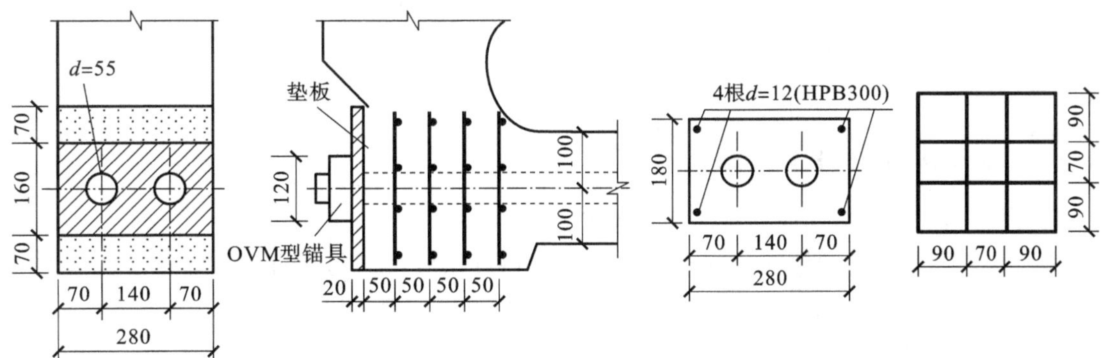

图 9-29 例 9-1 图

$$\beta_l=\sqrt{\frac{A_b}{A_l}}=\sqrt{\frac{84000}{44800}}=1.369$$

对于 C50 混凝土，$\beta_c=1.0$，$\alpha=1.0$，则由式(9-36)得：

$$F_l=1.2\sigma_{con}A_p=1.2\times1177.5\times452=638.7(\text{kN})$$

$$1.35\beta_c\beta_l f_c A_{ln}=1.35\times1.0\times1.369\times23.1\times40048=1892926(\text{N})=1709.7\ \text{kN}$$

因为 $F_l<1.35\beta_c\beta_l f_c A_{ln}$，所以截面尺寸满足要求。

② 构件端部局部受压承载力计算。

间接钢筋采用 4 片ϕ8 的 HPB300 级($f_{yv}=270\ \text{N/mm}^2$)焊接方格网片，间距 $s=50$ mm，网片尺寸如图 9-29 所示。

构件端部局部受压承载力按式(9-38)计算，其中：

$$A_{cor}=250\times250=62500(\text{mm}^2)<A_b=84000\ \text{mm}^2$$

$$\beta_{cor}=\sqrt{\frac{A_{cor}}{A_l}}=\sqrt{\frac{62500}{44800}}=1.181$$

由式(9-39)，得间接钢筋的体积配筋率 ρ_v 为：

$$\rho_v=\frac{n_1A_{s1}l_1+n_2A_{s2}l_2}{A_{cor}s}=\frac{4\times50.3\times250+4\times50.3\times250}{62500\times50}=0.032$$

由式(9-38)得

$$0.9(\beta_c\beta_l f_c+2\alpha\rho_v\beta_{cor}f_{yv})A_{ln}=0.9\times(1.0\times1.369\times23.1+2\times1.0\times0.032\times1.181\times270)\times40048$$
$$=1875.4(\text{kN})$$

因为 $F_l<0.9(\beta_c\beta_l f_c+2\alpha\rho_v\beta_{cor}f_{yv})A_{ln}$，所以局部受压承载力满足要求。

9.6 预应力混凝土构件的构造措施

对于预应力混凝土构件的构造，除应满足钢筋混凝土构件的有关规定外，还应满足下列规定。

9.6.1 截面形状与尺寸

预应力混凝土轴心受拉构件通常采用正方形或矩形截面，预应力混凝土受弯构件可采用 T 形、I 形或箱形等截面。

截面形状沿构件纵轴可以发生变化，如跨中可为 I 形截面，接近支座处为了承受较大的剪力并能够布置锚具，在两端通常做成矩形截面。

由于预应力混凝土构件的抗裂性能好，截面刚度大，故其截面尺寸可比相应的钢筋混凝土构件小一些。对于预应力混凝土受弯构件，其截面高度可取(1/20～1/14)l(l为构件的跨度)，最小可取$l/35$，大致为相应的钢筋混凝土梁截面高度的70%。

9.6.2 先张法构件的构造措施

9.6.2.1 预应力筋的间距与混凝土保护层厚度

先张法构件预应力筋的锚固与预应力的传递是通过预应力筋与混凝土的黏结来实现的，因此预应力筋应具有适宜的间距和混凝土保护层厚度，以满足黏结应力传递的需要。

(1) 预应力筋的混凝土保护层厚度

预应力筋的混凝土保护层厚度与普通钢筋的要求相同，详见附表16。

(2) 预应力筋的净间距

《混凝土结构设计规范》(GB 50010—2010)规定，先张法构件预应力筋之间的净间距不宜小于其公称直径的2.5倍和混凝土粗骨料最大粒径的1.25倍，且应符合下列规定：预应力钢丝不应小于15 mm，三股钢绞线不应小于20 mm，七股钢绞线不应小于25 mm。当混凝土振捣密实性具有可靠保证时，净间距可放宽为最大粗骨料直径的1.0倍。

9.6.2.2 构件端部构造措施

先张法构件预应力传递长度范围内局部挤压造成的环向拉应力，容易导致构件端部混凝土出现劈裂裂缝，因此《混凝土结构设计规范》(GB 50010—2010)规定，先张法构件端部应采取如下构造措施，以防止构件端部混凝土出现劈裂裂缝，保证自锚端的局部承载力。

① 对于单根配置的预应力筋，其端部宜设置螺旋式筋。

② 对于分散布置的多根预应力筋，在构件端部$10d$且不小于100 mm的长度范围内，宜设置3～5片与预应力筋垂直的钢筋网。d为预应力筋的公称直径。

③ 对于采用预应力钢丝配筋的薄板，在板端100 mm长度范围内宜适当加密横向钢筋。

④ 对于槽形板类构件，应在构件端部100 mm长度范围内沿构件板面设置附加横向钢筋，其数量不应少于2根。

9.6.2.3 先张法预制构件配置防裂钢筋

为防止预应力构件端部及预拉区产生裂缝，《混凝土结构设计规范》(GB 50010—2010)规定，各类先张法预制构件应按下列规定配置防裂钢筋。

① 对于预制肋形板，宜设置加强其整体性和横向刚度的横肋，端横肋的受力钢筋应弯入纵肋内。当采用先张法生产有端横肋的预应力混凝土肋形板时，应在设计和制作上采取防止放张预应力时端横肋产生裂缝的有效措施。

② 在预应力混凝土屋面梁、吊车梁等构件靠近支座的斜向主拉应力较大部位，宜将一部分预应力筋弯起配置。

③ 对于预应力筋在构件端部全部弯起的受弯构件或直线配筋的先张法构件，当构件端部与下部支撑结构焊接时，应考虑混凝土收缩、徐变及温度变化所产生的不利影响，宜在构件端部可能产生裂缝的部位设置纵向构造配筋。

9.6.3 后张法构件的构造措施

9.6.3.1 预留孔道

后张法预应力混凝土构件往往以钢丝束或钢绞线束的形式配筋。为了保证钢丝束或钢绞线束

的顺利张拉，以及为了保证预应力筋张拉阶段的承载力，《混凝土结构设计规范》(GB 50010—2010)规定，后张法预应力混凝土构件预留孔道的直径和间距应满足下列规定。

① 预制构件中预留孔道之间的水平净间距不宜小于 50 mm，且不宜小于粗骨料粒径的 1.25 倍；孔道至构件边缘的净间距不宜小于 30 mm，且不宜小于孔道直径的 1/2。

② 在现浇混凝土梁中，预留孔道在竖直方向的净间距不应小于孔道外径，水平方向的净间距不宜小于 1.5 倍的孔道外径，且不应小于粗骨料粒径的 1.25 倍；从孔道外壁至构件边缘的净间距，梁底不宜小于 50 mm，梁侧不宜小于 40 mm；裂缝控制等级为三级的梁，梁底、梁侧分别不宜小于 60 mm 和 50 mm。

③ 预留孔道的内径宜比预应力束外径及需穿过孔道的连接器外径大 6～15 mm，且孔道的截面面积宜为穿入预应力束截面面积的 3.0～4.0 倍。

④ 当有可靠经验并能保证混凝土浇筑质量时，预留孔道可水平并列贴紧布置，但并排的数量不应超过 2 束。

⑤ 在现浇楼板中采用扁形锚固体系时，穿过每个预留孔道的预应力筋数量宜为 3～5 根；在常用荷载情况下，孔道在水平方向的净间距不应超过 8 倍板厚及 1.5 m 中的较大值。

⑥ 板中单根无黏结预应力筋的间距不宜大于板厚的 6 倍，且不宜大于 1 m；带状束的无黏结预应力筋根数不宜多于 5 根，带状束间距不宜大于板厚的 12 倍，且不宜大于 2.4 m。

⑦ 对于梁中集束布置的无黏结预应力筋，集束的水平净间距不宜小于 50 mm，集束至构件边缘的净间距不宜小于 40 mm。

9.6.3.2 构件端部锚固区的构造措施

为了防止预应力筋在构件端部过分集中而造成开裂或局部受压破坏，《混凝土结构设计规范》(GB 50010—2010)规定，后张法预应力混凝土构件端部锚固区的构造应符合下列规定。

① 采用普通垫板时应进行局部受压承载力计算，并配置间接钢筋，其体积配筋率不应小于 0.5%，垫板的刚性扩散角应取 45°。

② 局部受压承载力计算时，局部压力设计值对有黏结预应力混凝土构件，取 1.2 倍张拉控制力；对无黏结预应力混凝土构件，取 1.2 倍张拉控制力和 $f_{ptk}A_p$ 中的较大值。

③ 当采用整体铸造垫板时，其局部受压区的设计应符合相关标准的规定。

④ 在局部受压间接钢筋配置区以外，构件端部长度 l 不应小于截面重心线上部或下部预应力筋的合力作用点至邻近边缘距离 e 的 3 倍，但不应大于构件端部截面高度 h 的 1.2 倍。高度为 $2e$ 的附加配筋区范围内，应均匀配置附加防劈裂箍筋或网片(图 9-30)，配筋面积可按下列公式计算，且体积配筋率不应小于 0.5%。

$$A_{sb} \geqslant 0.18\left(1-\frac{l_l}{l_b}\right)\frac{P}{f_{yv}} \tag{9-44}$$

式中 P——作用在构件端部截面重心线上部或下部预应力筋的合力设计值，对有黏结预应力混凝土构件，取 1.2 倍张拉控制力，对无黏结预应力混凝土构件，取 1.2 倍张拉控制力和 $f_{ptk}A_p$ 中的较大值；

l_l，l_b——沿构件高度方向 A_l、A_b 的边长或直径，A_l、A_b 分别为混凝土局部受压面积和局部受压计算底面积。

⑤ 当构件端部预应力筋需集中布置在截面下部或集中布置在上部和下部时，应在构件端部 $0.2h$ 范围内设置附加竖向防端面裂缝构造钢筋(图 9-30)。其截面面积应符合下列公式要求：

$$A_{sv} \geqslant \frac{T_s}{f_{yv}} \tag{9-45}$$

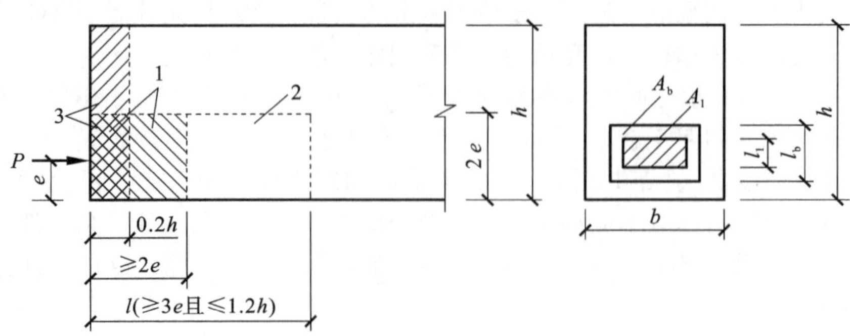

图 9-30　防止端部裂缝的配筋范围

1—局部受压间接钢筋配置区；2—附加防劈裂配筋区；3—附加防端面裂缝配筋区

$$T_s=\left(0.25-\frac{e}{h}\right)P \tag{9-46}$$

式中　T_s——锚固端端面拉力；

P——作用在构件端部截面重心线上部或下部预应力筋合力设计值，对有黏结预应力混凝土构件，取 1.2 倍张拉控制力；对无黏结预应力混凝土构件，取 1.2 倍张拉控制力和 $f_{ptk}A_p$ 中的较大值；

e——截面重心线上部或下部预应力筋的合力作用点至截面近边缘的距离；

h——构件端部截面高度。

当 e 大于 $0.2h$ 时，可根据实际情况适当配置构造钢筋。竖向防端面裂缝构造钢筋宜靠近端面配置，可采用焊接钢筋网、封闭式箍筋或其他形式，且宜采用带肋钢筋。

当端部截面上部和下部均有预应力筋时，附加竖向钢筋的总截面面积应按上部和下部的预应力合力分别计算的较大值采用。

在构件端面横向也应按上述方法计算防端面裂缝构造钢筋，并与上述竖向钢筋形成网片筋配置。

⑥ 当构件在端部有局部凹进时，应增设折线构造钢筋(图9-31)或其他有效的构造钢筋。

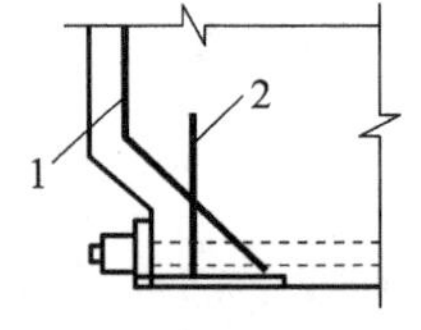

图 9-31　端部凹进处构造钢筋

1—折线构造钢筋；2—竖向构造钢筋

⑦ 在后张法预应力混凝土构件中采用曲线预应力束时，其曲率半径 r_p 宜按下式确定，但不宜小于 4 m。

$$r_p \geqslant \frac{P}{0.35 f_c d_p} \tag{9-47}$$

式中　P——预应力束合力设计值，对有黏结预应力混凝土构件，取 1.2 倍张拉控制力；对无黏结预应力混凝土构件，取 1.2 倍张拉控制力和 $f_{ptk}A_p$ 中的较大值。

r_p——预应力束的曲率半径，m。

d_p——预应力束孔道的外径。

f_c——混凝土轴心抗压强度设计值，当验算张拉阶段曲率半径时，可取与施工阶段混凝土立方体抗压强度 f'_{cu} 对应的抗压强度设计值 f'_c。

对于折线配筋构件，在预应力束弯折处的曲率半径可适当减小。当曲率半径 r_p 不满足上述要求时，可在曲线预应力束弯折处内侧设置钢筋网片或螺旋式钢筋。

⑧ 在预应力混凝土结构中，当沿构件凹面布置曲线预应力筋束时(图 9-32)，应进行防崩裂设计。当曲率半径 r_p 满足式(9-48)的要求时，可仅配置构造 U 形插筋。

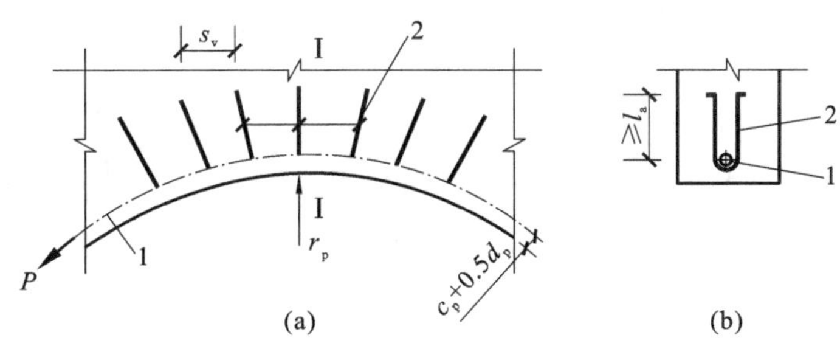

图 9-32 抗崩裂 U 形插筋构造示意图

(a) 抗崩裂 U 形插筋布置；(b) Ⅰ—Ⅰ剖面

1—预应力筋束；2—沿曲线预应力筋均匀布置的 U 形插筋

$$r_p \geqslant \frac{P}{f_t(0.5d_p + c_p)} \tag{9-48}$$

式中 P——预应力筋束合力设计值，对有黏结预应力混凝土构件，取 1.2 倍张拉控制力；对无黏结预应力混凝土构件，取 1.2 倍张拉控制力和 $f_{ptk}A_p$ 中的较大值；

f_t——混凝土轴心抗压强度设计值，当验算张拉阶段曲率半径时，可取与施工阶 段混凝土立方体抗压强度 f'_{cu} 对应的抗拉强度设计值 f'_t，按附表 2 以线性内插法确定；

c_p——预应力筋束孔道净混凝土保护层厚度。

当上式不满足时，每单肢 U 形插筋的截面面积应按下列公式确定：

$$A_{sv1} \geqslant \frac{Ps_v}{2r_p f_{yv}} \tag{9-49}$$

式中 A_{sv1}——每单肢插筋截面面积；

s_v——U 形插筋间距；

f_{yv}——U 形插筋抗拉强度设计值，当大于 360 N/mm² 时，取 360 N/mm²。

U 形插筋的锚固长度不应小于 l_a；当实际锚固长度 l_e 小于 l_a 时，每单肢 U 形插筋的截面面积可按 A_{sv1}/k 取值。其中，k 取 $l_e/15d$ 和 $l_e/200$ 中的较小值，且 k 不大于 1.0。

当有平行的几个孔道且其中心距不大于 $2d_p$ 时，预应力筋的合力设计值应按相邻全部孔道内的预应力筋确定。

9.6.3.3 其他构造措施

(1) 锚具与连接器的选择

后张法预应力混凝土构件全靠锚具来传递预应力，所以锚具的质量非常重要。锚具与连接器的选择应符合《预应力筋用锚具、夹具和连接器》(GB/T 14370—2007)和《预应力筋用锚具、夹具和连接器应用技术规程》(JGJ 85—2010)的有关规定。

(2) 锚具的防腐及防火措施

外露的锚具容易锈蚀且防火能力差，因此《混凝土结构设计规范》(GB 50010—2010)规定，后张法预应力混凝土外露金属锚具应采取可靠的防腐及防火措施，并应符合下列规定。

① 无黏结预应力筋外露锚具应采用注有足量防腐油脂的塑料帽封闭锚具端头，并采用无收缩砂浆或细石混凝土封闭。

② 对于处于二 b、三 a、三 b 类环境条件下的无黏结预应力锚固系统，应采用全封闭的防腐蚀体系。其封锚端及各连接部位应能承受 10 kPa 的净水压力而不透水。

③ 采用混凝土封闭时，其强度等级宜与构件混凝土强度等级一致，且不应低于 C30。封锚混凝

土与构件混凝土应可靠黏结，锚具在封闭前应将周围混凝土截面凿毛并冲洗干净，且宜配置一或两片钢筋网，钢筋网应与构件混凝土拉结。

④ 采用无收缩砂浆或混凝土封闭保护时，其锚具及预应力筋端部的保护层厚度不应小于：一类环境类别时为 20 mm，二 a、二 b 类环境类别时为 50 mm，三 a、三 b 类环境类别时为 80 mm。

知识归纳

(1) 预应力的实质是在混凝土的受拉区预先施加预压力。预应力的作用可以部分或全部抵消外荷载产生的拉应力，从而增强、提高结构的抗裂性和刚度，但不能提高其承载力。

(2) 预应力结构可以充分发挥高强度钢筋和高强度混凝土的优势。

(3) 从混凝土获得有效预压应力角度考虑，张拉控制应力宜定得高些，但不能定得过高。

(4) 以施加预应力时混凝土预压结束为分界点，可以将预应力损失分成两批组合。

(5) 如果控制应力、预应力损失相同，则采用后张法的混凝土有效预压应力比采用先张法的有效预压应力高。

(6) 预应力混凝土轴心受拉计算包括使用阶段的承载力计算、裂缝控制验算、施工阶段混凝土强度验算以及后张法锚固区局部受压承载力计算。

思考题

9-1　对构件施加预应力的目的是什么？预应力混凝土结构有哪些优缺点？

9-2　什么是张拉控制应力？为何张拉控制应力不能定得太高，也不能定得太低？

9-3　预应力损失包括哪些项？如何减小各项损失？

9-4　比较先张法和后张法各阶段应力，有哪些相同点和不同点？

9-5　预应力混凝土轴心受力构件设计包括哪些内容？

9-6　后张法锚固区局部受压承载力计算中要验算哪些内容？

9-7　预应力混凝土结构对钢筋和混凝土的性能提出了哪些要求？

9-8　预应力混凝土构件主要有哪些构造要求？

习　题

某 18 m 预应力混凝土屋架下弦杆如图 9-33 所示，截面尺寸 $b\times h=200\ \text{mm}\times 160\ \text{mm}$，采用后张法一端张拉(超张拉)。孔道为预埋金属波纹管，直径为 55 mm。预应力筋为 1 束 5 ϕ^{S}10.8 钢绞线($A_p=297\ \text{mm}^2$，$f_{ptk}=1860$ MPa)，非预应力筋为 4 ϕ 12，混凝土强度等级为 C45，达到 100%设计强度后张拉钢筋，张拉控制应力 $\sigma_{con}=0.75f_{ptk}$。下弦承受的轴向拉力设计值 $N=480$ kN，按荷载标准组合计算的轴心拉力为 $N_k=360$ kN，按荷载准永久组合计算的轴心拉力 $N_q=320$ kN，裂缝控制等级为二级。

试完成下列计算：

① 使用阶段的承载力计算；

② 使用阶段的抗裂度验算；

③ 施工阶段的受压承载力验算；

④ 构件端部锚固区局部受压承载力计算(横向钢筋采用 4 Φ6 焊接网片)。

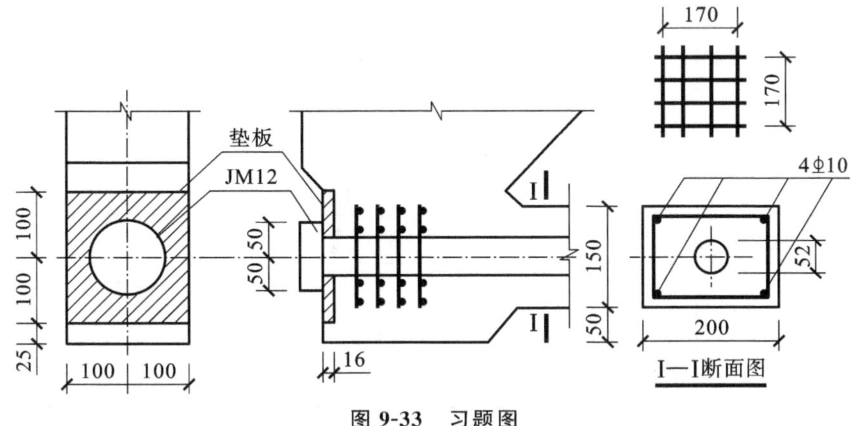

图 9-33　习题图

参考文献

[1] 中华人民共和国住房和城乡建设部,中华人民共和国国家质量监督检验检疫总局. GB 50010—2010　混凝土结构设计规范. 北京:中国建筑工业出版社,2011.

[2] 杨霞林,丁小军. 混凝土结构设计原理. 北京:中国建筑工业出版社,2011.

[3] 赵顺波. 混凝土结构设计原理. 上海:同济大学出版社,2012.

[4] 马芹永. 混凝土结构基本原理. 北京:机械工业出版社,2012.

[5] 朱彦鹏,邵永健. 混凝土结构基本原理. 北京:中国建筑工业出版社,2012.

[6] 侯治国,陈伯望. 混凝土结构. 4 版. 武汉:武汉理工大学出版社,2011.

附　　录

附表 1 **混凝土强度标准值** （单位：N/mm^2）

强度类别	混凝土强度等级													
	C15	C20	C25	C30	C35	C40	C45	C50	C55	C60	C65	C70	C75	C80
f_{ck}	10.0	13.4	16.7	20.1	23.4	26.8	29.6	32.4	35.5	38.5	41.5	44.5	47.4	50.2
f_{tk}	1.27	1.54	1.78	2.01	2.20	2.39	2.51	2.64	2.74	2.85	2.93	2.99	3.05	3.11

附表 2 **混凝土强度设计值** （单位：N/mm^2）

强度类别	混凝土强度等级													
	C15	C20	C25	C30	C35	C40	C45	C50	C55	C60	C65	C70	C75	C80
f_c	7.2	9.6	11.9	14.3	16.7	19.1	21.1	23.1	25.3	27.5	29.7	31.8	33.8	35.9
f_t	0.91	1.10	1.27	1.43	1.57	1.71	1.80	1.89	1.96	2.04	2.09	2.14	2.18	2.22

附表 3 **混凝土的弹性模量** （单位：N/mm^2）

混凝土强度等级	C15	C20	C25	C30	C35	C40	C45	C50	C55	C60	C65	C70	C75	C80
$E_c/(\times 10^4)$	2.20	2.55	2.80	3.00	3.15	3.25	3.35	3.45	3.55	3.60	3.65	3.70	3.75	3.80

注：1. 当有可靠实验依据时，弹性模量可根据实测数据确定；

2. 当混凝土中掺有大量矿物掺合料时，弹性模量可按规定龄期根据实测数据确定。

附表 4 **混凝土受压疲劳强度修正系数 γ'_ρ**

ρ_c^f	$0\leqslant\rho_c^f<0.1$	$0.1\leqslant\rho_c^f<0.2$	$0.2\leqslant\rho_c^f<0.3$	$0.3\leqslant\rho_c^f<0.4$	$0.4\leqslant\rho_c^f<0.5$	$\rho_c^f\geqslant0.5$
γ'_ρ	0.68	0.74	0.80	0.86	0.93	1.00

附表 5 **混凝土受拉疲劳强度修正系数 γ_ρ**

ρ_c^f	$0\leqslant\rho_c^f<0.1$	$0.1\leqslant\rho_c^f<0.2$	$0.2\leqslant\rho_c^f<0.3$	$0.3\leqslant\rho_c^f<0.4$	$0.4\leqslant\rho_c^f<0.5$
γ_ρ	0.63	0.66	0.69	0.72	0.74
ρ_c^f	$0.5\leqslant\rho_c^f<0.6$	$0.6\leqslant\rho_c^f<0.7$	$0.7\leqslant\rho_c^f<0.8$	$\rho_c^f\geqslant0.8$	
γ_ρ	0.76	0.80	0.90	1.00	

注：对于直接承受疲劳荷载的混凝土构件，当采用蒸汽养护时，养护温度不宜高于 60 ℃。

附表 6 **混凝土的疲劳变形模量** （单位：N/mm^2）

混凝土强度等级	C30	C35	C40	C45	C50	C55	C60	C65	C70	C75	C80
$E_c^f/(\times 10^4)$	1.30	1.40	1.50	1.55	1.60	1.65	1.70	1.75	1.80	1.85	1.90

附表 7　**普通钢筋强度标准值**

牌号	符号	公称直径 d/mm	屈服强度标准值 f_{yk}/(N/mm²)	极限强度标准值 f_{stk}/(N/mm²)
HPB300	Φ	6～22	300	420
HRB335	Φ	6～50	335	455
HRBF335	Φ^{F}			
HRB400	Φ	6～50	400	540
HRBF400	Φ^{F}			
RRB400	Φ^{R}			
HRB500	Φ	6～50	500	630
HRBF500	Φ^{F}			

附表 8　**预应力筋强度标准值**

种类		符号	公称直径 d/mm	屈服强度标准值 f_{pyk}/(N/mm²)	极限强度标准值 f_{ptk}/(N/mm²)
中等强度钢丝	光面 螺旋肋	Φ^{PM} Φ^{HM}	5、7、9	620	800
				780	970
				980	1270
预应力螺纹钢筋	螺纹	Φ^{T}	18、25、32、40、50	785	980
				930	1080
				1080	1230
消除应力钢丝	光面 螺旋肋	Φ^{P} Φ^{H}	5	—	1570
				—	1860
			7	—	1570
			9	—	1470
				—	1570
钢绞线	1×3 (三股)	Φ^{S}	8.6、10.8、12.9	—	1570
				—	1860
				—	1960
	1×7 (七股)		9.5、12.7、15.2、17.8	—	1720
				—	1860
				—	1960
			21.6	—	1860

注:极限强度标准值为 1960 N/mm² 的钢绞线作后张法预应力配筋时,应有可靠的工程经验。

附表 9　**普通钢筋强度设计值**　（单位：N/mm²）

牌号	抗拉强度设计值 f_y	抗压强度设计值 f'_y
HPB300	270	270
HRB335、HRBF335	300	300
HRB400、HRBF400、RRB400	360	360
HRB500、HRBF500	435	410

附表 10　**预应力筋强度设计值**　（单位：N/mm²）

种类	极限强度标准值 f_{ptk}	抗拉强度设计值 f_{py}	抗压强度设计值 f'_{py}
中等强度钢丝	800	510	410
	970	650	
	1270	810	
消除应力钢丝	1470	1040	410
	1570	1110	
	1860	1320	
钢绞线	1570	1110	390
	1720	1220	
	1860	1320	
	1960	1390	
预应力螺纹钢筋	980	650	410
	1080	770	
	1230	900	

注：当预应力筋的强度标准值不符合附表 8 的规定时，其强度设计值应进行相应的比例换算。

附表 11　**普通钢筋及预应力筋在最大应力下的总伸长率限值**

钢筋品种	普通钢筋			预应力筋
	HPB300	HRB335、HRBF335、HRB400、HRBF400、HRB500、HRBF500	RRB400	
δ_{gt}	10.0%	7.5%	5.0%	3.5%

附表 12　**钢筋的弹性模量**　（单位：N/mm²）

牌号或种类	弹性模量 $E_s/(\times 10^5)$
HPB300 级钢筋	2.10
HRB335、HRB400、HRB500、HRBF335、HRBF400、HRBF500、RRB400 级钢筋，预应力螺纹钢筋	2.00
消除应力钢丝、中等强度钢丝	2.05
钢绞线	1.95

注：必要时可采用实测弹性模量。

附表 13　　**普通钢筋疲劳应力幅限值**

疲劳应力比值 ρ_s^f	疲劳应力幅限值 Δf_y^f/(N/mm²)	
	HRB335	HRB400
0	175	175
0.1	162	162
0.2	154	156
0.3	144	149
0.4	131	137
0.5	115	123
0.6	97	106
0.7	77	85
0.8	54	60
0.9	28	31

注：当纵向受拉钢筋采用闪光接触对焊连接时，其接头处的钢筋疲劳应力幅限值应按表中数值乘以 0.8 取用。

附表 14　　**预应力筋疲劳应力幅限值**

疲劳应力比值 ρ_p^f	疲劳应力幅限值 Δf_p^f(N/mm²)	
	钢绞线(f_{ptk}=1570 N/mm²)	消除应力钢丝(f_{ptk}=1570 N/mm²)
0.7	114	240
0.8	118	168
0.9	70	88

注：1. 当 ρ_p^f 不小于 0.9 时，可不作预应力筋疲劳验算；
2. 当有充分依据时，可对表中预应力筋疲劳应力幅限值作适当调整。

附表 15　　**混凝土结构的环境类别**

环境类别	条件
一	室内干燥环境； 无侵蚀性静水浸没环境
二 a	室内潮湿环境； 非严寒和非寒冷地区的露天环境； 非严寒和非寒冷地区与无侵蚀性水或土壤直接接触的环境； 严寒和寒冷地区冰冻线以下与无侵蚀性水或土壤直接接触的环境
二 b	干湿交替环境； 水位频繁变动环境； 严寒和寒冷地区的露天环境； 严寒和寒冷地区冰冻线以上与无侵蚀性水或土壤直接接触的环境
三 a	严寒和寒冷地区冬季水位变动区环境； 受除冰盐影响环境； 海风环境
三 b	盐渍土环境； 受除冰盐作用环境； 海岸环境

续表

环境类别	条件
四	海水环境
五	受人为或自然侵蚀性物质影响的环境

注：1. 室内潮湿环境是指构件表面经常处于结露或湿润状态的环境；

2. 严寒和寒冷地区的划分应符合《民用建筑热工设计规范》(GB 50176—1993)的有关规定；

3. 海岸环境和海风环境宜根据当地情况，考虑主导风向及结构所处迎风、背风部位等因素的影响，由调查研究和工程经验确定；

4. 受除冰盐影响环境为受到除冰盐盐雾影响的环境，受除冰盐作用环境是指被除冰盐溶液溅射的环境以及使用除冰盐地区的洗车房、停车楼等建筑；

5. 露天环境是指混凝土结构表面所处的环境。

附表 16 **混凝土最小保护层厚度 c** （单位：mm）

环境类别	板、墙、壳	梁、柱、杆
一	15	20
二 a	20	25
二 b	25	30
三 a	30	40
三 b	40	50

注：1. 混凝土强度等级不大于 C25 时，混凝土保护层厚度数值应增加 5 mm；

2. 钢筋混凝土基础宜设置混凝土垫层，基础中钢筋的混凝土保护层厚度应从垫层顶面算起，且不应小于 40 mm。

附表 17 **受弯构件的挠度限值**

构件类型		挠度限值
吊车梁	手动吊车	$l_0/500$
	电动吊车	$l_0/600$
屋盖、楼盖及楼梯构件	当 $l_0<7$ m 时	$l_0/200(l_0/250)$
	当 7 m $\leqslant l_0\leqslant$ 9 m 时	$l_0/250(l_0/300)$
	当 $l_0>9$ m 时	$l_0/300(l_0/400)$

注：1. 表中 l_0 为构件的计算跨度。计算悬臂构件的挠度限值时，其计算跨度 l_0 按实际悬臂长度的 2 倍取用。

2. 表中括号内的数值适用于对挠度有较高要求的构件。

3. 如果构件制作时预先起拱，且使用上允许，则在验算挠度时，可将计算所得的挠度值减去起拱值；对预应力混凝土构件，还可减去预加力产生的反拱值。

4. 构件制作时的起拱值和预加力产生的反拱值，不宜超过构件在相应荷载组合下的计算挠度值。

附表 18 **结构构件的裂缝控制等级及最大裂缝宽度限值**

<table>
<tr><th rowspan="2">环境类别</th><th colspan="2">钢筋混凝土构件</th><th colspan="2">预应力混凝土构件</th></tr>
<tr><th>裂缝控制等级</th><th>w_{lim}/mm</th><th>裂缝控制等级</th><th>w_{lim}/mm</th></tr>
<tr><td>一</td><td rowspan="4">三级</td><td>0.3(0.4)</td><td rowspan="2">三级</td><td>0.2</td></tr>
<tr><td>二 a</td><td rowspan="3">0.2</td><td>0.1</td></tr>
<tr><td>二 b</td><td>二级</td><td>—</td></tr>
<tr><td>三 a、三 b</td><td>一级</td><td>—</td></tr>
</table>

注：1. 对处于年平均相对湿度小于60%地区一类环境下的受弯构件，其最大裂缝宽度限值可采用括号内的数值。
2. 在一类环境下，对钢筋混凝土屋架、托架及需作疲劳验算的吊车梁，其最大裂缝宽度限值应取0.2 mm；对钢筋混凝土屋面梁和托梁，其最大裂缝宽度限值应取0.30 mm。
3. 在一类环境下，对预应力混凝土屋架、托架及双向板体系，应按二级裂缝控制等级进行验算；对一类环境下的预应力混凝土屋架、托架、单向板，应按表中二a环境下的要求进行验算；在一类和二a类环境下需作疲劳验算的预应力混凝土吊车梁，应按裂缝控制等级不低于二级的构件进行验算。
4. 表中规定的预应力混凝土构件的裂缝控制等级和最大裂缝宽度限值仅适用于正截面的验算；预应力混凝土构件的斜截面裂缝控制验算，应符合本书第8章的有关规定。
5. 对于烟囱、筒仓和处于液体压力下的结构，其裂缝控制要求应符合专门标准的有关规定。
6. 对于处于四、五类环境下的结构构件，其裂缝控制要求应符合专门标准的有关规定。
7. 表中的最大裂缝宽度限值为用于验算荷载作用引起的最大裂缝宽度。

附表19　**纵向受力钢筋的最小配筋率 ρ_{min}**

受力类型			最小配筋率
受压构件	全部纵向钢筋	强度为500 MPa	0.50%
		强度为400 MPa	0.55%
		强度为300 MPa、335 MPa	0.60%
	一侧纵向钢筋		0.20%
受弯构件、偏心受拉构件、轴心受拉构件一侧的受拉钢筋			0.20%和$45f_t/f_y$中的较大者

注：1. 对于受弯构件全部纵向钢筋最小配筋率，当采用C60以上强度等级混凝土时，应按表中规定增加0.10%。
2. 对于板类受弯构件（不包括悬臂板）的受拉钢筋，当采用强度等级400 MPa、500 MPa的钢筋时，其最小配筋率应允许采用0.15%和$45f_t/f_y$中的较大者。
3. 偏心受拉构件中的受拉钢筋应按受压构件一侧纵向钢筋考虑。
4. 受压构件的全部纵向钢筋和一侧纵向钢筋的配筋率，以及轴心受压构件和小偏心受压构件一侧受拉钢筋的配筋率，均应按构件全截面面积计。
5. 受弯构件、大偏心受拉构件一侧受拉钢筋的配筋应按全截面面积扣除受压翼缘面积$(b'_f-b)h'_f$后的截面面积计算。
6. 当钢筋沿构件截面周边布置时，一侧纵向钢筋是指沿受力方向两个对边中一边布置的纵向钢筋。

附表20　**结构混凝土材料的耐久性基本要求**

环境等级	最大水胶比	最低强度等级	最大Cl^-含量/%	最大碱含量/(kg/m^3)
一	0.60	C20	0.30	不限制
二a	0.55	C25	0.20	3.0
二b	0.50(0.55)	C30(C25)	0.15	
三a	0.45(0.50)	C35(C30)	0.15	
三b	0.40	C40	0.10	

注：1. Cl^-含量是指其占胶凝材料总量的百分比；
2. 预应力构件混凝土中的最大Cl^-含量为0.05%，其最低混凝土强度等级宜按表中的规定提高两个等级；
3. 对素混凝土构件的水胶比及最低强度等级的要求可适当放松；
4. 当有可靠工程经验时，处于二类环境中的最低混凝土强度等级可降低一个等级；
5. 处于严寒和寒冷地区二b、三a类环境中的混凝土应使用引气剂，并可采用括号中的有关参数；
6. 当使用非碱活性骨料时，对混凝土中的碱含量可不作限制。

附表 21　**钢筋的公称直径、公称截面面积及理论重量**

公称直径/mm	不同根数钢筋的公称截面面积/mm²									单根钢筋理论重量/(kg/m)
	1	2	3	4	5	6	7	8	9	
6	28.3	57	85	113	142	170	198	226	255	0.222
8	50.3	101	151	201	252	302	352	402	453	0.395
10	78.5	157	236	314	393	471	550	628	707	0.617
12	113.1	226	339	452	565	678	791	904	1017	0.888
14	153.9	306	461	615	769	923	1077	1231	1385	1.21
16	201.1	402	603	804	1005	1206	1407	1608	1809	1.58
18	254.5	509	763	1017	1272	1527	1781	2036	2290	2.00(2.11)
20	314.2	628	942	1256	1570	1884	2199	2513	2827	2.47
22	380.1	760	1140	1520	1900	2281	2661	3041	3421	2.98
25	490.9	982	1473	1964	2454	2945	3436	3927	4418	3.85(4.10)
28	615.8	1232	1847	2463	3079	3695	4310	4926	5542	4.83
32	804.2	1609	2413	3217	4021	4826	5630	6434	7238	6.31(6.65)
36	1017.9	2036	3054	4072	5089	6107	7125	8143	9161	7.99
40	1256.6	2513	3770	5027	6283	7540	8796	10053	11310	9.87(10.34)
50	1963.5	3928	5892	7856	9820	11784	13748	15712	17676	15.42(16.28)

注：括号内为预应力螺纹钢筋的数值。

附录 22　**钢筋混凝土板 1 m 宽钢筋截面面积表**

钢筋直径/mm 截面面积/mm² 钢筋间距/mm	3	4	5	6	6/8	8	8/10	10	10/12	12	12/14	14
70	101	180	280	404	561	719	920	1121	1369	1616	1908	2199
75	94	168	262	377	524	671	859	1047	1277	1508	1780	2052
80	88	157	245	354	491	629	805	981	1198	1414	1669	1924
85	83	148	231	333	462	592	758	924	1127	1331	1571	1811
90	78.5	140	218	314	437	559	716	872	1064	1257	1484	1710
95	74.5	132	207	298	414	529	678	826	1008	1190	1405	1620
100	70.6	126	196	283	393	503	644	785	958	1131	1335	1539
110	64.2	114	178	257	357	457	585	714	871	1028	1214	1399
120	58.9	105	163	236	327	419	537	654	798	942	1113	1283
125	56.5	101	157	226	314	402	515	628	766	905	1068	1231
130	54.4	96.6	151	218	302	387	495	604	737	870	1027	1184
140	50.5	89.8	140	202	281	359	460	561	684	808	954	1099
150	47.1	83.8	131	189	262	335	429	523	639	754	890	1026
160	44.1	78.5	123	177	246	314	403	491	599	707	834	962
170	41.5	73.9	115	166	231	296	379	462	564	665	785	905
180	39.2	69.8	109	157	218	279	358	436	532	628	742	855
190	37.0	66.1	103	149	207	265	339	413	504	595	703	810
200	35.3	62.8	98.2	141	196	251	322	393	479	565	668	770

注：表中钢筋直径中的 6/8、8/10 等是指两种直径的钢筋间隔放置。

附表 23　**钢绞线的公称直径、公称截面面积及理论重量**

种类	公称直径/mm	公称截面面积/mm^2	理论重量/(kg/m)
1×3	8.6	37.7	0.296
	10.8	58.9	0.462
	12.9	84.8	0.666
1×7 标准型	9.5	54.8	0.430
	12.7	98.7	0.775
	15.2	140	1.101
	17.8	191	1.500
	21.6	285	2.237

附表 24　**钢丝的公称直径、公称截面面积及理论重量**

公称直径/mm	公称截面面积/mm^2	理论重量/(kg/m)
5.0	19.63	0.154
7.0	38.48	0.302
9.0	63.62	0.499

附表 25　**截面抵抗矩塑性影响系数基本值 γ_m**

项次	1	2	3		4		5
截面形状	矩形截面	翼缘位于受压区的T形截面	对称 I 形截面或箱形截面		翼缘位于受拉区的倒 T 形截面		圆形和环形截面
			$b_f/b \leqslant 2$，h_f/h 为任意值	$b_f/b>2$，$h_f/h<0.2$	$b_f/b \leqslant 2$，h_f/h 为任意值	$b_f/b>2$，$h_f/h<0.2$	
γ_m	1.55	1.50	1.45	1.35	1.50	1.40	$1.6\sim0.24 r_1/r$

注：1. 对 $b_f'>b_f$ 的 I 形截面，可按项次 2 与项次 3 之间的数值采用；对 $b_f'<b_f$ 的 I 形截面，可按项次 3 与项次 4 之间的数值采用。

2. 对箱形截面，b 是指各肋宽度的总和。

3. r_1 为环形截面的内径半径，对圆形截面 r_1 取为 0。